세계시장연구

방 용 태 저

청목출판사

머리말

배재대에 와서 맞이하는 첫 안식년을 미국 대학에 와서 보내면서, 그래도 이곳에 왔다갔다는 흔적 하나쯤은 남겨야 할 것 같아 오기 전부터 세계 4대 시장에 관한 글을 쓰기 시작했다. 미국-중국-인도-일본 시장이 바로 그것이다. 중국과 인도는 신흥시장으로 주목도가 높고, 미국과 일본은 기존 주류시장으로 여전히 관심의 대상일 수밖에 없다. 미국 땅에 와서 미국시장을 연구한다고 하지만, 그것도 녹록치 않은 일이다. 방문교수로 있는 대학의 도서관장인 린다에게 도서구입의 감사를 전하고 싶다. 물론 이런 방문기회를 제공하는 데 결정적 역할을 한 일본학과 이케다 교수께도 깊은 고마움을 전한다.

아울러 경영학과장 크리쉬난 교수에게도 같은 사의를 표하는 바이다. 여전히 70% 정도를 점하는 유럽계 미국인을 우선시해야겠지만, 학문적으로 이들 소비자는 특정 계층으로 분류되지 않는, 너무도 당연한 주류 세그먼트라서 모든 서적과 논문이 이들을 특정하지 않고 글을 쓰고 있다. 그러니 미국 시장을 민족 기준으로 나눈다고 할 때 다루어지는 대상은 아프리카계, 라틴계, 아시아계 등의 이른바 마이너리티 내지 Ethnicity 그룹이다. 그나마 민족 기준의 시장 세분화가 비즈니스 연구에서 그다지 커다란 성과를 보인 것도 아니어서, 자료의 풍요로움 면에서도 아쉬운 부분이 많다. 그런 와중에 이번에 귀국을 준비하면서 집필을 완료하게 되어 다행으로 생각한다.

학문적 성격의 경험이 아닌 미국생활에서 체험한 부분은 돌아가서 제자들과 수업 중에 나누기로 하고, 이번에도 흔쾌히 출판을 맡아 주신 청목출판사의 유성렬 사장님에게 감사하다는 말씀 드리고, 1년간의 안식년 체제 중 함께 공부한 아들 문규, 대학을 마치고 이제 사회생활을 시작한 딸 나형, 여전히 우리나라 복지계의 무궁한 발전을 위해 연구에 매진하고 있는 아내 용복 박사, 그리고 사랑하는 배재대 무역학과 제자들과 더불어 출간의 기쁨을 나누고 싶다.

2009년 8월

미국 오리건 주 포레스트 그로브의

퍼시픽 대학에서 방 용 태

차 례

제2부 중 국 시 장

제3부 인 도 시 장

제4부 일 본 시 장

[표 차례]

[그림 차례]

제 1 부

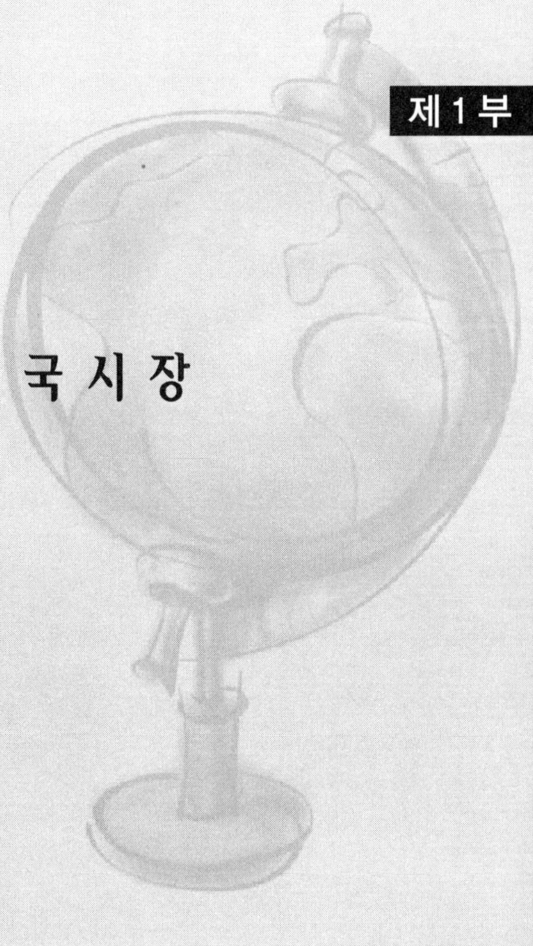

미 국 시 장

제1부

미 국 시 장

문화적 변용(acculturation)이라는 표현이 있다. 인류학에서 기원된 개념으로서 이후 인류학은 물론 사회학, 심리학에서도 광범위한 연구가 이루어져 왔다. 문화적 변용의 정의는 상이한 문화를 지닌 개인들의 집단이 1차적 접촉을 지속적으로 하여 그 결과로 일방 또는 쌍방의 문화 원류에 변화가 생기는 결과이다(Redfeld, R. et al., Memorandum for the study of acculturation. American Anthropologists, (38)1, 1936: 149-152). 이민자 문화가 수용국(host country) 문화에 미치는 영향은 그 반대의 영향에 비해 상당하지 못하다. 이는 이민자 집단이 지닌 수적 열세와 수용국의 막강한 자원에 기인한다.

동화(assimilation)는 비지배적 문화가 지배적 문화의 형태에 적응해가는 변형 과정을 가리키는데(Wallendorf, M, Reilly, M. Ethnic migration, assimilation, and consumption. Journal of Consumer Research, 10, Dec. 1983: 292-302), 소수민족이 지배적인 거주지를 형성하게 되면 모국의 문화적 행동, 습관, 선호를 보전하는 일이 가능해진다.

2010년이면 미국인 3명 중 1명은 흑인, 히스패닉, 아시아계, 원주민 등의 소수민족일 것이라고 하며, 텍사스, 캘리포니아, 플로리다와 같은 주, 뉴욕, 시카고와 같은 대도시에서는 소수민족이 다수를 차지하고 있다. 소수민족 시장(ethnic market)은 생명보험 시장의 18%를 차지하고 있고, 42%의 가구가 적극적인 저축을 보임으로써 저축상품, 투자상품의 구매 계층으로 규모를 잡아가고 있다

(Chordas, 2002: 29). 이러한 소수민족 소비자들에게 접근하기 위해서는 민족별, 소득수준별, 지리적 분포별, 종교별로 시장을 세분화하여 공략하는 일이 필요하다.

가령 히스패닉계 전체를 표적으로 삼는 것보다는 멕시코 국경 근처의 미국에 거주하는 1세대 멕시코인에게 초점을 맞추는 일이 시간과 자금의 지출 면에서 보다 효율적이다. 이들 소수민족 소비자에게 접근한 기업 중 일부가 실패를 한 것은, 이들의 문화적 가치, 언어, 니즈를 학습하는데 관심이 부족했거나 또는 주류 시장의 사고방식에 입각한 그릇된 가정을 하였기 때문이다.

바꾸어 말하면 소수민족 시장에서 성공을 거두기 위한 핵심 요소는 개방적인 마음가짐으로 장기간에 걸쳐 지역 사회에 헌신을 보이는 일이다. 이를 두고 풀뿌리(grass-roots) 마케팅이라고 하는데, 일관된 메시지를 지속적으로 지역사회에 전달하는 일이 매우 중요하기 때문에, 잠시 들어왔다 철수하고는 몇 년 뒤에 다시 들어오고 하는 철새사업(in-and-out business)이 아니라는 점에 유념해야 한다.

〈미국의 인터넷 마케팅〉

웹사이트 중에는 개도국 시골 지방의 가난한 자와 선진국 도시의 부유한 소비자 간의 국경을 넘어선 상거래를 제공하는 역할을 하기도 한다. 가령, World2Market.com, e.Ziba.com, oneNest.com 등은 전세계 여러 나라의 수많은 공예가들이 만든 문화 상품을 미국의 수백만 소비자들에게 소개하여 판매하고 있다(Lee, S., Littrell, M., 2003: 356). 원래 DM의 첫 형태라고 볼 수 있는 우편주문(mail order)은 미국이라고 하는 광대한 국토 시장에서 농축산물과 보석류의 유통에 그 뿌리를 두고 있다. 미국의 우편 판매 사업은 영국이나 유럽 대륙과는 달리 저소득 계층을 표적으로 삼고 있지는 않다. 영국에서는 신용 조건이 열악한 가정에 손쉬운 신용 판매를 제공하기 시작한 것이 사업의 첫 걸음이었다(Korgaonkar et al., 2000: 156).

미국의 보험회사들은 인터넷을 이용하여 이들 소수민족 소비자에게 다가가기도 한다. 2000년 기준으로 아시아계의 49.4%, 히스패닉의 23.7%가 인터넷을 활용하고 있다(Chordas, 2002: 30). 뉴욕생명은 사이트에 중국어 웹 페이지를 설치하면서 중국계 미국인 시장에서 주도적인 시장 지위를 누리고 있다. 금융서비스를 소수민족 소비자에게 제공하는 업체 가운데 2위 기업인 Allstate는 자사의 사이트에 로그온 하면 히스패닉계가 상품 설명을 스페인어로 읽을 수 있고, 주거지역에 스페인어를 하는 보험대리인의 위치를 알 수 있도록 만들어 놓았다. 물론 보험 서류 작성에 필요한 모든 정황을 스크린으로 파악하기는 무리가 따르고, 1대 1 관계 마케팅의 가치를 대체하기 힘든 부분도 있다는 점에는 유의해야 할 것이다.

DM관련기업인 AccuTips.com에 따르면, 미국에서는 다문화 시장이 전체 인구의 1/3을 차지함에도 불구하고 이들을 표적으로 삼은 광고비는 전체의 1%에도 미치지 못한다고 한다. TellerGroup Consulting(Hispanic market opportunities. Proceedings of the 2000 Ethnic Mdiascape Conference, NY, 2000)의 보고에 따르면 소수민족 대상 미디어에 지출한 미국기업들의 광고비는 1993년 17억 달러에서 1998년 36억 달러로 증가하였다.

소수민족은 주류 계층과는 다른 미디어 매체와 메시지를 사용하고 있어서 이에 대응할 필요가 있는데, 가령 히스패닉의 지역사회에 대한 접근에서도 기업별로 차이를 보인다. Allstate Insurance Co.는 TV를 주된 매체로 활용하는데 반해 American Family Insurance는 라디오 광고에 크게 의존한다. 히스패닉계를 상대로 한 새로운 매체로 DM이 등장하고 있다. DM에 대한 히스패닉의 구독률은 70%로 매우 높다. 이들은 DM이 참신한 도구라고 볼 뿐 아니라 집에서 편히 쉬면서 읽을 수 있어서 비위협적인 광고 수단이라고 보고 있다. 아시아계 지역사회에서는 신뢰(trust)라고 하는 요소가 자리 잡고 있어서, 이들은 기업이 안정성을 지녀 망하지 않는다는 점을 알고 싶어 한다. 다문화 사회의 주된 출판물의 예를 들면, Hispanic Business Magazine, Black Enterprise Magazine, A Magazine(아시아계), Winds of Change(원주민) 등이 있다.

광고의 핵심은 문화적으로 유관하고 지역민들의 심금을 울릴 수 있는 내용의 메시지이어야 한다. 아울러 이를 전달하는 방법도 중요한데, 해당 커뮤니티의 경험을 언급하면서 자사의 상품이 커뮤니티의 목표 달성에 어떤 식으로 기여할 수 있는지를 다루면 된다. 덧붙여 소수민족들의 주거 입지와 언어도 무시할 수 없는데, 남서부 주에서는 TV가 지배적인 광고 매체인 반면, 동부 주에서는 라디오 광고의 비중이 높다. Allstate 보험사의 경우, 1996년에는 스페인어를 구사하는 외판원을 배치한 영업소가 1,000개이었지만 2001년에는 2,500개로 늘렸다(Chordas, 2002: 32).

히스패닉계를 대상으로 한 초점집단 조사에서 밝혀진 점은 보험회사가 이들 고객을 알고 이들과 스페인어로 대화할 수 있다면, 보험회사가 히스패닉계의 소유인지 여부가 절대적으로 중요한 것은 아니라는 점이다. 주류 소비자 계층이 기업의 재무적 안정성을 중시하는데 비해 히스패닉계는 기업의 장수, 즉 오래된 역사를 중히 여긴다. 여기서 한 가지 주의할 점은, 브랜드 전략이 공략 대상 계층에 관계없이 일관성을 유지해야 한다는 점이다. 소수민족에 대한 브랜드 전략과 주류 민족에 대한 브랜드 전략 간에 충돌을 보여서는 안된다. 가령 영어 사용자와 스페인어 사용자에 대해 상이한 브랜드 캠페인을 실시할 경우, 두 언어를 모두 구사하는 히스패닉계 소비자를 혼돈에 빠뜨리는 우를 범하게 된다.

Hartford 여행사는 National African-American Insurance Association, Latin American Association of Insurance Agents, Neighborhood Reinvestment Corps' Neighborworks, Urban League Affiliates, Enterprise Foundation 등의 조직들과 활발한 파트너 관계를 맺고 있다. 이들 조직은 중개역으로 중요한 역할을 수행하여 지역사회의 니즈에 대한 지식을 제공해 주어 여행사가 지역사회의 구체적 이슈에 보다 잘 대응할 수 있는데 도움이 된다. 언어 장벽 또한 문제인데, 언제 영어를 쓰고 언제 제2외국어를 사용하여 고객에 접근할 것인가도 미묘한 문제이다. 당연히 히스패닉계 소비자에 다가서는 데는 스페인어를 사용하는 것이 최상이지만, 히스패닉계의 66%는 문화적 변용을 보이기 때문에 영어 사용의 지식을 갖고 있다. 소수민족 소비자들이 다른 언어로 대화하기를 원하는데 기업측이 오해하여 특정 언어로 다가서서 이들의 감정을 손상시키는 일이 없어야 할 것이다.

〈미국의 스포츠 마케팅〉

미국에서 스포츠 스폰서십이 광범하게 발전하기 시작한 것은 1984년 L.A올림픽이다. 운동화, 운동복 메이커와 같은 대형 프로모터들은 이벤트에 스폰서로 참여하는 것 뿐 아니라, 스포츠 팀과 스타 운동선수 모두에 대한 스폰서 역할을 자임한다. 나이키가 1984년에 마이클 조던의 스폰서가 되기로 계약을 맺었을 때, 스타 운동선수를 운동화 세일즈맨으로 사용한다고 하는 마케팅 방식이 당시 스포츠계를 폭풍으로 몰아넣을 정도였다.1)

나이키의 창업주이자 CEO인 Phil Knight는 스니커즈를 지위의 상징으로 변신시킨 인물이다. 운동화를 파는 것이 아니라, 결단력(determination)-개성(individuality)-자기희생(self-sacrifice)-승리(winning)라고 하는 운동의 이상을 판매한다는 나이키는, 1972년에는 3백만 달러에도 미치지 못하던 매출액이 1980년에는 2억 7천만 달러, 1986년에는 10억 달러에 달하였다. 이후 에어로빅의 인기로 리복의 에어로빅 신발 판매가 급증하면서 1위 자리를 내주게 된 나이키는, 1973년에 스폰서 계약을 맺은 육상선수 Steve Prefontaine이 1975년에 돌연사하자, 1984년에 그의 대를 이을 자로 마이클 조던을 지명하여 육상 이외의 스포츠 분야로 신발 판매를 확장하면서 다시 1위로 올라설 수 있었다. 2002년의 실적을 보면, 총매출액 107억 달러에, 스포츠 신발 시장점유율 39%, 직영 소매점인 Niketown 11개 점포 운영 및 의류와 신발을 미 전역의 2만여 소매상을 통해 판매하는 기염을 토하였다.

반면 리복은 나이키에 한참 뒤지는 2위 업체로서, 2002년도 매출액 31억 달러, 시장 점유율 12%이며, 스폰서십 및 마케팅 활동비도 나이키의 10억 달러에 비해 3억 3400만 달러에 불과하다. 리복은 나이키, 아디다스와 정면 승부가 곤란하다는 걸 알고서, 에어로빅 슈즈시장에 주목하였다. 1982년에 시장 진입한 것은 마침 에어로빅 붐과 박자가 맞아서 당시 리복은 역사상 처음이자 유일한 시장 선두가 되기도 하였으나, 1987년 이후 나이키와 격차는 확대되었다.

최근에는 스포츠 브랜드들이 대학 캠퍼스를 표적삼아 전혀 새로운 형태로 기업의 관여를 보이고 있다. 우승을 다투는 명문 대학팀들은 나이키, 리복 등과 같은 업체에게는 중추적인 광고 미디어나 마찬가지이다. 그러나 나이키는 이미 1970년대에 대회에서 두각을 나타내는 대학 코치들에게 금전적 지불을 하고 그 대가로 나이키 제품을 착용하는 것이었다. 이어 나이키는 대학의 운동부에 대한

1) 미국에서 스포츠, 문화 및 기타 이벤트를 대상으로 한 마케팅 규모는 2002년 기준으로 95억 7천만 달러이다. 자료: IEG Inc. Sponsorship marketing in North America. www.sponsorhip.com

전폭적 지원을 해주는 형태로 소위 Nike School을 운영하였다. 아리조나주립대, 듀크대, 조지타운대, 플로리다주립대, 펜실바니아주립대, 일리노이대, 미시건대, 콜로라도대, 노스캐롤라이나대, 마이애미대 등과 파트너십을 체결하였다. 플로리다주립대의 경우에는 현금 6,200만 달러에 장비, 의류를 5년간 대학 소속 17개 스포츠팀에 제공하는 조건이었다. 리복은 나이키보다 뒤늦게 대학과의 협력사업에 뛰어들어 UCLA, 텍사스대, 아이오와대, 미시건주립대, 위스콘신대, 보스톤칼리지, 루이즈빌대, 조지아테크, 브리검영대, 유타대 등과 협약을 체결하였다.

현재 미국의 대학 상품은 연간 250억 달러를 웃도는 매출 규모에 수익성 있는 아이템이다. 시합 중에 선수와 코치가 착용하는 운동품은 팬들에게 인기가 있다. 미국의 10대들은 연간 10켤레의 운동화를 구매한다. 그 중 4켤레는 패션용이고 나머지 6켤레는 특정 스포츠용이다. 나이키 입장에서는 600만 명의 십대가 10억 달러를 웃도는 나이키 운동화를 사는 셈이다. 대학생의 59%는 교내 서점에서 운동복을 구입한다. 나이키와 리복은 후원팀의 본거지에서 지역적 충성도를 확보하고 있다. 갈수록 제품 차별화가 힘들어지는 상황에서, 대학 스포츠팀과의 협력은 차별화의 포인트로 활용된다. 대학 입장에서도 운동부 유지 비용이 갈수록 증가하고 다른 자금조달원의 확보가 힘들어지는 여건에서 스포츠 메이커의 스폰서십을 받는 것은 큰 재정적 보탬이 되는 일이다.

이벤트 스폰서십 활동의 성과는 그와 관련된 촉진 활동(promotion tie-in)을 병행하지 않는 한 매출액의 변동을 갖고 직접 평가할 수 있는 것이라기보다는, 소비자의 브랜드 선호도라든가 다른 태도와 같은 매개변수를 측정하여 헤아릴 수 있다. 비자카드의 경우는 이벤트 스폰서십 활동으로 브랜드 인지도를 상당히 높였다고 한다.[2] 또 다른 평가 척도로는 미디어 매체에 노출된 회수를 계산하여, 동일 정도의 노출을 광고를 통해 했을 경우의 비용으로 환산하는 방법이 있다. 가령 50만 달러의 후원비가 투입된 스폰서 활동으로 300만 달러에 달하는 광고비에 맞먹은 미디어 노출이 이루어졌다면, 이는 성공이라고 말할 수 있다.

이렇게 스폰서십 활동이 인기를 더해가자 매복 마케팅(ambush marketing)이

2) Petrecca, L.(1999). Visa's biggest-ever NFL push gets $50 mil budget. *Advertising Age*, August 30.

라는 엉뚱한 방법이 독버섯처럼 자리잡고 있다. 이는 공식 스폰서의 지위를 획득하기 위해 권한 취득 비용을 지불하지 않은 채 해당 이벤트 내지 조직과 연관된 호의, 자산을 향유하려는 의도에서 해당 이벤트 내지 조직과 자사를 연계시키려는 행위를 말한다(Kahle, Riley, 2004: 293). 최소한 소비자들이 공식 스폰서가 누구인지 헷갈리게 만들어서 경쟁사의 스폰서 효과를 희석시키겠다는 의도가 깔려 있다. 따라서 기생 마케팅(parasite marketing)이라는 혹평을 받기도 한다.

1. 이문화 사회 미국

1) 이민의 역사

미국을 이문화 사회라고 명명하는 것은 미국이 건국 초기부터 다인종, 다문화, 다언어, 다종교의 배경을 지닌 인간들로 범벅되었다는 태생적 특성에서이다. 미국의 이민사를 보면, 독립전쟁을 일으킨 1775년 이전의 '13 식민지' 시대에는 당연히 대영제국 출신이 71%(그 중 영국계 57%, 스코틀랜드 및 아일랜드계 14%)의 187만명을 차지하고, 뒤 이어 유럽대륙계(독일, 네덜란드, 프랑스 등) 12%, 흑인노예 15%, 기타 자유인 2%로 구성되어 있었다(Sutherland, Population distribution in colonial America).

이후 미국 역사에는 3번에 걸친 이민 물결이 일었는데, 1기는 1840-1890년에 북유럽, 서유럽에서 이민이 왔고, 2기는 1891(남북전쟁 말기)-1931년으로서 동유럽과 남유럽에서 이민이 왔으며, 3기는 1970년대 후반으로서 아시아와 중남미에서 집중적인 이민이 이루어졌다(示村, 2006).

1기의 북유럽, 서유럽 이민 때는 총 1,400만 명이 유입되었는데, 그 중 1881-1890년대에 524만 명으로 가장 많았다(US Dept of Commerce, Statistical abstract of the United States, 1992). 국가 중에는 독일 이민이 본국의 정세 불안, 1848년의 혁명 실패 등으로 450만 명으로 가장 많았다. 독일 이민자들이 미친 식문화 영향으로는 햄버거, 프랑크푸르트 소시지, 맥주가 있는데, 특히 맥주는 세인트루이스와 밀워키를 미국의 맥주 양조의 중심지로 만들었다. 독일계 이민자로 야구선수 베이비 루스, 과학자 아인슈타인, 국무부장관 헨리 키신저 등을 꼽을 수 있다. 아일랜드계 이민자는 1840년대 후반에 본국의 감자 기근에 영향을 받아 1860년까지 20년에 걸쳐 200만 명이 집중적으로 왔다. 북유럽, 서유럽 이민자 중 아일랜드계는 가톨릭 신자가 많아서 차별과 편견을 받았지만, 케네디 대통령이 미국 역사상 최초로 가톨릭 신자 출신 대통령이 되면서 해소되었다. 작가 중에는 유진 오닐과 '위대한 갯츠비'의 피츠제럴드 등이 아일랜드계이다. 이후 북유럽 사회가 안정을 보이고, 공업화가 진전되면서 이민의 공급지는 남유럽과 동유럽으로 옮아갔다.

2기의 남유럽, 동유럽 출신 이민자 수는 1기의 1,400만 명을 훨씬 웃도는 2,300만 명이었다. 국별로는 이탈리아가 500만 명으로 가장 많고(대다수가 남부의 가난한 농촌 출신), 폴란드, 그리스 등이 뒤를 이었고, 종교 면에서는 가톨릭, 그리스 정교, 유대교 등 비개신교가 많았다. 이들은 비숙련의 하층 노동자 계급을 형성하고, 앵글로색슨 중심의 주류 문화에 동화되지 못하고 대도시에서 민족 집단(ethnic community)을 만들어 갔다.

시기별로 보면 1901-1910년 중에 879만 명으로 가장 많은 이민이 이루어졌다. 1890년 당시 뉴욕은 10명 중 8명이 외국 출신으로 그야말로 외국인의 거리였다고 한다. 이탈리아계 유명인사로는 가수 프랭크 시나트라와 마돈나, 영화배우 알파치노, 로버트 드 니로, 실베스타 스텔론, 야구선수 죠 디마지오, 크라이슬러 자동차의 전 회장 아이아 코카 등이 있다. 유대인들은 1880년대에 러시아 정부의 유대인 탄압정책을 피하기 위해 1924년까지 250만명이 러시아, 폴란드 등으로부터 이주해 왔는데, 이들은 파라마운트, 유니버설, 컬럼비아 등 3대 영화회사를 설립하였고, ABC, CBS, NBC의 3대 방송네트워크, 뉴욕타임즈와 워싱턴포스트의 양대 신문사에도 지배력을 행사하고 있다.

영화감독 스티븐 스필버그, 지휘자 레너드 번스타인, 팝 가수 사이먼 앤 가펑클, 상업미술가 앤디 워홀 등이 유대계이다. 유대인들은 교육열이 대단하여 1919년까지만 해도 하버드 대학 재학생의 20%, 예일 대학의 13%, 컬럼비아 대학의 40%를 차지하였다. 노벨상 수상 미국인 중 1/4이 유대계라고 할 정도이다. 뉴욕,

보스턴, 클리브랜드, 시카고, 디트로이트 등의 대도시에 유대인의 75%가 거주하고 있고, 특히 뉴욕 거주 백인 중 1/3은 유대인이라고 한다.

2) 다문화 사회

미국은 앵글로색슨 문화에 대한 동화론[3]에서 이제는 다문화 공존론으로 사고의 전환이 이루어지고 있다. 용광로(melting pot)라고 하는 용어를 많이들 들어보았을 텐데, 이는 영국계 유대인 작가 이스라엘 장윌(Israel Zangwill)이 1908년에 쓴 '용광로'라는 제목의 희곡으로 알려지게 되었다(示村, 2006: 61). 러시아에서 미국으로 피난 올 수밖에 없었던 유대교 청년이 기독교 신자인 러시아 처녀를 만나 사랑과 이별, 재결합을 벌이게 된다는 내용인데, 저마다 이질적 요소를 안고 미국으로 이민 온 사람들은 미국이라고 하는 용광로에 녹아들어 미국인이라고 하는 새로운 인종을 만들자고 하는 이상주의적 융합론이다. 즉 기호로 표시하면 A+B+C=D가 되는 셈인데, 이는 어디까지나 WASP(White Anglo Saxon Puritan) 간의 융합일 뿐 비WASP과의 융합은 거론하고 있지 않다.

이어서 20세기 초반에 대량의 이민이 남부와 동부 유럽에서 들어오자, 각 민족 집단의 유산을 존중하면서 이들이 미국 사회에 공헌한 점을 적극적으로 평가하려는 동화 이론으로 등장한 것이 문화적 다원주의(cultural pluralism)이다. 이 개념에 따르면 미국은 모자이크 사회 내지 샐러드 볼 사회라는 것이다.

자신의 문화적, 민족적 특성을 방기한 채 미국 사회에 맹목적으로 동화하는 것이 아니라, 자신의 문화적 독자성을 보전한 채 미국의 핵심 문화를 흡수한다는 것이다. 이 이론을 처음 내세운 유대계 철학자 호라스 칼렌(Horace Kallen)인데, 그는 미국의 이민 집단을 오케스트라의 악기에 비유하면서 각 악기가 저마다의 고유음을 냄으로써 아름다운 심포니가 연주되듯이 각 민족 집단의 다양한 문화가 조화를 보임으로써 미국은 보다 풍요로운 사회가 될 수 있다는 점이다. 이를 기호로 표시하면 A + B + C = A' + B' + C'가 된다. 이는 각 민족 집단의

3) 문화적 변용(acculturation)은, 새롭거나 대안적인 문화 환경과 직접 접촉함으로써, 개인에게 생겨나는 인지적, 행동적 변화로 정의된다. 이러한 문화적 변용은 새로운 주류 문화에 대한 동화(assimilation)와 오래된 비주류 문화의 보전(retention)의 정도에 초점을 맞춘 양방향적 과정으로도 여겨진다. 또한 개인이 문화의 다양한 측면을 거부, 동화, 통합하는 다면적 과정으로 보기도 한다(Gloria et al. in Smith ed. 2004: 172).

문화가 미국 문화와 접촉하면서 문화적 변용을 일으킨다는 점을 보여준다. 그런데 여기에서도 아메리칸 인디언, 흑인, 아시아계는 포함하고 있지 않다.

모든 인종, 민족 집단을 아우른 동화 이론은 다문화주의(multiculturalism)이다. 이는 서구적 가치를 비서구적 가치에 강압적으로 밀어붙이려는 기존의 주장에 대한 반발로서 문화적 상대주의(cultural relativism)가 자리잡게 되면서, 1980년대 후반에 등장한 사고이다.

여기에는 인종 면에서 소수 민족을 존중하는 것 뿐 아니라 여성, 동성애자, 고령자, 신체장애자 등과 같은 사회적 약자까지 옹호하는 방향으로 발전해 갔다. 기존의 미국적 사고가 '다양 속의 통일(E pluribus unum)'이었다면 다문화주의는 통일보다는 다양성에 무게를 두고 있다.[4] 이로써 미국은 개인의 국가에서 집단의 국가로 전환되고, 나라로서의 일체감보다는 집단으로서의 민족성(ethnicity)이 중시되면서, 많은 백인들은 합중국의 해체로 이어지지 않을까 우려하고 있다.

실제로 2000년 기준 전미 100대 도시의 거주자 중 백인 비율은 44%로서 미국의 도시 지역에서 백인은 이미 소수 인종으로 전락한 셈이다. 주요 도시별로 보면 LA 46.9% > 뉴욕 44.7% > 시카고 42.0% > 뉴올리언즈 38.1% > 애틀랜타 33.2% > 워싱턴 DC 30.8% > 호놀룰루 19.7% > 디트로이트 12.3%이다. 주요 주 가운데 아직도 백인이 과반수를 차지하는 곳으로는 뉴욕주 67.9% > 루이지애나 63.9% > 미시시피 61.4% > 캘리포니아 59.5% 등이다.

이민자 유입에 의한 다문화 사회의 형성은 경제적 차원에서는 대체로 긍정적 효과를 보여주고 있다. 미국의 Economic Census 보고에 의하면, 1992-1997년 중 소수민족의 창업 증가율은 30%로서, 이는 전체 창업 증가율의 4배에 달하는 빠른 속도라고 한다(Kaplan, Li, 2006: 1). 소수민족의 창업은 해당 민족이 정착을 보이고, 임차료가 비싸지 않은 지역 근처에서 상당수가 이루어지고 있다. 그로

4) 다민족, 다인종, 다문화, 다언어의 미국 사회를 대변하는 사람을 꼽으라면 골프 황제 타이거 우즈가 있다. 그는 자기자신을 Cablinasian이라고 했는데, 이는 백인(Caucasian), 흑인(Black), 아메리칸 인디언(Indian), 아시안(Asian; 태국)의 피가 섞인 점을 말한다. 또한 인종 차별이 없는 사회를 가리켜 color-blind society라고도 한다. 아울러 Political correctness 라는 개념이 있는데, 이는 인종, 여성, 고령자, 신체장애자, 동성애자와 같은 사회적 약자에 대한 차별과 편견에 기초한 부적절한 표현을 시정하려는 차별언어 철폐운동이다. 많은 대학에서 1980년대 후반-90년대 초반에 걸쳐 차별언어 금지 규정(hate-speech code)을 도입하였다.

인해 한때 버려졌던 도심부가 새로운 경제활동 지역으로 변신하는데 주목할 만한 효과가 나타나고 있다. 여기에 덧붙여 도심을 벗어난 주변지역으로까지 사업 전개가 이루어지고 있다.

3) 개인주의와 경쟁주의

개인의 권리를 강조하는 미국 사회는 소송 사회로까지 불린다. 미국이 엄청난 소송 속에 휘말려있다는 점은 통계를 보면 바로 알 수 있다.

〈표 1-1〉 G5 선진국의 법조 인력 및 소송 현황 (2002년 기준)

	미국	독일	영국	프랑스	일본
법조 인력	940,508 (353)	111,315 (136)	82,653 (158)	35,695 (61)	21,458 (17)
변호사인력	906,611 (340)	85,105 (104)	80,868 (155)	29,395 (50)	16,398 (13)
판사 인력	30,888 (12)	20,999 (26)	3,170 (6)	4,900 (8)	2,899 (2)
소송 신청건수					
민사	15,670,573	2,109,251	2,338,145	1,114,344	422,708
형사	14,124,529	829,720	91,110	425,158	89,634

자료: 일본법무성, 사법제도개혁심의회 제출자료.
* 법조 인력에는 판사, 검사, 변호사 포함
* 괄호 안의 수치는 인구 10만 명당 차지하는 비율

이처럼 미국 사회가 소송 천국일 수 있는 이유는, PL법, 의료과실, 성희롱(sexual harassment)과 관련된 소송이 급증하기 때문이다. Product Liability 법은 제조물 책임법으로서, 소비자 보호를 위해 제조물에 결함으로 인해 피해가 발생한 경우, 제조업자와 판매업자에게 책임을 지우는 것이다. 대표적인 소송 사례로는 맥도널드 커피 화상 소송을 꼽을 수 있다. 1992년 뉴멕시코 주에서 일어난 사건으로서, 79세의 노파가 맥도널드의 드라이브 쓰루(drive through)에서 산 커피로 인해 화상을 입게 되어 소송을 걸었는데, 배심원들은 280만 달러를 지불하라는 평결을 내렸다(최종 심판에서 64만 달러로 감액). 의료 과실(malpractice) 소송은 1980년대에 들어와서 3배로 증가하였고, 이 결과 병원, 의사 측이 소송을 당하지 않기 위해 처치 동의서(informed consent)에 서명을 요하게 되었다.

이러한 소송 홍수를 조장하는 보다 깊은 역사적, 문화적 배경을 살펴보면, 다인종/다민족/다문화 사회라는 점, 극단적인 개인주의와 인권주의, 권력 불신의 풀뿌리 민주주의가 자리잡고 있다. 이질성이 높은 저맥락의 미국사회에서 공통의 상식이 지배할 수 있는 범위가 지극히 좁아서 이질적 배경을 지닌 개인간에 긴장과 대립이 조성되기 쉽다. 따라서 사회질서를 유지하고 공통의 약속, 계약을 지켜내기 위해 법률이 지대한 역할을 하게 되었다.

미국의 개척자 정신 (frontier)은 믿을 수 있는 건 자기 자신 뿐 이라는 철저한 개인주의에 입각한 것이며, 청교도는 기독교 종파 가운데서도 특히 개인주의적 색채가 강하다. 권력은 신뢰할 수 없는 것이라고 하는 반권위주의 사상, 민중이나 전문가나 모두 평등하다는 생각이 배심 제도(jury system)를 발달시켰다. 원래 영국이 발상지인 배심 제도는 현재 영국에서는 형사 재판에만 적용되며, 형사와 민사 재판 모두에 적용하는 국가는 미국이 유일하다. 공직자 대부분을 선거에 의해 선출하는 미국에서는 주의 판사도 시민의 선거에 의해 선출된다.

배심 재판을 받을 권리는 수정 헌법 제7조에 의해 보장되어 있는데, 여기에는 대배심과 소배심의 두 종류가 있다. 대배심은 기소 배심이라고도 하는데, 16-23명의 배심원으로 구성되며, 피고의 기소 여부를 결정한다. 소배심은 심리(審理) 배심이라고도 하는데, 12명의 배심원단이 평결을 통해 피고의 유죄 여부를 만장일치로 결정한다(일부 주에서는 다수결). 미국에서만 볼 수 있는 재판 관련 제도 중에 성공보수 제도(contingency fee)라는 것이 있다. 제조물 책임, 교통사고, 의료 과실, 인신 관련 사건사고에 국한되어 적용되는 것인데, 원고가 승소를 하든가 아니면 화해에 의해 배상금을 받게 될 때까지는 변호사에게 일체 보수(배상금의 30-40% 정도)를 지불하지 않아도 되기 때문에, 누구든지 마음 가볍게 재판에 기소할 수 있다.

그러나 미국의 개인주의는 부부 관계를 우선시 하는 가정 문화 속에서 자녀들의 소외를 낳고, 계약 행위로 보는 결혼에 대해 당사자 간에 해지를 통해 이혼을 함으로써 가정의 폐해를 가져오고 있다.

미국은 경쟁주의 사회라고도 불리는데, 여기에는 기회의 평등이 있다. 우리나라처럼 집단주의 사회에서는 일류 대학, 일류 회사에 들어가기 위한 '집단 가입' 현상이 있다. 일단 그 집단에 들어가는 것만으로 본인의 능력을 증명하는 셈이다. 우리나라의 고등학교 교육은 개인차가 드러나는 것을 꺼리는데, 이는 그로 인한 사회적 대립을 회피하고 모두가 똑같다는 생각에 집착하기 때문이다. 그러나 미국 사회는 특정 집단에 들어가기 위한 '입구' 경쟁이 아니라, '출구' 경쟁을 중시한다. 대학은 사회에 나가기 위한 실력을 연마하는 곳, 개인의 부가가치를 높이는 곳으로 인식하고 있다.

미국 교육은 초등학교 1학년부터 낙제 제도가 있다. 대략 한 학년의 10-15% 정도가 낙제를 하는데, 여기에는 패자 부활전이 있다. 또한 미국의 고등학교는 모든 학과목이 선택 과목으로 이루어져 있고, 담임 제도가 없기 때문에 어드바이저 역할을 하는 선생님과 상의하여 자신의 능력과 흥미에 맞는 과목을 듣게 된다. 이러한 경쟁에서 밀려나 낙제(dropout)하고 끝내는 고교를 졸업하지 못하는 학생이 전체의 12-14% 정도이다. 미국에서 대학 진학률은 60% 정도로서, 유럽처럼 대학이 소수의 엘리트를 양성하는 곳이 아니라, 만인에게 개방된 대중 교육의 장으로 인식되고 있다.

대학 교수 역시 경쟁 환경에 노출되어 있는데, 부교수(associate professor)가 될 때까지는 3년마다 고용 계약을 갱신해야 하고, 6년째에 종신 재직권(tenure)의 부여 심사를 통과해야 한다. 이 최종 심사에서 통과하지 못하면 1년의 유예 기간을 주고 7년 차에 해고당하게 된다. 유예 기간 중에 교수는 다른 대학으로 일자리를 알아보게 된다.

경쟁을 강조하는 미국 사회는 개개인의 능력을 최대한 발휘할 수 있는 기회를 제공해주며, 사회에 활력을 불어넣는 기폭제가 되고 있다. 그러나 반면에 부단한 경쟁 압력 속에서 스트레스와 긴장이 누적되고, 타인과의 협력보다는 대립을 조장하여 마약 중독, 알코올 중독, 폭력 범죄, 성범죄, 가정 내 폭력 등과 같은 사회 병리를 낳는 폐단도 있다. 또한 능력주의, 업적주의의 미국 풍토에서는 복지를 개인을 타락시키는 원인으로 간주하고 있다.

케네디 대통령, 존슨 대통령의 민주당 시절에 65세 이상의 고령자를 대상으로 한 Medicare와 빈곤층을 대상으로 한 Medicaid가 채택, 실시되고 있지만, 기업의 단체의료보험에 가입하지 않는 한 의료비는 개인부담이다. 즉 국민건강보험 제도가 없는 유일한 선진국이다. 2003년 통계 기준으로 미국에서는 의료보험에 가입하고 있지 않은 인구가 전체의 15.6%인 4,500만 명에 달하고 있다. 의료비 수준 자체가 고액이고, 감기나 복통은 보험 적용이 되지 않는다. 미국인들이 왜 그다지도 건강관리에 열심인지를 여기서 헤아릴 수 있다. 피트니스 센터에 다닌다든가, 조깅이나 테니스를 한다든가, 흡연에 신경을 쓰는 일 등이 모두 의료복지와 간접적인 관련을 지니고 있다.

1992년에 취임한 클린턴 대통령이 '건강보험개혁법안'을 의회에 상정하였으나, 결국 의사회, 제약업계, 보험업계의 반발로 흐지부지되고 말았다. 연금보험과 실업보험이 유럽보다 40-50년 늦은 1935년에 겨우 도입된 점 또한 복지에 대한 부정적 인식, 국가 관여에 대한 저항이 국민들 사이에 뿌리 깊게 잡혀 있기 때문이다.

2. 소수 민족 시장

미국의 주류시장인 유러피언 아메리칸과 대비되는 소수 시장을 인종 내지 민족을 기준으로 세분화한다면 크게 아프리카계, 히스패닉계, 아시아계로 볼 수 있다. 물론 인종과 민족은 다른 개념으로서, 인종(race)은 사회적으로 구축된 생물학적 특징, 즉 피부색을 기반으로 한 것이고, 민족(ethnicity)은 특정 민족 집단의 문화적 관행과 커뮤니케이션 패턴을 포함하는 개념이다(Gudykunst, 2001: 7). 이러한 문화적 관행과 커뮤니케이션 패턴은 소수민족이 미국 생활 속의 경험을 통해 수정 내지 적응시킨다. 특히 같은 아시아계라고 하더라도 이민자 출신에 비해 미국출신은 미국의 문화적 가치와 커뮤니케이션 패턴을 학교, 주류 사회의 동료, 매스 미디어 등으로부터 학습하기 때문에 이민자 출신과는 상당한 차이를 보인다.

인간은 3가지 유형의 정체성을 개발해간다.[5] 첫째는 인간적 정체성(human

5) Turner, J.(1987). *Rediscovering the social group*. U. K.: Blackwell.

identity)으로서, 인간을 동물과 분리시키는 정체성이며, 이는 인간이 공통으로 갖고 있는 것에 기초한다. 둘째는 사회적 정체성(social identity)으로서, 사회집단(문화, 민족, 성 등)의 회원 자격 또는 자신의 역할(의사, 교수 등)에 기초한다. 개인적 정체성(personal identity)은 사회적 정체성을 공유하는 타인과 자신 간의 차이로서, 개성 내지 인격이라고 말할 수 있다. 소수 민족에게 가장 중요한 정체성은 사회적 정체성에 속하는 민족적 정체성과 문화적 정체성이다. 민족적 정체성은 가령 베트남계 미국인 내지 아시아계 미국인(이는 아시아계의 하위 민족이 아닌 아시아계 전체를 염두에 둔 범민족적=panethnic 정체성)을 말하는 것이고, 문화적 정체성은 주류 미국문화의 일원으로 자신을 바라보는 것을 말한다(Gudykunst, 2001: 11).

세분화는 Smith[6]가 처음 도입한 개념인데, 그는 제품 차별화가 수요를 공급의 의지에 굽히도록 하기 위해서, 광고와 촉진을 통해 경쟁 제품과 다르다는 것을 강조하고 그 결과로 수요를 증가시키면서 경쟁을 완화하려는데 목적이 있다고 한다면, 시장 세분화는 수요 입장에서 바라보는 개념으로서, 소비자의 요구사항을 충족하기 위해 제품과 마케팅 노력을 합리적이고 보다 정확하게 조정하는 일이다. 시장의 매력적인 부분을 확인하여 그 부분에 특별히 적합한 제품을 개발함으로써, 공급을 수요의 의지에 굽히게 만드는 것이다[7].

1) 흑인 시장

대부분의 이민자들은 미국이라고 하는 신천지에 자신의 운명을 개척하기 위해 자발적 결정으로 왔지만, 아프리카계 미국인, 곧 흑인들은 미국 남부지역의 플랜테이션 농장에 노예로 팔려와 목화 노동에 종사할 수밖에 없었던 예외적인 인종이다. 1976년에 나온 소설이자 우리나라에도 TV 드라마로 소개되었던 '뿌리

---

6) Smith, W.(1956). Product differentiation and market segmentation as alternative marketing strategies. *Journal of Marketing*, 21, 2, 3-8. It is reprinted in Engel, J. et al. eds. *Market segmentation: concepts and applications*, New York: Holt, Rinehart & Winston, 1972, 29-35.

7) 미국인구통계 www.census.gov, 노동통계 www.bls.gov, 주요 조사회사로는 www2.acnielsen.com, www.scarborough, www.smrb.com, www.spectramarketing.com, www.yankelovich.com 등이 있다.

(Roots)'의 반향으로 이후 인종을 분류기준으로 한 흑인이 아니라 민족성을 전면에 내세운 아프리카계 미국인이라는 호칭이 일반화되었다. 2003년 통계 기준으로 보면, 흑인은 전체 인구의 12.7%인 3,709만 명으로 라틴계에 밀려 3위의 인종 집단을 형성하고 있다.

흑인에 대한 호칭에는 African American과 Black, Negro의 두 가지가 있다. 어떤 흑인들은 후자에 따라다니는 부정적 고정관념 때문에 전자의 호칭을 선호하는 반면, 다른 흑인들은 인종 정체성의 발달 측면 또는 개인적 경험에 토대하여 후자의 호칭을 선호하기도 한다(Brooks et al., in Smith ed., 2004: 146). 또한 연령과 세대에 따른 선호도 차이도 있어서, 젊은 세대는 전자를, 기성세대는 후자를 선호하기도 하며, Black이란 호칭을 가장 선호하는 계층은 대졸 학력에 부유하고 경영직(executive)의 직업을 가진 자, 시골 지역, 남부 지역 거주자이다.

결국 흑인이라고 해도 피부색, 국적, 교육수준, 언어, 사회경제적 지위, 영성(spirituality), 종파(faith denomination), 성적 지향, 문화적 유산, 출생지역 등의 기준에서 다양한 편차를 보이고 있다. 자연과의 조화, 균형을 어떤 식으로 이룰 것인가에 대한 견해를 보더라도, 가정, 지역사회, 국가 등과 같은 조직체 전체의 생존을 통해 달성될 수 있는 것이라고 보는 흑인들이 있는가 하면, 개인의 생존에 강조점을 두는 흑인들도 있다. 그럼에도 불구하고 평균적으로 지역사회와의 조화, 상호의존성을 강조하는 흑인들의 세계관을 고려한다면, 흑인 고객들의 문제 해결에 기여하기 위해서는 이 점을 반영한 접근 자세가 요구된다.

흑인들은 히스패닉이나 아시아계와는 달리 주류 백인과 같은 영어를 사용하기 때문에 기업의 마케팅 담당자들은 이들을 피부색이 검은 백인으로 간주하여, 문화 특유의 마케팅을 전개해야 할 대상으로 보지 않는다. 또한 흑인 대상의 인쇄 매체와 라디오 매체[8])는 1940년대부터 줄곧 있어 왔지만, 전국적인 흑인 TV 네트워크가 없어서 이들을 공통의 전국 시장으로 결합시킬 촉매가 결여된 상태이다.

Fox TV가 이따금씩 흑인 대상의 프로그래밍을 했고, 케이블 TV 중에는 BET(Black Entertainment Television), UPN(Universal Paramount Network), WB(Warner Brothers)가 흑인을 표적으로 삼은 프로그램을 만들었지만, 겨우

8) 흑인에게 가장 인기있는 라디오 프로그램은 Tom Joyner Morning Show이다.

1990년대에 들어와서의 일이고, 히스패닉의 Telemundo, Univision 등과 같은 전국망을 갖춘 것은 아니다. 더군다나 흑인은 주류 문화에서 새로운 경향을 만들어 내는 자(trendsetter)로서 인정받고 있기 때문에, 독특한 집단으로서 이들을 표적 삼아야 할 필요성을 부인한다(Davila, 2001: 220).

사실 흑인 광고대행사는 공민권의 압력 속에서 탄생한 것이기에, 이들의 광고 서비스를 이용할 필요가 있다고 절감한 이는 아무도 없었다. 한 가지 덧붙인다면, 흑인 및 검은 것에 대한 미국 역사 속의 편견이 흑인 마케팅 사업의 걸림돌로 작용하였으며, 미디어가 바라보는 흑인에 대한 이미지와 이들의 저소득 및 흑인에 대한 고정관념, 가령 도덕성, 가치관, 엉망진창인 가정, 무절제한 행동 등이 광고주들에게 흑인을 표적으로 삼은 광고의 가치에 의문을 갖게 한다.

아프리카계 미국인들은 특정 상품 카테고리에서만 열성적인 구매자라는 점도 약점이다. 이들이 백인에 비해 많은 소비 지출을 보이는 상품은 식료품, 의류, 액세서리(팬티 스타킹: panty hose, 머리 및 손톱/발톱 액세서리), TV와 라디오 장비 등이며, 월등히 낮은 소비를 하는 상품으로는 집안 치장, 주택 유지 수선, 보험 등이다. 이처럼 흑인들이 외모를 잘 보이려고 하는 일에 소비를 보인다는 점이 미국의 인종차별에 의미심장한 뜻을 전한다. 미국인들은 사회에서 가장 열등한 구성원들이 소문으로 들리는 자신의 부족함을 시정하거나 보상하기 위해 스타일, 용모, 화장, 치장 등에 신경쓴다고 생각한다(Davila, 2001: 223).

이런 사실을 보여주는 통계가, 2004년도 미국 광고시장은 2,637억 달러에 달하는 것으로 추산되지만, 그 중 흑인 소비자를 표적으로 삼은 광고는 겨우 0.68%인 18억 달러에 불과하다(Miller, Kemp, 2006: 1). 우리나라에서도 요즘 다문화 가정이란 용어를 많이 쓰고 있지만, 미국기업들의 마케팅 활동은 다문화적이라기보다는 다인종적 차원에 머물고 있다.

1980년대 United Colors of Benetton은 다인종으로 구성된 모델들이 서로 웃으며 껴안고 있는, 당시로서는 혁신적인 광고를 제작하였다. 1990년대 말 타이거 우즈는 자신의 다인종 혈통을 포용하는 차원에서 스스로를 Cablinasian이라고 선언함으로써, 다인종 이슈의 챔피언이 되었다.

2000년도에 미국의 인구통계국(U.S. Census Bureau)은 국민들에게 인종적 정체성을 선포하도록 권유하여 이중인종 내지 다인종(biracial or multiracial)으로 자신을 분류하는 미국인들이 생겨나고 있다. 다문화 마케팅이란, 문화적 통찰을 갖고 표적 고객과 연계를 도모하는 일이다.

흑인들에게 자신이 어떻게 불려 지기를 원하는지 The Roper Organization이 1993년에 설문조사한 결과를 보면, African-American은 30%에 불과하였고, 그보다 많은 42%는 Black으로, 10%는 Afro-American, 나머지 18%는 다른 명칭 또는 잘 모르겠음으로 나왔다. 2001년 Gallop Newwire의 조사에서는 40-45%의 흑인들이 Black과 African-American 사이에 뚜렷한 선호도 차이를 보이고 있지 않았다. 흑인들끼리 Black이란 호칭을 사용할 때는 친근감과 낯익음을 의미하지만, 공식적으로 언급될 때는 African-American이라는 호칭을 선호한다고 볼 수 있다.

흑인 소비자의 구매력은 1990-2005년 중에 127% 증가한 7,610억 달러이고 2009년에는 9,650억 달러로 늘어날 전망이다. 이들의 두드러진 소비 항목을 보면, 헤어 케어 부문의 40억 달러에 달하는 미국 시장의 30%를 웃도는 비중을 차지하고 있고, 흑인 가정의 63%는 중고차를 나머지 37%는 신차를 구매하고, 1인당 연간 전화통화 사용액은 918달러로서 미국 평균치보다 8.1% 높고, 연간 의류지출비는 1인당 평균 1,427달러로서 미국 평균치보다 458달러 많고, TV/라디오/음향기기를 구매하는 흑인은 60%로서 미국 평균치 32%의 거의 2배에 달하며, 1주일간 식료품 지출비는 미국 평균치를 30% 웃돌고, 2002-2003년 중 여행 건수는 미국 평균치 2% 증가세를 웃도는 4%의 신장세를 보이고, 저축/투자 목적은 백인의 58%가 퇴직에 대비한 반면 흑인의 58%는 자신과 자녀의 교육비를 위해 하는 것으로 밝혀졌다(Miller, Kemp, 2006: 10).

이를 잘 활용하여 마케팅의 성공을 본 것이 State Farm사의 보험광고이다. Spike DDB라고 하는 흑인계 광고대행사가 인쇄물에 제작한 광고 내용은, 침대에 누운 어린이가 팔을 쭉 뻗고 Morehouse College가 박힌 헐렁한 스웻셔츠를 입고 있다. 광고 문구에는 "우리애보다 빨리 성장하는 건 대학 교육비뿐이다. 애들은 금새 크고, 벌써 대학 들어갈 나이가 된다." 2002-2005년 중에 전개된 이 캠페인 덕분에 스테이트 팜사의 재무서비스에 대한 흑인들의 인지도는 급상승했다.

흑인들은 자기네들끼리 있을 때 주는 이미지와는 다른 이미지를 대중에게 전달할 필요성을 느끼고 있는데, 초점집단에게 이런 행동에 대해 질문을 해보면, 흑인에 대해 갖고 있는 부정적이거나 잘못된 고정관념을 상쇄시키기 위해서 덜 흑인처럼 여겨지는 언어와 억양을 사용한다고 말한다. 즉 백인과 흑인의 양면 의식(double consciousness)을 그때마다의 상황에 맞추어 적절히 보여주는 것이다. 흑인들끼리 사용하는 언어를 Ebonics라고 하는데, 기업의 마케팅 담당자들은 이들과의 공통성을 이끌어낼 목적으로 흑인 언어를 사용하는 전략은 오히려 역효과를 불러오는 모욕적인 일로 받아들여질 수 있다는 점에 유념해야 한다.

최근에 맥도널드가 ESPN.com에 올린 배너 광고가 '더블 치즈버거라고, 그걸로 하지(Double cheeseburger? I'd hit it)' 이었는데, 도회지 흑인들 사이에서 I'd hit it이란 표현은 섹스를 한다는 속어이다. 흑인들도 다른 인종처럼 여러 상이한 언어 패턴을 보여서, 남부 흑인의 영어는 뉴욕 흑인의 영어와 다르다. 어떤 흑인들은 무식하거나 부정적 고정관념을 강화시킬 수 있다는 생각에 흑인식 억양이나 발음을 하지 않는다. 특히 흑인식 영어를 말함으로써 친근하게 다가오려는 백인에 대해 심한 불쾌감을 갖는다.

흑인들이 프리미엄 브랜드의 상품을 선호하는 이유는, 사회적 지위의 특출난 배지를 제공하기 때문이다. 고정관념을 없애주고, 감성적 욕구를 채워주고, 가장 최신 경향에 맞추게 해준다. 흑인들은 자신의 외모에 대해 강한 자부심을 갖고 있고, 흑인세계에서 색다른 옷을 입는다는 것은 자신의 정체성을 형성하는 아주 중요한 부분이다. 따라서 내셔널 브랜드가 아닌 PB 상품은 잘 구매하려 하지 않는다. 브랜드가 자신의 사회적 지위를 대변한다는 생각은 백인의 14%에 비해 30%로 월등히 높다.

흑인 소비자들은 성능이 좋은 상품보다는 광고된 상품을 최고의 브랜드로 꼽는다. 물론 성능이 광고만큼 따라주지 않는다면 수용되지 않지만. 아울러 브랜드의 명칭뿐 아니라 브랜드가 자신들에게 마케팅을 전개하는 방식에도 크게 신경 쓴다. 흑인들에게 맞는 방식으로 직접 메시지를 전달하고 자기네 지역사회에 이익을 환원해주는 브랜드를 지지한다는 것이다.

흑인들은 그날그날 살아가는데 버거운 경우가 많기 때문에 먼 미래에 대해서는 그다지 관심이 없는 편이다. 이를 염두에 둔 마케팅 전략으로 효과를 본 것이 시카고 심포니 오케스트라이다. HMG사의 조사를 바탕으로 전개한 흑인 고객 대상 연주회 판매전략을 보면, 9월 연주회를 알리는 DM을 5월에 시작하는데, 연주회 개시일에 임박해서 DM과 광고를 실행할 것을 HMG사는 권했다. 아울러 마지막 공연을 앞둔 시간에 표를 구매하려는 흑인 관객들을 위해 상당수의 표를 예비로 돌려놓았다. 결과는 대성공으로 나왔다(Miller, Kemp, 2006: 29).

흑인들은 동질적 집단이 아니라 이질적 집단이며 그렇게 보여지길 원한다. 다른 인종과 마찬가지로 연령, 성별, 사회경제적 지위, 교육, 문화적 마음가짐(mindset)에 따라 견해를 달리하는 사람들이다. 특히 1960년대 시민권 운동(civil rights movement) 이전 세대와 이후 세대간에는 극명한 차이를 드러낸다.

마틴 루터 킹 목사와 같은 인물이 또 등장하기를 학수고대하는 것 vs. 마틴 루터 킹 목사가 누구세요, 문화의 보전이 가장 중요한 것 vs. 문화와 더불어 라이프 스타일도 중요, 정치적 행동 성향이 높음 vs. 유명인사를 통한 정치 활동에 관여가 중요, 순간적 만족(instant gratification)에 대해 중간 내지 높은 욕구 보유 vs. 지대한 욕구 보유, 인종 및 인종차별주의가 마음속에 가장 중요하게 자리잡음 vs. 자신을 이중 인종이라 간주하고 인종간 포용에 보다 높은 성향, 미디어의 흑인에 대한 고정관념에 강력한 반감 vs. 일부 흑인에 대한 고정관념에 유머감각이 담겨져 있고 위협적이지 않다고 봄 등의 차이가 그러하다. 물론 그럼에도 불구하고 공통의 문화, 역사에 의해 하나로 묶여지는 집단이라는 점은 분명하다. 그 공통성(commonality)은 흑인 집단을 독특한 무리로 엮어주는 어찌할 수 없는 구속(bond)이다.

흑인 젊은이들이 주도하고 있는 힙합 문화는 1970년대 중반 뉴욕시의 흑인과 라티노 청년들이 그 원조이다. 힙합은 그들의 살아온 경험, 특히 게토에서의 삶을 표현하는 수단이었다. 오늘날 힙합은 인종간을 가로질러 폭발적으로 파급되고 있으며, 1억명을 웃도는 소비자들이 3천억 원의 구매력을 갖고 음악, 스타일, 언어, 문화를 통해 발현되는 보편적인 현상으로 자리잡았다. 흑인 10대들은 무리에 섞이기보다는 튀고 싶어하는 갈망이 강해서 패션(baggy jeans, baseball caps on backwards, oversized shirts), 헤어스타일(cornrows, braids), 음악(rap, hip-hop)

등에 영감을 불어넣으며 이를 다시 다른 인종의 10대들에게 확산시키는 역할을 하므로, 마케팅 담당자에게는 대단히 중요한 존재이다.

흑인 여성의 구매력 또한 무시할 수 없는 것이, 흑인 전체 소득 가운데 여성이 차지하는 몫이 49%인데 비해, 백인과 라티노 여성은 자기네 인종의 총 소득 중에 불과 1/3 정도만을 점하고 있다(PR Newswire, Jan 19, 2004). 흑인 여성들이 다수 지분을 소유하고 있는 개인회사는 2004년 기준으로 414,472개이며 이들이 고용하고 있는 종업원은 25만 명 이상, 매출액은 200억 달러에 육박한다(Sheryl Nance-Nash, African-American Women Gaining in Biz Starts, *We News*, Feb 13, 2005).

흑인 여성들이 백인 여성들에 비해 몸무게가 많이 나가는 이유는, 사회경제적 요인, 문화적 기대치와 규범, 다이어트, 규칙적 운동 부족 등의 요인과 더불어 다음과 같은 요인들이 자리잡고 있다. 첫째, 흑인 지역사회에서 몸무게는 커다란 이슈가 아니라는 점이다. 풍만한 여성(full-figured woman)을 경시하는 경향이 덜하다. 둘째, 흑인여성들은 과체중을 백인여성들만큼 부정적으로 바라보지 않는다. 셋째, 흑인 10대 여자애들은 거식증이나 걸식증과 같은 무질서한 식사의 고통을 덜 받는다. 그러나 이상의 이유보다 더 강력한 것은, 많은 흑인 남성들이 풍만한 여성을 받아들인다는 점에 있다.

부랑아 같은(waif-like) 신체가 주는 이미지는 패션업계는 물론 일반 사회에서도 인기를 잃어가고 있다고 어느 마네킹 디자인 회사의 사장은 말한다. 잡지를 보면 모델들의 몸매가 다소 늘었다는 지적이다. 모든 이들이 섹시하게 보이기 위해 일률적으로 마를 필요는 없다는 것이다. 제니퍼 로페즈, 비욘세 등과 같이 보다 육체미를 지닌(curvaceous) 유명 연예인들이 인기를 얻는 점도 신체적 특성이 다른 사실을 긍정적으로 바라보라는 자세를 여성들에게 불어넣어주고 있다.

흑인 남성들을 대상으로 한 마케팅 활동에서는 이들의 부담감(Black man's burden)을 활용하는 것이 효과적이다. 가정과 리더십에서 보여주는 흑인 남성들의 역할, 가령 존경받는 가장과 사려 깊은 부친, 사업가, 기업 경영자, 소위 만능 멋쟁이(all-around good guy)로 묘사하는 일이다. 이를 통해 재미를 본 것이 바로 P&G사의 Tide 브랜드이다. 광고대행사 Burrell Communications사가 제작한 광고는, 흑인 남성이 어린 아기를 가슴에 안고 소파에 누워 있는 모습을 연출하고, 왼손에는 반짝이는 결혼반지를 끼고, 배경음악으로는 네오 쏘울 뮤직이 흐른다.

흑인 커뮤니티의 중요한 이슈, 즉 모든 흑인남성들은 부재중인 아버지(absent fathers)라는 인식을 긍정적으로 유관되게 활용하는데 성공했다. 흑인들의 라이프스타일에서 일어나고 있는 정상적인 일(normalcy)로 묘사함으로써, 흑인남성과 흑인사회를 온당히 대우했다는 점이 격찬을 이끌어냈다. 흑인 남성들에 대해 갖고 있는 편견을 불식할 수 있었던 것은 이들의 마음가짐을 내부자 입장에서 꿰뚫었기 때문에 가능하였다. 덕분에 타이드 브랜드는 P&G에게 사상 최고의 투자수익률을 안겨주었다.

흑인 소비자들에게 효과적인 광고전략을 발휘하려면 세 가지 기본적인 요건을 충족해야 한다. 그것은 흑인 소비자들이 신뢰성(believability), 소구성(appealing), 관련성(relevant)을 느낄 수 있도록 만드는 일이다. 신뢰성이란 그 광고가 말이 되냐는 것이다. 지나친 뻥튀기(too much of a stretch)면 곤란하다. 소구성이란 시각적 만족감을 주는지, 시선을 끌어서 소비자를 멈춰 서게 만드는 힘을 갖추어야 한다는 의미이다. 관련성이란, 흑인에 대한 고정관념을 배제하고, 흑인들이 동질감을 느낄 만한 무언가가 그 안에 담겨져 있는가 하는 점이다(Miller, Kemp, 2006: 51-52). 아울러 흑인들은 찰나적 만족(instant gratification)을 추구한다는 점을 고려하면, 이들에게 메시지의 의미를 헤아려보도록 하는 전략은 메시지를 전혀 전달시키지 못할 우려가 있다.

흑인 사회가 안고 있는 문제로는 좋은 교육의 부재, 범죄, 마약, 10대와 부모간 문제 이외에 상호 신뢰의 결핍이 있다. 흑인 소비자에게 다가갈 때, 주류 미디어에 의존해서는 얻을 수 없는 1대 1의 감성적 요소라고 하는 부가가치는 흑인 대상의 미디어에게서 얻을 수 있다. 흑인 사회내의 영향력있는 인물(influencer)과의 접촉에 무게와 권위를 다하는 일은, 보다 신뢰성이 높은 흑인 전용 미디어가 해낼 수 있다.

가령 시카고 지역에서 명성있는 전통 메카 페이퍼인 N'Digo의 표지를 장식하게 되면, 전체 흑인 커뮤니티가 주목을 하게 된다. 흑인들은 주류 미디어가 흑인을 범죄자와 같은 최악의 모습으로 보여주기 때문에, 긍정적 미디어 이미지에 메말라 있다. 흑인의 79%는 흑인 미디어로부터 뉴스와 정보를 얻는다고 하며, 56%는 모든 출연진이 흑인(all-Black cast)으로 이루어진 프로그램에 나오는 광고에 보다 관심을 둔다고 한다(Miller, Kemp, 2006: 60).

흑인들은 주당 22.3시간을 라디오 청취에 보낸다. 아울러 12세 이상의 흑인 중 95.1%는 라디오를 청취함으로써, 이 연령층의 흑인에게 라디오는 제일의 미디어로 통한다. 주중에는 오전 8시 이전과 오후 7시 이후에는 대다수의 흑인이 가정에서 라디오를 청취하는 경우가 많으며, 오전 8-오후 7시 사이에는 64%를 웃도는 흑인들이 가정 밖에서 듣는다(Miller, Kemp, 2006: 61). 특히 도회지의 라디오 방송(urban radio)은 개별화된 메시지의 전달에 효과적이다.

흑인들의 TV 시청은 주당 75.8 시간으로서 미국 평균치보다 40% 많은 시청시간을 소비한다. 이들의 불만은 다양한 흑인 계층에 소구할 만한 관련된 프로그램이 부족하다는 지적이다. 흑인 케이블 TV인 'TV One'의 CEO Johnathan Rogers에 따르면, 주류 시청자들은 흑인에 관한 드라마 심지어 시트콤조차 지지하지는 않을 것이다. 물론 French Prince라든가 The Cosby Show 같은 흑인 주인공들의 인기 드라마도 있지만 이는 예외적인 경우이다.

흑인과 백인 간의 TV 프로그램의 선호도 차이를 보여주는 예로서, 2003-2004년 중에 방영된 프로그램 중 흑인과 백인 모두 상위 10안에 꼽은 것은 American Idol과 NFL Monday Night Football뿐이다. 흑인들은 UPN 채널에서 특정 요일에 몰아서 방영하는 전형적인 흑인 쇼를 시청하고 있다. TV를 시청하는 1,390만 흑인 가정의 78%는 케이블 TV 시청료를 내고 있고, 25%는 디지털 채널 서비스에 비용을 지불하고 있다.

그 중 특히 HBO와 Showtime 채널은 흑인을 주제로 한 영화, 다큐멘터리, 특집 등을 방영하고 있는데, Showtime의 Soul Food(2004년 종영)라는 드라마는 공중파와 케이블을 통틀어 유일한 흑인 드라마인데 이를 통해 Showtime은 상당수의 시청료 납부 회원을 모으는데 성공했다. 또한 새로운 케이블 TV인 TV One은, 흑인 출연진이 압도적인 쇼 프로그램을 방영하고 있는데, 이를 통해 백인 시청자 사이에서 장수 인기를 누리고 있는 포커, 데이트, 요리와 같은 현장에 흑인들도 참여할 수 있는 기회를 제공하고 있다.

흑인 문화와 관련성을 지닌 뜯어 고치기 프로그램이 둘 있는데, 하나는 흑인 여성의 머리 및 피부관리를 다루는 Makeover Manor이고, 다른 하나는 주택 대신 교회를 새로 리노베이션하는 Divine Makeover이다.

인쇄 매체는 흑인 시장에 접근하는 가장 확고하고 책임감있는 도구인데, 350 종류 이상의 신문과 잡지가 흑인을 표적으로 하고 있다. 실제로 77.5%의 흑인이 지역신문에서 제품 정보를 얻고 있으며, 82.3%는 흑인 잡지에서 구하고 있다. 가장 구독자 수가 많은 흑인 대상 인쇄매체로는 Ebony(1,070만), Essence(710만), Black Enterprise(400만)의 순이다.

이밖에 구전효과를 발휘하는 매체로는, 흑인사회에서 교회는 진리를 정의하는 중요한 곳으로서, 개인들은 다른 교인 및 목사와 상호접촉을 통해 세계관을 형성하는데 도움이 되는 과정을 밟는다. 흑인 여성들은 미국 평균 여성에 비해 2배나 많은 2-4시간을 한 번의 미용실 방문에서 소비하며, 흑인 남성들은 세대에 걸쳐 이발소에 모여 뉴스와 정보를 공유해 온 점에서 이들 시설이 구전의 장소로 이용된다.

흑인들을 대상으로 한 시장조사에서 이들이 표명하는 의견과 속내가 다르다는 점을 보여주는 예로서, 자동차 선택에서 중요시하는 항목을 보면, 이들이 겉으로 드러낸 의견으로는 성능, 안전성, 연비, 가치 등의 순이지만, 이들의 속내는 스타일, 호화로움, 안락, 남의 주목을 끄는 힘 등의 순이다(Miller, Kemp, 2006: 91).

거주 지역을 기준으로 한 상위 10위권에 속하는 흑인 시장은, 뉴욕 주의 뉴욕시(213만 명, 해당 도시 인구의 26.6%) 〉 일리노이 주의 시카고(106만 명, 36.8%) 〉 미시건 주의 디트로이트(77만 명, 81.6%) 〉 펜실베이니아 주의 필라델피아(65만 명, 43.2%) 〉 텍사스 주의 휴스턴(49만 명, 25.3%) 〉 메릴랜드 주의 볼티모어(42만 명, 64.3%) 〉 캘리포니아 주의 LA(41만 명, 11.3%) 〉 테네시 주의 멤피스(40만 명, 61.4%) 〉 컬럼비아 특별구의 워싱턴(34만 명, 60.0%) 〉 루이지애나 주의 뉴올리언스(32만 명, 67.3%)의 순이다. 이들 10대 도시의 전체 인구 2,138만 명 중에 흑인은 평균 32.9%인 702만 명을 차지한다. 이는 미국 전체 인구 2억 8,142만 명 중에 흑인이 12.3%(3,466만 명)을 점하는 것과 비교하면 집중적으로 거주하는 지역임을 알 수 있다(U. S. Census Bureau).

2) 라티노 시장

중남미계 미국인들을 가리키는 호칭에 히스패닉(Hispanic)과 라티노(Latino)가 있는데, 히스패닉은 스페인어를 말하는 사람들(Spanish-speaking people)이라는 의미로서, 이베리아 반도를 뜻하는 라틴어 Hispania에서 유래하였다(示村, 2006: 48). 1970년대 중반부터 쓰이기 시작하였고 1980년대에 들어와서 일반화되었다. 그런데 히스패닉이란 호칭은 스페인의 유산, 전통을 강조하고, 스페인과 포르투갈의 식민지 지배를 연상시킨다고 하여, 라틴아메리카를 기원으로 한다는 의미에서 라티노가 선호되고 있다. 또한 히스패닉이 미국문화에 동화, 순응을 의도하는 반면, 라티노는 자신들의 문화, 언어의 보전을 강조한다고 해석되어 대도시의 젊은이들은 이를 사용하는 경향이 높다.

현재 미국의 소수민족(ethnic group) 가운데 가장 수적 우세를 보이는 집단이 바로 히스패닉계이다. 전체 미국 인구의 13%를 차지하고 있고, 2050년에는 27%로 배증할 것으로 내다보고 있다(Associated Press. In 2001 Hispanics to be largest minority. *Lincoln Star*, 29 Sep. 2001, pp. 1, 9). 1990년대의 10년간 인구 증가율을 보면, 백인 5.9%, 흑인 15.6%인데 비해 라티노는 57.9%라는 경이적인 증가세를 보였다.

라틴계는 20여개 국가의 출신들을 아우르는데, 이들을 하나로 엮는 요소는 집단 지향성(group orientation), 권위에 대한 존경(respect for authority), 계층 구별(class distinction), 신앙(faith), 운명에 대한 믿음(belief in fate), 가족에 대한 충직(family loyalty) 등이다(Valdes, M., Seoane, M. Hispanic buying power. *American Demographics*, Sep. 1995:10).

이들은 자기 문화 보전에 대한 욕구를 갖고 있고, 미학과 감성을 강조하며, 종교와 전통에 헌신하며, 삶의 질과 즐거움을 중시하고, 외모에 강한 관심을 갖고 있다. 반면에 히스패닉은 남성주의(masculinity)가 강해서 자기주장, 성과, 성공, 경쟁 등의 특성을 보인다. 이들은 브랜드 충성도가 높은데, 특히 자기 부모가 구매한 브랜드를 사는 경향이 있다. 평균 나이는 미국 전체의 평균 나이보다 7살 젊다. 미국의 주류 문화는 근면을 통한 성공을 중시하여 성공한 사람들을 도덕적으로 건전하다고 보고 있으며, 개인주의와 자유, 평등, 경쟁, 강한 직업윤리 등을 내세운다.

국별로는 멕시코계 63.9%, 푸에르토리코계 9.1%, 쿠바계 3.5%, 도미니카공화국, 자메이카, 콜롬비아, 엘살바도르 등의 중남미계가 나머지 15.5%를 차지한다(Pew Hispanic Center Tabulations of 2005 American Community Survey, Table 3). 멕시코계는 예전에 멕시코 영토이었던 캘리포니아, 텍사스, 뉴멕시코, 애리조나, 콜로라도 등의 남서부 주에 거주하고, 푸에르토리코계는 뉴욕시와 뉴저지 주, 쿠바계는 지리적으로 모국과 근접한 플로리다를 중심으로 남동부 주에, 나머지 중남미계는 캘리포니아를 중심으로 한 남서부 주에 각각 집중적으로 살고 있다.

전체 라티노가 가장 많이 거주하는 지역은 캘리포니아 주 1,253만 명(주 인구의 35.5%) 〉 텍사스 주 788만 명(주 인구의 35.4%) 〉 플로리다 주 343만 명(주 인구의 19.8%) 〉 뉴욕 주 302만 명(주 인구의 16.2%) 〉 일리노이 주 180만 명(주 인구의 14.5%) 순이다.

이를 다시 도시 단위로 순위를 분류해 보면 뉴욕시 216만 명(시 인구의 27.0%) 〉 LA 171만 명(시 인구의 46.5%) 〉 시카고 75만 명(시 인구의 26.9) 〉 휴스턴 73만 명(시 인구의 37.4%) 〉 샌 안토니오 67만 명(시 인구의 58.7%) 〉 마이애미 23만 명(시 인구의 65.8%) 순이다. 같은 스페인어라도 사용하는 어휘, 문법, 억양 등에서 차이가 있고, 문화와 역사의 다양성도 있어서 획일화시키기에는 무리가 따른다는 점도 병기해둘 필요가 있다.

광고 모델의 정체성이 광고 및 브랜드가 소비자에게 주는 호감에 어떤 영향을 갖는가에 대한 히스패닉계 대상의 연구 결과(Torres, Briggs, 2005, 150-156)는 자못 흥미롭다. 소비자는 상품에 대해 높은 관여(high involvement)와 낮은 관여를 보일 수 있다. 구매 의사결정이 어느 정도 강도(intensive)를 지니는가, 고려되는 속성(attributes)이 얼마 만큼인가에 따라 관여도가 달라진다.

호텔과 보험(높은 관여: 5점 척도로 각각 4.2와 4.4), 사진인화와 장거리전화서비스(낮은 관여: 5점 척도로 각각 1.9와 2.3)의 컬러 사진 광고(Holiday Inn, State Farm Insurance, Kodak, AT&T)를 대상으로 한 분석에서, 히스패닉계 소비자들은 낮은 관여의 광고에 나타난 광고 모델과 자신과의 동질성을 높은 관여의 광고에 비해 강하게 느끼고 있음이 밝혀졌다.

미국의 소매업체들은 상품 분류, 매장 배열, 머천다이징 등에서 여전히 전국적인 표준화 방침을 소수시장에게 그대로 적용하고 있다. 히스패닉의 인구는 2002년에 3,740만 명으로 전미 인구의 13%이고, 2009년에는 17%를 차지할 것으로 전망된다(Humphreys, The multicultural economy 2004: America's minority buying power, *Georgia Business and Economic Conditions*, 64, 3, 2004, 1-27).

이런 전망의 근거는 1990-2009년 중 히스패닉의 인구 증가율이 121%인데 반해 다른 미국인구의 증가율은 14%에 그친다는 점에 있다. 히스패닉 전체의 구매력은 5,040억 달러(2000) → 6,860억 달러(2004)로 늘어났고 2009년에는 다시 9,920억 달러로 예상된다. 그러나 히스패닉의 인구 비중이 2009년에 17%로 예상되는데 비해 총 구매력이 9%로 예상된다면 1인당 구매력은 낮다고 보아야 할 것이다.

이들 히스패닉계 소비자들이 미국의 소매 유통업체를 어떻게 인식하고 있는가에 대한 조사(Wesley et al., 2006: 167-184. 멕시코, 콜롬비아, 엘살바도르, 도미니카공화국, 온두라스 출신의 여성 40명을 초점집단으로 한 조사)를 보면 점포의 인격(personality)에 대한 묘사가 다음과 같이 나타났다. 월마트는 성공한 비즈니스 우먼의 인격체로 묘사한 경우가 가장 많다. 많은 시간을 낭비하지 않으면서 생활의 세세한 모든 부분을 돌보는 모습으로 묘사된다. 이렇게 히스패닉 소비자들에게 투영된 월마트의 인격은 월마트의 홈페이지에 쓰여 있는 자사의 철학과 일치하고 있다.

홈페이지에는 "...Whether you walk into a Wal-Mart store in your hometown or one across the country while you're on vacation, you can always be assured you're getting low prices and that genuine customer service you've come to expect from us. You'll feel at home in any department of any store...that's our culture."라고 쓰인 부분이 있다.

타깃은 월마트처럼 여성으로 묘사되지만 전혀 다른 인격을 갖고 있다고 여겨진다. 타깃은 45세에 매우 신중하면서 자존심이 센 여성으로서 월마트보다 세련된 비즈니스 우먼으로 묘사된다. 히스패닉에게 타깃은 비싼 점포, 지나치게 미국적인 점포, 자기네 관심과는 너무 동떨어진 점포 등으로 받아들이고 있다. JC Penney와 Belk는 둘 다 우아하고 패션감각이 있으면서 약간은 도도한 모습으로 비춰지고 있다. 단지 히스패닉 여성 소비자들에게 이 둘의 기업은 자신들의 니즈를 채워주고 있지 않는 기업으로 여겨지고 있다.

TJMaxx는 산만하고 젊고 패션지향적인 여성으로 묘사된다. 회사 홈페이지에는 '보물 사냥'을 제공하고 가장 최신 패션에 대해 괄목할 거래를 추구한다고 쓰여 있다.

Marshalls는 세련된 남자로 묘사되는데, 회사 웹사이트에는 남성, 여성, 아동용 디자이너 패션과 브랜드 패션을 풍부히 갖추고 있으며, 선물용품과 가정용품도 백화점, 전문점, 카탈로그 판매가 보다 20-60% 저렴한 가격대에 제공하고 있다고 소개되어 있다.

Ross는 마르고 키가 크고 금발에 긴 스커트를 입는 우아한 비즈니스 우먼으로 묘사된다. 점포 개선에 바쁜 모습으로 비춰지고, 자사 홈페이지에는 25-54세의 중산층(middle to upper-middle income levels) 남성과 여성으로서 가치지향적인 고객을 표적으로 삼고 있는데, 가치의 판단은 브랜드와 강력한 할인 측면에서 정의내리고 있다.

Old Navy는 여성 사업가로서 보다 많은 고객을 점포에 유인하려는 친근감있는 여성으로 묘사된다. 자사 홈페이지에는 기업의 미션을 성인과 아동, 유아, 예비엄마에게 패션성있는 의류와 액세서리를 부담가능한 가격에 제공하는 것으로 설정하고 있다. 이런 미션은 히스패닉 소비자들이 보는 인격과도 일치하고 있다.

Sears는 고급차를 모는 우아한 남성으로서 칵테일 파티에 참석하고 정치에도 관심을 보이는 모습으로 묘사된다. 일부 히스패닉계는 시어스를 모든 장비를 다 갖추고 있는 건설 노동자로 보기도 한다. 이런 두 가지 인격체는 의류, 자동차 용품, 가정용품에 관한 미국 제일의 소매유통업체라는 회사의 견해와 일치하지 않는다.

Home Depot는 매우 가부장적이고 자신감과 강력한 모습을 지닌 건설 노동자 내지 전기 기사로 묘사된다. 양팔에 여자를 끼고 다니며 사교성이 뛰어나고 캐주얼 복장을 입는 모습이다. 이는 가정을 개선시키거나 건물 유지에 신경쓰는 DIY

고객과 전문가 고객을 만족시키려 한다는 회사의 방침과 맥을 같이 한다. 창고형 점포는 여성 고객에게는 너무 어수선하고 깔끔하지 못한 모습이어서 Lowes와 더불어 여성고객에게 바람직한 점포로는 받아들여지지 않고 있다.

Best Buy와 Circuit City는 남성들이 애용하는 점포로서 전자는 세련, 우아, 현대미를 가지고 기술에 몰두하는 남자로 비추어 지는 반면, 후자는 다소 젊고 쿨한 사나이로서 록앤롤 분위기에 지적인 모습으로 묘사된다. 둘은 Home Depot, Lowes와 대조적인 남성상으로 받아들여지고 있다.

이상에서 본 히스패닉계의 유통업체 이미지를 생각하면, 우아하다는 인격은 히스패닉에게는 고고하거나 반기지 않는 모습으로 해석될 수 있다. 그래서 히스패닉의 상당수는 백화점이 자기네들하고는 맞지 않는다고 본다. 소수민족의 소비자에게 비춰진 인격체는 기업의 전략적 의사결정(가령, 스페인어 구사 인력 채용의 증대)이 성공할지 여부를 평가하는 척도로 활용될 수 있다.

전형적인 히스패닉계의 가정은 가부장적 권위가 있는 집안이다. 남자는 가정을 보호하고 식구들을 돌보며 중요한 일에서는 가정을 대표하는 호주인 셈이다. 전통적인 성 역할에 관해서는 변화에 저항을 보인다. 미국 가정이 부부간 공동 의사결정을 하는데 비해 히스패닉계 가정은 내구재 구입 결정에 남편이 주도권을 행사한다. 다른 이민자 집단에 비해 히스패닉은 문화적 변용이 느리다(Ogden, 2005: 99). 혹은 히스패닉 문화의 전통은 가족주의(familism, familismo)에서 찾아볼 수 있다. 충직, 단결, 단일성, 호혜, 헌신, 결속, 상호의존, 협력, 제휴 등의 강한 감정이 여기에 배어 있는데, 가정의 욕구가 개인의 욕구에 우선하며, 가족의 명예가 존중된다(Gloria et al., in Smith 2004: 174).

그와 반대급부로 가정은 구성원에게 물리적, 정서적, 사회적 지원을 하여 스트레스에 대한 완충 기능을 한다. 히스패닉의 가족주의가 말하는 가족의 범위는 광범하여, 부모형제는 물론 친지와 같은 extended family, 대부, 대모, 양자 등과 같은 non-related family까지 모두 아우르고 있다.

이처럼 가족의 범위가 유연하다는 점은 라틴계 가정의 변화에 대한 적응력을 가능케 해주는 요인이다. 이러한 가족주의를 보완해주는 것이 개인의 상호작용을 일컫는 스페인어 Personalismo이다. 히스패닉은 자아와 타인의 존엄성을 포괄하는 자질을 높이 사는데, 업무 성과보다는 개인간 행동이 중시되는 문화에서는, 물질적 재화나 높은 사회적 지위를 지닌 자보다 가족을 감성적으로 지원하고, 격려하며, 연계되어 있는 자를 높이 평가한다.

따라서 이들 라티노 계층에 접근할 때는 업무상의 관계를 구축하기 이전에 개인적 연계를 가지는 것이 효과적이다. 사적인 영역에 속하는 질문에 답변을 거부하는 행위는 이들과의 거리를 좁히는데 방해가 된다. 이러한 개인간 상호작용을 바람직한 방향으로 유도하는 자질을 가리켜 Simpatia라고 한다. 긍정적 행동은 부각시키고 부정적 행동은 가라앉힘으로써, 갈등을 회피하고 조화를 조성할 수 있다.

미국 기업이 히스패닉 소비자들을 상대로 광고에 지출한 비용은 1998년에 17억 달러이었다. 이 중 상당 부분은 TV 광고에 지출되었지만, 미국 내 히스패닉 인구 가운데 1,300만 명이 인터넷을 사용하고 있다는 점에도 주목할 필요가 있다. 웹 광고가 처음 등장한 것은 1993년에 HotWired Inc가 당시에는 혁신적이었던 배너 광고(ad banners)이었다.

미국에서 온라인 쇼핑이 전체 쇼핑에서 차지하는 비중은 1997년 0.07% → 1998년 0.2%로 미미한데, 그 이유는 광고주가 DM 관행에 낯설어한다는 점, 광고효과를 측정하는 표준 관행이 없다는 점, 소비자가 개인정보(privacy)에 우려를 나타낸다는 점 등에 있다(Korgaonkar et al., 2001: 135).

전자상거래 창업의 건수가 미국에서 최근에 줄어든 점은, 웹 광고에 대한 소비자의 평가가 웹 매체의 상업적 잠재력의 장래에 지대한 영향을 미칠 것이라는 점을 제시하고 있다. 히스패닉은 전반적으로 광고에 호의를 가지며, 특히 라디오, 잡지, 브로셔 광고를 중요한 정보원으로 간주한다. 가장 광고 빈도가 높은 브랜드가 히스패닉에게는 평가받는다. 인종에 관계없이 남성, 젊은 소비자, 교육수준과 소득수준이 낮은 소비자, 비백인(nonwhites)이 그렇지 않은 소비자 집단보다 광고에 호의적 태도를 갖고 있다고 한다(Shavitt, S. et al. Public attitudes toward advertising: more favorable than you might think. *Journal of Advertising Research*, 37, 1998: 7-22).

지금까지 히스패닉계는 DM 관리자들에게는 저소득, 낮은 교육수준[9]과 신용 등으로 무시되어 왔다. 그런데 이런 히스패닉은 동질적 집단이 아니다. 출신국가, 이민 동기(정치, 경제, 가족 결합 등), 미국 문화에 대한 동화 등에 따라 여러 소집단으로 구분할 수 있다.

동화(assimilation)는 용광로(melting pot) 개념의 핵심으로서 동화된 집단은 자기 문화의 독특한 특성을 가라앉히고 주류 문화, 신문화의 특성과 가치를 시연 내지 채택할 것으로 기대된다. 이와 반대되는 것이 소수 민족이 자기 문화의 원래 가치를 유지하고 주류 문화의 행동을 거부하는 단언(affirmation)으로서 샐러드 사발 이론(salad bowl theory), 즉 동화없는 참여를 말한다. 소수 집단의 행동이 주류 집단의 행동보다 극단을 달리면서 지배적 가치와 행동을 한참 지나가는 경우를 과도 발사(overshooting)라고 한다(Glazer, N. Moyhinan, Beyond the melting pot. MIT Press and Harvard Press, 1963; Triandis, H. et al. Acculturation indices as a means of confirming cultural differences. Working paper, Univ. of Illinois, 1986).

따라서 소수집단이 느끼는 압박이 클수록 주류 문화에 적응하는 혜택이 더 크다고 인지하며, 그럴수록 고유문화로부터 격리는 더 벌어지게 된다. 이것이 과도 발사적 행동을 일으킬 확률을 높이게 된다.(Berry, J. Acculturation as adaptation. in Padillia, A. ed. Acculturation: Theory models and some new findings. Westview Press, 1980: 26). 동화에 대한 최고의 측정 척도는 언어 구사력이다.[10)]

DM 광고는 1개 이상의 광고 매체를 활용하여 어떤 입지에서도 측정가능한 반응, 거래를 유발하기 위한 상호작용적인 마케팅 시스템으로 정의된다(Direct Marketing Association, Fact book on direct marketing. NY. 1985). 달리 말하면,

---

9) 라틴계 학생들이 학업에서 겪는 어려움은, 캠퍼스에서 소외감, 라틴계 교수 내지 멘터의 결여 등에서 기인한다. 백인들이 지배적 비율을 차지하는 캠퍼스 환경, 자기네 문화에 대한 대학의 비수용성 내지 비인식 등의 문화적 일치감 결여가 이들의 대학교육이 지속적으로 이어지지 못하는 두드러진 이유라고 본다(Glaria et al in Smith2004: 182).

10) Norris, A. et al. Psychometrics of a brief acculturation scale for Hispanics in ap probability sample of urban Hispanic adolescent and young adults. Hispanic Journal of Behavioral Science, 18, 1, 1996, 29-38에서는 영어에 대한 구사력을 묻는 질문에 '매우 잘한다'를 동화된 집단으로, '잘한다'에서 '전혀 못한다'까지를 선택한 집단을 덜 동화된 집단으로 분류하고 있다.

제품/서비스를 구매하기 위해 또는 제품/서비스에 관한 정보를 탐색하기 위해 소비자를 광고주와 직접 접촉토록 유도하는 것이다.

425명의 히스패니계를 대상으로 한 조사(Korgaonkar et al., 2000)에서 55.8%는 동화된 소집단으로, 44.2%는 덜 동화된 집단으로 분류되었는데, 이 조사에서 나온 결과는 다음과 같다. 히스패닉계의 2/3(66%)가 지난 12개월간 적어도 3번 이상 DM 광고를 보고 주문을 하였고, 42.6%는 총 20달러를 웃도는 소비 규모를 보였다. 3/4(74.4%)는 적어도 1개 이상의 인쇄물 DM에서 주문을 하였고, 30.9%는 적어도 1개 이상의 전자 DM에서 주문을 하였다.

그러면서도 DM에 대해서는 이중적 태도를 보이고 있다. DM은 필수불가결한 것이라고 보면서도 동시에 DM 광고에 대해 호의적이지 않다. DM 광고가 주는 제품 정보 차원에서 가장 유용한 측면은 해당 지역에서의 판매(local sales)에 관한 것이다. 반면 DM은 히스패닉계 소비자들의 주된 엔터테인먼트의 원천이 아니며, 사교적 역할(가령, 자신과 유사한 소비자들이 무엇을 구매하고 사용하는지)에도 도움을 주지 않는다고 보고 있다.

반면에 경제적 측면에서는 DM이 자신들의 삶의 질 향상에 기여하지 않는다고 응답하였다. DM은 꼭 필요하지도 않은 상품을 사도록 유인한다는 응답에서는 DM이 히스패닉계의 물질주의를 자극한다고 볼 수 있다. 한편 히스패닉계는 DM이 자신들의 개인정보(privacy)를 침해한다고는 생각하지 않으며, 자신들의 가치관을 파괴한다고도 보지 않는다.

이러한 결과를 미국문화에 동화된 히스패닉계와 덜 동화된 히스패닉계로 구분지어 보면 양자 간에 차이가 있음을 엿볼 수 있다. 동화된 히스패닉계는 그렇지 못한 히스패닉계에 비해, 첫째, 다양한 인쇄 미디어의 DM을 통해 구매하고 있는데(2군데 이상의 인쇄 미디어를 통한 구매 비율이 17.3% vs 11.5%), 이는 영어를 구사하는 히스패닉계가 스페인어를 구사하는 히스패닉계보다 인쇄 매체의 활용도가 높다는 미국경영자협회의 조사(American Management Association, Successful marketing to US Hispanics and Asians, NY. 1987)와도 일치한다. 이런 차이의 배경에는 스페인어로 된 인쇄물이 부족하고 영어 구사력이 떨어지는 점이 자리잡고 있을지 모른다. 히스패닉들이 많은 지출을 하고 있는 품목으로는 가정조리 식품, 주택 임차, 의류, 일용잡화(personal care products), 개인보험 등이다. 둘째, DM 광고에 대해 보다 호의적인 태도를 갖고 있다. 셋째, 제품 정보원으로 보다 요긴하다고 보고 있다. 넷째, DM은 자신들에게 보다 즐거움을 주는 매체라고 본다. 다섯째, DM은 보다 나은 제품을 알려줌으로써 국가 경제에도 기여한다고 그 경제성을 인정한다. 여섯째, 꼭 필요치 않은 제품의 구매를 유도함으로써 보다 물질주의 사회로 만들고 있다고 본다. 그러나 자신의 사교적 역할, 개인정보의 침해, 가치관 저해, 구매 빈도와 금액 등의 측면에서는 양 그룹 간에 차이점이 발견되지 않았다.

DM이 다른 인종 집단의 시장에서는 50%의 매출 증대를 가져온다는 것이 비현실적이겠지만 히스패닉 시장에서는 흔히 있을 수 있는 일로 본다. 그 이유는 이들 히스패닉을 대상으로 한 경쟁력있고 제대로 실행된 마케팅 프로그램도 지금까지 없었고, 히스패닉에게 충분히 이해되지도 못하였기 때문이다.

미국의 다른 소비자들이 연간 200건의 DM을 받는데 비해 히스패닉계는 겨우 35건에 불과하다는 점(Korgaonkar et al., 2000: 152)은 지금까지 이들 히스패닉이 DM의 소외 집단이었음을 말해 준다. 이는 히스패닉계의 시장 규모나 DM 광고에 대한 호의적 태도에 비추어 볼 때 전략적, 전술적 과오이다. 특히 플로리다와 남서부 지역에 거주하는 히스패닉계는 DM의 표적층으로 주목해야 할 것이다.

[히스패닉 광고 시장]

히스패닉 소비자를 대상으로 한 마케팅이 활발하게 전개된 것은, 1960년대에 미국 방송국에 스페인어 TV 방영시간을 할애받은 일에서 촉발되었고, 이후 Univision(구. Spanish International Network: SIN)과 Telemundo와 같은 전국 네트워크 방송국이 자회사와 협력회사를 설립하면서부터이다(Davila, 2001: 25). 구체적으로는 1961년에 멕시코의 Televisa방송을 거느린 사업가인 Emilio Azcarraga가 샌안토니오와 LA에 있는 방송국을 매입하고 나서이다. 그는 멕시코 TV의 프로그램을 미국시장에 수입하려 하였으나 제도적 방해에 부딪치자 방송국에 시간할당을 받는 것보다 차라리 방송국을 통째로 매입하는 것이 낫겠다고 판단하였다. 그러나 미국 시민이 아닌 자는 방송국 지분의 20%를 초과해서 소유할 수 없다는 FCC의 규정을 피하기 위해 사업 파트너 및 종업원들과의 연대 하에 이루어졌다.

이렇게 해서 설립된 SIN은 각 지역별 독자 운영을 하였기 때문에, 광고 계약과 프로그램 일정을 개별 방송국 차원에서 행하였다. 이후 인공위성을 통한 연계는 프로그래밍의 표준화를 가져와서 광고대행사들도 개별 방송국과 일일이 접촉할 필요없이 네트워크 차원(20개의 자체 소유 방송국, 27개의 협력 방송국 확보)에서 단일 협상을 할 수 있었다. 이는 곧 광고대행사들이 고객사에게 제작된 광고가 전국망을 통해 전파될 수 있음을 확신시킬 수 있게 해주었다.

히스패닉을 표적시장으로 삼은 광고대행사의 발달은, 쿠바에서 광고, 마케팅 사업에 종사하던 전문인력들이 쿠바 혁명 이후 쿠바를 탈출하여 미국으로 이민오면서 형성되었다(Davila, 2001: 29). 따라서 1970년대 후반 이후에 미국 내 히스패닉 시장의 중요성이 부각되었다. 광고대행사들은 고객기업에게 라틴아메리카와는 완전히 별개의 미국 내 히스패닉 시장에서 수익을 거둘 수 있다고 확신시켰다. 여기서 행위의 주체가 미국 태생의 라티노가 아니라 라틴아메리카에서 출생하여 미국에 와서 교육받은 소위 1.5세대의 중, 상위 계층의 지식인이라는 점에 유념해야 한다.

따라서 이들은 미국에 대해 인사이더와 아웃사이더의 시각을 겸비하고 있다. 반면 광고회사의 직종 가운데 크리에이터는 대부분이 순수 스페인어(영어와 범벅이 된 Spanglish가 아니라)를 구사하는 라틴아메리카의 다국적 광고회사에서 근무하다가 미국으로 수입되어 온 인력들이 차지하고 있다. 이들은 광고와 관련하여 수상도 하고 개인의 명예도 얻는 광고대행업계의 경력 자본(career capital)인 셈이다.

히스패닉에 대해 미국의 광고주 기업들이 갖고 있는 고정관념은 가족지향성, 가톨릭, 전통, 보수, 이민자, 브랜드 충성과 같은 것들이다. 이렇게 히스패닉을 규정함으로써 미국의 주류 사회에 위협적 요소로 작용하지 않고 매력적인 군중으로 바라보려 한 것이다. 즉 미국은 기술, 현대화, 기능성 면에서 우위에 서있고, 히스패닉은 문화, 감수성, 섬세함에서 우위에 서있다고 하는 우월성의 균형(balance of superiority)을 염두에 둔 고정관념의 설정인 것이다(Davila, 2001:

62). 따라서 히스패닉을 상대로 마케팅 활동을 전개한다는 것은, 이들의 가치, 문화에 경의를 표하면서(히스패닉의 우월성에 모욕을 가하지 않는) 미국 상품의 우월성을 의사전달하는 문제가 된다.

미국 상품이 히스패닉 문화권에서 소비되는 양태가 주류 시장의 경우와 다를 수 있다는 예로, Campbell사의 수프를 히스패닉 소비자들은 물을 붓지 않고 만든다든가, 양념을 한 음식 sofrito로서 사용하기도 한다. 히스패닉의 구매력을 출신국별로 보면 쿠바가 연소득 2만 4천 달러로 가장 높고, 멕시코가 1만 5천 달러로 가장 낮다.[11)]

미국의 인구통계조사 U. S. Census에 의하면, 히스패닉의 언어 구사력을 보면, 22%의 히스패닉계가 영어만을 말할 줄 알고, 스페인어를 말할 줄 아는 히스패닉의 78%가 영어를 매우 잘하며, 히스패닉계의 61%가 미국 태생으로 되어 있다. *Moderna*라는 잡지의 구독자 중 74%는 미국 태생이고, 76%는 영어로 읽기를 선호한다. 아울러 히스패닉 전체를 놓고 보면, 50%는 스페인어를 집중적으로 사용하고, 30%는 영어를 주로 사용하며, 나머지 20%는 양국 언어를 두루 사용하는 bilingual이다(Davila, 2001: 78).

푸에르토리코라는 국가는 독특한 점이, 미연방제도의 한 국가 내지 예속국가(U. S. Commonwealth or free, associated state of the U. S.)로 되어 있어서, 미국시장에 신제품과 광고 캠페인을 테스트할 시장으로 활용되고 있다. 물론 히스패닉계 광고대행사들은 미국 내 히스패닉 소비자의 범위에서 푸에르토리코를 제외한다. 히스패닉의 미국문화에 대한 동화의 정도는 LA와 뉴욕이 마이애미보다 높다. 똑같은 광고 캠페인을 만들더라도 미국 서부지역의 히스패닉을 대상으로 한 것은 멕시코계, 미국 동부의 뉴욕을 대상으로 한 것은 푸에르토리코계와 도미니카계, 남동부의 마이애미를 대상으로 한 것은 쿠바계에 각각 소구할 수 있는 내용이어야 한다.

광고 모델로 선호하는 라티나는 흰색 피부에 곱슬이 아닌 스트레이트 머릿결을 지닌 사람이다. 캐스팅 디렉터와 광고대행사, 고객기업 간의 커뮤니케이션은

11) Ricardo Lopez, Hispanic buying power. Quirk's Marketing Research Review, April, 22-27, 1998.

할리우드 스타일을 언급함으로써 원활히 이루어진다. 검은색 피부의 라티노는 여러 명이 그룹으로 찍을 때 묻혀서 나올 따름이다. *Latina* 같은 일부 잡지들은 모델 공급업체가 보내는 모델보다 다양한 타입의 라틴 여성들을 잡지에 싣기도 한다.

인쇄 매체 및 라디오 매체에서는 히스패닉을 지역, 국가별로 세분화한 맞춤형 광고를 기획하고 있다. 아예 광고 내용을 지역/국별로 여러 편을 제작하거나 또는 전국판 광고 내용을 약간 각색하는 형태를 취하고 있다. 이런 맞춤식 광고 제작은 광고대행업의 경쟁이 치열해지면서 자사의 차별화를 위해 취해진 전략 수정이다. 또 다른 계기는 기업들이 다문화에 대한 인식을 새로이 하면서 히스패닉 소비시장을 대상으로 한 광고 예산을 대폭 늘린 점이다. 가령, 광고대행사 Conill Advertising이 제작한 Campbell사의 수프 광고는 푸에르토리코와 멕시코 모델을 각각 등장시켜서 arroz con pollo와 chiles rellenos라는 두 나라의 전통 음식에 보조 요리로 수프가 어울린다는 것을 양국의 라틴어 액센트와 매너를 살려서 보여주고 있다(Davila, 2001: 117).

동사(同社)가 제작한 Tide 세제 광고에 들어간 음악도 미서부지역 판에는 멕시코의 전통 노래인 Chapanecas를, 동부지역 판에는 쿠바의 살사계 리듬이 담긴 manecero를 삽입하였다. 그럼에도 다수의 광고주들은 주류 시장에 대한 광고를 알라바마와 뉴욕 편으로 나누지 않듯이 라티노 시장을 표적으로 삼은 광고 역시 세분화보다는 범라틴의 공통성에 강조를 둘 것을 요구하고 있다. 가령, 광고대행사 Goya는 광고에서 콩을 언급하면서 한 광고 안에서 frijoles와 habichuelas라는 단어를 말하면서 서로 다른 음식이 담긴 접시를 나란히 배열하였다. 또 다른 예로는 동사(同社)가 Malta 음료수를 광고하면서 야구(카리브 해 연안 국가에서 인기)와 축구(중남미에서 인기)를 하고 있는 어린이들을 같이 보여주고 있다. 보편성과 특수성에 대한 절충형 해결책이 세분화를 인쇄 매체와 라디오 매체에 국한시키는 방안이다.

히스패닉계 광고대행사가 광고주를 설득하여 보다 참신한 광고를 제작한 예로서 Siboney Advertising의 한 크리에이티브가 전해준 작품이 있다(Davila, 2001: 133). 콜게이트의 미백 및 치석제어용 치약 광고인데, 신혼부부가 슈퍼마켓에 갔는데, 남편이 두 개의 치약을 들자 아내가 아니라고 하면서 콜게이트의 치약을 대신 집는 장면이다. 이를 본 광고주는 남자가 멍청하게 아내한테 핀잔이나 들으며 잘못을 지적당하는 수동적 역할에 머문다면서, 광고 내용을 고치지 않으면 계약을 취소하겠다고 했다. 광고주에게는 남성우월주의를 표방하는 라틴계 남성들이 이를 보고 언짢아 할 것이라는 생각이 든 것이다.

크리에이티브는 히스패닉의 일상용품 구매 결정은 여자가 주로 한다는 조사결과와 함께 자신의 경우도 그러하다는 개인적 체험을 곁들여 마침내 원안대로 광고를 제작하였다. 또 다른 예로는, 열대과일 요구르트 광고에서, 아버지가 아들에게 남미 고향에서는 과일이 얼마나 풍부했는지, 망고는 이웃집 마당에 열린 걸 따먹곤 했다고 말하는데, 이를 본 광고주가 히스패닉을 도둑으로 보는 부정적 이미지를 주지 않겠느냐고 우려를 표하였다. 이에 크리에이티브는 자신이 고향에서 겪었던 경험을 들려주면서 망고 나무는 히스패닉에게는 공유물(common property)임을 확신시킴으로써 겨우 광고주를 진정시킬 수 있었다. 그럼에도 광고주들은 끊임없이 히스패닉 광고인에 대해 권위를 내세우며, 객관성과 전문성을 의심하는 것이 현실이다. 이러한 회의를 갖는 것은, 더 나아가 과연 히스패닉만을 표적으로 삼는 광고가 필요한지, 히스패닉계가 아시아계나 흑인들과 다른 점이 있는지에 대한 의구심의 표출에서도 나타난다.

광고주들은 자신들의 이해와 승인의 수준 이내에서 용이하고 안정적인 이미지를 연출해줄 것을 요구한다. 그러다보니 소비자를 염두에 둔 것이 아니라 광고주의 요구에 맞춘 광고를 제작하여 김빠지고 재미없는 내용으로 채워진다.

히스패닉 광고업계는 멕시코계와 쿠바계 간의 적대감으로 긴장이 고조되어 왔다. 멕시코계 광고대행사 사장은 쿠바인들을 진정한 라티노가 아니라 잠시 섬에 살았던 스페인인(spaniard)라고 일갈하였는데, 이는 쿠바에 대한 지식에 근거한 발언이 아니라, 히스패닉 광고업계에서 그가 만났던 중상류층의 쿠바인들에 기초한 인식이다. 문제의 저변에는 베네수엘라인이 멕시코에 가면 문제가 안되고, 칠레인이 컬럼비아에 가면 문제가 안되는데, 미국에만 건너오면 서로가 인종차별자로 변신한다는 것이다. 광고 제작에 들어가는 비용의 제약으로 히스패닉 소비자를 상대로 하는 광고는 혁신적이고 재미있는 엔터테인먼트 요소가 빈약하고 그

대신 히스패닉계 이민자들에게 신상품과 소비 관행에 대해 교육시키는 내용이 주류를 이룬다.

히스패닉계 광고업계에는 1-3세대의 인력이 공존하고 있다. 1세대는 일부가 은퇴하고 나머지 일부는 아직도 현역으로 남아있는 초창기 기반을 닦아놓은 집단이고, 2세는 대부분이 미국에서 교육을 받고 1세대에게 훈련받은 집단으로서 업계의 성장과 제도화에 중추적 역할을 하였다. 3세대는 신규로 등장하였지만 이내 명성을 확보한 자들로서, 특히 프로듀서와 크리에이티브직에 종사하는 사람들이 히스패닉의 광고를 두고, 하자 투성이에 표준 미달이라고 비판하면서, 라틴아메리카 고국이나 미국의 주류 광고시장에 비해 발달이 더딘 히스패닉 광고시장을 변신시키는데 도전해야 한다고 목소리를 높이고 있다.

따라서 이전 세대의 광고 작품을 예산의 제약, 광고주의 제약이라는 틀 속에서 바라보지 않고, 창의성과 프로정신의 결여를 지적한다. 반면 기성 세대들은 자기네가 닦아놓은 길에 신세대 광고인들이 무임승차하려 한다고 비판하면서, 주류 마케팅의 최신 경향을 채택, 모방한다면 소수민족 마케팅(ethnic marketing)의 필요성에 대해 이의가 제기될 것을 우려한다(Davila, 2001: 150).

즉 히스패닉 소비자들은 주류 소비자만큼 제품에 대한 지식이 많지 않기 때문에, 사용법 등에 관한 정보를 더 필요로 하고, 따라서 교육적이어야 한다는 것이다. 예술성을 띠는 광고의 메시지를 학력이 낮은 다수의 히스패닉 소비자들이 알리가 없다. 그러나 이런 기성세대의 주장도 초기에는 설득력이 있을지 몰라도 글로벌화의 진전과 라틴 아메리카 국가들의 규제완화로 미국 상품에 몰입된 현재의 히스패닉 소비자에게는 해당되지 않는 주장이기도 하다. 공립학교에 자녀를 보내지도 않고 지하철을 타보지도 않는 신세대 광고인들에 대한 기성세대의 비판도 있다.

광고주들은 한편으로 히스패닉이 언어와 문화를 간직하려는 노력과, 다른 한편으로 히스패닉이 미국인으로 받아들여지고 미국에 기여하고 싶다는 여망 간에는 상충이 없다는 점을 이해하고 있지 못하다는 것이 히스패닉의 아쉬움이기도 하다. 히스패닉 방송사 Univision은 줄기차게 스페인어를 히스패닉 정체성의 유도체라고 보고 있어서 이중 언어 내지 Spanglish 프로그램의 제작을 한사코 거부하고 있는데, 이는 이 방송사가 자신을 스페인어를 공개적으로 후견하는 존재로 사명의식을 갖고 있기 때문이다. 그러나 라티노라는 정체성에 대해 일부 사람들은 회피하려 하고, 미국의 국가 이미지에 위협적 요소로 간주되기도 한다. 어차피 히스패닉을 부정할 수 없다면, 표준 문법과 정확한 구술에 가두어 두는 편이 차라리 Spanglish처럼 혼용되어 경계를 넘나드는 것보다는 낫다고 보는 것이 미국 주류 사회의 인식이다. 저급 히스패닉들이 범하는 언어의 오염은 사회의 무질서와 연계된 위험한 것으로 보는 것이다.

히스패닉 방송의 토크 쇼를 보면, 스페인어를 정확하게 구사하고 금발 내지 금발로 염색한 여성들이 의상이나 행동 면에서 스페인어를 보다 덜 유창하게 말하고 검은색 피부에 미국에서 태어난 도미니카 출신과 같은 다른 히스패닉과 대비를 보이고 있다.

아프리카계에게 인종이 갖는 의미처럼 히스패닉에게는 언어가 갖는 의미가 대단하다. 그렇지 못할 경우에는 주류 광고업체가 히스패닉 시장에도 침투해들어올 것이기 때문이다. 이미 영어와 스페인어로 편집되는 *Latina*지의 경우 광고는 영어로 되어 있어서, Elle, Vogue, Vanity Fair 등과 같은 주류 잡지와 별반 차이가 없다는 점에 히스패닉 광고업계 종사자들의 고민이 있다.

히스패닉 시장을 표적으로 하는 마케팅 활동에서 초점집단(focus group)은 저렴한 비용으로 할 수 있는 질적 조사방법이다. 그러나 초점연구의 가담자들은 이민 온 저학력의 히스패닉들이라서 미국 소비자에 맞게 작성된 소비자의 생각과 욕구에 대해 개별적 선호를 표명하는 일이 쉽지 않다. 그래서 focus group을 fuck us group라고 비아냥거린다.

히스패닉 광고인들은 히스패닉이 이토록 학력수준이 낮고 가난하다는 점에 충격을 받기도 한다. 결국 초점집단 조사자와 응답자 간의 계층 및 민족 차원의 차이, 즉 조사자는 보다 학력이 높고 중산층이며 라틴아메리카에서 태어났고, 라틴아메리카 국가간 차이에 대한 인식이 부족하여 대화의 분위기를 저해한다(Davila, 2001: 186). 마케팅 조사기관이나 광고대행사들은 조사자를 선정할 때 이런 점을 고려하지 않는다. 그러다 보니 대화 및 그 결과에 대한 신뢰성에 금이 간다.

히스패닉 시청자들은 히스패닉 방송을 헌신적 애정을 갖고 본다기보다는 아쉬우니까 보는 정도에 그치고 있다. 어느 가정의 일례를 보면, 침실의 TV는 언제나 라틴방송 채널에 맞추어져 있고, 거실의 TV는 영어방송 채널에 고정되어 있다. 부엌의 TV는 누가 설거지를 하느냐에 따라 양 방송 중 하나에 채널이 맞추어진다. 아이들 방의 TV는 게임용이다. 침실에서 라틴방송의 드라마(soap operas)를 보다가 너무 질질 끈다 싶으면 거실로 가서 영어 프로그램을 시청하다가 10시가 되면 잠자리에 눕는다. 영어 방송은 아동용, 가족용 등 훨씬 풍부한 프로그램이 방영된다. 바로 이 점 때문에 라틴 문화가 젊은 라티노들에게 전수되지 못하고, 젊은 애들은 자기네 라틴 문화를 볼품없고 시대에 뒤쳐진 것으로 놀려댄다.

히스패닉 가운데 캐리비언 히스패닉들은 노출, 개방성에 대해 부끄러움을 덜 타는데, 그 이유는 그들이 해변 근처에서 자랐고 보다 온난한 기후 속에서 생활하였고 미국 체제 기간이 상대적으로 다른 히스패닉보다 길기 때문이다. 한편 뉴욕 거주 히스패닉 중에서 캐리비언 히스패닉들의 지위가 열악한 것은 도시 내에서 히스패닉의 하위 그룹 가운데 차지하는 낮은 지위뿐 아니라, 다른 히스패닉들이 미국으로 이주하면서 자국에서 갖고 있던 라티노에 대한 평가 틀에도 기인한다.

즉 이들은 캐리비언 출신 히스패닉을 변방의 낮은 수준으로 내려다보는 것이다. 캐리비언 출신 젊은 히스패닉들은 대부분의 히스패닉 미디어에 무관심하고 심지어 싫어하는 대신 도회적 스타일과 힙합 형식을 선호하는 것도 일상의 문화 차원에서 푸에르토리코인들이 흑인들과 역사적으로 연계되어 있다는 점을 고려하면 놀랄 일이 아니다. 반면 다른 히스패닉인들은 힙합을 저속하고 불쾌한 것으로 간주한다(Davila, 2001: 208).

푸에르토리코와 도미니카 공화국 출신 히스패닉 젊은이들은 Fat Joe나 Big Punisher와 같은 라티노 힙합 아티스트, 또는 라티노라고 생각되는 흑인 힙합 아티스트들을 열거하면서, 흑인 젊은이와 라티노 젊은이 간에는 교배 및 상호배양이 존재한다고 본다. 따라서 라티노 아티스트가 랩과 힙합에 미친 기여도를 강조하며, 다른 히스패닉들을 아웃사이더라고 간주한다. 물론 그렇다고 해서 뉴욕 거주 푸에르토리코인과 도미니카 공화국인 간에 대립이 없다는 말은 아니다. 이들은 뉴욕시로 이주, 법적 지위, 상호 관계에 영향을 미친 역사적 차이를 지니고 있다.

푸에르토리코인은 미국시민이라는 우위를 누리는 반면, 식민지 피지배자라는 낙인을 달고 다녀야 하는 반면, 도미니카 공화국인은 오랫동안 미국에 의존하고 제국주의와 연루되어 있으면서도 주권 국가의 특권을 지니고 있다. 또한 도미니카 공화국인들이 일자리를 찾기 위해서 그리고 미국에 보다 쉽게 접근하기 위해서 푸에르토리코로 이주하였으나, 푸에르토리코인들은 자신들이 문화적으로 우월하다고 이들을 멸시함으로써 차별을 받고 있는 점이 양자 간 대립의 배경이기도 하다.

히스패닉에 대한 지하철 광고가 현실과 불일치하는 모습을 보면, 흑인과 히스패닉을 도시의 가난과 동일시하고 있다는 점이다. 아울러 Star Media나 Radio Unica와 같은 제품의 지하철 광고는 흰 피부색의 히스패닉을 모델로 보여주는데 비해 공공 서비스 광고는 한계인(marginality)의 이미지를 보여주고 있다. 즉 히스패닉은 소비 면에서는 흰색 피부일지 몰라도 빈곤 면에서는 언제나 유색 피부라는 점을 보여준다.

히스패닉 시장을 언급할 때 스페인어를 공통분모로 말하지만, 스페인을 800년간 지배한 이슬람 문화도 무시할 수 없는 영향을 미치고 있다. pantalon, cafe, mascara 등 무수한 단어가 그 예이고, Ah-Riba라는 개념도 부채에 대한 이자 징수를 금하는 이슬람의 사고에서 나온 것이다(Korzenny & Korzenny, 2005: 21).

라틴 아메리카에서 사용되는 스페인어 가운데 어느 것이 표준으로 자리잡고 있는 건지에 대해서는, Televisa 방송국의 프로그램이 전 라틴아메리카에 수출되고 있는 점에 비추어, 멕시코 방송의 스페인어가 사실상의 표준어인 셈이다. 이러한 히스패닉의 존재감은 문화적 공유에 그 바탕을 두고 있는데, 이베리아 반도에는 이베리아인, 켈트인, 페니키아인, 서고트인, 그리스인, 카르타고인, 로마인, 아랍인들이 다양한 민족 문화를 반도에 뿌렸다.

로마인은 기독교를, 아랍인은 과학, 건축, 문학, 철학 방면에 기여를 했다. 현재 포르투갈이 지배하고 있는 리베리아 반도의 지역인 Lusitania는 서고트족이 지배했던 대영토의 일부분이었다. 포르투갈은 산악지형으로 리베리아 반도의 다른 지역과 분리되면서 별개의 국가로 나아갔다. 아랍과의 전쟁을 통해 독립을 추구하는 과정에서 포르투갈은 더욱 정체성을 공고히 하였다.

멕시코인[12]들은 미국 내 히스패닉의 67% 이상을 차지하는 최대 출신국인데, 아즈텍 달력(Aztec calendar)을 사용하기도 한다. 이들을 따로 부르는 Chicano, Raza는 멕시코인도 미국인도 아닌 제3의 인물로 묘사된다. 미국은 스페인과의 1898년 전쟁에서 승리하면서 푸에르토리코(Island of Borinquen으로 불렸음)와 쿠바, 필리핀을 획득하였다.

1917년에 미국은 푸에르토 리코인들에게 미국시민권을, 1952년에는 푸에르토리코에게 미연방(commonwealth)의 지위를 부여하였다. 푸에르토리코 본국에 390만 명, 미국에 380만 명이 거주하는 푸에르토리코인들은 미국 인구의 약 9%를 점하고 있다. 이들을 Boricua라고도 칭한다. 미국에 거주하는 쿠바인들은 초기에는 엘리트층, 나중에는 빈곤층이 이주하였기 때문에, 동질적인 집단은 아니다. 이들은 미국 인구의 4%를 차지한다(Korzenny & Korzenny, 2005: 31-33).

중미 국가 중에서 유일하게 영어를 사용하는 나라는 벨리즈(Belize)이고, 라틴아메리카 국가 전체에서 아메리카 원주민이 가장 많은 나라는 과테말라이다(마야 인디언이 인구의 40%를 차지). 코스타리카는 주로 스페인, 독일, 이태리 등 유럽계가 지배적이고, 파나마는 중미 국가 중에서 아프리카 흑인계가 가장 많다. 미국에 거주하는 중미 국가 출신 중에 가장 많은 인구가 엘 살바도르인(Salvadorans)인데, 이들 대부분은 1980년대 정정 불안기에 공식 내지 비공식 정치망명자로(당시 50만 명 정도) 이주해 왔다.

미국의 히스패닉계 중에서 중미국가 출신 전체가 차지하는 비중은 대략 9%이다. 반면 남미 국가 출신은 미국 내 히스패닉의 5%에 불과하다. 중남미 출신 미국인들을 가리키는 호칭에 대한 지지도는 히스패닉이 34%, 라티노가 13%, 어느 것도 지지하지 않는 중남미계가 53%로 나왔다(Pew Hispanic Center & Kaiser Family Foundation, 2002 National Survey of Latinos).

문화적 변용(acculturation)과 문화적 동화(assimilation)이란 개념이 있다. 전자는 개인이 원래 지니고 있던 문화에 새로운 문화를 추가하는 것을 가리키며, 후자는 원래 문화를 포기하고 새로운 문화를 채택하는 것을 말한다(Korzenny &

12) 참고로 멕시코에서 가장 인기있는 마요네즈 브랜드는 McCornick Mayonesa 이다.

Korzenny, 2005: 134). 이를 그림으로 표시하면 다음과 같다.

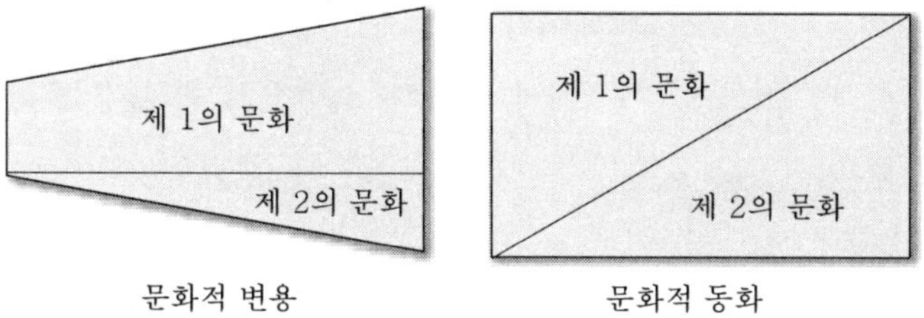

자료: Korzenny & Korzenny, 2005: 135

〈그림 1-1〉 문화적 변용과 문화적 동화

이를 바탕으로 히스패닉계 미국인들이 겪을 수 있는 문화적 변용의 네 가지 경우를 그려보면 〈그림 1-2〉와 같다. 문화적 동화를 보이는 히스패닉(Assimilated)은 자신의 문화적 뿌리를 잊고 순수 미국인으로 자신을 여긴다. 그러나 이제 보니 히스패닉의 문화적 배경이 바람직하고 가치있다는 점을 깨닫고는 뿌리 찾기의 과정을 겪는다. 회귀적 문화변용(retro-acculturation)의 과정이 그 중요성을 더해가게 된다. 문화적 독특성을 지닌 히스패닉(Culturally unique)은 미국의 앵글로 색슨 문화에도, 또한 히스패닉의 모국 문화에도 동질감을 갖기를 거부하거나 그럴 능력을 지니지 못한 채, 제3의 문화인으로서 자부심을 갖고 Chicanos, Newyoricans, Batos 등의 호칭을 자신에게 붙인다.

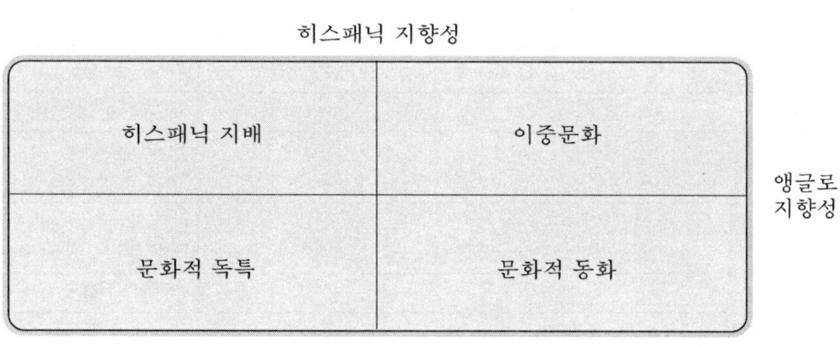

자료: Korzenny & Korzenny, 2005: 140

〈그림 1-2〉 문화적 변용의 세분화

히스패닉은 문화적 동화보다 문화적 변용을 하는 것으로 말할 수 있는데, 이는 지속적으로 중남미로부터 이민 유입이 이루어지고 있고, 지리적으로 중남미와 인접해 있고, 스페인어를 쓰는 미디어가 번성하고 있고, 모국에 있는 사람들과 빈번한 대화를 할 수 있으며, 히스패닉 상품과 서비스의 존재가 드높아지고 있는 점에 연유한다. 심지어는 2세, 3세 사이에 문화적 역변용(retro-accuturation)도 일어나고 있다.

한편으로는 미국 생활에서 시간을 보내고 나서야 자기네 생계유지는 미국에서 가능하고, 그래서 처자식을 불러오거나 미국에서 결혼하여 자녀를 낳으면서 미국 주류 사회에 통합되어 가기도 한다. McKinsey Quarterly(1998)에서는 문화적 동화를 보인 히스패닉 10%, 문화적 변용(또는 bicultural) 61%, 문화적 격리(또는 monocultural) 29%로 보고 있으며, VNU Spectra(2003)에서는 각각 13%, 59%, 28%로 보고 있다. 이들의 인구동태적, 재정적, 통신사용상 특성을 비교하면 〈표 1-2〉와 같다.

〈표 1-2〉 3가지 유형의 히스패닉의 인구동태적, 재정적, 통신사용상 특성

	히스패닉 문화중심[1)]	이중 문화[2)]	동화된 문화[3)]
인구규모	526만 가구	193만 가구	203만 가구
연 령	평균 34.8세/21-34세 38%/이민 당시 24세	평균 36.3세/21-24세 48%/이민 당시 20세	평균 33.3세/21-34세 39%/이민 당시 13세
소 득	1인당 $15740/ 가구당 $28760	1인당 $23870/ 가구당 $34790	1인당 $24620 가구당 $34200
직 업	블루칼라 85%/비숙련 노무자 50%/생산, 수리, 기능 11%/개인사업, 가사노동 11%	블루칼라 56%/비숙련 노무자 28%/생산, 수리, 기능 10%/개인사업, 가사노동 5%	블루칼라 38%/비숙련 노무자 16%/생산, 수리, 기능 8%/개인사업, 가사노동 6%
출생지	멕시코 67%/중미 10%	멕시코 46%/중미 11%	멕시코 46%/중미 17%
미국거주기간	평균 10년/1-4년 39%/ 5-9년 22%	평균15년/1-4년 11%/ 5-9년 23%	평균 34년/ 30년 이상 58%
교육수준	8학년 이하 40%/ 고졸 미만 41%	고졸 이상 53%	고졸 이상 53%
자택소유	11%	22%	31%
자가용소유	75%	85%	75%
가족상황	기혼 53%/2인 가장네 62%/1인 가장네 19%/부모네 기거74%/18세	기혼 56%/2인 가장네 62%/1인 가장네 25%/부모네 기거 75%/18세	기혼 32%/2인 가장네 47%/1인 가장네 42%/부모네 기거 58%/18세

	미만 아동가정 68.5%	미만 아동가정 66%	미만 아동가정 58.9%
금융상품이용	송금 63%/은행계좌 40%/당좌계좌 29%/저축계좌 25%/신용카드 26%/융자 7%/노후설계 11%	송금 48%/은행계좌 74%/당좌계좌 61%/저축계좌 42%/신용카드 58%/융자 21%/노후설계 26%	송금 13%/은행계좌 59%/당좌계좌 48%/저축계좌 40%/신용카드 47%/융자 28%/노후설계 33%
저축비율 및 목적	61%/자녀교육 33%/긴급 상황 40%/차량, 주택구입 22%	72%/자녀교육 31%/긴급 상황 37%/차량, 주택구입 28%	63%/자녀교육 26%/긴급 상황 36%/차량, 주택구입 26%
리볼빙카드사용	최소사용액 이상 58%/최소사용액 15%/차량, 가구구매계획 30%/1년후 주택 구입계획 26%	최소사용액 이상 59%/최소사용액 7%/차량, 가구구매계획 32%/1년후 주택 구입계획 29%	최소사용액 이상 44%/최소사용액 10%/차량, 가구구매계획 39%/1년후 주택 구입계획 21%
금융 관점	신용카드보다 현금결제가 바람직 37%/저축, 투자정보 필요 37%	신용카드보다 현금결제가 바람직 40%/저축, 투자정보 필요 42%	신용카드보다 현금결제가 바람직 39%/저축, 투자정보 필요 25%
현재 재정능력 소감	안도감 14%/수지 맞추기 54%/어려움 28%	안도감 19%/수지 맞추기 56%/어려움 22%	안도감 29%/수지 맞추기 53%/어려움 15%
소비성향, 기대치	가격의식 66%/바겐구매 50%/가격불신 56%/할인가격, 접객태도, 청결, 구색, 입지가 중요/구매 전 가족, 친구문의	가격의식 71%/바겐구매 48%/가격불신 55%/할인가격, 접객태도, 청결, 구색, 입지가 중요/구매 전 경험자에 문의	가격의식 66%/바겐구매 48%/가격불신 52%/편의, 평등대우, 빈번한 할인이 중요/구매 전 경험자에 문의
언어 선호	스페인어 73%/스페인어, 영어 둘 다 12%	스페인어 62%/스페인어, 영어 둘 다 27%	스페인어 17%/스페인어, 영어 둘 다 33%
미디어 선호	스페인어/스페인어 TV시청 96%/스페인어 Radio청취 92%/스페인어신문 59%	스페인어, 영어 둘 다/스페인어 TV시청 90%/스페인어Radio청취 82%/스페인어신문 55%	주로영어/스페인어TV시청 58%/스페인어 Radio청취 63%/스페인어신문 17%
컴퓨터, 인터넷 사용	컴퓨터 17%/온라인뱅킹 17%/온라인결제 18%/온라인쇼핑 31%	컴퓨터 50%/온라인뱅킹 40%/온라인결제 24%/온라인쇼핑 43%	컴퓨터 61%/온라인뱅킹 39%/온라인결제 31%/온라인쇼핑 39%

1) Hispanic dominant: 57%, 2) Bicultural: 21%, 3) Assimilated: 22%
원전: 2002 Yankelovich Hispanic MONITOR
인용: Soto(2006: 161-162, 167-168)

그런데 인간의 정체성이란 것은 단일의 것이 아니라, 일상생활에서 맡는 다양한 역할, 생활환경 등에 따라서 복수의 정체성을 갖고 있으며, 이들 간에는 관련성이 있는 것도 있고 무관한 것도 있다(Soto, 2006: 10). 따라서 정체성은 상황적인 성격을 지니며, 인간간의 상호작용에 대한 의존도가 높다. 가령, LA에 거주하는 히스패닉은 같은 히스패닉 이웃, 친구가 있을 것이므로 일상의 상호작용은 히스패닉의 맥락 안에서 이루어질 것이다.

그러므로 미국 내 히스패닉 커뮤니티와 연계되어 있다는 점이 적어도 심리적으로 그에게 위안과 지지를 줄 것이다. 반면에 Nashville에 거주하는 히스패닉은 소외, 공포, 우울, 향수병 등에 걸리기 쉽다. 그의 생존 모드는 낯선 영역에 들어가서 자생할 것을 요구한다. 따라서 그의 정체성은 적응을 보이고 문화적 변용은 가속화된다.

히스패닉계 TV 방송국의 대표가 Univision과 Telemundo이다. Univision은 멕시코의 방송사업자 Emilio Azcarraga Vidaurreta가 1960년대 초반에 미국의 샌안토니오와 로스엔젤레스에 있는 방송국을 매입하여 설립한 회사이다. 이것이 미국내 '스페인 국제 네트워크(Spanish International Network)'의 기초가 되었다. 그런데 미국 연방통신위원회(Federal Communication Committee)가 방송국에 대한 외국인 지분을 제한하는 규칙을 제정하면서 SIN은 1986년에 Hallmark 사에 매각되면서 현재의 사명인 Univision으로 바뀌었다.

그러나 홀마크 사는 스페인어 방송망의 운영에 대한 능력이 결여된 채 기대 투자수익율도 거두지 못하였다. 이에 미국의 Jerrold Perenchio, 베네수엘라의 Gustavo Cisneros, 멕시코의 Televisa가 1992년에 홀마크 사로부터 SIN을 재매입하였다. 콘텐트 제공자였던 이들은 이후 기업공개를 단행하였고, 주류 방송사가 고전하던 2001-2003년 기간 중에도 수익 증가를 보였다. 이러한 Univision의 성공은 히스패닉 소비자들에게 상품과 서비스를 판매하려는 기업들이 문전성시를 이루면서 가능해졌다.

현재 Univision는 거대한 미디어 재벌로서 TV, 케이블, 인쇄매체, 인터넷 아울렛 등을 보유하고 있다. Univision과는 큰 격차를 보이면서 영원한 2인자에 머물고 있는 Telemundo는 1986년 뉴욕에서 푸에르토리코인을 대상으로 방송하다가 후에는 보다 지배적 시청자층인 멕시코인들을 대상으로 Univision과 경쟁을 벌였다. 1992년에는 소니를 위시한 다수의 투자가들이 Telemundo를 매입하였고, 2002년 연방통신위원회(FCC)는 NBC와 Telemundo의 합병을 승인하였다. GE가

지배하는 NBC의 합병하에 Telemundo는 더욱 경쟁력을 갖추게 되었다. 이런 와중에 영어를 구사하는 젊은 층의 히스패닉을 초점에 맞춘 방송국이 없다는 점을 간파한 Telemundo는 프로그램의 90%를 영어로 자체 제작하는 전략으로 18-34세의 히스패닉 층을 표적으로 삼은 케이블 Mun2를 개국하였다.

라틴 아메리카에서는 가정부를 두고 사는 것이 관례이고, TV 프로그램에서는 가정부가 부유한 집주인과 결혼하기를 갈망하는 것으로 묘사되지만, 미국 내 젊은 히스패닉에게는 전혀 무관한 스토리에 불과하다. 질질 눈물지으며 비극적인 대화 스타일을 보여주는 여성 탤런트의 모습은 LA, 마이애미, 뉴욕, 달라스, 휴스턴에서 생활하는 젊은 히스패닉 여성들에게는 거북스럽게만 보여진다.

히스패닉에게 라디오 매체가 갖는 매력은 이들이 종사하는 업종이 서비스업, 노동집약적 산업에 집중되어 있다는 점과 연관시킬 수 있다. 건설, 조경, 운수, 농업, 음식업 등에 종사하는 이들은 라디오를 들으면서 일한다. 이를 반영하듯, 상위 12개의 최대 히스패닉 거주 지역에 있는 라디오 방송국 중에서 10개 지역의 히스패닉계 라디오 방송국이 최고의 청취율을 기록하고 있다(Korzenny & Korzenny, 2005: 263).

인쇄 매체는 과거 20년간 히스패닉 소비자들을 제대로 이해하려는 노력을 기울이지 않았다. 이런 공백을 메우면서 등장한 것이 People en Espanol, Latina 등이다. 전자는 42만 5천부의 유료 부수를, 후자는 31만부의 유료 부수를 발행하고 있다. 2004년에 이르러 이들 히스패닉계 잡지가 홍수를 이루고 있는데, 이는 독자층의 욕구와 기호를 제대로 파악하기 시작했다는 점을 보여주는 것이다. 뉴욕의 El Diario La Prensa와 LA의 La Opinion이 2004년 연합하여 거대한 인쇄 컨소시엄을 결성하였고, 시카고 최대의 히스패닉계 신문사인 La Raza를 매입하였다. Catalina와 같은 잡지는 마음, 신체, 영혼을 만족시켜준다는 슬로건 아래 새로운 히스패닉 여성 독자를 끌어들이려 하고 있다.

히스패닉이란 용어는 영어권의 표현이고 라티노는 스페인어권의 표현이다. 라틴이라는 용어는 로마제국 직전부터 사용되었는데, Latins라 불리는 부족이 지금의 이태리 지역에 출현하여 국가를 Latium, 수도를 Rome으로, 언어는 Latin이었다. Romans가 이베리아 지역을 침략했을 때 대부분의 지역을 평정하였고, 그 가운데는 Hispalis(지금의 세비야: Seville)라고 불리는 남부지역의 도시도 있었다. 후에 로만족은 Hispania라는 지방으로 명명했다. 스페인을 스페인어로는 Espana 라고 하는데, 이는 라틴어 Hispania에서 유래한 것이다. 고대 시절에는 히스패니아는 이베리아 반도에 거주하는 사람과 그들의 문화를 가리켰는데, 로마가 영토를 확장해가면서 피정복민에게 로마의 언어가 강요되었고, 여러 새로운 언어가 탄생하게 되었는데 이것이 바로 현재 Latin어 또는 Romance어 라고 불린다. 아울러 몇 개의 라틴 국가가 탄생하였는데, 프랑스, 포르투갈, 스페인, 이태리, 알바니아, 루마니아(Romania)가 이들이다(Soto, 2006: 2).

〈표 1-3〉 히스패닉 밀집 거주 10대 메트로 지역(2000년 기준)

	라티노 인구 수	1980-2000 증가율
로스엔젤레스	424만 명(45%)	105%
뉴욕	234만 명(25%)	60%
시카고	141만 명(17%)	143%
마이애미	129만 명(57%)	123%
휴스턴	125만 명(30%)	211%
리버사이드-샌 베나디노	123만 명(38%)	324%
오렌지카운티	87만 명(31%)	206%
피닉스	81.7만 명(25%)	261%
샌 안토니오	81.6만 명(51%)	67%
댈러스	81만 명(23%)	324%
총계	1,508만 명(31%)	130%

주) 라티노 인구 수의 ( )안 수치는 해당 메트로 내에서 히스패닉의 구성비율

원전: The Pew Hispanic Center, The Brookings Institution Center on Urban and Metropolitan Policy, "Latino Growth in Metropolitan America: Changing Patterns, New Locations."

인용: Soto(2006: 8)

따라서 백인, 흑인, 아시아인이라는 호칭은 인종을 가리키는데 비해, 히스패닉은 문화 내지 민족 집단(cultural or ethnic group)을 지칭한다. 인종 기준으로는 흑인일 수 있지만, 국적이 쿠바나 도미니카라면 히스패닉으로 간주될 것이다. 마찬가지로 페루 국적이지만 민족 기준으로는 중국인일 수 있다. 중국인들은 Guano(비료)와 사탕수수 농장에서 일하기 위해 1849년부터 이주하기 시작하여 현재 40만 명을 웃도는 규모의 페루인으로 정착 생활을 하고 있다. 중

남미와 서인도(카리브연안) 국가들의 인종과 문화면의 다양성은 정복과 식민지화, 20세기로 이어진 이민 등으로 만들어졌다.

미 인구통계국(U. S. Bureau of Census)의 전망에 따르면, 2010년의 전체 인구는 3억 890만 명에 달할 것이고, 그 가운데 15.5%인 4,780만 명이 히스패닉(인종 불문)일 것이라고 한다. 즉 2000년-2010년 사이에 34%의 증가세를 보인다는 것이다. 2050년에 이르면 이러한 히스패닉의 성장세는 더욱 기세가 높아 전체 인구의 24.4%인 1억 260만 명에 달할 것이다. 아울러 히스패닉의 구매력은 2005년도에 7천억 달러에 육박하였다(Hispan Telligence 보고서).

미국에서는 소매 금융이 고가 상품의 구매에 폭넓게 이용되고 있지만, 라틴 아메리카에서 소매업은 현금결제 방식(cash and carry)이 주류이다. 그러다 보니 라틴 아메리카에서 이민 온 사람들은 이런 사고방식을 미국에서도 그대로 적용하여 신용 결제를 기피하고 있다. 그 바탕에는 자신의 소득 범위 내에서 소비를 해야 한다는 인식이 자리잡고 있다. 2002 Hispanic Yankelovich MONITOR Survey에 의하면, 응답자의 86%가 현금이 있을 경우에는 현금으로 결제한다고 답하였다. 심지어 자동차를 구매할 때도 전액 현금으로 결제하는 경우가 드물지 않다고 한다.

이처럼 상류 계층을 제외하곤 신용카드가 히스패닉에게 바람직하지도 않고 발급받기도 쉽지 않은 이유는, 이들이 현금 장사를 하는 통계에 잡히지 않는 비공식 말단 경제에서 일하기 때문에, 소득 증명이 용이하지 않다는 데 있다. 은행들도 피부색이 덜 진한 중상류층을 상대로 하고 저소득 히스패닉에 대해서는 혐오감을 갖고 있기 때문에, 많은 히스패닉은 돈이 필요한 경우 은행에 다가가기를 조심스러워 한다. 따라서 자금원은 저축이나 가족이 모아 둔 돈이다.

이 밖에 라틴 아메리카에서 정치적, 경제적 불안으로 화폐의 평가절하와 경제위기가 초래되어 예금을 해둔 고객들이 자산 손실 내지 평생 모은 저축을 날려버린 경우도 있어서, 힘들게 번 돈(hard-earned savings)을 맡길 가장 안전한 곳이 은행이 아니라는 인식도 은행과의 거래를 주저케 만들고 있다(Soto, 2006: 46-47).

특히 문화적 변용을 하지 못한 히스패닉들은 언어 장벽과 조소, 퇴짜의 두려움을 느끼기 때문에, 은행을 이용할 필요도 없고 은행에 맡길만한 돈도 없다고 자위하면서 은행과 거리를 두고 있다. 그런데 실제로는 매년 수천달러를 모국의 가족에게 송금하고 있다.

Inter-American Development Bank Multilateral Investment Fund에 따르면, 2004년도에 총 400억 달러가 이런 목적으로 해외 송금되었다고 한다. 이를 간파한 미국은행들은 Wells Fargo Bank를 선두로 2003년도에 계좌 개설과 신용 신청에 걸림돌이었던 서류작성 문제를 해결하기 위해, 멕시코 영사관에서 발급한 신분증(Mexican Identification Card), 미 국세청 발급의 납세 번호(Tax ID number from Internal Revenue Service)로 대체하기 시작했다.

소매 쇼핑을 할 경우, 히스패닉은 다른 주류 소비자들과 마찬가지로 가격(pricing), 입지(location), 구색(assortment)를 점포 선택의 가장 중요한 요소로 꼽고 있다. 히스패닉 가운데 미국태생 보다 외국태생이 스페인어 간판, 포장, 라벨이 쓰여 있고, 스페인어를 구사하는 종업원이 있는 점포에 대한 선호도가 높다. 히스패닉이 곧잘 이용하는 소매 점포의 순위는 다음과 같다.

전국망을 갖춘 대형할인점(월마트, 타깃 등) 61% 〉 히스패닉 고객에 특화한 동네 점포 37% = 전국망을 갖춘 대형 가정용품점(Lowe's, Home Depot 등) 37% 〉 전국망을 갖춘 중간 가격대의 백화점(Kohl's, Sears, JC Penney 등) 31% 〉 의류 전문점(Gap, Old Navy 등) 19% 〉 대형 가전유통점(Circuit City, Best Buy 등) 17% 〉 고급 백화점(Macy's, Nordstrom, Lord & Taylor 등) 10% 〉 스포츠용품점(Sports Authority 등) 8%의 순이다(HispanicBusiness.com, 2005 Hispanic OmniTel Retail Study, NOP World Roper Public Affairs).

히스패닉의 5대 여가 활용 방법으로는 음악 청취(63%) 〉 TV 시청(53%) 〉 친구, 친지와 어울리기(49%) 〉 독서(41%) 〉 낮잠(36%) 등이 있다. Motion Picture Association of America(MPAA)에 따르면, 히스패닉은 전체 인구의 13%를 차지하는데 비해 극장 관람객의 15%를 점하며, 개봉 주말에 영화를 관람하는 경우가 다른 미국인에 비해 81% 높다는 Scarborough Research의 보고도 있다.

히스패닉의 휴가는 모국에 있는 가족과의 재회라고 하는 색다른 목적을 지니고 있다. 미국 밖으로 5-6회 정도 여행을 했다는 비율이 다른 미국인에 비해 31% 많으며, 주요 목적지는 멕시코, 남미, 중미의 순이다. 히스패닉의 휴대전화 월 사용액은 11%가 100달러를 웃도는데 이는 다른 미국인의 비율 7.5%보다 높은 수치이며, 그 때문에 이동통신사들은 히스패닉 고객에 접근, 유지관리를 위해 상당한 비용을 지출하고 있다. 라틴 아메리카에 인터넷 카페는 인터넷 사용 환경이 편리해서 중상류 가정의 젊은이들에게 폭넓은 인기를 얻고 있다.

3) 아시아계 시장

미국 전체 인구 중 아시아계는 1960년 87만 명 - 1970년 143만 명 - 1980년 346만 명 - 1990년 690만 명 - 2000년 1,189만 명으로 40년간 무려 13배를 웃도는 증가세를 보였다. 2003년 기준으로 전미 인구의 4.1%를 차지하고 있으며, 이런 폭증은 1981-1990년에 이루어진 총 이민자 가운데 아시아계가 38.4%, 1991-2000년에는 31.8%를 차지한 점에 기인한다. 아시아계 이민자 급증의 원인으로는 첫째가 1965년에 시행된 이민정책[13]이고 또 다른 하나는 1975년의 베트남 전쟁 종결로 베트남, 라오스, 캄보디아 난민 (boat people)[14]이 밀려들어와 1980년까지 525,000명에 달한 점이다.

이들 아시아계의 시기별 이민자 추세를 보면 1970년까지는 일본 59만 명 〉 중국 43만 명 〉 필리핀 17만 명 〉 한국 6만 9천명 등의 순서이었으나, 1980년에 중국이 수위를 차지하기 시작하여 2000년 기준으로는 중국 273만 명 〉 필리핀 236만 명 〉 인도 190만 명 〉 한국 122만 명 〉 베트남 122만 명 〉 일본 114만 명으로 역전되었다. 주별 거주 분포를 보면 캘리포니아 414만 명 〉 뉴욕 124만 명 〉 텍사스 67만 명 〉 뉴저지 56만 명 〉 하와이 52만 명이고, 도시별로는 뉴욕시 87만 명 〉 LA 40만 명 〉 산호세 24만 명 〉 샌프란시스코 25만 명 〉 호놀룰루 25만 명의 순으로 되어 있다.

---

13) Immigration Act of 1965는 1960년대에 들어와서 일어난 흑인의 공민권 운동, 학생운동, 여성해방운동, 베트남반전운동 등의 상황을 고려하여 민주당의 존슨대통령이 출신 국별 할당제도라고 하는 민족 차별적 이민제도를 폐지하고 대신에 연간 동반구(유럽, 아시아, 아프리카)에서 17만 명, 서반구(남북아프리카)에서 12만 명, 국가당 2만 명을 웃도는 이민자의 입국을 허용하지 않는다는 내용이었다.

14) 그리하여 미국은 1980년에 Refugee Act of 1980을 제정하게 되었다.

아시아계의 특징은 미국출생 30%, 외국(모국) 출생 70%라는 점, 평균 연령이 31.1세로서 미국 평균연령보다 4.2세 젊고, 65세 이상 인구가 6%에 불과하다는 점이다. 교육열 또한 높아서 대졸자 학력이 50%에 육박하는데, 이는 백인의 27.6%, 흑인의 17.3%를 압도하는 비율이다.

캘리포니아 주의 아시아계는 10%이지만 캘리포니아대학 리버사이드교 42%, 로스앤젤레스교 38%, 스탠포드대학 24%의 재학생이 아시아계이고, 동부 지역의 하버드 14%, 예일 17%, 펜실바니아대학의 25%, MIT 28%를 차지하고 있다(Best colleges for Asian Americans, www.asian-nation; 2000년 기준).

직업을 보면 중국계는 중화레스토랑과 세탁소, 한국계는 식료품점과 술집, 인도계는 전미 호텔, 모텔의 28%, 뉴욕시 지하철 키오스크의 다수를 경영하며, 필리핀계는 의사, 간호사 등의 전문직이 많고, 캄보디아계는 캘리포니아 주 도너츠 상점의 80%를 경영하고 있다. 가구당 평균 소득은 백인 가구보다 높지만, 난민 출신의 캄보디아, 라오스, 베트남계는 빈곤층이 많다. 한편 아시아계 내에서도 한국계와 일본계, 중국계와 베트남계의 관계에서 보듯 집단간 알력이 존재한다.

이처럼 아시아계는 다양한 국적, 언어, 문화 등으로 미국 내에서 가장 불연속의 시장을 구성하기 때문에, 때로는 이들이 쌀을 주식으로 한다는 점 이외에 공통점이 무엇이냐는 의문을 갖는 이들도 있다. 그러나, 아시아계의 타민족과의 결혼이 1980년대에는 주로 유럽계와 이루어진 반면, 1990년대에는 다른 아시아민족과의 결혼이 오히려 다소 웃돌 정도로 많이 이루어졌는데, 여기에는 같은 아시아계 미국인이라는 공유된 정체성이 기여했다고 본다.[15)]

15) Shinagawa, L., Pang, G.(1996). Asian American panethnicity and intermarriage. *Amerasia Journal*, 22, 2, 127-152. 또한 거주 지역별로 동일민족간 결혼비율에도 차이가 있는데, 같은 민족의 이성이 많이 거주하는 지역일수록 동일민족간 결혼비율도 높다. 일본계 3세의 경우, 동일민족간 결혼비율은 캘리포니아 64%, 북서지역 54%, 동부해안지역 47%, 중서부지역 28%의 순이다.

〈표 1-4〉 아시아계의 타민족간 결혼 비율(1980년)

	여성(전체비율/유럽계와의 비율)	남성(전체비율/유럽계와의 비율)
중국계	16.8%/12.1%	14.4%/8.3%
필리핀계	35.5%/27.5%	22.2%/15.1%
일본계	41.6%/33.9%	21.3%/13.7%
한국계	44.5%/36.1%	7.5%/4.4%
베트남계	28.9%/24.9%	5.5%/4.2%

자료: Lee, S., Yamanaka, K.(1990). Patterns of Asian intermarriage and marita assimilation. Journal of Comparative Family Studies, 21, 287-305.

아시아계가 갖고 있는 특징을 Anchesta(1998)[16]는 다음과 같이 말하고 있다. 첫째, 외모로 인해 진정한 미국인이 아니라 아웃사이더로 인식된다는 점, 둘째, 일본계를 제외한 아시아계는 외국태생, 즉 이민자라는 점, 셋째, 필리핀계와 인도계를 제외한 대다수 아시아계는 영어를 전혀 못하거나 서툴다는 점, 넷째, 미국 평균보다 넓은 주택에서 주거한다는 점, 다섯째, 1인당 소득은 미국 평균치보다 낮고 빈곤률은 평균치를 웃돈다는 점 등이다.

아시아계에 대해 이야기할 때, 교육수준이 높고 자산이 풍부하여 이민 올 당시에 사업을 시작할 만큼의 자금을 갖고 오며, 구매력이 다른 소수민족보다 높다고 말한다. 이들은 가족 중심적이며, 미국에 이민 올 때는 자녀들에게 보다 나은 삶을 영위하게 하려는 목적을 갖고 있다.

연장자에 대한 존경, 강력한 근무 윤리 등은 이들의 장점으로 꼽힌다. 이들의 높은 자산 수준은 전자, 질 좋은 식음료, 통신, 항공운송, 보험, 은행 및 금융서비스 관계기업들이 이들을 상대로 마케팅 활동을 펼치는 것만 봐도 알 수 있다. 이는 히스패닉과 흑인들을 상대로 한 광고 상품이 기초 식품, 소프트 드링크, 맥주라는 점에서 극명한 대조를 보인다. 또한 아시아계는 언어적으로 고립되었다는 차이도 지니고 있다. 그렇다고 이상에서 언급한 특성이 아시아계 미국인을 대변하는 것도 아니다.

특히 라오스, 캄보디아에서 온 정치 난민이라든가 저임금의 의류 공장에서 일

16) Anchesta, A.(1998). Race, rights, and the Asian American experience. N. J.: Rutgers University Press.

하는 아시아계 여성과는 거리가 먼 이야기이다. 더군다나 일부 부유층 아시아계를 제외하면 평균적인 빈곤층 비율이 백인의 12.4%보다 높은 17.9%이다[17]. 심지어 전문직 아시아계도 미국으로 이민을 오면 직업의 하향 지원이 불가피한 현실이다.

아시아계의 소득이 높다는 사실도, 기준이 1인당 소득이 아니고 가구당 소득이라는 점을 감안할 때 단순히 가족 수가 많아서 가구 소득이 높을 수도 있고, 물가가 비싼 대도시에 거주하기 때문에 명목임금이 높을 수도 있다. 최근에 이민을 온 아시아계가 보여주는 이미지는 19세기 중엽에 이민을 와서 2차 대전 중에는 투옥된 아시아계의 어두운 역사를 외면하고 있다.

아시아계는 미국이 제공하는 것, 즉 근면을 통해 존경과 부를 획득할 수 있는 능력을 향유하면서도 자신을 미국의 단일화된 시장 구성원으로 인정하지 않으려든다는 점, 환원해서 Melting Pot(용광로) 문화에 가담하지 않고 문화적 동화에 거리감을 두는 소수민족이라는 점이 있다. 사실 범아시아계(Asian American pan-ethnicity)라는 용어도 1960년대 후반에 학생, 운동가(activists), 중산층 지식인들이 공민권 투쟁의 일부분으로 형성한 것이다. 따라서 그러한 역사적 맥락을 공유하지 못하는 최근의 아시아계 이민들과는 맞지 않기도 하다.

1990년대에 미국의 아시아계 시장에 유례없는 접근을 보인 업종이 생명보험업이다. 이는 특정 소비자 집단, 제품 라인, 지리적 시장에 초점을 둔 차별화 전략으로 설명이 가능하다. 전통적으로 생명보험업은 대기업이 시장을 세분화하는 비교적 안정적 시장 구조를 갖고 있었다.

그러나 1980년대에 들어와서 정부의 규제 완화와 업체간 경쟁 심화로 그전까지는 서로 묵인해주던 상대 영역을 침해하기 시작하였고, 사업가, 주택 건설업자, 군인, 전문가 등 동일한 고객 카테고리를 표적으로 삼게 되었다. 시장 구조의 현상유지가 붕괴되고 안정성이 취약해지면서 많은 생명보험회사들이 파산에 이르렀다. 설상가상으로 다른 금융업 또는 이업종의 기업들이 기존 제품/서비스의 보완재로서 보험 사업에 진입하기도 하였다.

---

17) Lee, S.(1994). Poverty and the U. S. Asian Population. Social Science Quarterly, 75, 3, 541-559.

아시아계는 1965년까지만 해도 겨우 100만 명의 인구에 달하여 눈에 보이지 않는(invisible) 존재이었으나, 이후 1980년에 380만 명, 1990년에 730만 명, 2000년에 1,000만 명으로 늘어났고 2020년에는 2,020만 명으로 확대될 전망이다. 이런 수적 증가만이 아니라 사회-인구-문화-경제적 측면에서도 아시아계는 매력적인 고객 시장으로 비추어진다. 경제적으로 아시아계는 소기업을 소유하고 있는 비율이 높고, 평균 가구 소득과 교육 수준이 높고, 대가족 구조(extended family structure)에 낮은 이혼율, 강한 구매력을 보유하고 있다(Lopez, R. Easing into the ethnic market. *Best's Review*, July 1992, 50-56).

문화적으로는 가족 중심적이며, 후손을 보호하려는 강한 욕구에 자녀 교육에 열성적이고 저축과 투자에 열심이다. 특히 동북아시아 국가출신은 어른에 대한 존경, 아이에 대한 사랑, 근면과 야망이 두드러진다. 지리적으로는 아시아계가 대도시에 밀집해 거주하고 있어서 위치 확인이 용이하다. 사회적으로는 가정과 지역사회의 연계가 잘 되어 있어서 기존의 거주자는 신규 이민자에게 상품 선택, 회사 인식, 소비 패턴 등의 여러 생활 방면에서 도움을 주는데 주된 역할을 한다.

생명보험회사들은 인구동태적, 경제적 기준에 따라 시장의 고객들을 평가하였으나 이제는 여기에 추가하여 고객의 문화적 성향까지도 고려해야 할 상황에 놓여 있다. 지금까지는 주류 미디어를 이용하여 상품의 촉진과 광고를 전개하는 자기중심적(ethnocentric) 접근법을 채택하였으나, 이것이 아시아계 고객에게 효과를 보지 못하였다. 아시아계 미디어에 아시아 언어를 사용하여 광고를 내고, 아시아계 커뮤니티와 PR를 맺고, 보험의 편익으로서 사망시 받게 될 금전적 혜택 대신 교육 편익 및 소중한 사람들에 대한 사랑을 강조하게 되었다.

이처럼 기업의 차별화 초점 전략은 문화적 감수성과 다양성을 인식하면서 타인중심적(pluralistic) 사고로 전환하게 되었다. 즉 가족의 죽음에 대해 언급한다는 것 자체가 저주스러운 일이며, 소중한 사람의 죽음으로 금전적 편익을 취한다는 것이 아시아계의 문화적 가치와 충돌을 빚을 수 있다는 점을 인식한 점이다.

아시아계 중에서 주된 6개 집단은 중국, 한국, 필리핀, 일본, 인도, 베트남이다. 이들의 제품 선택은 친구의 권고에 크게 영향받고 있다. 85%가 제품 정보의 일차적 원천으로서 입소문(word-of-mouth)을 꼽고 있다. 브랜드 충성도는 지극히 높으며, 구매력도 인상적이어서 연간 700억 달러를 지출하고 있다(Long, 2001: 11).

구매 선호(purchase preference) 면에서는 기업의 규모와 장수(longevity)를 꼽고 있다. 아시아계는 보험에 가입하는 것을 자녀의 교육 펀드에 가입하는 것으로 간주하고, 투자는 보수적 성향을 띠어 원금 보전을 중대시한다. 따라서 낯설고 위험이 높은 주식이나 채권 매입보다는 CD(양도성 예금), 부동산을 선호한다. 보험에 일단 가입하고 나면 지속적인 불입률(persistency rate)을 보이는 특징이 있는데, 이는 미래의 보상을 위해 현재 희생을 치르겠다는 의미이며, 보험료를 부채로 보기 때문에 자신의 지불 능력보다 낮은 금액의 보험에 가입하는 성향이 있다. 보험 유형 중에서는 기간보험(term policy)보다는 종신보험(whole life)이나 유니버설보험을 선호하는데, 이유는 기간보험을 돈의 낭비라고 보기 때문이다. 소기업 경영주가 많다는 통계에 비추어 볼 때 소기업의 자금조달이나 보험에 도움이 되는 금융상품, 이자율에 민감한 상품 등이 적합할 수 있다. 이들과 보험 계약 체결에 성공하려면 5-6회 방문하는 일도 드물지 않지만, 일단 관계를 구축하고 나면 안정적 거래, 믿을 만한 거래로 발전하게 된다.

따라서 아시아계를 공략하기 위한 마케팅 전략의 내용으로는 특별 기동대(special task force)를 만들되, 시장 조사에서는 아시아계 컨설팅, 조사 기관에 아웃소싱을 맡긴다. 아시아계 명칭을 붙인 영업부서를 신설한다.

차별화 전략의 구체적 내용에는, 첫째, 제품 차원에서는 제품이 주는 살아있는 동안의 혜택(가령, 자녀 교육비)을 죽고 나서의 혜택보다 강조한다. 둘째, 증서 작성(underwriting) 차원에서는 아시아계가 재정에 관한 개인정보에 민감하므로 필요한 고객 정보를 얻되 부적절한 질문은 배제하는 간단한 사실 확인에 그치도록 한다. 셋째, 보험 계약자(policy holder)에 대한 서비스 차원에서는 2개 국어 구사가 가능한 판매원의 지원, 제3자의 번역 서비스 등을 지원하다. 넷째, PR 차원에서는 이벤트, 축제 등에 꼬박 스폰서로 참여하는 것이다. 뉴욕생명은 1991년 흑인 폭동 이후 LA 지역의 재미한국인 커뮤니티 재건 사업에 기금을 기부하였다. 미국 주류 사회가 아시아계에 대해 갖고 있는 오해가 몇 가지 있다.

첫째, 아시아계는 단일 집단으로 묶을 수 있다는 오해이다. 소비자 행동의 일부 측면에서는 이렇게 묶는 일이 유용할 수 있지만, 아시아계 내의 핵심적인 차이점을 간과할 우려가 있다. 가령, 전통적인 아시아적 가치관을 사회화하는 방식을 보면, 중국계는 자녀를 밀접히 감독하여 이들에게 성취를 강조하고 자녀 양육을 엄마의 책임으로 간주한다. 반면 필리핀계는 아이들을 달래고, 뒷바라지하고 같이 놀아주며, 한국계는 자녀들과 같이 노는 것이 부모에 대한 자녀의 존경심을 해친다고 본다. 동남아계는 자녀가 커가면서 보다 제약을 가하는데, 아이들이 말을 안듣고 책임을 지지 않으며 형제한테 보다 공격적이라는 불만을 늘어놓는다.

둘째, 영어를 아시아의 각각의 언어로 번역하는 것으로 의도된 메시지를 전달할 수 있다는 오해이다. 영어가 이들 아시아계의 공통의 제2외국어이긴 하지만, 영어의 관용구나 의미가 개념상 모든 아시아계에게 동일하거나 적절하지 않을 수 있다.

셋째, 영어로 된 광고를 내보내면서 특정한 아시아계의 주제를 포함하는 식으로 조정하는 일이 효율적, 효과적이라는 오해이다. 이는 소비자 영어에 익숙하지 않은 다수의 아시아계를 놓치는 일이 된다.

넷째, 특정한 메시지의 표적 대상이 되기에 아시아계는 수적으로 너무 적다는 오해이다. 아시아계의 인구 증가 속도는 눈부시며, 이런 급신장세는 지속될 것이다.

다섯째, 아시아계는 매스 미디어를 통해 접촉 가능하므로 이들을 따로 표적삼은 일은 불필요하다는 오해이다. 아시아계 하위 집단 간에는 미디어 선호에 상당한 차이가 있다는 점이 발견되었다.

여섯째, 상이한 마케팅 전략을 세우기에는 아시아계의 하위 문화와 언어가 너무 많다는 오해이다. 많은 공통적인 니즈가 있으므로 모든 상품에서 일일이 상이한 전략을 세울 필요는 없지만, 800개가 넘는 아시아 언어 중에도 지배적으로 사용되는 언어가 있다.

일곱째, 아시아계에는 유사점이 많아서 공통의 광고 주제가 항상 바람직하다는 오해이다. 아시아계 하위 집단 간에는 선호되고 수용될 만한 주제에 유사점도 있지만 차이점도 있다. 여덟째, 아시아계 하위 문화간에는 차이점이 많아서 공통의 광고 주제 설정이 불가능하다는 오해이다. 차이점도 있지만 유사점도 있다.

아시아계가 가장 밀집해 거주하고 있는 10대 도시는 LA, 뉴욕, 호놀룰루, 샌프란시스코, 오클랜드, 샌 호세, 오렌지카운티, 시카고, 샌디에이고, 워싱턴DC이다. 아시아 문화를 하나로 묶는 힘이 있다면 그것은 유교 윤리(Confucian ethics)이다. 유교 윤리의 두 가지 키워드는 충효(loyalty to authority and filial piety)이다. 아울러 아시아계는 성취를 중히 여기는데, 그것은 성취에 자신의 가문과 소속 집단이 반영되기 때문이다. 아시아계 가정에서 영어를 유창하게 구사하는 것은 아동과 10대이기 때문에 이들의 역할은 미국 주류 가정에서 아동과 10대가 갖는 역할보다 그 영향력이 클 것이다(Kaufman-Scarborough, 2000: 253).

아시아계는 브랜드명에 강한 매력을 느껴서 조사 대상자의 72%가 구매 결정에 브랜드명이 강력한 영향을 미친다고 했는데, 이는 미국 평균치 34%의 두 배를 웃도는 반응이다(Berkowitz, H. Cornering a market. *Newsday*, Dec. 5 1994, p.4). 프리미엄 제품에 대한 선호를 보여주는 예로는 자동차의 경우 이들 아시아계가 구매하려는 가격대는 2만-3만 달러의 자동차이다. 아시아의 5대 하위문화인 중국, 필리핀, 인도, 일본, 한국계에 대해 소비자 지출, 가격 민감도, 가정의 구매결정, 언어 사용, 광고 습관 및 기호 측면을 언급하면 다음과 같다(Kaufman-Scarborough, 2000: 254-258).

중국계 미국인 10명 중 4명은 캘리포니아 주에 거주한다. 가장 거주 밀도가 높은 대도시인 뉴욕, 샌프란시스코, LA, 시카고 등에는 차이나타운이 있다[18]. 1-2세대 중국인은 핵가족을 구성하여, 조부모와는 별거하지만, 빈번한 상호접촉을 하고 있다. 중국 태생의 중국계는 미국 태생의 중국계보다 정규 소득을 갖는 비율이 적으며, 중국계는 서해안 지역을 따라 형성한 차이나타운에서 그들의 문화, 전통, 생활양식을 보전하고 있다.

최근의 이민자와 학생들은 미국화하여 부부가 의사결정에 참여하지만, 홍콩이나 대만과 달리 중국본토에서 온 신참 이민자들은 여전히 남편이 대형 구매 결정을 좌우하는 전통적 의사결정 방식을 따르고 있다. 경우에 따라서는 아내가 구매 제안을 하고 최종 결정을 남편이 하는 절충형도 있다. 지역적으로 보면, 차이

18) 뉴욕의 차이나타운 경우에는 그 안에 15만 명이 거주하며, 주변 지역에 또 다른 15만 명이 살고 있다(Kinkead, G. Chinatown. New York: Harper, 1992).

나타운과 그 주변에 거주하는 중국계는 가사와 직장을 구분하는 반면, 변두리 거주 중국계는 보다 미국화한 계층이다. 중국계는 자국민 시장을 애용하지만, 가격에 민감하기 때문에 미국식 할인점도 곧잘 이용하며, DM에서 받은 쿠폰을 사용한다. 광고는 직설적 정보를 제공해 주기를 기대하며, 경쟁사 상품을 비방하는 행위는 이들 중국계 소비자들에게는 불법이거나 수용될 수 없는 것이다. 미국 태생의 중국계는 중국어를 말하지만 읽거나 쓰지는 못하기 때문에 라디오 광고는 효과적이지만, 인쇄 광고를 중국어로 하면 당황스럽다. 미국에서 가장 널리 수용되고 있는 중국어는 광동어(Cantonese)이다.

로스앤젤레스 카운티의 중국계를 예로 들면, 1980-2000년 중에 거주인구는 4만 1천명에서 32만 9천명으로 늘어났는데, 이는 전적으로 이민에 의한 것이다(Kaplan, Li, 2006: 121). 당시에는 미국의 국방산업의 호황과 부동산 붐으로 미국경제가 활발하게 움직일 때이다. 아울러 중국계의 활동 거점이 구도심의 Chinatown에서 변두리의 San Gabriel Valley(SGV)로 지리적 이동을 보이기 시작하였는데, 이는 차이나타운을 거치지 않고 곧바로 SGV 지역으로 자리를 잡은 신규 중국이민자의 움직임에도 영향을 받은 것이다. 따라서 중국계 은행들의 주요 고객들도 신흥지역 거주자로 바뀌어 갔다.

초기 중국계가 2차 대전 이전의 노동자와 70년대 이후 대만의 유학생들이었던 것에 비해 후기의 신흥 중국계는 부유한 가정이나 화교 사업가로서, 경제적 내지 사회적 입신양명을 목적으로 한 것이 아니라, 지정학적 변화에 기인한 재정적, 정치적 위험으로부터 안전망을 구축하기 위해 미국으로 이민을 온 것이다. 이들은 은행의 신규 설립이나 기존은행에 자본출자를 통해 중국계 은행의 성공적 사업을 보장할 정도의 재무자본, 인적자본, 사회자본, 고객기반을 갖고 이민을 왔다. 주로 1980년대에 대만, 인도네시아, 필리핀의 화교들이 LA의 중국계 은행을 인수하고, 1990-2000년 중에 5개 은행이 신설되었다.

필리핀계 역시 캘리포니아 주에서 주로 거주하며, 대도시 가운데는 LA, 시카고, 뉴욕이 주요 거주지이다. 필리핀계는 혈통이 중국, 스페인, 말레이시아 중의 하나인데, 이는 외모를 통해 알 수 있고, 화장품을 비롯한 외모 관련 상품, 음식, 미술, 장식품의 선택과 구매도 이 혈통에 따라 정해진다. 수백 년에 걸쳐 스페인,

미국, 일본의 지배를 받아왔고, 독일과 중국도 영향을 미쳤다. 따라서 필리핀인들을 하나의 문화적 행동 집단으로 묶는 것은 용이하지 않다. 필리핀계가 미국의 주류 문화에 통합되는 수준은 본국에서 가족이 속한 사회 계층에 의해 크게 영향을 받는다. 가시적이고 응집력있는 커뮤니티가 결여되어 있고, 문화적 변용의 정도가 중간 이상이면서 맞벌이 가정인 경우, 대부분의 구매 결정은 아내가 하며, 대형 구매는 남편과 공동으로 한다.

Made in USA에 대한 선호가 높은 것은 사회적 지위의 징후로 받아들이기 때문이다. 필리핀계는 소득이 낮고 구매력이 떨어지기 때문에 가격 민감도가 대단하여 할인점을 애용한다. 필리핀의 시골 출신으로 영어를 잘 못하여 문화적 변용이 낮은 필리핀계는 미국식 식료품점을 기피하고 동양 식품점과 전문점을 선호하는 반면에 문화적 변용이 높은 필리핀계는 미국식 슈퍼마켓에서 원스톱 쇼핑을 선호한다. 단, 슈퍼마켓에서 구매할 수 없는 품목에 한하여 동양 식품점을 찾는다.

인도계 미국인은 동해안과 서해안에 밀집해 있고, 상위 3대 거주 주는 캘리포니아, 뉴욕, 뉴저지이며, 대도시 중에는 뉴욕, 시카고, LA이다. 아시아계의 5대 하위 민족 중 인도계가 가장 부유하다. 1960년대에 이민 온 1세대는 교육수준이 높고 성공을 거둔 사람들로서 전업주부인 아내와 성인 자녀를 거느리고 있다. 1970년대에 이민을 온 2세대는 교육수준은 높지만 맞벌이 가정이고 어린 자녀가 있다.

3세대 이민자들은 교육수준이 낮고 모텔이나 편의점을 운영한다(Mogelonsky, M. Asian-Indian Americans. *American Demographics*, (17), 8, 1995: 32-36). 인도 사회는 상류층과 하류층이 확연히 구분되어 있고, 가정생활의 편의성에 익숙해있기 때문에 미국에 이민 온 인도계에게는 노동절약형의 상품이 인기가 높다. 비교 구매에 관심을 보이며, 편리한 지역에서 쇼핑을 한다. 인도계는 자녀교육에 대한 믿음이 대단하여 컴퓨터 및 기술관련 품목에 투자한다. 전통적으로 돈과 부를 중시하므로 주식, 채권, CD, 보험에 투자하며, 자신들에게 특별한 서비스와 최상의 가치를 제공하는 은행 및 투자기관을 찾는다. 사업에 투자도 하기 때문에 주유소나 편의점과 같은 프랜차이즈 사업에 특히 관심을 기울인다. 나이든 이민

세대는 전통적인 인도 관습에 따라 가장이 대부분의 구매 결정을 하지만, 최근에 온 이민자들은 미국식 의사결정에 따라 부부 공동 결정을 내린다. 중국계, 필리핀계와는 대조적으로 영어로 된 광고에 대한 수용도가 높고, 아울러 55%는 인도어로 된 광고를 환영한다.

인도인을 대상으로 한 광고에서 피해야 할 점은 판매를 둘러싼 논쟁이다. 이는 대립적 내지 대단히 무례한 일로 받아들여진다. 또한 심리적 호소를 통해 소비자에게 동기부여하려는 광고도 피해야 한다. 직접적이고 명료한 정보의 제공이 최선이며, 광고에서 제공되는 시각적 정보에 대해서는 그다지 강조하지 않고, 구두에 의한 메시지 전달이 바람직하다.

일본은 20세기 초에 이민법을 완화하여 여성 이민도 허용하였는데, 이를 계기로 많은 일본 가정이 미국으로 이민한 결과, 다른 아시아계보다는 이민의 역사가 길고 자리를 잡은 경우가 많다. 토지에 대한 소유를 강조하여 부동산 투자가 활발하다. 최초의 재팬타운은 샌프란시스코와 시애틀에 형성되었다. 인구 면에서는 LA가 앞서지만 공식 단체(가령, Japanese American Citizens League: JACL)의 본부는 샌프란시스코에 있다.

주요 거주 주로는 캘리포니아, 하와이, 뉴욕이고, 이 중 특히 캘리포니아 거주 일본인들은 경험, 교육, 훈련 등의 목적으로 미국에 온 경우가 많다. 이 경우에는 자신의 목적이 성취되면 미국을 떠나기 때문에 미국에 영주하려는 일본인보다는 미국 문화의 행동양식과 규범을 학습한다는 점도 중요하지 않다[19]. 특히 캘리포니아가 일본계 이민에서 유난히 중요한 이유는, 캘리포니아 해안의 지중해성 기후가 겨울철 과일과 채소 재배의 완벽한 조건을 갖추었고, 미대륙을 가르는 화물철도와 냉동차량 덕분에 긴 겨울 기간 중 신선한 농산물에 대한 수요가 높은 중서부 지역 및 동부 해안 지역과 경제적 보완성을 구축한 점에 있다(Kaplan, Li, 2006: 180-181).

여기에 일본인 농부들이 막대한 노동력과 세세한 점에 대한 주의력, 높은 노동윤리를 요하는 집약적 쌀농사와 야채 재배에 숙련을 갖고 있다는 점이 크게 작용하였다. 이런 점들은 백인이 관리하는 영농 사업에 일본인의 이주가 아주 수익

19) 캘리포니아 주 Gardena시는 인구의 1/4이 일본인이고, 일본 케이블 방송국까지 있다.

성이 높은 요소로 작용하였다. LA의 리틀 토쿄는 이러한 농업 커뮤니티에 서비스를 제공할 도소매업의 클러스터로서 기능하였다. 리틀 토쿄라는 명칭은 20세기 초에 백인들이 붙인 이름인데, 동화하지 못하고 이질적 외계인이 사는 공간에 대해 인종적 레벨을 붙이려고 한 것이다.

일시 거주형 일본 가정은 남편이 영어를 할 줄 알고 아내는 못하는 경우로서, 전통적인 문화적 변용 모형이 적용되지 못하고 주류 문화에서 격리되어 있다. 순응을 중시하고 대단히 예의바르며 과묵하다. 제품과 광고 탐색을 통해 무엇을 구매할 것인지를 제안하는 일은 아내의 몫이며, 남편은 주된 구매에 관한 최종 결정만을 담당한다. 일본인 소비자들에게 품질은 필수 조건이라서 포장과 브랜드의 질을 보여주는 표시를 살펴보며, 원하는 것을 구매하기 위해 전문점에서 쇼핑한다. 음식 재료, 공구, 소형 도구, 기타 일본에서 수입된 물품을 갖춘 아시아계 상점에 대한 충성도가 높은 일본인들은, 유머와 유명연예인 간접적 메시지를 담은 짧은 광고를 선호한다(Di Benedetto, C. et al. Developing creative advertising strategy for the Japanese marketplace. *Journal of Advertising Research*, (32), 1, 1992: 39-48).

광고에 담는 내용에는 제품의 품질은 덜 강조하고(품질은 당연한 필수조건이므로) 기업이 소비자에게 충직하다는 점을 실어야 한다. 자국어 광고를 선호하는 일본계는 42%이고, 특히 아시아계 TV와 인쇄물의 광고를 선호하고, 젊은 모델이 광고에 등장하는 것을 좋아한다. 간접성, 미묘함, 상징성이 중시되는 일본 문화에서는 비판적, 현실적 인상을 강조하는 미국식 광고가 맞지 않으며, 인쇄 매체는 비인격적(impersonal)인 성격 때문에 진지하지 못한 것으로 여겨진다. 일본인들은 본국에서와 마찬가지로 예시와 카툰 만화 형태의 인물로 대변되는 광고를 좋아한다. 일본의 인쇄 광고의 70%는 제품의 가격을 언급하며, 정보에 의한 호소보다는 감정에 의한 호소를 많이 사용한다. 일본에서 마케팅과 영업의 3대 기둥은 고객 서비스, 제품 질, A/S이다.

다른 아시아계와는 대조적으로 한국계 미국인들은 동질적이며, 자신들을 하나의 커다란 가족으로 여긴다. 하나의 언어를 사용하고, 단지 25개의 성씨가 다수를 차지하고 있다. 대부분의 한국인 이민자는 1965년 이후에 왔으며, 본격적인 증가세는 1970년대 이후이고, 82%는 외국 태생이다. LA를 예로 보더라도 1970-2000년의 기간 중에 인구가 8,900명에서 16만 6,350명으로 폭증하였다. 최초의 한국계 은행은 1974년 설립된 California Korea Bank이다. 한국계 은행의 평균 규모는 중국계보다 작아서, 2002년 6월말 기준으로 평균 자산이 6억 5,100만 달러 vs. 7억 7,400만 달러, 평균 예금고가 5억 6,700만 달러 vs. 6억 4,700만 달러이다(Kaplan, Li, 2006: 123).

재미있는 점은 중국계 은행이 주택 융자에 적극적으로 나서서 아시아계의 변두리 거주 확장에 도움을 준 반면, 한국계 은행은 소기업 융자에 압도적 비중(86%)을 보임으로써, 영업 지역도 코리아타운을 벗어나고 있지 못하다는 점이다. 단지 갈수록 치열해지는 타민족계 은행들과의 경쟁 및 고객 기반의 확장을 위해서 특히 히스패닉계를 융자와 저축의 대상으로 삼으려는 노력을 보이고 있다.

다른 하위 문화 집단들과는 달리 대부분의 한국인은 기독교인이고, 교회는 종교적 중심지임과 동시에 한국의 사회적, 문화적 고리의 중심지라고 하는 두 가지 역할을 수행한다. 거주 지역별 분포를 보면 서부지역 44%, 북동부지역 23%, 남부지역 19%, 중서부지역 14%로 아시아계 중에서 가장 분산되어 거주하는 민족 중의 하나이다(Kaufman-Scarborough, 2000: 258).

나이든 세대의 의사결정은 가장이 주도적으로 하는 전통적인 형태를 띠지만, 젊은 한국인 세대는 독립적으로 구매 결정을 내리며, 커플들은 함께 쇼핑하는 경향이 있다. 한국인들의 쇼핑 목적은 최고급 상품과 서비스를 이용하여 지출 대비 최대의 편익을 얻어내는데 있다. 많은 한국인들은 주류 미디어를 완전히 무시하며, 특별히 여성용 제품이 아니라면 젊은 남성이나 중년 남성이 등장하는 광고가 가장 인기있고, 기업들이 한국인 커뮤니티에 참가하는 것을 감사하게 생각한다. 유럽계 미국인 청소년들이 자신의 정보를 엄마한테 많이 터놓는데 비해서 한국계 10대는 또래의 동성 친구들에게 많이 드러낸다.

베트남계는 '1965 Immigration Act'로 미국의 이민 규제가 완화된 1965년 이후의 아시아계의 새로운 이주 물결에서 상당한 부분을 차지하였다. 2000년 기준으로는 아시아계의 9%를 차지하는데, 다른 아시아계가 경제적 이유로 모국을 자발적으로 떠나온 것에 비해 베트남계는 1975년 베트남 공산정권의 수립으로 인한 정치적 망명이 대부분이라는 차이를 보이고 있다.

전통적인 아시아 가정이 상호의존, 순응, 조화를 강조하는 집단주의적 가치를 강조하고, 의사소통이 간접적, 함축적, 직관적 특징을 지닌다고 하는데, 일례로 일본인은 감정의 직설적 표현을 나쁜 형태로 간주하며, 필리핀계 엄마들은 비대립적 의사소통을 위해 delicadeza 라는 표현을 쓰며, 한국인들은 상대방을 직관적으로 관찰하는 눈치(measuring with eyes)를 활용한다.

이처럼 간접적 수단을 통한 의사소통이다 보니, 가정 내 갈등과 오해가 종종 생겨난다. 직설적 표현에 익숙치 않은 부모 세대는 자신의 생각을 충분히 밝히지 않을 수 있는데 비해, 보다 미국화한 자녀 세대는 함축된 의미를 읽어낼 능력이 결여되어 있을 수 있다. 또한 윗사람에 대한 존경의 적절한 표시와 같은 문화적 규범이나 기대치를 침범하는 오류를 자녀 세대가 범함으로써, 가정 내 서열을 무너뜨릴 우려도 있다.

따라서 이들 아시아계 고객을 상대할 때는 성명을 제대로 부를 것이며, 손윗사람에 대해 존경을 표시하고, 아내보다 남편을, 아랫사람보다 윗사람을 먼저 언급함으로써 이들의 전통적 구조를 인정해야 할 것이다. 당연히 아시아계 고객이 악수나 인사할 때 고개를 숙이는 것에 대해 응분의 대응을 보여야 할 것이다. 이는 체면을 의식하는 아시아문화를 반영한 것이다.

아시아계 의사소통의 특징은 상황에 따른 비선형적 상호작용 스타일(nonlinear contextual interactional style)이다. 잡담(small talk)이나 주변을 두드리는 일(beating aroung the bush)은 상대방의 상황에 맞추기 위한 단서를 탐색하는 행위이다. 즉, 상대방의 배경, 상대와 내가 공통으로 알고 있는 제3자, 상대 문화에 대한 친숙성, 도움을 줄 수 있는 능력 등을 알아내는 것이다. 그러려면 침묵의 불편함을 감수해낼 수 있어야 한다. 고맥락의 문화에서는 비유, 비언어, 할 말과 해선 안될 말의 선택, 침묵 등을 통해 풍부한 양의 메시지를 전달한다. 특히 보다 아시아적 가치관을 고수하는 세대들이 만남의 초기나 유난히 어려운 문제를 언급할 때 이런 의사소통의 스타일을 보인다.

3. 미국 유통시장 전략[20)]

유통업에서 영원한 일인자가 될 수는 없겠지만, 상당 기간 최고의 지위를 누리기 위해서는 어떤 경쟁 우위를 갖추어야 좋을까, 한번쯤은 생각해보게 될 것이다. 베스트 유통업체로 자리매김하는데 요구되는 경쟁 우위에는 저렴성, 구색성, 참신성, 편의성, 신속성의 다섯 가지가 있다. 영국의 물리학자 호킹 박사 덕분에 블랙홀이라는 용어가 낯설지 않은데, Ander & Stern(2005)은 빛조차 빠져나올 수 없는 엄청난 중력을 지닌 블랙홀에 비유하여, 고객의 지지를 받지 못한 유통업체의 묘지라고 부르고 있다.

주지하는 인터넷의 발달에 따른 전세계 커뮤니케이션의 동시성과 자본조달의 용이성 등으로 유통업이 겪는 변화는 지금까지와는 완전히 다른 속도를 보이고 있는 가운데, 월마트와 같은 승자는 예상을 웃도는 시장 장악을 하고 있고, Ikea, Zara, H&M 등과 같은 미국 이외의 외국 유통업체들이 미국 시장에서 존재감을 과시하고 있다. 그와는 반대로 버라이어티 스토어, 중간 규모의 디스카운트 스토어와 가전 체인점, 카탈로그 쇼룸 등의 업태는 온데간데 없다. 예전에 성공을 거둔 유통업체도 이런 변화 속도에 지체하면 퇴물이 되고 만다.

그 좋은 예가 Kmart이다. 10년 전만 해도 케이마트는 미국 2위의 유통업체이었지만 지금은 3위의 할인점으로 밀려났고, 급기야 2002년 1월에 갱생법을 적용받는 신세가 되고 말았다. 성공 모델로 칭송받던 Circuit City, Toys "R" Us 등도 어려움에 직면해 있고, Home Depot와 같은 우수 유통업체도 Lowe's라고 하는 후발업체가 고객 요구를 제대로 충족시키며 추적해 오는 바람에 어떤 변화가 올지 모르는 실정이다.

Ander & Stern(2005)이 말하는 베스트 이론은 유통업체가 나아가야 할 방향으로서, 모든 소비자들의 요구에 부응하는 것이 아니라, 특정 소비자 집단만을 표적

---

20) 본 내용은 Ander, W., Stern, N., 島田 陽介 譯, 『勝つ流通業の一番戰略』, ダイヤモンド社, 2005를 요약 정리하였음.

으로 삼고 나머지 집단은 버리자는 것이다. 그러는 것이 단기적 성장에는 마이너스이지만, 장기적 성공으로 이어주는 가교역을 한다는 주장이다. 적당히 괜찮은(good) 점포로 머물게 되면 언젠가 위대한(great) 점포가 출현하게 되면 도태되고 말 것이다. 물론 오로지 입지 조건이 탁월하여 견디는 업체도 있을 것이다.

그렇지만 Montgomery Ward의 예에서 보듯, 특별히 나쁜 점 없이 무난한 업체는 결국 소비자 지지율이 3위 내지 4위로 밀리고 만다. 가격, 서비스, 패션, 상품분류의 어느 항목에서도 그럭저럭의 평가에 그치고 만 것이다. 1980년대에는 이런 '그럭저럭' 모든 평가 항목에서 무난한 점수를 받는 일이 소비자에게 통할 수 있었지만, Wal-Mart, Target, Costco, Kohl's 등의 업체가 고객의 눈높이를 높이고 난 현재의 환경에서는 블랙홀에 빠져드는 첩경인 셈이다.

90년대 중반에 엔터테인먼트에 중점을 둔 유통업체가 등장하자 유통업 베스트에 들기 위한 5가지 경쟁 우위에 오락성을 추가해야 되는 것이 아닌가 하는 생각도 있었지만, Ander & Stern(2005)은 Warner Brothers의 흥분스런 점포가 폐점되고 만 점, 엔터테인먼트 지향성이 강한 레스토랑의 성장세가 정지한 점 등을 들어 유통업의 궁극적인 존재 이유는 엔터테인먼트를 초월한 상품의 판매라고 결론짓고 이를 추가하는 생각을 단념하였다.

여기서 한 가지 주의해야 할 점은, 베스트 유통업체가 되기 위해 필요한 5가지 경쟁 우위 중 2가지 이상의 복수에 걸쳐 베스트일 수는 없다는 점이다. 그러기 위해서는 막대한 인재와 자본이 필요하기 때문이며, 또한 복수의 경쟁 우위를 확보하는데 투입할 인재와 자본을 구비하고 있다고 하더라도 이를 통해 얻는 추가 이익은 미미하기 때문이다. 베스트 유통업체의 성장세를 보여주는 데이터를 보면, 1993-2002년의 10년간 연평균 매출 신장세가 저렴성 베스트 기업 월마트 16%, 구색성 베스트 기업 홈 데포 23%, 참신성 베스트 기업 타깃 13%, 편의성 베스트 기업 콜즈 24%, 신속성 베스트 기업 월그린 15%인데 비해, 유통업 전체 5.6%, 소매업/외식업 5.3%에 머물고 있다.

1) 유통업의 오판

유통 산업의 업체들 간에는 잘못된 관념에 사로잡히는 경우가 많다. 이하에서는 몇 가지 사항을 지적해본다(Ander & Stern, 2005: 18-33).

오판 1: 유통업체는 고객제일주의를 신념으로 삼는다.

그러나 실제로는 회사 이익을 우선시하며, 이를 달성하기 위해 고객의 점포 내 체류 시간을 연장하여 예정에 없던 구매를 유인하는 전술을 구사하고 있다.

백화점에 들어가면 매장 배열(레이아웃)이 미로와 같아서 모든 코너를 두루 빠짐없이 구경했는지 알 수 없고, 화장실이나 주차장, 윗층을 가려면 어느 쪽으로 향해야 하는지를 말해 주는 안내 표시가 천장에 충분히 걸려 있지 않은 점에 대부분의 내점객들이 공감할 것으로 본다. 이런 레이아웃과 안내표지의 문제는 백화점 측의 의도가 반영된 것이다.

즉 백화점은 고객들이 점포 내에서 미아가 되어 보다 많은 시간을 체류하여 매출 증대로 이어지기를 바라기 때문이다. 슈퍼마켓에 가서 피자를 사려고 할 때는 냉동 매장의 피자, 델리에서 막 구어 낸 피자, 간식 코너의 피자 등 여러 군데를 돌아다닌 뒤에 구매 결정을 해야 한다. 계란이나 우유처럼 구매 빈도가 잦은 물품은 매장의 맨 안쪽에 진열되어 있다. 일부러 안쪽에 진열한 이유는 고객의 체류 시간 연장으로 추가 물품의 구매를 유도할 목적도 있고, 수하물의 처리장과 가깝고 냉장 케이스를 두기에 편리하기 때문이다. 즉 손님의 편의 우선이 아니라 점포의 편의와 이익 우선인 셈이다.

오판 2: 유통업체는 고객 서비스를 잘 이해하고 있다.

그러나 실제로는 고객 자신이 더 잘 알고 있으며, 우수한 점원이 있다는 점은 고객 서비스에서 네 번째로 중요한 요소에 불과하다.

고객이 생각하는 고객 서비스의 4대 구성요소는 i) 자신이 원하는 상품이 품절되어 있지 않을 것, ii) 원하는 상품을 발견하는데 시간 낭비하지 않도록 논리적으로 매장 배열이 이루어져 어디에 어떤 물건이 있는지 금방 알 수 있고, 주차장의 공간이 충분하고 카트를 쉽게 구할 수 있으며, 가격표를 눈에 띄게 붙여 놓고, 체크 아웃 라인에서 긴 행렬을 이루어 오래 기다리도록 하지 않을 것, iii) 게시판, 팸플릿, 점원 등을 통해 원하는 정보를 제공할 수 있을 것, iv) 친절하고 상품 지식이 풍부한 점원이 있을 것 등이다.

오판 3: 유통업체는 자사의 고객이 누구인지를 알고 있다.

그러나 실제로는 소비자의 실태가 크게 바뀐 점을 눈여겨 둔 업체는 극히 적어서 변화에 대응하지 못하고 있다는 점이다.

미국의 경우에는 1950-1970년대에 소비자 특성은 거의 비슷했다. 백인, 폭넓은 중간소득층, 유사한 가족 구성(자녀 평균수 2.6명, 전업주부), 교외 주택에 거주, 스테이션 왜건 차량과 애완견 보유 등이 그 내용이다. 그런데 1980-2001년에 소득수준을 5개 층으로 구분시 최고 부유층은 전체 미국인의 20%에 달하였고, 이들은 동 기간 중에 49%의 소득 증가세를 보였다. 반면 최하위 빈곤층은 겨우 4%의 소득 증가에 그쳤다(10,136달러). 3번째 계층에 속하는 중간 소득 계층은 11%에 증가하여 42,629달러를 벌었다. 요즘 우리나라에서 빈번히 거론되고 있는 소득의 양극화 현상이다. 그러다 보니 저소득층은 더욱 가격 지향성이 강해져서 월마트를 미국 최대의 유통업체로 발전시키는 원동력이 된 반면, 다수의 유통업체들이 그동안 전략의 근간으로 채택해온 중간소득 계층은 격감하고 말았다.

또 다른 소비자 실태의 극적인 변화로는 고령화 사회로 진입한 점을 꼽을 수 있다. 미국 전체 인구 중에서 50세를 웃도는 인구는 1980년대에 6천만 명이었으나 지금은 1억 명으로 3명 중 한명 꼴이다. 이들 고령자들은 전후 베이비붐의 세대들로서 유통업에 주는 영향이 크다. 이들은 상품 구매에 숙련된 까다로운 고객으로서 무의미한 판촉은 무시하고, 지출 대비 성과의 극대화를 추구한다.

전업 주부의 가정은 1950년에는 노동자 가구의 60%를 웃돌았지만 지금은 15%를 밑돌고 있는 반면, 맞벌이 가정은 40%를 웃돌아 1950년에 비해 2배 이상 증가하였다. 20-64세의 여성 중 사회생활을 하는 비율은 1950년에 36.7%이던 것이 2005년에는 75.2%로 늘어났다.

미국 내 인종 구성의 다양성도 증폭되어 히스패닉, 아시아계, 흑인이 전체 인구에서 점하는 비율이 2010년에는 33.5%가 될 것으로 예상된다. 특히 식품, 음악, 패션 분야에서 인종 구성 변화의 영향력이 크게 나타난다. 그럼에도 불구하고 미국의 유통업체들은 극적인 변화를 보인 이와 같은 소비자 실태를 사업에 제대로 반영하고 있지 못한 실정이다.

오판 4: 고객은 상품 구매(쇼핑)를 무척 좋아한다.

그러나 실제로는 그다지 좋아하지 않을뿐더러 심지어 성가신 일 중의 하나로까지 되어 가고 있다.

이제는 소비자들은 자신이 원하는 물건을 후다닥 사버리고 남은 시간을 자신이 하고 싶은 다른 일들에 소비하고 싶어 한다. 즉 물건을 사는 일이 자신의 자유시간을 송두리째 빼앗아 가는 행위로 변질되고 말았다. 맞벌이 가정의 71%는 주말에 몰아서 상품을 구매한다. 이전에는 쇼핑이 즐거움의 하나이었지만, 바쁜 현대인에게 갈수록 줄어드는 자유시간을 어떻게 하면 효과적으로 배분할 수 있을까가 최대의 고민으로 자리 잡으면서 특히 생필품의 구매는 지겨운 잡일로 간주되고 말았다.

이를 뒷받침하는 통계자료를 보면, 1980년에는 쇼핑센터에 가서 구매를 하는 횟수가 월 3.1회이었는데 2000년에는 1.6회로 반감하였다. 월 10시간을 쇼핑센터에서 보낸 반면 2000년에는 3.5시간으로 거의 1/3 수준으로까지 줄어들었다.

이를 계산해보면 1회 방문당 지출 시간이 3.2시간에서 2.4시간으로 감소했음을 알 수 있다. 아울러 최초의 점포 내지 두 번째 들른 점포에서 구매를 종료하는 성향이 두드러지고, 이 점포 저 점포를 배회하는 경우가 현저히 줄어들었다. 1989년에는 할인점보다 백화점의 매출이 많았지만 1999년에는 할인점 매출액이 백화점 매출액의 3배를 웃돌았다. 그 만큼 소비자들이 가치지향성을 강하게 보이고 있다는 변화를 엿볼 수 있다.

오판 5: 유통업체는 고객을 효과적으로 통제할 수 있다.

그러나 실제로는 고객이 상품 구매를 스스로 통제하고 있어서 강제적 방법을 유통업체가 행사하면 다른 점포로 가버리는 선택권을 행사하고 있다.

고객 중심주의는 고객에게 상품 구매의 통제권을 부여하는 것이다. 통제권 부여의 방법으로는 i) 고객이 좋아하는 방법으로 구매하도록 할 것(카탈로그, 전화, 인터넷, PDA, 점포 등), ii) 고객이 사고자 하는 상품을 쉽게 발견할 수 있도록 할 것(고객의 시간 낭비가 점포의 매출 증대를 가져온다면 이를 배제할 것), iii) 상품 정보를 적극적으로 제공하여 고객의 현명한 구매에 도움을 줄 것, iv) 고객 스스로 물건을 찾는 것과 점원에게 물어보는 것 중에서 어느 쪽이 나을지 고객 스스로 결정할 수 있도록 하는 판매 방법을 고를 것, v) 고객 자신이 제어하는 체크아웃 방법을 쓸 것, vi) 점포, 카탈로그, 웹상의 구매가 이음새없이 매끄럽게 이어지도록 할 것, vii) 고객이 있는 곳으로 점포를 갖고 갈 것(공항, 사무실, 식품점, 교외주택지, 도시중심부 등) 등이 있다.

2) 저렴성의 경쟁 우위

구매 상품의 저렴한 가격은 소비자에게는 대단히 매력적인 가치를 제공하는 전략적 우위임에 분명하다. 심지어 부유층 소비자들도 가격의 저렴성을 환영하고 있다. 이러한 저렴성의 경쟁 우위를 지속적으로 확보하기 위해서는 단순히 납품가의 절감뿐 아니라 점포 경영의 전반적인 비용이 낮아야 한다. 즉 우월한 납품 협상을 통한 저가 구매, 배송 비용의 절감, 재고 관리비 감축, 건물 임대료 절약, 효율적인 공급망 관리, 점포 내 상품 진열 비용 절감 등이 필요하다는 점이다. 이런 총체적 경영 비용의 감축은 단돈 1원이라도 알뜰히 쓰려는 풍토가 사내에 뿌리내려야만 가능하다. 사장실이 호사스러운 회사가 비용 절감의 기업 문화를 가지기는 어렵다. 월마트는 소박한 마을에 소박한 본사를 두고 있다. 저렴성을 경쟁 우위로 삼고 있는 기업으로는 월마트 이외에도 Dollar General, Fred's, Family Dollar, Trader Joe's, Costco 등이 있다.

이 중에서 우리나라에도 진출해 있는 코스트코의 사례를 살펴보기로 하자. 창고형 회원제 클럽(warehouse club chain) 업태로는 미국 최대 규모를 자랑하는 코스트코는 1976년에 창업하였다. 창업 당시의 명칭은 창업주의 성을 딴 프라이스 클럽(Price Club)이었다. 이후 프라이스 클럽의 중역을 지낸 짐 시네갈이 1983년에 코스트코를 세웠고, 1993년에 양사는 합병을 하였다.

2003년 매출액이 420억 달러, 점포수는 세계 7개국에 420개를 설립, 운영하고 있다. 점포당 연간 평균 매출액 1억 달러는 유통업 전체에서 최고치를 자랑하고 있다. 월마트와 비교하면 판매관리비가 매출액에서 점하는 비율이 월마트 16%에 비해 코스트코는 9%에 그치고 있다.

그렇다면 코스트코는 어떤 식으로 이런 성공을 획득할 수 있었을까? 그것은 그 때까지의 유통업계의 상식을 파괴하는 방식으로 점포 경영을 한 데 있다고 말할 수 있다. 우선 프라이스 클럽 창업 당시에 고객을 연회비를 납입한 사업체 오너로 한정하였다. 유통업계의 상식은 고객 수를 최대한 늘리는 것이 득이라고 여겼는데, 오히려 프라이스 클럽은 일반 개인 소비자들에게는 상품 판매를 하지 않았다. 둘째, 특매 광고를 하지 않았다. 염가 판매의 상식은 특가 상품으로 고객을 유인한 뒤 마진이 많은 남는 상품을 섞어 파는 것이었으나, 프라이스 클럽은 고마진 상품도 특가 상품도 취급하지 않으면서 일관되게 다른 경쟁업체보다 낮은 판매가를 전개하였다. 셋째, 광고에 의한 고객몰이와 신용카드 결제를 하지 않았다. 광고를 일체 하지 않았으며, 객 단가가 높은데도 불구하고 신용카드 결제를 채택하지 않았다. 넷째, 판매 수량의 단위를 크게 하였다. 그 때까지의 유통업의 상식은 상품을 작은 단위로 나누어 판매하는 편이 보다 많은 고객의 구매를 유도한다는 것이었다.

그러나 프라이스 클럽은 사업체 오너 및 대량 구매 고객에게는 그에 상응하는 반대급부로서 가격 인하를 제시하였다. 특정 고객 집단에게만 베스트 기업으로 자리잡은 것이 오히려 손보다 득이 큰 결과를 가져온 셈이다.

물론 창고형 클럽 형태의 유통업체 중에도 성공을 거두지 못한 곳도 있다. 그런 업체들은 업태의 기본 개념을 어느 새 망각한 채 고객 수를 늘리기 위해 소액 구매자까지 표적 고객으로 삼았고, 이로 인해 체크아웃의 행렬이 길어짐으로써 대량 구매 고객에게 불편을 가져다주고 점포의 생산성도 저하시키고 말았다.

코스트코는 멋없는 창고에 일체 광고없이 상품 종류도 압축(슈퍼마켓 3만 5천 품목, 할인점 10만 품목에 비해 3,500 품목)하여 상품의 회전율을 높이고 대량 구매의 할인가 적용을 하였다. 상품은 메이커에서 직송되어 물류비가 크게 절감되며, 납입된 상품은 상자에서 풀어내거나 진열대에 가지런히 놓을 필요도 없이 통째로 선반에 놓으면 되는 것이다. 그러니 좀도둑질하는 고객들도 생기지 않아서 상품 손실도 없다.

코스트코가 Wal-Mart, Sam's Club, BJ Wholesale Club 등과 대비되는 커다란

차이점은 업스케일의 상품을 갖추었다는 점이다. 코스트코는 자사의 고객인 사업체 오너들이 법인카드와 개인카드를 같은 지갑에 넣고 다닌다는 점에 주목하였다. 캐시미어 스웨터, 에스프레소 기기, 안뜰용 고가 가구, 4만 달러짜리 다이아 등이 팔리는 점이 바로 여기에 있다.

마찬가지로 컴퓨터 용지와 프린터의 카트리지가 팔리듯 씨푸드, 명품 빵, 타이틀리스트 골프용품, 엘리자베스 아덴 화장품, Thomasville 가구 등이 팔리는 이유이기도 하다. 코스트코는 미국 최대의 와인 판매업체이기도 하다. 사업체 오너들은 와인 단골이다. 이들 사업체 오너는 경제적 여유를 지니면서도 가치 지향이 강하고, 바겐세일을 즐기며 진귀한 물건을 찾아내는 일을 좋아한다. 더군다나 이들 사업체 오너들은 입소문의 주체가 되어 다른 재력있는 잠재 고객들을 불러다 주는 추가적 매력을 지닌 개인 고객들이다. 같은 부류에 끼고 싶은 개인의 욕망에 미끼를 놓는 셈이다. 이 점은 홈 데포도 마찬가지이다.

코스트코는 저마진을 시종일관 추구하면서 아울러 고객에게 명확한 가치를 제공하지 않는 상품은 취급하지 않는다. 특가 상품의 대표격이라 할 수 있는 종이기저귀를 오랫동안 취급하지 않았는데, 이유는 다른 유통업체들이 특가품으로 팔고 있으니 자사로서는 충분한 가치를 제공할 수 없다고 생각한 것이다. 현재 취급하고 있는 종이기저귀는 PB 상품이다.

코스트코는 고객에게 명확한 가치를 제공할 때는 이를 고객에게 여러 가지 방법을 통해 알린다. 푸드 서비스가 그 좋은 예인데, 계산대 옆에 핫도그와 청량음료를 세트로 1달러 50센트에 판매하고 있다. 언제나 변함없는 가격인데, 좀 더 인상한들 고객들도 별로 놀라지 않을 텐데 코스트코는 최저가를 고수한다는 상징적 표현을 고객들에게 알리고 있다. 그럼으로써 연간 4천만개에 가까운 어마어마한 핫도그 수량을 팔 수 있는 것이다.

코스트코의 저가 판매 방침은 다음과 같은 원칙에서 확연히 드러나고 있다. 상품의 구매 원가 대비 18% 이상의 매출 이익을 구현하고 싶은 경우에는 CEO인 시네갈씨에게 품의서를 올려 승인을 받아야 한다. 그런데 실제로 그런 품의서가 올라온 적이 거의 없다고 한다. 헝겊 인형 '비니 베이비즈'가 대히트를 보인 1990년대 중반에도 코스크코는 필요 이상의 이윤은 추구하지 않는다는 방침을 지켰다. 제조업체의 권장 가격의 3-4배에 달하는 가격으로 팔려 나가던 이 동물 인형 상품에 대해서도 가장 저렴한 판매가를 고수한 것이다. 코스트코는 저가 판매의 리더라고 하는 인식을 소비자들에게 확실히 각인시킨 것이다. 단순히 값싼 상품이 아니라 품질이 우수한 상품을 저가에 판매한다고 하는 기업 브랜드 이미지를 구축하는데 성공한 것이다.

코스트코를 훌륭한 저렴성의 경쟁우위 보유 기업으로 소개한다면 Kmart는 정반대의 예로 거론할 수 있을 것이다. 디스카운트 스토아 체인의 창시자인 케이마트는 저가 판매를 실현하기 위해 백화점의 강점인 서비스와 같은 다른 요소는 배제한다는 아이디어를 생각해냈다. 그 덕분에 가장 빠른 속도로 성장한 기업, 역사상 최고의 성공 기업이라는 칭호를 받을 수 있었다. 이러한 케이마트가 전락하게 된 원인은 경쟁상대에 제대로 대응하지 못했기 때문이다.

즉 월마트라고 하는 신생 업체에게는 가격 면에서 밀리게 되었고, Target에게는 패션성에서 밀리고 말았다. 낮은 품질의 상품을 낮은 가격, 부수 서비스 배제를 통해 판매함으로써 성공을 거둔 케이마트이었지만, 소비자들은 더 이상 케이마트의 성공 방정식에 만족할 수 없었다.

월마트가 물류 관련 기술에 다대한 투자를 단행하여, 점포의 판매 상황을 신속히 전달하는 기술의 활용으로 품절을 방지할 수 있었던 반면, 케이마트는 물류보다는 점포에 투자를 집중하여 신규 점포의 급속한 확대를 통한 매출 증대를 목표로 삼았다. 그러다 보니 점포 관리 비용이 증가하고 시스템의 비효율성이 드러나게 되었다. 상품 보급률이 70%에 머물러서, 고객은 10번 케이마트에 내점하면 3번은 원하는 상품을 구입하지 못하는 상황이 발생하게 된 것이다. 그런 고객은 경쟁업체로 발길을 돌리게 되었다.

월마트가 EDLP의 판매 기법을 활용했다면, 케이마트는 Hi-Low 기법을 채택했다. 특가 상품을 광고하여 고객을 내점케 한 뒤 그들에게 고마진의 상품마저 구매토록 유인한 것이다. 양자 중 어느 것이 더 효과적일 것 같은가. 실은 EDLP 쪽이 상품 회전율도 높고, 광고비도 적게 들고, 상품 교체도 덜 빈번히 할 수 있고, 가격표 갈아 붙이는 횟수도 줄고, 진열을 재배치하는 작업의 수고도 덜 수 있다.

미시건 주의 트로이 시에 있는 케이마트의 본사는 관료적인 대기업의 본거지라는 이미지를 지우고 있지 못하다. 월마트의 출현과 추격에 대응할 충분한 시간적 여유가 있었음에도 불구하고 케이마트는 다각화 전략에 힘을 쏟았다. Borders, Sports Authority, Builders Square 등의 카테고리 킬러 업태의 모회사가 되는 일에 집중한 것이다. 이런 다각화 전략이 잘못된 것이 아니라, 핵심 사업을 도외시한 점이 틀렸다는 것이다.

전문점의 매수를 통한 사업 전략을 중지하고 다시 본업을 재건하려고 했을 때는 이미 경쟁 업체들을 따라잡기에는 너무 때가 늦었다. 2003년 4월에 케이마트는 갱생법 적용에서 졸업할 수 있게 되었지만, 기업 규모는 예전보다 현저히 줄어들어 연 매출액은 250억 달러이며, 아직까지도 베스트 기업의 자리를 회복하기 위해 무엇을 경쟁 우위로 삼아야 할지를 결정하지 못하고 있다. 그 뒤 케이마트는 부진 속에 빠진 또 다른 기업 시어즈와 합병을 하였다.

3) 구색성의 경쟁 우위

상품 구색이라고 하면 두 가지 오해가 있다. 하나는 점포 규모가 커야 한다는 것이고 또 다른 하나는 많은 상품을 팔아야 한다는 것이다. 경쟁 우위로서 구색성을 말할 때는 특정의 상품 카테고리에 대해 가장 압도적인 상품 분류(assortment)를 전개하는 것을 의미한다. 결국 카테고리 킬러들이 구색성의 우위를 지닌다고 본다.

예로는 가정 장식(home improvement) 분야에서 Home Depot, 애완용품 분야에서 PetsMart, 가정용품 분야의 Bed Bath & Beyond, 사무용품 분야의 Staples, 가전 분야의 Best Buy, 아동용품 분야의 Toys R Us, 서적 분야의 Amazon.com 등이 있다. 구색성 면에서 베스트 기업으로 성공한 최초의 회사가 아동용품 분야의 토이즈러스이다.

1970년대까지는 백화점이나 할인점처럼 폭넓은 상품 분야에 걸쳐 구색을 갖추는 종합유통업태가 유통업의 주류이었는데, 이를 바꾸어 놓는 것이 바로 Toys R Us이었다. 토이즈러스는 가장 저렴한 점포도 아니고 가장 구매하기 편리한 점포도 아니지만 고객들은 다른 어떤 점포를 가는 것보다 토이즈러스를 가는 게 낫다고 평가한 것이다. 토이즈러스의 성공은 많은 기업의 모방 전략을 가져와 1980-1990년대는 카테고리 킬러의 시대이었다.

구색성의 우위를 확보하려면 취급해봐야 무의미한 비인기 상품을 배제하기 위해 주의깊은 상품 분류가 필요하다. 특정 카테고리에 속하는 상품 전부를 갖춘다는 것은 도리어 고객에게 폐를 끼치는 일이다. 상품 종류가 너무 많으면 고객은 어떤 걸 골라야 할지 고민에 빠지게 된다. 구색성의 두 번째 오해가 바로 이 점이다. 점포 규모가 크면 점포 운영비도 많이 든다. 상품 회전율이나 종업원 생산성도 떨어질 수밖에 없다.

특히 재고회전율과 그에 따른 재고투자이익률을 주의깊게 살펴보아야 한다. 구색성의 첫 번째 오해는 이를 두고 하는 말이다. 그렇다면 특정 상품 분야만을 공략하는 카테고리 킬러가 되기 위해서는 어떤 점을 고려해야 할 것인가? 무엇보다 표적으로 삼은 카테고리 상품 분야의 시장 규모를 알아야 할 것이고 그 다음으로는 월마트나 타깃 등과 같은 할인점의 강점을 염두에 두어야 할 것이다. 시장 규모가 크고 강력한 할인점 업체들이 경쟁 상대가 되지 않는다면 가장 유리한 상황인 셈이다.

Home Depot와 Lowe's는 이런 유리한 상황을 누린 업체라고 말할 수 있다. 가정 장식 분야는 시장 규모가 2천억 달러에 달하는 방대한 시장이고, 할인점은 가정 장식(home improvement)에 필요한 포괄적인 상품 구색과 서비스를 제공할 능력이 없다. 이런 상품 구색과 서비스 제공이 시장의 진입 장벽으로 기능하고 있는 셈이다.

반면에 애완용품 시장은 규모도 작을뿐더러 경쟁이 치열하다. 월마트나 다른 슈퍼마켓들이 기본적인 애완용품에서는 상당한 경쟁력을 보유하고 있고, 실제로 월마트는 미국 최대의 애완식품 판매자로서 강력한 PB인 '올로이(샘 월튼이 키우는 개의 이름을 딴 브랜드)'를 확보하고 있다. 따라서 애완용품 시장에서 카테고리 킬러로 성공을 거두려면 기본용품을 벗어난 뭔가를 제안할 능력이 있어야 할 것이다.

구색성의 우위를 갖춘 유통기업으로 발전하려면 재무관리가 중요한 과제로 대두된다. 이는 재고관리를 두고 하는 말인데, 재고 과잉과 품절을 모두 피할 수 있는 최상의 재고점(sweet spot)을 발견하기 위해서는 머천다이징의 전문 인력을 확보해야 한다. 최근 Toys R Us, Sports Authority, Pep Boys(자동차 부품 분야), OfficeMax 등의 카테고리 킬러들이 재무상의 어려움에 직면해 있다. 최고 수준의 판매 유지의 어려움, 신규 점포 후보지의 물색 어려움, 경쟁의 치열 등과 더불어 고객 변화가 커다란 위협을 가하고 있다.

부모의 맞벌이와 자녀의 다양한 활동 참가로 소비 가정의 여유 시간은 점점 부족해져 가고 있다. 슈퍼센터는 저가 공세에 추가하여 전문점 빰치는 상품 구색으로 소비자들의 원 스톱 쇼핑을 유도하고 있고, 소비자들의 쇼핑센터 이용률은 높아만 가고 있다. 고객들도 카테고리 킬러 보다는 소형 전문점에서 구매하는 경향을 보이고 있는데, 이는 가격도 카테고리 킬러보다 높고 상품 분류도 제한되어 있다는 단점에도 불구하고, 인적 서비스를 제공받을 수 있고 사고 싶은 물건을 바로 찾을 수 있으며, 신형 전문점의 경우에는 제한된 틈새 카테고리에 한해서 카테고리 킬러보다 상품 분류가 우수하다는 장점이 있기 때문이다.

교육완구 전문점 Zany Brainy와 아동용품 전문점 Toys R Us를 비교하면 전자의 Microkiller(또는 Linekiller)가 후자의 Category Killer보다 까다로운 고객 요구에 보다 대응력이 뛰어나서 종합 카테고리 킬러들의 입지가 점점 위축되어 가고 있음을 알 수 있다.

e테일링과의 경쟁이 격화되는 점도 구색성 베스트 기업에게는 부담스럽다. 이들의 상품 분류(assortment)는 기존의 구색성 베스트 기업의 존재 이유를 무색케 하고 있다. 아마존닷컴은 그 어떤 소매점보다도 상품 분류가 우수하며, 점포별 재고를 갖고 있는 다른 오프라인 소매점과는 달리 중앙집중식 창고(central warehouse)를 이용함으로써 재고 비용을 줄일 수 있다는 점에서 극명한 대조를 보이고 있다. 게다가 이 배송 창고라는 것이 자사가 보유하고 있는 것이 아니라 물류업체에 위탁하고 있으며, 자사는 단지 가상의 재고를 웹사이트 상에 보유하고 있을 따름이다.

결국 구색성 베스트 기업이 고객의 지지를 계속 받기 위해서는 압도적인 상품 분류에 다른 어떤 것을 추가해야 할 것이다. 고객이 안고 있는 문제를 해결해줄 수 있는 해결안(solution)을 제시하는 것도 고려할 필요가 있다.

Barnes & Noble은 스타벅스 커피를 마시면서 여유롭게 독서를 즐길 수 있는 환경을 제공하기 시작했다. Office Depot, Toys R Us, PetsMart는 품종 머천다이징에서 라이프스타일 머천다이징 내지 솔루션 머천다이징으로 전환하는 실험을 개시하였다. 단순히 상품을 품종별로 나열하는 것이 아니라 라이프스타일의 테마별로 매장을 만드는 것이다. Office Depot의 경우, PC와 프린터를 슈퍼마켓처럼 순서대로 곤드라에 진열하는 것이 아니라, 홈오피스라는 매장을 만들어서 PC, 프린터는 물론 관련 상품을 모아둔다. 이렇게 되면 상품별로 분류된 매장을 돌아다니지 않고도 한군데 공간에서 상품 구매를 마칠 수 있다.

PetsMart는 애완용품을 판매하는 것만으로는 성공을 거둘 수가 없어서 미용, 훈련, 의료서비스, 위탁 돌봄, 애완 호텔 등의 서비스를 제공함으로써 애완 관련 문제에 관한 포괄적인 서비스 제공자로서의 권위를 구축하려고 한다. 상품의 구색성 면에서는 할인점이 카테고리 킬러와 맞대결을 벌일 수 있을지 몰라도 포괄적 서비스 측면에서는 대항하기 벅차다. Home Depot는 무수한 경쟁자를 쓰러뜨리면서 수년전부터 거의 무적에 가까운 지위를 누리고 있다.

그러나 홈데포가 큰손 고객인 건설업자, 職人(배관공, 전기기능공 등) 등의 욕구를 파악하고 이들에게 훌륭한 서비스를 제공하는 반면, 가정 장식 관련 상품의 구매결정에 발언권을 행사하는 여성들에게는 충분한 대응을 하지 못한 틈을 비집고 Lowe's가 시장 지위를 높여가고 있다. Lowe's는 매장을 보다 밝게 꾸미고, 구매의 편의성을 높이고, 서비스 수준을 향상시키고, 소프트 부분의 상품 분류를 강화함으로써 홈데포가 정중히 대접하지 못한 여성 고객을 보다 성공적으로 공략할 수 있었다. 아마존닷컴은 초기 사업을 배송이 용이하고 반품 비율이 적은 서적으로 정함으로써 성공을 거둘 수 있었다. 최근에는 주문형(customization) 내지 1대 1 마케팅에 도전하고 있다. 2회째 이용 고객에게는 전에 구입했던 상품과 관련있는 다른 상품들을 소개하는 일이다.

Toys R Us는 계절을 타던 장난감을 사시사철 구입하는 상품으로 발전시킨 미국 최초의 카테고리 킬러이다. 소비자들이 지금까지 본 적도 없는 방대한 규모의 매장을 설치하였다. 그러던 토이즈러스가 의류 분야에도 진출하여 Kids R Us, Babies R Us 브랜드도 출시하였지만(키즈러스는 후에 폐쇄함), 베스트 기업의 지위를 상실해가고 있는(회복을 위해 고군분투중이지만) 이유는 고객만족을 이루는데 자기만족에 빠진 점, 경쟁 상대에게 밀린 점의 두 가지에 있다.

토이즈러스가 고객을 무시한 증거는 고객으로 하여금 곤드라를 나열한 매장의 레이아웃을 따라 전 통로를 걷게끔 만든 점이다. 아이들이 사고 싶다고 하면 부모는 어쩔 도리가 없을 거라고 생각한 점, 자사 점포 이외의 다른 곳에 가 봐야 이곳만한 점포는 없다는 생각에 빠져 들었다. 점포의 정리정돈을 위해 필요한 인력도 줄이고, 한참 붐비는 때에 계산대의 점원을 충분히 배치하지도 않았다. 부모들은 아이를 토이즈러스에 데리고 가는 일을 치과에 데리고 가는 일만큼이나 성가신 일로 여기기 시작했다.

그러는 사이 경쟁자들이 새로 등장하였다. Zany Brainy, Noodle Kidoodle 등과 같이 마진이 많이 남는 교육용 장남감을 취급하는 기업들이 보다 쾌적하고 부모에게 친절한 분위기를 연출하며 시장을 잠식해 갔다. 교육 효과가 있다고 하니까 부모, 조부모는 열렬히 지지하였다. 한편으로 월마트와 타깃, 케이마트도 장난감 취급을 확대해나갔는데, 이들 할인점은 예전부터 부모들에게는 낯익은 쇼핑 장소이고 시간과 금전적 절약을 가능케 해주었다.

1998년에는 200억 달러의 시장에서 월마트가 17.4%의 점유율로 16.8%의 토이즈러스를 제치고 미국 최대의 장난감 판매점의 자리를 차지하였으며, 토이즈러스의 점유율은 2000년에 16.5%로까지 떨어졌다. 1990년대 중반까지만 해도 25%의 점유율을 자랑하던 토이즈러스였다. 토이즈러스의 실패에서 간과해서는 안 될 또 다른 점은 완구의 본질, 컨셉트가 바뀌었는데도 토이즈러스는 이에 추수하지 못했다는 점이다. 가전제품과 완구 간의 경계가 점점 모호해지는 환경 변화가 일었다. 컴퓨터 게임, 비디오 게임이 젊은 층과 어린이들의 인기를 집중시켰는데도 토이즈러스는 이런 추세에 편승하는데 더뎠다. 그 결과 가전 분야의 카테고리 킬러인 Best Buy에게 시장을 빼앗기고 말았다.

구색성에 대한 오해 중의 하나로 많은 상품을 갖추어야 하는 것을 지적하였는데, 그 오해로 실패한 타산지석이 지금은 없어진 가전 체인점 Incredible Universe이다. 1990년대 초반 Tandy사(현, RadioShack사)의 자회사로 출범한 이 회사는 소비자들 대상으로 한 견본시를 여는 것을 목표로 삼았다. 화려한 점포에 최신

상품을 망라한 한마디로 굉장치도 않은 점포이었다. 상품 분류는 가전의 카테고리 킬러인 Circuit City나 Best Buy를 압도하였다. 양사의 TV 품목수가 250 종류이었던 데 비해 이 회사는 700 종류를 취급하였다. 한 스크린에 두 채널의 화면이 나오는 TV라든가 스테레오 서라운드의 TV를 찾는 고객에게 가격과 사양의 차이를 고려하여 2-3종류를 보여주는 것과 12종류를 보여주는 것 중에서 어느 쪽이 고객에게 의미있는 선택이 될 것인지 생각해 봐야 한다.

서킷시티와 베스트바이의 매장 면적이 700평인 반면 인크레더블 유니버스는 그 4배의 2,800평이었다. 그 결과 점포 운영비가 방대해지고 재고 회전율을 떨어질 수밖에 없다. 일부 점포는 성공을 거두기는 했지만, 이 회사는 구색성 베스트뿐 아니라 저렴성, 참신성, 편의성 면에서도 베스트가 되려는 과욕을 부려 피해를 보고 말았다. 물론 이 회사 덕분에 가전 유통업태에 혁신이 초래된 점은 긍정적으로 평가할 만하다. 서킷시티와 베스트바이의 매장 면적은 560평에서 840-1,400평으로 확대되었고 하드(스테레오)와 소프트(CD), 대형 가전과 소형 가전제품을 각각 같은 진열대에 배치하였는데, 이는 상품 분류의 혁신을 원하는 고객의 욕구를 먼저 파악한 이 회사의 노력 덕분에 가전 유통업태 전반의 수준 향상이 가능해졌다. 물론 가전점포 내에 어린이 놀이터와 맥도널드, 피자헛 등의 소형 레스토랑을 갖춘 것도 가전 유통업체에서는 이 회사가 최초로 시도한 것이다.

이 회사가 상품 분류에서 착오를 범한 점은 PC의 매출 비중을 15%로 잡은 점이다. 실제로는 35%에 가까웠는데, PC는 경쟁의 심화로 마진이 기대치를 훨씬 밑돌았다. 또 다른 착오는 광고이었는데, 초기에는 유리한 입지에 위치한 거대한 점포 자체가 광고 역할을 하였으나(IKEA처럼), 치열한 경쟁 속에서 다른 업체들이 전단 광고를 살포하자 따라 할 수밖에 없었다는 점이다. 결국, 이 회사는 복수의 베스트 경쟁 우위를 확보하기 위해 고투자, 고비용의 구조를 초래하여 베스트 지위의 구축에도 불구하고 재무적 취약성에 노출되어 중도 하차하는 신세가 되고 말았다.

4) 참신성의 경쟁 우위

상품의 참신성 우위란 파리나 밀라노의 허영 된 최신 패션을 내세우는 것이 아니다. 미국의 소매점 가운데 가장 참신성이 강력한 기업은 가장 전통적인 상품인 도넛을 파는 Krispy Kreme이다. 그런데 크리스피 크렘이 팔고 있는 것은 누구나 알고 있는 맛있는 도넛이 아니라 패션이라는 점이다. 도넛에 유통업의 사업 방식을 적용하여, 도넛의 제조 과정을 고객에게 보여준 것이 주효하였다. 진부한 이미지의 몸에도 별로 좋지 않은 그래서 건강 지향성에 반하는 도넛을 과거에 대한 향수와 맛, 뛰어난 광고를 통해 패션 상품으로 만들어 냄으로써 가게 밖까지 장사진을 이루고 있다(그 후 카본 다이어트의 유행으로 실적이 악화되었음).

참신성 우위의 장점은 엄청난 매출을 거둘 수 있고 점포에 손님이 운집한다는 점이며, 단점은 트렌드를 빗나간 상품이 재고로 산적하여 바겐세일 처분을 해야 하는 점이다. 따라서 상품의 참신성 우위를 유지하려면 우선 트렌드를 끊임없이 추적하고, 발견한 트렌드를 기업의 정책과 고객에 일치할 수 있는 것으로 번역해야 한다. 번역된 트렌드는 머천다이징을 통해 상품화되며, 이런 상품이 점포에 진열되는데, 여기에 빼놓을 수 없는 것이 스피드와 타이밍을 갖춘 공급망이다. 아울러 언제나 점포가 신선하게 보일 수 있도록 점포의 디자인, 진열, 동선 등을 정기적으로 바꾸어주는 촉진 전략도 실행해야 한다.

Zara, H&M, Hot Topic 등과 같은 참신하고 혁신적인 패션 전문점들은 믿기 어려울 정도의 스피드로 시장 대응력을 발휘하고 있다. 핫토픽의 경우에는 변덕스런 10대들을 상대로 의류를 판매하고 있는데, 장기적인 고객 확보의 비결은 신속한 복제(copy)에 있다. 구매담당 직원(buyer)들은 대중문화에 대한 점검을 게을리하지 않으며, MTV의 최신 인기가수의 스타일을 순식간에 복제하여 시장에 내놓는다. 트렌드를 창조하는 것이 아니라 복제하며, 내놓은 신상품이 아니다 싶으면 신속히 철수시키고, 매장은 조그마한 규모로, 상권을 확대하지 않는 방침을 고수하고 있다.

Chico's는 사이즈 6이라고 하는 희한한 사이즈를 내세워 트렌드를 좇는 브랜드들과는 달리 고령화한 베이비붐 세대를 표적으로 낙낙한 실루엣의 부인복을 사이즈 1, 2, 3으로 단순화하여 제공하고 있다. Whole Foods는 자연식품을 파는 고급 슈퍼마켓으로서 식품의 패션성을 예술적 수준으로까지 끌어올린 것으로 평판이 높다.[21)]

Target는 백화점 Dayton Hudson의 자회사로서 창업되었는데, 독특한 방식으로 할인점을 운영하고 있다. Dayton사의 본거지 Minneapolis와 Hudson사의 본거지 Detroit에서 갖는 경쟁 우위를 바탕으로 교외에 거주하는 아이를 둔 매력적인 여성을 표적 고객으로 삼았다. 매장의 분위기는 월마트, 케이마트보다 훨씬 멋지면서도 가격은 호각세를 유지하고 여기에 결정적으로 상품의 패션 측면에서 참신성의 진수를 보여주었다.

업스케일의 할인점이라는 개념은 창업 당시에 알려지지도 않았을 뿐 아니라 성공의 보장도 없었지만 모기업이 백화점 업태인 만큼 패션 감각이 그대로 타깃에 배어들었다고 하겠다. 숨겨진 틈새시장의 발견인 셈이다.

이런 참신성을 지속적으로 유지하기 위해 슈퍼스타와 같은 스탭이 퇴사하더라도 사내에 자사의 우위는 패션에 있다는 점을 계속 전파할 수 있는 것이다. 이 팀은 오리지널 패션 상품보다 저렴한 가격대의 대중적 패션의 입수처를 파악하고 있을 뿐 아니라 대중적 패션의 창출을 전세계적으로 전개, 이동시킬 능력마저 구비하고 있다.

타깃은 할인점으로서는 유일하게 뉴욕에서 패션쇼를 여는 기업이며, 패션 잡지에 광고도 게재한다. 광고 내용에는 가격 표시를 하지 않고, 타깃이 할인점이라는 것도 알리지 않았으며, 단지 백화점에서 쇼핑하는 소비자들에게 가격 면에서 득을 보며 구매할 수 있다는 분위기를 띄웠다. 노인이나 구매력이 약한 계층에게는 횡설수설과도 같았지만, 타깃의 이미지를 젊고, 재미있고, 신선한 기업으로 자리매김할 수 있게 되었다.

아울러 업스케일의 할인점이라는 정체성 확립에 기여한 또 다른 마케팅 전략은 매장 꾸미기이었다. 상품 진열을 위해 팔레트에 산적한다든가 납품업자의 골판지 진열을 금지시켰다. 쇼핑의 쾌적, 깔끔, 흥겨움을 조성하는데 주력하였다.

21) 미국 TV의 오전 뉴스 프로그램을 보던 중, 미국 슈퍼체인점 가운데 유기농 식품의 구비도가 1위인 업체로 Whole Foods, 2위 업체로 전국체인망의 Safeway가 보도되었다.

이 소매업체는 영화전문 케이블 채널인 HBO의 'Sex in the City'에 출연한 사라 파커가 NBC 프로그램 '코난 오브라이언 쇼'에 나와 무료 PR을 해주는 덕까지 보았다.

최근에 타깃의 상품의 참신성 우위를 확립하는데 기여한 또 다른 요인은 유명 디자이너가 디자인한 타깃 독점의 상품 개발이다. 1999년에 건축가 마이클 그레이브스를 기용한 것이 최초인데, 이 사실 자체가 패션 업계의 커다란 화제가 되었다. 물론 필립 스타크가 디자인한 패션 상품은 시기상조라서 실패하기도 했지만, 어찌했건 타깃은 부담없는 가격에 살 수 있는 멋진 패션 상품을 디자인하는데 최적의 점포라는 사실이 디자이너 사이에 공감되어 있다.

타깃은 이러한 패션 발상을 SuperTarget이라고 하는 슈퍼센터에도 적용하였다. 특제 빵, 최고급 정육과 청과물, 스타벅스의 커피, 크리스피 크렘의 도넛 등을 취급하고 있다. 물론 고객의 호응이 어느 정도 지속될지는 아직 속단할 수는 없다. 그것은 구색성 베스트 기업이 빠지기 쉬운 함정이 지나치게 트렌드를 추구하여 고객보다 한참 앞서가는 우를 범할 수 있다는 점이다. 앞서 언급한 타깃의 마이클 그레이브스가 디자인한 신상품이 고객에게 어필할 수 있었던 것은 스타일의 우수함과 더불어 실용성에 있으며, 반대로 필립 스타크는 두 가지를 겸비하지 못했기 때문에 디자인한 신상품이 실패하고 만 것이다.

현재 미국에서 참신성 우위의 대표적인 기업은 GAP이다. 지난 4반세기 동안 미국인에게 의류를 판매해오면서 항시 지지를 받아온 기업이다. 갭은 1990년대 중반에서 후반에 걸친 매스 패션의 전형적인 기업이다. 언제나 해당 시즌의 트렌드를 만들어서 히트시키며 회사이익과 주주이익을 올려왔다. 진화하는 고객의 욕구에 대응해오면서 Banana Republic, Old Navy 등의 신규 브랜드 점포를 추가해왔다. 바나나 리퍼블릭은 갭과 같은 연령대의 고객 중에서 보다 세련된 패션을 원하는 집단을 표적으로 삼고, 올드 네이비는 갭보다 젊은 연령층의 고객 및 심플함과 저렴성, 대중적 갭 패션을 원하는 예산이 빡빡한 가족 계층을 대상으로 하고 있다.

그런데 갭이 신규 출점을 서두르면서 매출 극대화를 위해 대형 점포수를 늘리기 시작했다. 어디든지 볼 수 있는 점포라는 것은 상품의 참신성 면에서는 떨어진다는 점을 의미한다. 참신성이 있는 상품이란, 다수의 고객이 이제 막 구매하기 시작한 최신 상품을 뜻하는데, 이렇게 대형 점포 위주로 다수의 출점 전략을 취하게 되면, 이미 많은 사람들이 구매한 상품을 모든 이에게 강매하는 꼴이 되고 만다. 이러는 동안 Abercrombie & Fitch, Wet Seal, American Eagle 등의 경쟁업체에게 고객을 탈취당하였다. 갭의 구매 연령층이 점점 올라가면서, 십대들은 자신들의 부모가 구매하는 갭에서 옷을 사고 싶은 마음이 들지 않게 되었다. 갭은 종합 의류점으로 변질하였고, 다른 경쟁사들은 보다 고객층을 좁혀 욕구를 충족시켜 나갔다.

이에 갭이 취한 응수는 국적 불명의 하이패션을 판매하는 것이었는데, 유감스럽게도 고객은 갭에게 패션 리더가 되라고 주문한 것이 아니라는 점이다. 경쟁사들을 모방하여 자신도 앞서가는 패션 업체가 되겠다고 한 갭의 의도는 패션의 대중판을 만들어달라는 고객의 욕구와 불일치하였다. 점포수가 적고 규모가 작았던 시절에는 패션 제안이 고객의 취향에 맞지 않아도 이내 수정하여 회복할 수 있었고, 재고 회전율도 6주라고 하는 빠른 주기를 보였으나, 2000년 5월-2002년 4월의 24개월 연속 기존 점포의 매출액이 전년 동기 대비 마이너스의 성장을 기록하였다.

이는 1997-2000년에 걸쳐 매장 면적을 2배 가까이 확장시키면서 개성과 기동성을 상실한 데에 원인이 있다. 엎친 데 덮친 격으로 전설적인 창업자 미키 드렉슬러가 갭에서 물러남으로써 조타수를 잃고 조직이 방향을 잡지 못하였다. 할 수 없이 와일드한 패션에서 베이직한 패션으로 원대 복귀를 하게 되었고, 체인망과 부동산의 정리에는 다소 시간이 걸리겠지만, 매출은 다소 회복세로 돌아서고 있다.

5) 편의성의 경쟁 우위

유통업체가 생각하는 고객 서비스와 소비자가 생각하는 고객 서비스 간에는 괴리가 보인다. 소비자가 생각하는 고객 서비스란, i) 점포가 고객이 원하는 상품이 무엇인지를 숙지하고 이런 상품이 품절되지 않도록 하는 일, ii) 고객의 시간 낭비를 배제하기 위해 찾고 있는 상품을 곧바로 발견할 수 있는 일, iii) 고객의 질문에 답하고 고객이 현명한 선택을 할 수 있도록 표시판, 팸플릿, 판매원, 인터넷 등으로 도움을 주는 일, iv) 이상의 3가지 요건을 확실히 실행한 위에 판매원이 친절하고 상품 지식이 풍부할 것 등이다.

상품 구매의 편의성은 바로 여기서 나온 개념이다. Nordstrom, Saturn, Walgreens, McDonald's 등이 편의성 베스트 기업에 속한다고 본다. 다섯 가지 경쟁우위 중에서 편의성 우위가 가장 구축하기 어렵다. 다른 우위들은 상품과 관련한 단일의 베스트일 뿐이다. 저렴성은 상품의 가격, 참신성은 상품의 최신성, 구색성은 상품 분류의 최고 수준이면 된다. 그러나 편의성에는 상품, 서비스, 가격의 모든 것이 포함된다. 편의성 베스트 기업이 되려면 고객의 쇼핑 행동에 관한 일체의 지식을 취득, 고려하여 이상적인 쇼핑이 될 수 있도록 해법(솔루션)을 제안해야 한다. 결국 유통의 기본이 되는 모든 것들에 대한 통달이 요구된다.

시애틀에 본사를 둔 노드스트롬 백화점은 철저한 훈련을 받은 판매원으로 유명하다. 그러나 이 백화점이 편의성 베스트 기업이 될 수 있었던 것은 그 점에 그치지 않는다. 바로 점포를 고객의 관점에서 설계했다는 점이다. 가령 손님의 복장을 코디네이트하는데 이곳저곳의 매장으로 손님을 가게 만들지 않고, 한 곳에서 모든 일을 끝맺도록 하는 것이다.

자동차 판매점 Saturn은 번거로운 가격 협상, 제 값을 가린 채 고객에게 압박을 가하는 판매 등과 같이 고객이 자동차를 구매할 때 느끼는 가장 싫어하는 요소를 제거한 점이 편의성 베스트 기업으로 발전하게 된 동력이다. 새턴이 고객에게 보증한 것은 적정 가격에 구입한다는 점, 필요한 정보를 전부 공개한다는 점이었다. 이런 마케팅 전략은 후발업체인 CarMax도 그대로 모방하고 있다.

Pottery Barn과 Crate & Barrel은 저가 판매의 대형 가구점에서는 제공하지 못하는 편의성을 고객들에게 전달하고 있다. 가령 스탠드 조명이 조명기구 매장에 진열되어 있는 게 아니라 소파, 사이드 테이블, TV 거치대와 더불어 거실가구 매장에 진열되어 있다.

즉 개별 상품이 아니라 완벽한 해결책을 제시해주는 것이다. 살림, 주거를 멋지게 꾸미고 싶은 고객에게 아이디어와 해결책을 제공하는 점이 바로 라이프스타일형 내지 솔루션형 머천다이징인 것이다. 물론 저가 판매의 대형 가구점도 불특정 다수의 고객을 상대로 하는 데는 나름대로 가치가 있으나, 특정한 스타일을 선호하는 구매예산을 정해놓은 고객층에게는 별로 도움이 되지 못한다. 이런 고객들은 시장에 출시되어 있는 수백 종류의 모든 스탠드 조명을 보고 싶은 것이 아니라 자신의 라이프스타일에 맞는 3-4 종류의 스탠드 조명만을 보고자 한다.

이처럼 라이프스타일형 머천다이징을 추구하는 기업의 최대 과제는 상품 분류가 한정되어 있는 만큼 상품 구색 능력을 갖추는 일인데, 이를 위해서는 표적 고객을 제대로 파악하고 있어야 한다. 환언하면 고객의 입장에서 사물을 바라보는 자세가 긴요하다.

최근에 편의성 우위를 통해 대성공한 기업으로 Kohl's를 꼽을 수 있다. 은행의 ATM이 그랬던 것처럼 콜즈는 판매원의 증원이 아니라 상품 분류, 레이아웃, 프리젠테이션 등의 방법을 채택하여 이를 중간소득 계층을 대상으로 셀프 서비스를 전제로 전개한 점이 주효하였다. 저가의 브랜드 상품을 품절되지 않도록 상품 분류하고, 쇼핑몰을 꼬불꼬불 둘러보지 않고 점포 앞에 주차할 수 있도록 접근성이 뛰어난 쇼핑센터에 출점하고, 어떤 상품이 어디에 진열되어 있고 체크아웃은 어디에 있는지를 바로 알 수 있게 백화점에서의 쇼핑(엄청나게 많은 매장 코너, 층수, 계산대 수)을 단순화시켰다.

달라스에 본사를 둔 Container Store는 '일처리'의 해결책을 제공하는 사업을 하고 있다. 일처리의 예를 들면, 비즈니스 목적으로 여행을 하는 사람들에게 성가신 사소한 문제의 하나로 전기 코드, 플러그, 어댑터, 커넥터 등을 잘 정리정돈해서 여행용 서류가방에 넣고 다니는 일이 있다. 이런 비즈니스 여행을 자주 하는 사람이 컨테이너 스토어에 와서 쇼핑을 하다가 점원에게 정리정돈 이야기를 꺼냈고, 그런 문제를 해소시켜 줄 딱 들어맞는 상품이 있는 것도 아니고, '비즈니스 여행 정리정돈'이라는 매장 코너가 있는 것도 아니었다.

그러나 점원은 다른 용도로 나온 상품을 이용하여 몇 가지 획기적인 해결책을 제시하였고, 이들 상품을 손에 쥐고 점포를 나온 고객은 마냥 즐겁기만 하였다. 컨테이너 스토어의 체크아웃 앞에는 재미있는 소품들이 잘 진열되어 있어서 예상 외의 고객 니즈 충족에 기여하고 있다. 손님들도 이를 두고 마지막 계산대를 지날 때까지 고객의 주머니를 털려는 판매 수법으로 불쾌하게 생각하는 것이 아니라 고맙다는 기분을 지닌다. 점원들은 항시 고객의 질문과 요청에 응할 준비가 되어 있지만, 먼저 다가가서 권유하는 것이 아니라 고객의 부름이 있을 때에만 다가간다. 직원의 회전율(퇴사율)은 연간 10-15%인데 이는 유통업계에서는 지극히 낮은 수치이다. 보수를 다른 경쟁사의 2배 수준으로 하고 있는데, 이는 우수 사원 1명이 보통 사원 3명의 몫을 한다는 생각에서 비롯된 것이다.

다른 유통업체와 차이점은 매출 증대를 위해 인건비가 차지하는 비율을 줄이는 것이 아니라 인건비의 매출 대비 비율을 일정 수준으로 유지한다는 것이다. 즉 고객 수가 늘면(그래서 매출이 증대하면) 그에 비례해서 판매원 수도 늘린다는 것(따라서 매출 증대와 직원 증원이 나란히 이루어짐)이다. 이 정도의 고객 지향성을 추구하는 기업은 없으며, 이를 모방하기도 용이하지 않은 것이 컨테이너 스토어는 작은 규모의 기업이고 서둘러 덩치를 불리려는 야망이 없기 때문이다.

이 회사의 사원들은 상품 지식을 충실히 다지기 위해 교육을 받는데 입사 초년도에는 연간 235시간, 이후 매년 162시간이 할당된다. 반면 다른 유통업체의 상품 교육시간은 연간 10시간에 불과하다. 사원들은 1일 2회 집합하여 매출 목표를 토론하고 상품 정보를 교환한다.

플로리다에 본사를 둔 슈퍼마켓 체인점 Publix는 쇼핑이 즐거운 점포를 슬로건으로 내세우고 있다. 창업자인 조지 젠킨스는 퍼블릭스 매장의 통로 너비를 과시하기 위해 점포 개점 시간에 맞추어 차를 몰고 매장 내를 돌아다녔다고 한다(콤팩트 카가 없던 시기에). 고객의 쇼핑을 즐겁게 해주기 위해 퍼블릭스는 미국의 슈퍼마켓 중 최초로 에어컨과 자동문을 설치하기도 했다. 지금도 이 점포에서 손님의 구매 상품을 쇼핑백에 넣어주는 점원(bagger)은 짐을 손님의 승용차가 있는 주차장까지 가져다 준다.

이와 같이 고객과의 끈끈한 유대 면에서는 고급 점포이든 저가 점포이든 퍼블릭스가 집중 출점해 있는 지역에서는 상대할 자가 없다. 실례를 들면 고령자 고객이 지배적인 플로리다의 퍼블릭스 점포는 선반에 어떤 종류의 상품들이 진열되어 있는지를 보여주는 표시판의 글자 크기를 다른 경쟁 점포보다 크게 하여 노인들이 읽기 쉽게 하고 있으며, 베이커리 매장에서는 케이크를 통째로 파는 것이 아니라 1/2쪽, 1/4쪽으로 잘게 썰어서 노부부, 단신 노인들이 먹기 편하게 해주고 있다. 노인 고객들에게는 이런 사소한 것들이 하나의 패키지로 받아들여져서 자신들을 소중히 대접하고 있다는 강렬한 이미지를 받게 된다.

퍼블릭스는 컨테이너 스토아처럼 주식을 상장하고 있지 않으며, 포춘지의 일하고 싶은 100대 기업의 리스트에 컨테이너 스토아와 더불어 선정되고 있다. 퍼블릭스는 사원이 주주인 기업으로서, 이들은 자신의 친척, 친구들에게 입사를 권유하며, 이렇게 해서 다져진 끈끈한 결속력은 이 기업을 자본주의 기업이 아니라 인본주의 기업으로 만들고 있다.

노드스트롬 백화점하면 서비스 정신으로 중무장한 점원, 점포 내의 피아노 연주 등으로 강인한 인상을 주는 백화점으로 유명하다. 백화점에서는 담당 코너를 넘어서서 여기저기 코너에까지 판매 활동을 넓혀가는 것은 허용하지 않는 것이 통례인데도 노드스트롬은 이를 허용하고 있다. 이유는 간단하다. 고객의 시간 낭비와 번거로움을 없애주기 위해서이다. 또한 '폴로', '토미 필피거' 등과 같은 디자이너 숍을 두고 있지 않은데, 이는 디자이너 숍이라는 것이 백화점과 디자이너에게는 입에 맞는 것이지만 고객의 사정과는 맞지 않기 때문이다. 오늘날의 고객은 디자이너 숍 단위로 쇼핑을 하지 않는다.

뛰어난 상품 분류와 이의 프리젠테이션, 고객 입장에서 쇼핑의 배려 등으로 편의성 베스트 기업이 된 노드스트롬이지만, 1990년대 후반부터 문제를 노출하기 시작했다. 출점 속도를 가속화하면서 조직 구조를 개편하여 지역단위의 상품 구입 체제를 본사 집중 체제로 전환한 것이 점포별 독자성의 상실이라는 문제점을 야기하였다.

또한 젊은 층의 고객을 포섭하기 위해 보다 현대적(comtemporary) 디자인의 새로운 패션을 선보였지만 이는 기존 고객에게는 지나치게 참신한 디자인이었고, 이들은 오랜 벗으로부터 배신당한 기분을 느꼈다. 고객 서비스의 내용은 철저하였지만, 자사 고객이 원하는 상품을 제공해야 한다는 점을 잠시 망각한 것이다.

GM이 설립한 새턴은 처음부터 편의성 우위를 추구하였다. 많은 자동차 판매점들이 옛날 말을 팔던 시대와 마찬가지의 방식으로 자동차를 판매하고 있었다. 판매자 입장에서 불리한 정보는 일체 고객에게 제공하지 않는 것인데, 요즘은 전문 잡지나 인터넷에서 자동차 관련 정보를 손쉽게 입수할 수 있기 때문에 손님들은 가격 흥정에 흥미를 잃게 되었다. 새턴은 적정 가격의 제시, 단일 가격 정책의 실시로 번잡스런 가격 흥정을 없애버렸다.

표적 고객을 젊은 층, 뉴 패밀리, 여성으로 압축하여 이들에게 다른 자동차와의 비교 정보를 제시하고 반품 보증 정책을 전개하였다. 이리하여 새턴은 자동차 조사, 평가기관인 J. D. Powers로부터 고객 만족 측면에서 최고 지위를 부여받았다. 새턴은 판매 현장뿐 아니라 생산 현장에서도 총체적 품질 관리를 채택하여 노조와 힘을 합쳐 고품질 자동차 생산에 집중하는 체제를 수립하였다.

테네시 주의 새턴 공장에서 '새턴 홈 커밍'을 개최하였을 때 10만 명의 고객이 운집하였다는 것은 새턴에 대한 고객의 깊은 신뢰를 보여주는 상징이었다. 이 정도의 인파는 고급 스포츠카, 지프 등과 같은 라이프스타일의 심볼 카에서나 볼 수 있는 일이지 겨우 1만 달러의 콤팩트 카에서 볼 수 있는 장면은 아니었던 것이다.

물론 나중에는 고객의 이탈이 시작되었는데 이는 매력적인 신차의 발매를 계속 이어나가지 못했기 때문이다. 노드스트롬과 마찬가지로 제공되는 서비스는 전혀 문제가 없었지만, 취급 차종의 과도한 집중으로 고객의 요구에 늘 신선한 대응이 어려웠다. 새턴을 운전하던 기존 고객이 한 단계 위 차종으로 교체 구매하려고 할 때 새턴에서 제시할 수 있는 신차가 없었다. 적절한 서비스에 적절한 상품이 겸비될 때 비로소 편의성 베스트 기업의 자리를 고수할 수 있는 것이다.

새턴의 매장은 3대의 자동차를 진열하면 꽉 찰 정도이었다. 그만큼 새턴의 취급 차종의 폭이 상당히 좁다는 것이다. GM은 최근에 SUV와 중형 세단의 새턴 차종을 선보였는데, 이는 everyday car와 elegant car의 중간을 노린 것으로서, 제품 혁신을 통한 새턴의 입지 강화를 목표로 삼고 있다. 그러나 신제품이 추가되면서 새턴은 GM의 산하 조직으로 흡수되어 독자성을 상실하게 된 점이 편의성 베스트 기업으로 복귀를 어렵게 하고 있으나, 정작 GM 자신은 이를 눈치채지 못하고 있다.

6) 신속성의 경쟁 우위

시간이 고객의 점포 선택에서 차지하는 비중이 증대하고 있는 점에 주목해야 한다. 시간의 절약은 가격, 서비스, 상품 구색 등과 반비례의 관계에 있다. 예전에는 쇼핑이 미국인들이 즐겨하는 일종의 스포츠와도 같았지만 맞벌이 가구, 일하는 여성의 증가로 생활관이 확 변하였다. 그래서 생겨난 것이 신속성의 우위이다.

신속성 베스트 기업은, i) 점포로 진출입이 용이한 입지를 고른다. 점포로 들어가기 위해 좌회전이냐 우회전이냐, 주차장 진입이 쉬우냐, 멀리서도 알아볼 수 있는 간판이 달려 있느냐 하는 것들이 중요한 조건이다. ii) 체인 전개를 한다. 고객은 멀리까지 차를 몰고 가서 쇼핑하고 싶어 하지 않는다는 점을 알고 있다. iii) 주차장은 점포 입구 근처에 둔다. 주차장에서 점포 안까지 가는데 몇 걸음을 떼어야 하는지가 신속성을 정하는 중요한 요인이다. iv) 체크아웃을 빠르게 한다. 계산을 하기 위해 길게 줄서는 것을 고객은 가장 싫어한다(미국에서 소비자가 소매점에서 계산을 위해 줄서는데 소요하는 시간이 1일에 총 1억 시간임). v) 주문에 정확히 대응한다. 상품과 서비스에 일관성이 있어야 한다.

맥도널드의 매출 중 드라이브스루(drive-through)가 60%를 차지하고 있다. 따라서 가장 손님들이 몰리는 시간대에 자동차 줄(lane)을 늘리는 방법을 고안할 수 있다면 매출은 더욱 늘어날 것이다. 외식 산업의 매출 증가분의 80%가 드라이브스루에서 발생했다는 점에 주목해야 한다. 웬디스가 동업 타사보다 수익성이 높은 이유는, 드라이브스루의 속도와 정확성 면에서 압권이기 때문이다.

손님 1인당 평균 드라이브스루 소요시간을 보면(2001년 기준), 웬디스 2분 14초 7, 버거킹 2분 42초 2, Chic-fil-A 2분 47초 2, 맥도날드 2분 50초 9이다. 이런 드라이브스루의 구매 방법은 비단 패스트푸드 업계에만 국한된 것이 아니고 드럭 스토어, 슈퍼마켓의 조제 약국, 편의점 등에도 확산되고 있다. 월마트와 스타벅스까지 여기에 가세하려 하고 있다.

주유소 '모빌'은 '스피드 패스'라고 하는 새로운 움직임을 보여주고 있다. 고객의 신용 정보가 들어 있는 이 키를 급유 펌프 앞에 있는 스캐너에 올려놓거나 점포 내에서 처리하면 계산이 이루어진다. 셀프 급유가 더욱 간단, 신속히 이루어진다. 스피드 패스를 이용하는 600만 명의 운전자는 셀프 서비스를 10초 줄일 수 있다는 점 때문에 다른 주유소로 가려 하지 않는다. 맥도널드의 일부 매장과 뉴잉글랜드의 대규모 슈퍼마켓 체인점인 Stop & Shop에서도 사용 가능하다.

월그린은 미국의 드럭스토어 체인점 중에서 쇼핑센터를 입지 조건에서 제외시킨 최초의 업체이다. 경쟁 업체들이 한결같이 비웃었지만 월그린의 경영진은 쇼핑센터가 앞으로는 좋은 입지가 되지 못할 뿐 아니라 약국에 빨리 들어가 일보려는 손님들에게는 쇼핑센터에 운집한 다른 손님들이 방해가 된다는 생각이다. 오히려 단독 점포가 입구에 주차할 수도 있어서 점포 출입이 훨씬 용이하다는 것이다.

아울러 월그린은 미국 드럭스토어 체인 중에서 1991년에 최초로 드라이브스루 조제를 실시하였다. 이 점에 대해서도 경쟁 업체들은 비웃었는데, 이유는 약국의 이익의 대부분이 점내 조제 매장에서 발생하기 때문이다. 조제 매장이 점포 내의 구석에 있어서 손님들은 구석까지 와서 조제 매장 근처에 놓인 아스피린, 캔디, 화장품, 콘택트렌즈 용품 등을 사게 되면 엄청 이익을 올리는 것이다. 드라이브스루 조제를 픽업하게 되면 이런 용품들의 판매가 줄어들어 타격을 받는다는 생각이다.

그러나 놀랍게도 고객 충성도는 제고되었다. 이는 드라이브스루 조제를 이용하는 고객이나 그렇지 않은 고객이나 모두가 월그린의 편의성을 높이 평가한 것이다. 불과 10년 전에 시작한 이 판매 방식이 현재는 4,100개 점포 중 70%에서 시행하고 있을 정도로 보급이 확대되었다. 한밤중에 아이가 아파서 당황하는 엄마들로부터 감사의 반응이 나오고 있는데, 이제는 슈퍼마켓, 할인점 등에서도 따라하고 있다.

월그린은 조제 시스템의 전 점포 연계라고 하는 기술적 시스템을 구축하여 월그린의 어느 점포에서든지 환자의 조제 데이터를 입수할 수 있게 되어 있다. 이 덕분에 전화로 추가 주문을 하는 것이 가능해졌고, 그 뒤로는 인터넷과 연결되어 미행정부 다음으로 위성통신의 이용률이 높은 조직으로 발전하였다. 전국 어느 점포를 가든 월그린에서는 환자의 조제 이력을 알 수 있어서 추가 주문을 낼 수 있다는 점은 고객의 생활을 엄청 편리하게 해주었다.

9.11테러 당시에도 테러로 인해 발이 묶인 25,000명의 여행객들에게 응급 조제가 가능했던 것도 모두 정보시스템을 활용한 조제 정보의 조직내 공유 덕분이다. e테일링을 월그린이 별로 경쟁상대로 의식하지 않는 점도, 인터넷 주문으로 배달될 때까지 며칠을 기다리는 구매 방법과, 월그린에 전화 주문한 뒤 귀갓길에 약

국에 들러 가져가는 구매 방법 중에 어느 것이 보다 고객에게 편의를 가져다주겠느냐는 반문이다.

현재 월그린은 쇼핑센터에 입점한 점포는 닫고 단독 점포의 개설을 늘리고 있다. 1997-2001년 중에 1,870개의 점포를 신설하였으니 하루 한 점포 꼴로 문을 연 셈이다. 미국 인구의 2/3는 월그린의 점포에서 16km, 차로 10분 거리에 거주하며, 인구의 절반은 3km 이내에 살고 있다. 그런데도 아직 출점의 여지는 충분하다고 한다. 월그린 본사가 있는 시카고의 다운타운에는 반경 800m 이내에 11개의 월그린 점포가 입지해 있다.

지근 거리에 많은 점포를 내면 공멸하지 않겠느냐는 우려의 목소리가 있지만, 월그린의 점포는 거의 예외없이 원래의 매출 수준으로 회복하거나 수준을 상회하게 된다. 원리는 간단하다. 점포수를 늘리면 해당 상권의 총 매출액은 늘어난다. 즉 점포당 경비는 역으로 줄어들게 된다. 그러니 수익성이 높아질 수밖에 없다. 월그린의 상권 중에서 가장 수익성이 높은 지역은 월그린의 해당 상권 점유율이 가장 높은 지역이다.

월그린을 신속성 베스트 기업으로 올려놓은 또 한 가지의 요인은 고객이 원하는 시간이라면 언제든지 점포 문이 열려 있다는 점이다. 900개의 월그린 점포가 24시간 영업을 하고 있고, 2006년에는 1,300 점포로 확대된다. 월그린의 부수적 서비스 중의 하나로 사진 현상을 1시간 안에 해주는 일이 있다. 그로 인해 쇼핑센터의 주차장에 있던 DPE 점포들이 아예 자취를 감추는 결과가 초래되었다.

동일한 상품이 보다 저렴한 가격에 할인점에서 판매되고 있다는 점을 알면서도 언제나 재고가 있고 시간을 절약할 수 있다면 조금 웃돈을 지불해도 무방하다는 것이 월그린 고객들의 생각이다. 따라서 서둘러 쇼핑하려는 고객에게는 더없이 고마운 업체이며, 월마트를 두려워하지 않는 손꼽는 유통업체 중의 하나로 자리잡게 되었다.

코즈모닷컴은 IT가 낳은 기업이다. 이 회사의 사업 목표는 1시간 안에 소모성 상품(식품, 비디오, 샌드위치)을 가정이나 사무실에 배달하는 것이다. 미국의 많은 대도시에서는 작은 화물의 경우 오토바이에 실어 메신저가 전달하는 편이 능률적이다. 적어도 이론상으로는 코즈모닷컴은 비디오 대여점이나 편의점을 폐업으로 몰아낼 것으로 여겨졌다. 이미 피자업체(도미노, 피자헛 등)들은 이 같은 방식으로 수십억 달러에 달하는 사업을 운영하고 있는 점에서 알 수 있듯이 주문지에 직접 배달하는 것만큼 신속성을 자랑하는 방식은 없다.

비디오 반납은 스타벅스에 반납 상자를 설치하는 방식을 채택하였다. 고객 입장에서 보면 이보다 더 고맙고 반가운 업체는 없을 것이다. 그러나 사업의 시각에서 볼 때 인터넷으로 온 주문을 처리하여 배송 센터에서 상품을 픽업하고 메신저들에게 전하고 이들이 다시 각 가정과 사무실로 배달하는데 드는 비용은 수월찮은 규모임이 드러났다. 반면 취급 상품은 저가, 저마진이라서 도저히 비용 지출을 상쇄할 정도의 수익을 거둘 수가 없었다.

신속성 베스트 기업이 빠져서는 안될 함정은 쇼핑이나 거래의 프로세스를 복잡한 것으로 해서는 안된다는 점이다. 프로세스 전체를 조감하여 작업을 줄이고 정밀도를 높이고 속도를 올려야 한다. 신속성 우위의 기업 맥도널드가 최근 점유율 하락을 보이고 있다.

품질, 서비스, 청결, 가치(QSCZ: Quality, Service, Cleanness, Value)를 모토로 하고 있는 맥도널드가 이런 기본적인 경영 원칙에서 벗어나 판촉에 넋을 잃고 메뉴의 가짓수를 멋대로 늘려놓았다. 손님 수를 늘리려는 의도에서 새로운 시스템을 도입하였지만 결과는 능률의 저하라는 예상 밖의 일이 되고 말았다. 물론 메뉴는 새로움을 유지해야 하고, 고객의 욕구에 맞게 객장의 분위기도 일신되어야 하겠지만, 상품 구매의 신속성이라고 하는 대전제를 무시해서는 아무 것도 이룰 수가 없다는 점을 명심해야 한다.

7) 경쟁 우위의 확보와 활용

이상에서 언급한 다섯 가지의 경쟁 우위를 확보하려면 기업 활동의 전체 모습을 바라보고 판단을 내려야 할 것이다. 표적 고객은 누구이고, 어떤 사업 분야를 하며, 어떤 세분화된 시장을 염두에 두고, 경쟁 상대는 누구이며, 자사의 현재 및 미래의 자리매김을 알고 있어야만 경쟁 우위를 제대로 활용할 수 있다.

경쟁 우위를 평가할 때 골프를 비유한 설명이 가능하다. 그린피(green fee)는 골퍼가 코스에 나가기 위한 최소한의 필요 경비이다. 그리고 나면 골프를 쳐서

점수가 나오는데, 바로 저렴성, 구색성, 참신성, 편의성, 신속성으로 고객에게 지지받을 때 스코어가 나온다. 평균 점수는 파(par)이고 우수한 점수는 베스트가 된다.

이 중 어떤 우위 요인을 최저 수준으로 하고, 어떤 요인을 평균 수준에 하며, 어떤 요인을 베스트로 삼을지는 경영진이 결단을 내려야 한다. 최저 수준으로 삼는다는 것은 그 요인을 중시하는 고객을 자사의 고객으로 삼지 않겠다는 점을 의미한다. 월마트가 편의성과 참신성을 최저 수준으로 설정해도 월마트의 고객은 이에 개의치 않는다. 월마트의 고객이 된다는 것은 저렴성의 우위 확보에 전력을 기울려 달라고 월마트에게 기대하는 것이다.

명심할 점은 어떤 요인에서 베스트의 우위에 달했다고 하더라도 다른 요인에서 최저치를 밑돌게 되면(그린피를 지불하지 않으면 골프를 칠 수 없듯이), 고객은 사라진다는 점이다.

노스캐롤라이나 주에 본사를 둔 슈퍼마켓 체인점 Food Lion은 좋은 반면교사이다. 이 회사는 저렴성의 우위를 오랫동안 구가하여 왔는데, 1990년대 초에 식품의 안전성 문제가 TV 쇼에서 다루어지게 되자, 고객들은 최저 수준 이하로 떨어진 안전성으로 인해 저렴성의 우위를 인정하지 않고 발길을 돌리게 되었다. 토이즈러스는 편의성에 대한 고객의 기대를 저버렸다.

구색성은 업계 최고이지만 곤드라를 늘어놓은 매장의 레이아웃은 쇼핑 체험을 최저 수준 이하로 떨어뜨렸다. 홈데포가 구색성 우위로 업계 제일의 기업으로 발전한 것은 사실이지만, 한 가지 잊어서는 안 될 점은 편의성 우위에서도 평균점(par)을 웃도는 정도이기 때문에 다른 홈센터 업체들을 압도할 수 있다는 것이다.

Dollar General은 테네시 주에 본사를 둔 우리식의 1,000원 점포인데, 연간 800점 정도의 출점 속도를 보이고 있다. 이 점포의 주 고객은 사회의 빈곤층으로서 실업자와 여성이 많은데 돈은 없고 하루벌이로 연명하는 계층이다.

월마트의 특가상품인 화장지 1팩(24개 들이)이 5달러이지만 이들 빈곤 계층이 1주일에 화장지 구매에 지출할 수 있는 금액은 1달러에 불과하다. 달러 제너럴은 저렴성(가격의 지속적 인하)과 신속성(근교에 입지)을 내세우고 있다.

신속성이 중요한 이유는 이들 고객층은 도보나 버스, 전차 등을 이용해서 내점하기 때문이다. 저렴성을 유지하기 위해 다수의 PB 상품을 취급하고 점포 구성은 기본적, 기능적인 것에 그치고 있다. 다른 점포의 이용객이 볼 때 정말 볼품없는 점포, 인색한 광고, 신용카드 사절 점포의 특징이다. 미국인의 55%가 일주일에 한번은 이 점포에서 구매한다고 한다.

Best Buy는 가전 분야의 중급 체인점으로서 1980년대 후반에 이르러 고전을 면치 못하게 되었다. 이유는 중급 체인점의 최고 기업인 Circuit City가 베스트 바이의 상권을 침입하기 시작했기 때문이다.[22] 극적인 변혁을 단행하지 않는 한 베스트 바이의 도산은 면할 길이 없었다.

이에 베스트 바이는 'Concept II'라고 하는 신형 점포를 90년대 초에 일리노이주에 출점하면서 다음과 같은 대변혁을 취하였다. i) 판매원에 대한 판매수수료 보수의 지급 금지; 판매수수료를 토대로 한 보수 체계는 이윤이 많이 남는 상품의 집중 판매, 유료 A/S의 판매 등을 사원에게 유인하는 부작용을 낳았다. ii) 매장에 진열된 상품을 다량으로 하고 이를 고객이 셀프 서비스하도록 함; 판매원, 계산대, 하적장 등으로 손님을 왔다갔다하게 만든 점을 폐지했다. iii) 신상품 부문의 추가; CD, 비디오테이프, 비디오게임, 컴퓨터 소프트웨어 등과 같은 소모성 상품을 입하하였다.

이 결과, 이익률은 급락하였지만 매출은 단숨에 늘어났다. 저렴성 우위를 확보하여 고객의 평판을 제고하였으므로 다음으로 할 일은 구색성 우위를 갖추어 이익을 확보하는 일이었다. 판매이윤의 저하 문제는 판매관리비의 절감으로 대신 해결하기로 했다. 구색성까지 갖추게 되자 특히 젊은 층의 고객들로부터 재미있는 점포라는 자리매김을 굳히게 되었다.

가죽 제품 생산, 유통업체인 Coach도 도산까지는 아니지만 경영의 난관을 극복하고 참신성 우위 기업으로 변신하는데 성공했다. 상품의 매출을 증대시키는 방법은 기존 고객에 대한 판매를 강화하는 일과 새로운 고객을 개척하는 일이다. Coach는 새로운 상품 디자인, 보다 밝은 색의 새로운 컬러 개발, 피혁에 국한하지 않고 신소재의 개발, 품종의 확대(가령 개목걸이) 등으로 라이프스타일 브랜드로서 파워를 갖추게 되었다.

---

22) 그러나 서킷 시티는 2008년 11월에 급기야 도산하는 사태를 맞이하였다.

미국의 유통업의 점포 면적은 1972년에 인구 1명당 7.9㎡(0.2평)에서 2000년에는 20.5㎡(0.6평)로 늘어났다. 이처럼 90년대 후반에 들어서면서 점포 과잉의 문제가 대두되기 시작했는데, 유통업의 생산성을 나타내는 점포의 단위면적당(1㎡) 연간 매출액이 1970년 260달러에서 2001년 202달러로 22% 감소를 보이면서 도산도 증가했다. 점포수뿐 아니라 점포의 취급 품목도 확대되어 평균 취급품목수가 4만 SKU(stockkeeping units)으로 10년 전에 비해 2배가 되었다.

매출이익률과 재고회전율로 대변되는 수익률이 연간 10% 이상이면서 전년대비 증가율이 줄어들고 있지 않은 유력 유통업체에 속하는 기업으로는 Auto Zone, Bed Bath & Beyond, Dollar General, Dollar Tree, Kohl's, Kroger, Lowe's, Pacific Sunware, Ross Stores, Safeway, Target, Tuesday Morning, Walgreens, WalMart, Whole Foods 등이 있는데, 이들은 한결같이 5개의 경쟁 우위 중 특정 요인에서 베스트 기업으로 자리 잡은 업체들이다. 90년대 중반에 미국 유통업계를 지배했던 회사들은 Sears Roebuck, Montgomery Ward, K Mart 등 종합유통업태이었고 전문점 따위는 존재하지도 않았다.

〈표 1-5〉 유통업태별 상위 3사의 합계 시장점유율 추세

	1986	1996	2000	2002
백화점	39	60	71	82
할인점	61	77	84	86
건자재	11	31	39	42
가전	15	34	35	37
Drug store	18	33	42	43
슈퍼마켓	18	14	28	27

자료: National Research Bureau 2003.

그러나 지금의 소비자들은 무정하리만치 냉정해져서 유통업체간 경쟁이 격화되고 그 결과 인수, 합병이 활발해지면서 과점화 현상이 심해졌다. 이는 지역브랜드의 유통업체간 경쟁에서 살아남은 자가 전국브랜드로 발전하는 모습을 보여주는 것이다.

행상인(peddler), 구멍가게(papa mama store), 버라이어티 스토어(5센트, 10센트 가격대의 상품), 백화점, 카테고리 킬러, e테일링 등 다양한 유통업태가 혼재하는 것이 지금의 유통업이지만, 행상인은 500년 이상의 활동 역사 속에서 최근 50년간 급속히 몰락하였고, 구멍가게는 300년의 역사 속에서 20세기 중반까지 번성하다 지금은 현저한 쇠퇴를 보이고 있고, 버라이어티 스토어는 최초의 매스 유통업태였으나 50년간의 번성 끝에 종지부를 찍었고, 백화점의 역사는 50년에 불과하지만 벌써 쇠락에 접어들었으며, 할인점은 40년 만에 성숙기에 접어들어 전미 3위의 K Mart는 연명에 버거워하고 있다(그 뒤 2004년에 시어즈로벅의 인수로 부활에 성공했지만).

카테고리 킬러는 불과 20년의 역사에서 정체기를 맞이하였으며, e테일링은 21세기 총아로 과대 포장된 뒤 IT 물거품과 더불어 몇 년 만에 다수의 도산업체를 양산하고 말았다.

이처럼 유통업태의 수명주기가 단축되고 있는 이유 중에는 커뮤니케이션의 국제화를 거론할 수 있다. 인터넷의 발달 덕분에 아이디어는 금방 전세계로 확산, 모방되고 만다. 또 다른 단축 원인으로는 창투사와 주식시장의 고위험-고수익 선호를 꼽을 수 있다. 투자펀드를 통한 자금조달은 이들 투자기관이 기업의 고속성장을 기대하는 만큼 점포수의 확장, 새로운 아이디어 및 혁신의 신속한 전개가 불가피해졌고 이는 단기간의 수익 환원, 업태 수명의 단축으로 이어졌다.

그 좋은 예가 GAP이 신설한 브랜드 Old Navy와 e테일링의 초기 기업이었던 Pets.com을 들 수 있다. 1990년대 후반에 Old Navy는 그 당시 기준으로 지난 10년간 가장 성공을 거둔 위대한 사업으로 칭송받았다. GAP 스타일의 의류를 할인점 가격 수준으로 판매한 것이 성공의 비결인데, 표적 고객은 GAP의 고객보다 젊은 층과 구매력이 떨어지는 가족으로 삼았다.

당초에는 1평방피트(1피트=30센치, 약 0.028평) 단위매장 면적당 350달러를 예상했으나 이를 훌쩍 넘는 500달러에 달하였고, 불과 4년이 채 안된 시점에서 연 매출 10억 달러라고 하는 그때까지 가장 빠른 성장 속도를 보인 유통업체로 발돋움하였다. 점포수도 1995년 59개에서 2003년에는 842개로 급증하였고, 점포 규모도 점점 커져서 4만 평방 피트(약 1,100평)로까지 확대되어 K마트의 절반 정도가 되었다.

이렇게 되면서 인기와 참신성은 시들해졌고 생산성은 저하하기 시작했다. 쇼핑센터 내의 GAP 인근에 출점한 Old Navy는 GAP과 Banana의 매출을 잠식하였다. 덩치가 커지면서 민첩성도 없어지고 패션 트렌드를 제대로 읽지 못할 경우의 회복력도 쇠퇴하였다.

규모에 따른 영업관리비의 증대는 수익 구조의 악화를 가져왔다. 1평방피트당 매출액도 350달러로 줄어들었지만 이마저 유지할 수 있을지 의문시되며, 이 모든 문제점의 근저에는 과도한 사업 확장이 깔려있고, 이는 다시 투자기관의 압력에 영향을 받은 의사결정인 셈이다. 원래의 우량 브랜드로 되돌아가기 위해 현재는 점포 개설 속도를 늦추는 조치를 취하고 있다.

Pets.com은 처음부터 사업 아이디어를 잘못 설정하였다. 이 기업에 투자한 투자자들도 기업의 장기 성장과 존속 보다는 e테일링의 주가 급등을 바라보고 투자한 것으로 여겨진다. 애완 식품과 용품은 구매 빈도가 높아서 필요할 경우에는 곧바로 매장에 가서 구매하지 배달올 때까지 기다리지 않는다. 더구나 부피도 커서 배달 비용도 많이 들고 자연히 판매수익도 저조하다.

특히 수익성이 높은 목걸이, 샴푸, 먹이 그릇, 머리 밴드 등의 품목은 애완용품점, 할인점, 수퍼마켓 등에 애완 식품을 사러 가는 김에 한꺼번에 구매하게 된다. 아울러 애완용품 시장 규모는 연간 180억 달러로 어중간한 크기이다.

이 중 5%를 인터넷 거래가 차지한다면 9억 달러, 인터넷 사업의 선두 주자가 25%의 점유율을 확보한다면 2억 2,500만 달러일 것이고, 매출이익률을 5%로 잡는다면 1,100만 달러일 테니 제법 장사가 되겠지만 수퍼볼의 TV 광고에 스폰서가 될 만큼은 아니라는 점이다.

유통업에서는 업태 3위는 위태롭다. Kmart, OfficeMax가 그 예이며, GE는 보유하던 기업 Montgomery Ward를 주저없이 처분하였다. 3등 기업이 위태로운 이유 중의 하나는 카테고리 킬러라고 불리는 구색성 베스트 기업의 성장, 성숙이다.

개인투자가, 기관투자가가 유통업에 투자를 늘리면서 카테고리 킬러들은 서로의 시장에 난입하는 상황을 연출하면서 경쟁이 격화되고 가격 하락은 이익의 감소로 이어지면서 점유율이 떨어지는 업체들은 생존의 위협을 받게 된 것이다. 이

전에 홈장식 시장에는 Home Base와 Builders Square가 있었지만 지금은 도산해 버렸고, Home Depot와 Lowe's의 2강 체제 속에서 비상장 기업인 무명의 Menards가 미국 중서부의 북쪽 인디애나 주에서 노스다코타 주에 걸쳐 9개 점포를 운영하면서 3위 자리에 있다.

베스트 기업이 그 지위를 상실하게 되는 경우는 크게 3가지로 나누어 볼 수 있다.

첫째는 새로운 경쟁 상대의 출현이다. 월마트라고 하는 새로운 경쟁 상대가 시골 지역에 출현하자 카탈로그 판매, 작은 점포, Western Auto(잡화 취급점), Otasco(Oklahoma Tire And Supply Company: 자동차 부품, 스포츠 용품, 철물 등을 판매) 등은 모습을 감추게 되었다. 지역 수준에 머문 체인점 Ames, Bradlees , Caldor, Venture, Jamesway 등도 월마트, 타깃 등이 자신의 상권에 들어오자 블랙홀에 빠지고 말았다.

둘째는 베스트 경쟁 우위 요인의 수준이 상승한 점이다. 서적 시장의 경우 1980년대 후반까지만 해도 평균 140평에 15,000개의 취급 품목이었으므로 정말 읽고 싶은 책은 도서관에 가서 볼 수밖에 없는 상황이었다. 그런데 Barnes & Nobles와 Borders가 560평의 서점을 교외에 개점하면서 베스트 우위 요인의 기준이 졸지에 확 변하고 말았다. 상품 구색이 10배 증가하고 점포 분위기도 훨씬 좋아졌다. 그로부터 다시 10년이 채 안된 시점에서 아마존닷컴이 출현하면서 편의성의 기준이 상승하여 굳이 매장에 가지 않고 집안에서 인터넷만으로도 서적 구입이 가능해졌고, 구색성도 수백만 권에 달하여 물리적 공간의 제약을 벗어나게 되었다. 반즈앤노블의 경우에는 편의성을 대폭 강화하여 지역의 공공도서관, 커피숍 등을 대신하는 역할을 하면서 우위를 유지하고 있고, 다수의 독립계열 서점들은 해당 지역사회의 조건에 딱 맞는 서적이나 특정 주제의 서적을 갖춤으로써 참신성의 우위를 통한 독자 생존의 길을 모색하고 있다.

세 번째는 자업자득인 경우이다. 자사의 고객들이 갖고 있는 상품 구매 욕구를 제대로 파악하지 못한 경우로서 Toys R Us, Home Depot는 이로 인해 다른 경쟁자들의 시장 침입을 초래하고 말았다.

유통업계에서 향후에도 성공을 보장받으려면 참신한 아이디어의 발굴이 필요한데, 이는 참신한 영역(hot zone)에서 발굴될 수 있다. 참신한 영역은 고객의 욕구에 대한 적확한 대응력 + 전략 실행 능력 + 경쟁 제압을 위한 위치 발견력의 교차 지역을 말한다.

업스케일 할인점을 자칭하는 GAP의 예를 보면, 첫째 구매력이 있는 중산층조차도 할인점을 지지한다는 고객의 동향에 주목하여, 할인점이 내세우는 '저렴한 상품'을 접어두고 '패션성 상품'을 판매하기로 했다. 둘째, 이런 머천다이징을 전개할 수 있었던 것은 모기업이 패션을 취급하는 백화점이라서 조직적 실행 능력을 갖고 있었기 때문이다. 셋째, 이런 전략이 효과를 볼 수 있었던 것은 경쟁 상대인 월마트, K마트가 저가격으로 고객을 모으는 전략을 취하였기에 Target의 차별화가 먹혀들었다는 점이다.

월마트는 현재의 성공에 만족하지 않고 미래의 성공을 위해 새로운 아이디어의 실험을 계속하고 있는데, 할인점을 전국에 확산시키는 과정에 있으면서(현재의 아이디어가 성숙기에 접어들기 전에) '샘 클럽' 이라고 하는 다른 아이디어를 사업화하였고, 그 다음에는 할인점과 슈퍼마켓을 결합한 슈퍼센터라고 하는 새로운 아이디어를 내놓았는데, 이는 월마트 성장의 원동력이 되었다. 현재 실험중인 신 아이디어는 쇼핑할 시간이 없는 고객, 대형 점포에서 쇼핑을 싫어하는 고객을 표적으로 삼은 Neighborhood Market이다. 혁신의 S곡선을 활용하는 명수로서 평판이 자자하다.

4. 미국 시장의 세분화

1960년대만 하더라도 미국기업들은 모든 소비자들이 유사한 필요와 욕구를 가졌다고 보고서 대량 시장을 목표로 삼아 단일 제품을 생산, 판매하였다. 이제는 기업들이 표적시장을 좁혀서 공략할 수 있게 되었는데, 이는 고객에 대한 정보를 수집할 수 있게 되었기 때문이다.

가령 슈퍼마켓의 계산대(checkout)에 있는 스캐너를 통해 소비자의 구매행동에 대한 정보를 수집함으로써 시장 세분화의 전략을 수립할 수 있다. 온라인 게임시장이 불같이 활성화되고 있는 것은 21세 미만의 연령층 덕분이라고 보면 착각이다. 정년퇴직자의 상당수가 인터넷 게임을 비용이 저렴하고 하기 쉽다고 여겨서 즐기고 있다는 점을 간과하면 안된다.

상위 경영자들 중에는 업무 스트레스를 풀기 위해서 야후 사이트의 게임을 하고 있다. 전업주부도 가사의 따분함에서 벗어나기 위해 온라인 게임을 한다. 컴퓨터 게임을 통해 새로운 친구를 만들기도 하고, 멀리 떨어져 사는 친구와 유대관계를 유지하기도 한다. 여가생활 스타일의 변화가 만든 예상치 못한 신규 수요의 창출이다.

Psychographics라는 용어는 외모로 인간을 분류하기 위해 1차 세계대전 중에 처음 사용된 용어이지만, 이를 통한 연구는 1965년에 Emanuel H. Demby 가 최초로 하였다(Michman, Mazze, Greco, 2003: 3). 싸이코그래픽스에는 사회계층, 라이프스타일, 개성, 기타 행동변수가 포함된다. 이를 기업의 마케팅 활동에 활용하면, 제품개발은 고객이 추구하는 편익에 대한 지식을 바탕으로 이루어질 수 있다.

미국의 문화적 가치는 2차 세계 대전 이후 급격한 변화를 보였다. 2차 대전으로 인해 미국 여성들은 대량으로 직장에 투입되었고, 남성과 여성 간의 역할 차이의 구분도 점차 덜 두드러져 갔다. 영화뿐 아니라 TV 프로그램에서도 성에 대해 보다 자유로운 태도가 엿볼 수 있게 되었다.

가정과 결혼 문화를 보면, 결혼 연령이 늦추어지고 자녀수가 줄어들고 이혼이 늘어나고, 홀부모 가정과 아파트 생활자가 늘어나면서 부부 가정이 사는 교외 단독주택의 비율도 저하하였다. 이런 가정, 결혼 문화의 변화는 소비지출에도 영향을 미쳐서, 결혼 연령이 늦추어진 점은 개인의 재정적 자원의 크기를 늘렸고 개인의 구매 경험을 늘려놓았다.

맞벌이 가정은 가사 노동력을 줄여주는 가정 기기를 선호하게 되었다. 직장생활을 하는 주부는 생명보험, 신용카드, 렌트카, 여행에 관심이 크다. 독신가정의 증가는 가구산업에 새로운 기회를 제공하였고, 고령층 소비자의 대두 또한 새로운 소비시장을 형성하고 있다. 소비자들의 가치관, 신념, 라이프스타일의 변화는 소비행동에도 지대한 영향을 미쳐서, 자기달성을 강조하는 가치관은 화장품, 미용보조, 헬스클럽과 피부관리실, 체중감량 제품, 자기향상 코스 등의 시장규모를 확대시켰다.

그러나 가치관에 근거한 시장 세분화가 모든 일에 두루 적용될 수 있는 것은 아니고, 주택이나 자동차와 같은 내구재, 의류나 음식과 같은 상징재, 여행과 서적, 미디어와 같은 라이프스타일 규정형 활동 등에 보다 효과적으로 쓰일 수 있다.

소프트 드링크 시장을 보면, 다이어트 음료와 콜라의 시장이 감소했다. 많은 소비자들이 건강을 의식하면서 병에 든 생수를 마시는 것을 선호하고 있다. 이런 소비자 행동 패턴의 변화를 코카콜라와 펩시콜라는 예견하지 못했기 때문에, Perrier를 선두로 한 생수업체의 소프트 음료 시장 진입을 허용한 꼴이 되고 말았다.

소프트 음료의 대안으로 자리매김하기 위해서 Perrier 사는 건강식품 및 구르메 상점만을 대상으로 하던 유통 전략을 수정하여 슈퍼마켓을 유통 경로로 선택하고, 소프트 음료와 같은 매대에 상품진열을 하였다. 그 과정에서 소프트음료 및 맥주 유통업체에게 자사 제품도 취급해주도록 하는 계약을 체결할 수 있었다.

현재는 레몬, 라임, 오렌지, 베리 등의 천연향이 함유된 생수 등 제품라인이 확대되었다. 직장이나 야유회, 풀장에도 갖고 가서 마실 수 있도록 캔 타입도 추가하였고, 재활용할 수 있는 유리병과 플라스틱 병에 포장함으로써 환경친화성까지 보여주고 있다.

1990-2000년 기간 중에 병에 든 생수 판매량은 3배의 증가를 보여 57억 달러에 달하고 있다. 아울러 소비자의 대다수는 여성이다. 지역적으로 세분해 보면, 시애틀 거주자는 1인당 치약 소비량이 미국 내에서 가장 많고, 뉴올리언즈 거주자는 케첩을, 솔트 레이크 시티 거주자는 캔디 바를 가장 많이 소비한다.

오늘날 미국 소비자들을 좌우하는 본질적 핵심 가치는 네 가지이다(Michman, Mazze, Greco, 2003: 23). 하나는 시간에 쫓기다 보니 불필요한 일에 시간 소비를 줄이는 일이다(Shrinking American day). 가사에는 시간을 극소화하고 외식에 보다 많은 시간을 할애하는 것이다. 자유로운 시간을 무한정 확보하고 싶다는 갈망으로 인해, 최상의 서비스를 최대한 빠른 시간내에 제공받고 싶어 하며, 비교 쇼핑에 소모되는 시간은 피하고 싶어 한다.

라이프스타일을 단순화하려는 욕구가 중요한 고려요인이 되며, 유명 브랜드 상품의 구매는 구매과정에 소요되는 시간을 단축시켜 준다. 둘은 인터넷을 통한 타인과의 연계에 열중하는 일이다(Connectedness craze). 정보원으로서 뿐 아니라 상품이나 서비스의 판매자, 친구, 가족과 접촉하는 도구로서 인터넷을 애용한다. 상호작용의 특성을 지닌 인터넷은 매우 특화된 개별 니즈를 충족시켜 줌으로써 매스 미디어 뿐 아니라 니치 미디어로서의 기능까지 수행할 것이다. 셋은 육체와 영혼의 불확실성이다(Body versus soul uncertainty).

소비자들은 무지방 쿠키를 먹으면서 동시에 고지방 프리미엄 아이스크림을 먹고, 피트니스를 하면서도 동시에 정크푸드를 먹으며, 가정에서 즐거움을 추구하면서도 보다 많은 여흥의 향수를 위해 바깥나들이도 원한다. 소비자들은 이처럼 육체적 쾌락을 추구하기 위해서 정신적 일에 보다 높은 가치를 부여한다. 넷은 개인주의의 승리이다(Triumph of individualism).

기업은 단순히 여성을 표적으로 삼는 것이 아니라 싱글 맘, 소수 민족 출신 여성, 슈퍼 빅 사이즈의 패션 구매 여성, 자전거 동호회 여성, 뮤추얼펀드 가입 여성 등과 같이 철저히 개인화된 소비자를 표적으로 삼는다. 아마존닷컴은 고객이 자사의 웹사이트에서 상품 검색을 하면, 이전에 고객이 구매했던 상품, 현재 검색한 상품을 구매한 다른 고객들이 함께 구매한 타 상품까지 리스트로 보여준다.

1) 세대 구분에 따른 세분화

1990년대 미국 시장의 세대별 세분화 가운데 가장 매력적인 부문(segment)은 여피, 엑스 세대, 와이 세대이다(Michman, Mazze, Greco, 2003: 30-31). 7천만 명의 베이비 붐 세대(baby boomers)와 3천 5백만 명의 여피(yuppies: young urban professionals)는 1946-1964년 사이에 출생하였고, 전체 성인 시장의 40%를 차지한다. 특히 여피는 물질적으로 풍요로워서 피트니스, 편의성 제품과 서비스, 가격에 무관한 개인욕구의 충족, 자아의존을 통한 정서적 안정 등의 특징을 갖는 매력적 하위시장이다.

물질주의에 최고를 추구하면서 동시에 가정과 가족을 소중히 여기고, 직장과 경력에 대단한 관심을 갖는다. 베이비 붐 세대는 다시 1946-1954년 태생의 붐 세대 I과 1955-1965년 태생의 붐 세대 II로 나뉘어 지는데, 붐 세대 I은 베트남 전쟁, 케네디 대통령과 마틴 루터 킹 목사 암살, 우주 탐험 등과 같은 유년 시절의 기억을 갖고 있다.

젊음과 자유의 가치를 포용하여 히피 운동을 벌였고, 뉴욕 주 우드스톡에서 개최된 록 페스티벌을 따서 우드스톡(Woodstock) 세대라고도 불린다. 클린턴 대통령이 바로 이 세대의 첫 미국 대통령이다. 엘비스 프레슬리의 패션에 영향을 많이 받았으며, 재정 능력을 초과한 소비를 한다. 이전 세대의 청교도적 윤리관과는 달리 즉흥적인 만족(instant gratification)을 중시하여 지금 사고 나중에 갚는다는 식(buy now and pay later)의 욕구 속에 신용카드를 주된 지불 수단으로 삼고 있다.

반면 붐 세대 II는 Father Knows Best, Leave It To Beaver 등과 같은 TV 프로그램에 커다란 영향을 받고, 워터게이트 사건으로 정치에 대한 불신을 가지게 되었다. 개인의 목표를 추구하며, 순간적 만족에 대한 욕구는 더해갔다. 부모 세대만큼 양호한 라이프스타일을 누리고 싶어서 물질적 소유를 위해 부채를 마다 않는다. 환경에 대한 관심도 커서 환경친화적 제품을 구매하기도 한다. 록큰롤 음악을 즐기고 성 관념도 이전 세대보다 포용적이다.

엑스 세대(Generation Xers)는 1965-1975년 사이에 출생하였는데, baby busters라고도 불린다. 맞벌이 부부의 자녀세대라서 현관문 열쇠(latchkey)를 목에 걸고 다니는 첫 세대라는 특징이 있다. 아울러 이들의 절반은 부모의 이혼이나 별거 속에 자란 경험이 있다. BMW나 바닷가 콘도보다는 테니스화와 캠핑 장비에 관심이 많다.

이들 중에는 학교를 졸업하고 직장에 발을 들여놓았을 때 구직 상황이 여의치 않았기 때문에 소외감을 지닌 사람들도 많다. 소득에 대한 기대는 낮아서 자신의 부모 세대보다 성공 수준이 높지 못할 것이라고 본다. 이런 소외감은 소비패턴에 그대로 반영되어 랩과 하드락 뮤직, 넝마패션(grunge look: 귀걸이, 바디 피어싱, 타투 등)을 즐긴다. 물론 엑스 세대는 다양한 구성을 보이기 때문에 이들 모두가 소외감을 갖는 것은 아니다.

미국의 경제가 최장 호황기에 있을 때 성년에 달하였고, 닷컴 혁명의 일부이기도 하다. 이들은 구태의연한 목표를 갖고 있어서 이리저리 직장을 옮기기(job hop)보다는 현 직장에서 경력을 쌓기를 선호한다. 동료 관계, 사랑하는 가족, 삶을 즐기기와 같은 것들을 소중히 여긴다.

베이비 붐 세대가 스카치 위스키를 마신다면 엑스 세대는 테킬라를 마시며, 베이비 붐 세대보다 결혼 연령이 보다 길어서 결혼 전에 저축을 보다 많이 할 수 있고 자기네들이 보다 더 구매의 세련도가 높다고 생각한다. 가구보다는 여가와 외식에 지출을 많이 하려하고, 밀어붙이기식(hard sell) 마케팅을 냉소적으로 본다.

와이 세대(Generation Y)는 1976-1994년 사이에 출생하였고, 인터넷 세대, 에코 붐 세대, 닷컴 세대라고도 불린다. 그만큼 집에 있는 시간이 많다. 7천 3백만 명을 웃도는 이들은 힙합 스타일의 진, 스포츠 저지(jersey), 야구모자를 패션으로 하며, 리바이스, 나이키, 펩시 등과 같은 과거의 성공 브랜드에 별로 호감을 갖지 않고, 대신 Hilfiger Jeans, Mudd, Cement, Paris Blues, L.L. Bean, J. Crew, Motorola Flex Pagers와 같은 브랜드를 선호한다. 그렇기 때문에 기존의 전통있는 브랜드들도 명성에 집착할 수 없다. Sports Illustrated, Seventeen과 같은 주류 잡지와 YM 등의 틈새 잡지 간에 이들 와이 세대를 놓고 벌이는 경쟁도 치열하다. 유명한 음악가가 입는 의상 스타일을 모방하기 때문에 음악과 의상 간의 상관성이 높다.

2) 미국인의 라이프스타일

미국 소비자의 구매행동을 특징짓는 4가지 경향의 라이프스타일이 있는데, 이는 유통업태를 횡단한 쇼핑(cross shopping), 경제적 여유의 증가(increased affluence), 여성역할의 변화와 시간부족(poverty of time and role of women), 단순함의 추구(life simplification desires)이다(Michman, Mazze, Greco, 2003: 34-41).

첫째, 횡단쇼핑을 보면 Liz Claiborne 브랜드의 블라우스를 Neiman-Marcus에서 구매하면서 동시에 리바이스의 진을 Sears에서 구매하는 스타일이 있다. 이러한 횡단쇼핑은 그만큼 구매 고객이 상품 정보에 대한 교육을 많이 받았고, 구매

목표가 보다 선명하기 때문에 촉진될 수 있는 일이다. 그 결과 Loehmann's, Marshalls 등과 같은 할인 소매점이 인기를 모으고 있다. 겉보기에 엇비슷한 터틀넥 스웨터를 Banana Republic에서 사는 대신 월마트에서 사는 일이 벌어진다. J. C. Penney와 같은 대량 상품 취급 점포가 Ralph Lauren과 같은 디자이너 상품의 재고량을 줄이고 자체 브랜드의 의류 양을 늘렸다. 이유는 이런 디자이너 브랜드의 상품은 Target과 같은 저가 점포에서 취급하기 때문이다.

미국 소비자들의 평균 연령이 높아지고 있는데, 이는 자신감이 늘어나고 충동구매와 패션 지향성이 줄어든다는 것을 의미한다. 패션 지향성의 저하는 직장에서 캐주얼 착용 근무일 채택과도 부분적으로 관련을 갖는다. 그러다 보니 의류 구매에 양극화가 발생하여 낮은 이윤을 추구하는 대량 판매 점포에 고객이 쏠리는 한편, 하나밖에 없거나 특이한 아이템의 의류를 고가격과 고급 서비스를 동원하여 제공하는 부티끄로 몰려드는 일이 벌어지고 있다. 고객이 상거래 시스템을 좌우하면서 가치지향형 구매를 추구할수록 가격 경쟁은 치열해질 수밖에 없고, Gap, The Limited, Benetton, Ann Taylor 등과 같은 중간 가격대 상점에겐 어려움이 닥친다.

둘째, 경제적 여유의 증가는 각 가정의 전화 보유 대수가 한 대에서 복수로 늘어나고, 팩스 기기, HD TV, 데스크톱과 랩톱 컴퓨터의 사용과 같은 현상을 말한다. 갈브레이스는 '풍요의 사회'라는 표현을 썼지만, 소비자들은 독서보다 쇼핑에 재미를 붙이고 있고, 경제적 여유가 있는 소비자들은 물질적 소유의 충동을 해갈하기 위해서 쇼핑몰과 점포를 애용한다.

셋째, 여성의 역할에 변화가 오면서 활용가능 시간이 절대적으로 부족해진 것이다. 여성 운동의 전개는 개인주의의 발달을 가져왔고, 이는 개별 구성원의 이해관계를 집단의 이해관계에 종속시키는 가정의 가치관과 정면으로 배치되는 일이다. 직장 여성의 자아성취(self-fulfillment)는 특별휴가나 다른 호사를 누릴 때 이루어지는 것이지 가족의 니즈를 충족시킬 때 이루어지는 것이 아니라고 본다. 이런 점이 전통적 가치관과 충돌을 일으키기 때문에 일부 직장여성은 가정을 돌보기 위해 잠시 휴직을 하기도 한다. 직장여성들은 젊게 보이고 젊게 행동하려고 하며, 어린이집 이용이 보다 흔해지고 있다. 직장 일 때문에 살림할 때보다 활용

가능한 시간이 대폭 줄어들면서 식탁에는 즉석감자, 케이크믹스, 즉석 수프 등으로 채워지고 주방기기 가운데 전자레인지가 가장 시간절약, 노동절약에 기여하고 있다.

넷째, 단순함의 추구는 기술의 급변으로 인한 직장 위협에 기인하는 것이다. 어디를 가나 사회보장번호, 계좌번호, PIN, 우편번호 등의 개인정보를 요구받는다. 이 모든 일들이 비인격적 인상을 주다 보니까 보다 단순하고 덜 혼돈스런 시기로 돌아가고픈 욕구가 생기는 것이다. 그러다 보니 자아실현이나 환경윤리(ecological ethic) 등의 가치관이 발달한다. 이런 가치관은 수공 상품, 미각적 즐거움을 주는 상품을 소중히 여기는 것이기 때문에 낮은 소비 수준을 의미하는 것만은 아니다. 또 다른 가치관은 작은 주거 환경과 사회에 대한 기여를 강조하는 인간 척도이다. 따라서 환경공해를 줄이는 상품을 수용하고, 인간과 자연의 교감을 인정하는 생태적 인식이 제고된다.

3) 독신 시장

1970년 이래 미국의 독신시장(single market)은 두 배 이상 확대되어 소비규모가 6천억 달러에 달한다(Michman, Mazze, Greco, 2003: 113). 독신의 증가는 부부의 절반 이상이 이혼을 하고, 상당수 적령기 성인들이 결혼을 안하거나 미루는 데에 기인한다. 가령, 25-34세 인구 중 미혼은 1/3 이상으로 1,360만 명이다. 이들 독신들은 다양한 준거집단(reference group)에 영향을 받으면서 가령 구입 자동차의 종류도 포드의 Mustang에서 폭스바겐의 Jetta, 혼다의 Civic 등으로 옮기고 있다.

독신남성은 외식, 술, 교통, 여가, 담배, 현금 기부, 퇴직 대비 투자 등에 지출을 많이 하는 반면, 독신 여성은 집에서 식사, 집안 꾸미기(housing), 의류, 건강, 피부미용 서비스(personal care service), 독서 등에 보다 많은 지출을 한다. 독신들은 직장 가까운 곳에 거주하려 하고, 자녀를 둔 가정이 회피하는 콘도, 로프트 등의 주거 형태를 택한다.

4) 10대 시장

요즘 미국의 10대들은 이전에 '예쁘고 인기있는(pretty and popular)' 모습을 자제하는 것이 기준이었던 것과는 달리, 입는 옷의 브랜드와 집안의 재력을 갖고 급우들을 판단하는 현대판 카스트 제도의 속물근성을 보이고 있다. 뉴욕의 브루클린에 사는 자메이카계 소녀나 교외지역에 사는 공주님처럼 행세하는 여학생이나 중서부지역에 사는 기독교 신자 학생이나 한결같이 말하는 것이, 도심지(urban) 사립학교, 교외나 시내(suburban or inner-city)의 공립학교에 브랜드가 아닌 옷을 입고 등교하면 열외 취급을 당할 것을 너무도 잘 알고 있다는 것이다.

이처럼 10대들이 새로운 브랜드에 집착하면서 이들의 여가 시간 활용에도 변화가 왔다. 사회계층의 압박이 그 강도를 더해 가면서 중산층 자녀들은 보다 유복한 집안의 친구들에게 쳐지지 않으려고 아르바이트에 목매고 있다.

덴버에 사는 고 3 여학생은 하루 4시간씩 일해서 한 달에 의류비로 250달러를 지출하고 있다. 아베크롬비 & 피치(Abercrombie & Fitch) 브랜드로 치장한 한 여학생은, 파티에 참가하면 서로가 상대 옷을 훑어보면서 얼마짜리인가를 점검한다고 한다. 돈이 없는 걸 커버하려면 다른 뭔가에서 특출나야 한다는 것이다.

미국 고 3 학생의 55%가 하루에 3시간을 초과하는 일을 하는데 비해, 외국 학생들은 겨우 27%만이 일을 한다고 한다(Quart, 2003: 15). 그러니 숙제를 할 시간이 더 줄어들 수밖에 없다. 숙제할 시간이 없을 정도로 일을 많이 하는 10대 소녀들은 적게 일하는 소녀들에 비해 우울증과 자기 비하, 음주와 흡연의 경향을 더 강하게 보이게 된다.

법적으로 16세 미만의 청소년은 주당 12시간을 초과하여 일할 수 없도록 규정되어 있지만, 1998년의 경우 15만 명의 미성년자들이 이를 초과하는 불법 아르바이트를 하였다. 30년 전에는 젊게 보이려는 붐 속에 성인들이 젊은이 스타일의 의상을 즐겨 입었지만, 새천년의 현 시대에는 주니어 버전의 DKNY, 랄프 로렌 등의 브랜드를 입으면서 마치 자기들이 20대 여성인 양 젠 체하는 상황을 연출하고 있다.

Teen People 지의 발행인 Anne Kallin Zehren에 따르면, 경기가 안 좋은 시기

에도 부모들은 자신의 지출을 줄일지언정 자식의 용돈을 줄이려고 하지는 않을 것이기 때문에, 소비 인구 중에서 가장 불황에 방어막을 치고 있는(recession-proof) 세그먼트가 10대라는 것이다. 빈부 격차가 보다 현격해지고 있는 시대에 미국의 부모들은 자신의 사회적 지위를 유지하기 위해 보다 많은 시간을 보다 많은 일거리에 쏟아붓고 있다.

밀레니엄 시대 부모들은 브랜드 네임과 문명의 온갖 이기(creature comforts)에 둘러싸여 있기 때문에, 일하느라고 자녀들의 생활을 제대로 보살피지 못한 마음을 DVD 플레이어, TiVo, 잡지구독 등으로 대신 채워주려고 하는 경향이 있다. 이들이 10대의 자녀들에게 가르친 것은, 명품을 갖고 싶다고 단지 선망할(want) 것이 아니라, 기본 필수품처럼 여기라고(need) 한 것이다. Y세대 젊은이들의 용돈의 47%는 부모에게서 직접 타 쓰는 것이고, 이들은 씀씀이를 줄인다는 개념이 없다. 10대들은 소비재를 자신의 친구라고 여기고, 소비재를 그들에게 판매하는 회사를 믿음직한 동맹으로 여긴다.

미국에서 1950년대에 젊은이들이 자기들 간에 상품을 소개하는 youth-to-youth promotion이 있었을 때 이를 1956년 최초로 마케팅의 촉진 활동으로 활용한 기업이 Hires Root Beer사이다. 이 회사는 고교를 순회하면서 자사의 제품을 급우들에게 소개해줄 만한 각 학교의 짱급되는 여학생을 선발하여, 이들에게 구내매점(concession) 관리자, 학교 근방의 드럭 스토어와 식품점 관리자들을 접촉해서 자사의 제품이 얼마나 좋고 애들이 그걸 얼마나 좋아하는지를 말해주도록 교육시켰다.

특히 신경을 쓴 부분은 짱 여학생들에게 Hires Party를 열게 하여 다른 학생들에게 제품을 소개하고 그들의 반응을 기록하는 일이었다. 요즘 표현으로 바꾸어 말하면 씨뿌리기(seeding)에 해당하는데, 고등학교에서 가장 인기 짱인 또래 애들에게 자사 제품을 뿌려주면서 이들을 추종하는 다른 10대들 사이에서 자사 브랜드가 들불처럼 번지기를 희망하는 것이다. 1980년대 캘리포니아 주의 어느 고등학교에서 컨버스 스니커를 씨뿌리기 한 촉진 활동이 당시 10년간 10대 사이에 컨버스 신발의 열광을 불러일으켰다는 전설 같은 이야기는 10대를 대상으로 한 마케팅 담당자 사이에 회자되는 이야기이다.

미국에서는 아동을 보호해야 할 순진한 존재라고 상상해왔지만, 이제 더 이상 이들은 그런 존재가 아니다. 아동의 개인적 성장의 문제는 늘 넌지시 언급되었지만 실제로는 이들이 지닌 구매력의 맥락에서 논의되었던 것이 사실이다. 이들은 가공 중인 작품(works in progress)으로 불리며, 립글로스, 휴대폰, 가죽옷(pleather)을 즐기는 연령이 계속 낮아지면서 기업에게는 작은 주머니에 달러가 넘쳐나는 작은 성인(miniadults)으로서 엄청나게 매력적인 존재가 되어가고 있다.

10대들은 이제 성형을 디자이너의 진을 입는 것과 마찬가지로 생각하고 있다. 특히 브리트니 스피어스가 유방 확대 수술을 했다는 소문이 어린 10대들 사이에 강렬한 관심을 촉발한 것으로 보고 있다(Quart, 2003: 125). 게다가 Maxim, FHM, Gear처럼 10년 전만 해도 없었던 사내애들 대상의 잡지(laddie magazines)에 나오는 반 포르노의 노출사진으로 오늘날의 청소년들은 이전 세대보다 신체 노출에 더 친숙하게 오염되어 있다. 뮤직 비디오도 마찬가지의 영향을 미치고 있다.

MTV 출현 이전에는 훨씬 접촉의 기회가 적었던 10대 소녀들이 뮤직비디오를 보면서 가슴 크기에 보다 민감해지면서 큰 유방이 대세라는 인식이 자리잡고 있다. 물론 여기에는 큰 게 좋다고 하는(bigger is better) 미국인들의 거대주의에 대한 각별한 애정이 한 몫 거들고 있다. 슈퍼 사이즈화의 풍조는 버거킹의 코카콜라 용량이 42온스(1,260㎖)나 된다는 점, 프렌치 프라이 대자 크기가 수년전보다 두 배로 늘었다는 점에서 여실히 엿볼 수 있다. 그러다 보니 자연 청소년의 비만이 심각해지면서 10대의 17%가 비만에 놓이게 되었다.

부유층 10대들은 개인 가정교사를 Kate Spade 가방을 매듯 하나의 디자이너 상품, 액세서리 정도로 취급한다. 이들을 통해 높은 SAT 점수를 받음으로써 중상층(upper-middle)에 계속 머무르거나 심지어 상류층(upper class)에 들어갈 수 있다는 메시지가 이들 부유층 10대들에게 전달된다. 여기에는 동료의 압박도 한 몫 한다. 남들도 다 개인교사를 두니까 나도 한다는 식이다.

뉴욕시에서 잘 나가는 SAT 가정교사 Nile Lanning은 90분 강의에 1회 375달러를 받는데, 500달러까지 호가하는 이 시장에서 자신은 바겐세일이나 마찬가지라는 인터뷰를 하였다(Quart, 2003: 158). 그녀에 따르면, 1980년대만 해도 가정교사를 둔다는 것은 아이에게나 부모에게나 일종의 사회적 자살행위나 다름없었다고 한다. 즉 아이의 지적 능력이 떨어지고 부모역할에 문제가 있으며 평범한 아이에 불과하다는 점을 인정하는 것이었다. 그러나 지금은 사립학교와 특출난 공립학교들이 급격한 방침의 변화를 보이고 있고, 학생들은 학교성적과 SAT점수가 자신들의 장래에 미치는 영향을 너무도 뼈저리게 인식하고 있다.

경우에 따라서 가정교사들은 자녀의 대학입학 가능성에 대해 과도한 기대를 갖는 호통형 부모로부터 자녀를 보호해주는 역할도 한다고 한다. 아울러 자신의 자녀에 대해 제대로 깨닫고 있지 못하거나 당황해하는 부모들에게 자녀를 학습장애아들을 위한 무제한 시험(untimed test)에 응시토록 권하기도 한다. 심지어는 대학이 응시생들에게 요구하는 엣세이를 대필하려는 부모들을 말리는 일까지도 한다.

이런 부모들은 가정교사에게, 자신이 Denison 같은 대학을 나와서 받은 설움을 말하면서 자신들이 누리지 못한 자격증을 얻으려는 대리충족감으로 자녀를 유명대학(name brand schools)에 입학시키려 한다. 이런 절박한 심정은 때로 자녀들에게 부정행위를 권하기도 하는데, 월스트리트 증권회사에서 근무하는 어느 부친은 자녀의 SAT점수를 올려보겠다는데 욕심이 너무 확고한 나머지, 부정행위를 할 수 있는 것으로 정평이 난 시험 장소를 알아냈다고 아들에게 말하더라는 것이다. 끔직한 돈이 드는 가정교사와 코치 비용을 감당하기가 벅차지만 탈출구가 없다는 하소연도 있다.

두 딸을 둔 어느 모친은 맨해튼에 살면 누구나 그렇게 한다는 것이고, 자기 딸이 사립학교에 들어가야 되니 가정교사를 붙여달라고 졸라대는 모습에 충격을 받았다고 한다(Quart, 2003: 162). 자녀들도 좋은 대학에 들어가고 사회에서 성공하려면 어쩔 수 없는 선택이라는 생각이 지배적이다. 대학입학 카운슬링 업체 IvyWise(www.ivywise.com)의 설립자 Kat Cohen은 28,999달러짜리 플래티넘 패키지를 부모들에게 판매하는데, 24회의 수업과 주 1회의 전화 상담이 담겨진 상품이다.

선별된 40개 미국대학과 작업을 한다는 그녀의 말은, 운동코치, 심리상담사, 가정교사의 팀워크로 시험성적의 향상, 인턴활동 지원, 응시 준비, 면접시험 준비,

과외활동, 취미활동, 자원봉사 경험 등의 개선 등 일체의 부족한 부분을 개선시켜주는 총체적(holistic) 접근법을 취한다는 것이다. 이와는 정반대로 5-17세 미국 학생의 1.7%에 해당하는 85만 명으로 추산되는 학생들이 퇴학하고 대신 가정교육을 선택하고 있다.

아이들의 자퇴 사유는 획일성의 강요에 있다. Nike, Sketchers, Doc Martens를 입거나, 13세가 되면 여학생은 팔과 다리의 털을 면도하지 않으면 창피한 것이라는 식의 획일성이 이들을 질리게 만든 것이다. 작고한 교육이론가 John Holt(Teach Your Own의 저자)는 이런 현상을 두고 'Unschooling' 이라고 명명하기도 했다.

1990년대 말에 새로 등장한 10대들의 자기브랜드화 현상의 하나가 자서전, 소설 등을 쓰는 일이었다. 대표적인 것으로 Katie.com: My Story(17세의 저자 Katie Tarbox의 미성년 시절의 성폭행당한 이야기), Crazy(Benjamin Lebert의 처녀겹탈과 정신이상을 그린 이야기로 16세 나이에 예쁘고 커다란 입술에 멍든 얼굴이 그려져 있음), Pure(Rebbecca Ray가 14세 소녀로서 31세의 남자에게 순결을 빼앗긴 이야기로, 데이지가 가득한 들판에 미니스커트, 자작나무처럼 가늘고 솜털이 보송한 다리, 아디다스 트레이닝 복장을 한 소녀가 독자들을 손짓하고 있음) 등이 있다.

오늘날 젊은이들은 자신을 판매하는 능력에서 타인의 귀를 기울이게 만드는 능력이 나오고 있다. 이들 10대 작가들은 성인들의 성적 흥미를 충족시킬 직접 체험의 설명을 기술하기 위해 성인식 작법을 모방하고 개인의 정신적 충격이라고 하는 성인용 주제를 다루고 있다. 고백문학의 시대에 자라왔고, 개인의 비밀이 유명해질 수 있는 거래 수단이 될 수 있음을 목격한 10대들은 자신만의 보호받아야 할 이야기가 있다거나, 정립해나가야 할 자아가 있다는 걸 채 깨닫기도 전에 자신의 경험을 판매하고 있다.

오프라 윈프리와 클린턴 대통령의 시절을 보낸 이들로서는, 죄와 가책을 공개적으로 털어놓는 일, 학대의 내막을 세세히 말하는 것이 잘못을 속죄하거나 고통을 더는데 도움이 된다고 믿고 있다. 이처럼 자기 브랜드화 하는 10대들이 인기를 얻게 되는 방법 중의 하나가 성인들의 도움을 통한 것이다. 여기서 성인들이란 아이의 부모의 친구이거나, 아니면 유명 인사인 경우 이다.

2000년 미국인구통계조사에 따르면, 전체 인구의 25.7%인 7,230만 명이 18세 미만이라고 하는데, 이는 1990년에 비해 13.7% 증가한 수치이다. 트윈스(tweens: 9-12세의 아동)는 이제 바비인형이나 링컨로그를 갖고 놀지 않고 대신 비디오게임, 의상, 화장품을 갖고 논다. 바비인형의 수명은 9-10세에서 5-6세로 단축되었다. 역할 옷을 입고 노는 것(play dress-up)이 아니라, Gap이나 Laura Ashley에서 만든 아동 버전용 성인의상을 입고 논다. 그만큼 정보와 영향력, 추세의 보급, 확산 속도가 빨라졌다는 것이다. 아동에게 나타난 또 다른 획기적 변화는 10년 전에 비해 부모나 조부모가 아동을 교육시키는 개시 연령대가 훨씬 낮아졌다는 점이다.

Zany Brainy는 비디오, 오디오, 컴퓨터 소프트웨어, 수공예품(craft), 기타 학습제품 등의 교육용 장난감을 표적으로 삼고 있다. 가정에 컴퓨터 보급이 늘어난 점, 점포에 자녀를 데리고 가면 계획에 없던 장난감까지 사줘야 하는 상황이 발생하는 점 등은 인터넷 쇼핑의 성장을 가져오고 있다. 가정은 보다 조용한 환경에서 쇼핑을 가능케 해준다.

10대(teens)의 평균 소비지출은 일주일에 89달러이고, 고등학생 9명 중에 한명 꼴로 부모의 공동서명이 들어간 신용카드를 갖고 있다. 이들 10대들은 태도 차원에서 4가지 유형의 하위 세그먼트로 나눌 수 있다(Michman, Mazze, Greco, 2003: 145-146).

첫째는 사회지향적(socially driven) 하위집단인데, 다른 3개의 하위집단보다 가처분소득이 높다. 사회적 지위를 강화시켜 줄 브랜드 의류와 같은 상품에 소비를 보이므로 가격은 별로 신경쓰지 않는다. 의류, 전자제품, 자동차를 구매할 때는 친구의 승인을 충족시킬 수 있는 브랜드로 정함으로써 유행의 흐름과 높은 지위를 추구하는 자신들의 욕구를 채운다. 이들을 표적으로 한 상품들은 Seventeen, Gentlemen's Quarterly 등의 잡지에 등장한다. 광고에서는 집단의 관여(group involvement)가 강조되어야 한다. TV 광고는 신중하게 채택된다.

둘째는 다양한 동기부여(diversely motivated)를 지닌 하위집단이다. 네 개의 하위집단 중에서 가장 교양이 높고 폭넓은 관심을 갖고 있다. 역동적, 모험적 태도를 보이고, 경우에 따라서는 집단 상황, 아니면 정반대로 홀로 있는 상황에서 편안함을 느낀다. 소득의 상당 부분을 음악 관련 지출에 사용하므로 레코드, 카세트 테이프, CD, 정기 간행물, 도서, 기타 문화 상품이 이들에게 가장 접근이 용이하다. 이들은 고교의 밴드부나 연극부에서 활동할 가능성이 높다. 워낙 관심이 폭넓다 보니까 체스라든가 높은 지적 수준을 요하는 Trivial Pursuit 등과 같은 게임에 흥미를 보인다. 이 부류에 속하는 여학생은 TV Guide, Teenage People 등의 잡지를 통해, 남학생은 카운터 문화와 록 뮤직이 결합된 라이프스타일을 담은 Rolling Stone과 같은 잡지를 통해 접촉할 수 있다. 홀치기 염색 직물(tie-dye fabrics), 인디언 프린트, 가죽 샌들 등의 상품을 선호하는 반면 화장은 약간에 그치거나 전혀 안한다. 이 가운데 정치의식이 높은 10대라면 아일랜드의 록밴드인 U2의 음악을 들을 것이다.

셋째는 사회적 내향성(socially introverted)을 지닌 하위집단으로서 컴퓨터와 같이 혼자만의 활동을 적합한 제품을 구매한다. 독서량이 엄청날 수 있으며, 정기간행물의 '편집자에게 보내는 편지(Letters to the Editor)' 섹션을 특히 즐겨 읽는다. MTV를 즐겨보는 이유는, TV가 혼자만의 활동에 맞을뿐더러 10대의 음악문화에 낄 수 있는 기회를 제공하기 때문이다. 이들의 취미에는 모형비행기나 보트 조립, 사진찍기, 동전이나 우표수집 등이 있다.

넷째는 스포츠 지향적(sport-oriented) 하위집단이다. 스포츠용품과 비디오장비 시장에서 네 하위집단 중 가장 큰 몫의 소비집단이다. 스키, 스케이트 보드, 자전거, 오토바이, 모펫(moped) 등은 구매 비용이 고가라서 자녀와 부모가 공동부담하는 경우가 늘어나고 있다. 이들에게 접근하기 위해서는 Sports Illustrated와 같은 잡지에 광고하거나 또는 이들이 벌이는 스포츠경기에 스폰서로 참가하면 된다. 이들이 가장 즐기는 스포츠는 농구(남학생 6백만 명, 여학생 4백만 명), 축구(960만 명)의 순이다.

미국의 2년제 대학, 4년제 대학, 대학원에 재학 중인 학생은 1,560만 명이고 이들의 구매력은 2001년에 780억 달러에 달하였다. 학부생의 월 구매력은 400달러를 웃돌고, 대학원생의 경우에는 750달러를 초과한다. 이들은 구내서점에서 도서, 식품, CD, 1회용 카메라 등에 연간 700달러를 지출한다. 캘리포니아, 텍사스, 플로리다, 뉴욕, 애리조나 주에서는 대학생 증가의 80%를 소수민족 학생들이 차지할 것이다.

5) 고령 인구 시장

미국 인구 중 50세를 초과하는 고령 인구의 비율은 2030년에 이르러 전체 인구의 30%에 달할 것으로 예상된다. 이는 예상 수명이 1950년 68세에서 2002년 83세로 연장된 것과 관련있는 현상이다(Michman, Mazze, Greco, 2003: 153). 그런데 이들 고령 소비자 가운데 부채를 안고 있는 비율 또한 증가 추세에 있다.

65세 이상 인구의 부채 금액은 8천 달러에서 2만 3천 달러로 3배 정도 늘어났다. 파산 신청 역시 1991년 23,890건에서 2001년에는 82,200건으로 대폭 증가하여 재무적 취약성에 노출되어 있다. 그런 반면에 퇴직연금으로 안정된 소득을 보장받고 부채가 거의 없으며 자의적 지출 소득을 지닌 노년층도 많다. 지적 수준의 유지를 위해 대학에서 개설하는 프로그램에 등록하는 노년층도 많아지고 있고, 여행과 뉴스 쇼, 다큐멘터리 등을 통해 지적 영역을 확장시킨다.

특히 90대의 고령인구가 1980-1990년 기간 중에 38%의 증가를 통해 100만 명으로 나타났고, 1980-2000년의 기간을 보면 81%의 증가세로 170만 명에 달하였다. 미국에서는 고령인구를 High Rollers(50세-64세), Elderly Traveler(65-74세), Old-Old Market(75-84세), Dependent Years(85세 이상)의 집단으로 세분화하기도 한다(Michman, Mazze, Greco, 2003: 167-168).

하이 롤러는 풀타임 근무, 높은 평균 소득을 갖고 있으며 소득의 38%를 자의적으로 지출한다. 주거용 주택과 휴가용 별장을 갖고 있고, 대형 자동차, 고가 의류, 보석류 등을 구입한다. 헬스와 피트니스, 영양섭취의 체크, 휴가비용에 무신경하여 4성급 호텔에서 머문다. 엘더리 트레블러는 재정 지출에 보다 세심하고 비수기에 교육 목적을 지닌 단체 여행을 선호한다. 유지비 절감을 위해 콘도미니엄을 구매하든가 가족과 보다 가까운 곳으로 이사하든가 작은 집으로 옮긴다.

집에 손님 초대, 외식, 친구 모임 등의 사교적 활동이 이들에게는 매우 중요하다. 올드 올드 하위계층은 배우자를 여의는 경우가 지대하다. 장기 여행보다는 당일치기 형태의 여행을 택하고, 가정과 가족에 밀착한다. 평생 돌봄 서비스를 제공하는 은퇴노인 커뮤니티에 입주하는 걸 선호한다. 디펜던트 계층은 여행과는 거리가 멀고, 이들을 위한 노인의 집(데이케어 센터)이 신설되고 있으며, 의료비가 가장 많은 지출항목을 차지한다.

패션산업의 경우, 65세 초과 노년 여성의 의류 지출비는 1999년에 약 147억 달러에 달하였는데, 이는 25-34세 여성의 의류 지출비와 같은 규모이다. 이들 중 상당수는 체격도 커져서 스타일이 사는 플러스 사이즈의 의류를 구매한다.

여기서 실버 소비자 계층을 표적으로 삼는 마케팅 전략의 과오가 발생할 수 있다. Gerber사의 경우 노년 소비자층의 수적 증가에 주목하여 슈퍼마켓의 협조를 구한 끝에 유아용 식품상자에 노인의 사진을 붙여서 노년층 식품을 별도의 매대에 설치하였다. 그러나 노년층의 반응은 시큰둥하였다.

유아용 상자에 노년층을 위한 특별한 식품을 만들어 판매하는 식으로 이들 계층을 유별나게 만드는 일에 노년층은 혐오감을 보였던 것이다. 마찬가지로 노년층을 인위적인 범주에 묶는 일이 충돌을 가져올 수 있다. 가령 노년층을 젊은 층보다 부유한 계층으로 분류할 경우 일으킬 수 있는 충돌은, 노년층이 보다 의료비와 보험료 부담을 많이 하며, 그들의 재무적 자산은 주택에 잡혀있다는 점이다.

시니어시장을 표적으로 삼을 때 유의할 점은, 첫째, 노년층은 집단적으로 볼 때 쇼핑 지향성이 강하다는 점이다. 운동과 여가, 지인과의 만남 등의 다목적으로 쇼핑을 하러 가며, 쇼핑지에 가는 교통편을 알아내는 데도 전혀 어려움을 느끼지 않는다. 둘째, 쇼핑과 관련한 의사결정을 집단적으로 행한다는 점이다. 이들은 특별한 서비스나 편의시설을 원하지 않으며 소매업의 혁신에 대해서도 별다른 반응을 보이지 않는다. 셋째, 노년층을 표적으로 할 경우 이들의 청각 능력의 쇠약함을 고려한다면 접근 미디어로는 TV, 라디오보다는 인쇄매체가 보다 적절할 것이라는 점이다.

미국 소식 1 : The best- and worst-paying jobs in America

돈이라면 사족을 못 쓰는 미국 부모들이 자녀보고 의사랑 결혼하라고 하는 이유는, 바로 돈이 있기 때문이라고(that is where the money is). 고소득 상위 순위는 모조리 전공별 의사들이 차지하고 있고, 기업의 최고경영자는 10위, 항공조 종사는 14, 변호사는 16위로 나와 있다. 저소득군에 속하는 직업으로는 레스토랑, 호텔, 레저산업의 종사자들이다. 29,890명의 전미 마취학 전공의사는 연평균 184,340달러를 버는 반면, 250만 명의 패스트푸드업 종사자들은 15,230달러에 불과하다. 전직종의 평균 연수입은 39,190달러이다. 이런 결과는 정규직과 비정규직을 다 포함하지만, 기업공개를 하지 않은 법무법인의 파트너들은 제외되었다(이들은 연봉 113,660달러 이상을 벌고 있음).

또한 여기에 도출된 연수입은 기본급과 보너스, 수당 등이 포함되지만, 초과근무수당이나 스톡옵션과 같은 비급료 보수는 제외되어 있다. 물론 같은 직업이라도 상황에 따라 급료차이가 발생한다. 세탁업의 종사자 가운데 연방정부에 고용된 이들은 세탁업의 평균 연소득보다 2/3 정도 더 받는다. 기업의 구내식당에서 근무하는 조리사들은 평균 33,620달러를 버는데, 이는 일반 레스토랑에서 근무하는 647,000명의 조리사가 받는 연봉보다 50% 더 많은 규모이다.

지역별로는 하와이가 웨이터 조수(busboy), 바텐더, 인명구조원의 급료가 다른 주보다 많고, 알래스카는 즉석요리 조리사(short-order cooks), 개인 및 가정 간병인, 주차요원의 급료가 다른 주보다 많으며, 오레건은 발치료사, 메인은 치과의사의 급료가 다른 주보다 많다. (Forbes.com, Msnbc.com)

미국소식 2 : What it costs to say 'be mine'

밸런타인데이에 선물구입으로 나가는 돈이 1인당 평균 120달러, 전체적으로는 169억 달러의 시장인 셈이다. 남녀 간 구입비용을 보면 남자가 154달러, 여자가 85달러로 남자의 지출규모가 훨씬 크다. 남자들이 가장 많이 구입하는 품목은 꽃(58.3%) 〉 캔디(42.9%) 〉 보석(27.6%)의 순이다. 1-800-Flowers.com의 경우 연 매출액의 10%가 밸런타인데이에 이루어진다고 한다. 다른 날의 하루 주문 건수가 1만-1만 5천 건인데 비해 이날은 10만 건에 달한다.

허쉬 초콜릿 회사의 경우, 'Kisses" 브랜드의 초콜릿의 밸런타인데이 매출액이 15억 달러에 달한다고 하니 그저 놀랄 뿐이고. 보석 매출의 7.8%가 2월에 이루어지기도 한다. 전자엽서가 인기를 더하고 있는 가운데에서도 우편카드는 가장 인기있는 선물 목록 중의 하나로 여전히 자리잡고 있어서, 크리스마스 다음으로 가장 많은 카드가 팔리는 날인데, 1인당 평균 3달러를 지출한다. 55-64세 연령층의 39%는 이날 외식을 계획한다고 한다.

이러한 밸런타인데이 선물 준비의 부담을 더는 방법으로는, 하나, 85-250달러나 하는 로맨틱한 외식을 할 것이 아니라 집에서 촛불을 켜놓고 식사를 하기(맞벌이의 경우에는 퇴근 전에 특별 메뉴를 주문하기), 둘, 오케스트라, 오페라 하우스가 아니라 대학에서 이날 공연하는 연주회 보기(공짜이거나 아주 저렴), 셋, 커피숍이 있는 공공도서관이나 서점에 가서 즐겨 읽는 책을 통해 조용함을 즐기기, 넷, 많은 사람들이 붉은 장미를 사기 때문에 수요가 많아서 가격이 비싸다는 점을 고려하면 상대적으로 수요가 적어 가격이 비싸지 않은 복숭아, 핑크, 노란색의 장미꽃 내지는 장미만큼이나 호화로운 다른 꽃을 구매할 것 등이 있다.

미국 소식 3 : 10 Businesses facing extinction in 10 years

레코드 상점; 타워레코드는 89개 점포 모두의 문을 닫았는데, 온라인 뮤직, 월마트 등의 경쟁에 피할 도리가 없었기 때문이다. 10년 후 생존 가능성(odds of survival)은 크다. 단 이는 월마트를 레코드 상점으로 간주한다는 전제하에.

카메라필름 제조업; Chicago Tribune지에 따르면, 디지털 카메라로 현상한 용지는 2006-2007년 사이에 34% 증가한 반면, 아날로그 필름 판매는 49% 감소했다. 10년 후 생존 전망은, 아마추어 사진가를 위한 필름제조에 특화하는 일부 기업만이 남을 것이다.

게이 바; 게이 남녀가 사회로부터 받아들여지는 분위기가 고조되면서 게이 바는 사양 산업으로 바뀌고 있다. 10년 후 생존 가능성은, 최고의 게이 바를 제외한 나머지는 문 닫을 것이다.

신문사; 10년 후 신문은 여전히 사라지지 않겠지만, 인터넷 신문으로 남게 될 것이다.

공중전화(pay phones); 1997년 미국전역에 2백만 대 이상의 공중전화가 있었지만 지금은 절반으로 준 상태이다. 공항이나 호텔 같은 곳에서는 여전히 쓰이겠지만, 마약 거래꾼들이 자기 전화번호를 도청당하거나 추적당하기를 원치 않아서 공중전화를 애용한다는 점에 각 도시들은 공중전화를 제거하고 있다. 10년 뒤에도 여전히 남아 있겠지만, 집에 안부를 묻는 용도로는 쓰이지 않을 것이다.

중고서적상; 빠른 속도로 폐업이 이루어지고 있는데, 여전히 영업을 하고 있는 중고서점들은 아이러니컬하게도 이들을 폐업으로 몰고 간 인터넷 덕을 보고 있다. 인터넷에서 제목을 서치하고 몇 분 이내에 주문하면 되기 때문이다. 10년 후 생존 전망은, 일부만이 연명을 할 것이다.

돼지저금통(piggy bank); 골동품 상점에나 가야 볼 수 있을까 말까 할 것이다.

텔레마케팅; 미국에서는 2002년에 제정된 Do-Not Call 리스트로 인해 큰 타격을 받았다. 그럼에도 2006년 연매출액이 3930억 달러에 달하게 된 것은, 쇼핑몰에서 경품추첨(raffle)행사를 하면서, 응모용지에 서명할 때, 고객이 행사주관 회사 및 협력회사로부터 걸려오는 전화를 받기로 동의한다는 내용을 담는 식으로 교활하게 마케팅을 한 덕분이다. 10년 뒤에도 여전히 자리잡고 있을 것이다.

게임놀이점; 재래식의 게임놀이점(standalone brick-and-mortar coin-operated arcades)은 극장, 미니골프코스, 관광지 등에서 여전히 볼 수 있다. American Amusement Machine Association에 따르면, 1997년에 1만개의 점포에서 지금은 3천개로 줄어들었다. 연간 매출규모도 1994년 23억 달러에서 2006년에는 8억 660만 달러로 감소했다. 10년 뒤의 전망은 한마디로 게임오버다.

미국 소식 4 : The 9-to-5 marriage

같은 직장 내의 남녀직원 간에 플라토닉 러브를 나누는 직장 배우자(work spouse)는, 서로의 좋아하는 음식이 뭔지도 알고, 상대에게 불평도 털어놓고, 개인사를 터놓고 이야기를 나누고, 고락을 같이 한다는(support each other during good and bad times) 점에서는 일반 부부랑 같지만, 가장 중요한 차이점은 애무가 없다는 점(no canoodling)이다.

그러나 직장 일의 스트레스로 인해 너무 피곤한 나머지 부부 사이에 섹스가 드문 현실에 비추어 보면 그렇게 커다란 차이는 아니다(there isn't much of a difference). Harris Interactive Poll의 조사에 따르면, 750명의 응답자 중에 17%가 직장 배우자를 갖고 있다고 답하였다.

이러한 직장 배우자는 근로자와 회사 모두에게 득이 된다. 한 직장 내에 동고동락을 나눌 동료가 있다는 점은 전직률을 줄이기 때문이다. 이러한 직장 배우자가 갈라서게 되는 이유는, 일반 부부처럼 부부싸움을 했다든가 외도를 해서가 아니라, 한 쪽이 직장을 옮기게 되는 경우이다.

미국 소식 5 : Native-born Americans flee cities

미국의 메트로폴리탄 지역은 이민자들이 없었더라면 벌써 인구의 공동화가 시작되었을지도 모른다. 뉴욕 메트로폴리탄 지역의 경우, 2000-2006년 사이에 100만 명의 이민자가 유입되지 않았더라면 60만 명의 인구 감소가 발생했을 것이다. 마찬가지로 LA 메트로 지역은 20만 명, 샌프란시스코 지역은 18만 8천 명, 보스턴 지역은 10만 명의 감소가 발생했을 것이다(이민자 통계는 Census 통계, 지역별 인구 유출입 통계는 Internal Revenue Service 통계에서 각각 조사).

주된 내용을 보면, 애틀랜타 지역(조지아 주의 Sandy Springs와 Marietta를 포함)은 2000-2006년 간 인구 증가가 가장 높은 지역으로서, 89만 명의 순유입 덕분에 510만 명의 인구가 거주하고 있다. 그 다음 높은 인구 유입을 보인 메트로 지역은 Dallas-Forth Worth, Houston(이상 텍사스 주), Phoenix(애리조나 주), Riverside(캘리포니아 주)의 순이다.

인구 증가율을 기준으로 할 경우에는 St. Geroge(유타 주)가 40%로 가장 높고(12만 6천명의 인구 확보), Greeley(콜로라도 주), Cape Coral(플로리다 주), Bend(오리건 주), Las Vegas(네바다 주)의 순이다. 루이지애나 주의 뉴올리언스는 허리케인 카트리나의 후폭풍으로 2005-2006년 사이에 29만 명의 인구 유출이 발생하여 거주 인구가 겨우 100만 명을 웃도는 규모이다.

반면 휴스턴은 550만 명의 거주인구로 마이애미를 밀어내고 6위의 메트로 지역이 되었다. 이민 강화 정책을 지지하는 계층에서는 이러한 인구 감소가 무슨 문제가 되느냐고 반박하고 있다. 인구의 정체 내지 감소는 전혀 나쁠 게 없다는 것이다. 주택 문제, 오염 문제, 범죄 사고 등의 폐해가 줄어들기 때문에 괜찮다는 것이다.

미국 소식 6 : Milwaukee, not Vegas, America's drunkest city

주 법률, 음주자 수, 주당 수(number of heavy drinkers), 폭음자 주(binge drinkers), 알코올중독자(alcoholism) 등 5개 척도를 측정한 결과, Centers for Disease Control and Prevention의 Behavioral Risk Factor Surveillance System Survey 2004에 따르면, 위스콘신 주의 밀워키 시 주민 70% 이상이 최근 한 달 이내에 최소 1회 이상의 알코올음료를 마신 것으로 나왔고, 22%는 폭음(한번에 5잔 이상 음주), 7.5%는 주당(성인 남성은 하루에 2잔 초과의 음주, 성인여성은 1잔 초과의 음주)음주를 하는 것으로 나왔다.

밀워키는 맥주의 고장으로 정평이 나있는데, 한 때는 세계 4대 맥주회사인 Schlitz, Pabst, Miller, Blatz의 생산공장들로 미국 내 최대 맥주생산 도시이기도 하였다(현재는 SABMiller의 자회사로 된 Miller Brewing 만이 남아 있음). 심지어 밀워키의 프로야구팀 명칭조차 The Brewers 이기까지 하다.

그러나 이처럼 밀워키가 미국에서 가장 술에 찌든 도시라는 불명예를 안고 있는 것에 대해, 현지인들은 축제의 도시라고도 불릴 만큼 여름철 폭넓은 페스티발의 개최가 음주 통계를 올리는 것 아니겠냐는 반응이다. 아울러 이 지역의 기온이 춥다보니 브랜디를 마시게 된다고도 한다.

2위에 등재된(coming in second on the list) 미네소타 주의 쌍둥이 도시 Minneapolis와 St. Paul 역시 추운 지역이라는 공통점이 있다. 상위 5개 도시의 나머지는(rounding out the top five drunkest cities are...) 오하이오 주의 콜럼버스, 매사추세츠 주의 보스턴, 텍사스 주의 오스틴이다. 의외로 파티와 음주의 명성을 지닌 몇몇 도시가 상위에 랭크되지 않았다는 점이다.

어느 카지노에서건 무료 칵테일을 마실 수 있는 라스베가스는 겨우 14위에 올라있고(comes in at only No. 14), Bourbon Street와 Mardi Gras의 본고장 뉴올리언스도 24위에 올랐을 뿐이다(it only ranked in 24th place). 또한 봄방학 파티 장소인 마이애미도 33위에 처져 있다(Miami placed all the way down at No. 33). 물론 상위에 오른 도시가 방탕과 유흥의 소굴이라는 말은 아니다. 심장을 건강히 지키려는 할머니들이 매일 밤 와인 한잔을 마시기 때문에 음주 통계치가 올라갔을 수도 있고, 맥주 몇 잔 비웠다고 무책임한 사람은 아닌 것이다.

미국 소식 7 : Every day Mom's Day for savvy employers

여성 직원이 가정을 꾸리게 되면 사직을 유도하던 회사들이 여성의 직장과 가사 병행에 도움을 주기 시작하여, 여성들의 직장 복귀를 권장하고 있다. 이런 움직임을 선도하는 기업들은 유연근무시간, 개별 수유실과 상담사 배치, 맞벌이 부부의 네트워크 조성, 직장 내 어린이집과 보육 옵션 지원 등의 다양한 프로그램을 전개하고 있다. 이런 분위기가 조장된 배경에는 가장 유능한 직원을 유지하는 일이 인력 조달의 어려운 환경에서 기업의 생사를 쥐는 일이기 때문이라고 Ernst & Young의 성평등 및 유연성 전략 리더인 Billie Willamson은 말한다. 그 덕분에 풀타임 근무로 복귀한 직원들이 여럿 생겼다.

수유실 설치 회사 수는 1996-2006년 중에 16%에서 23%로 증가하였다는 것이 Society of Human Resources Management의 조사 결과이다. 모유를 먹이는 엄마에게는 하루 세 번 모유를 짜서 병에 넣는 일이 매우 중요하다. 직장 내 어린이집 설치 회사는 조사 대상의 5%에 불과한데, 이는 회사에 부담이 많이 가는 일이기 때문이다. 그런 이유로 14%의 기업은 보육비 지원을 대신 채택하고 있다.

Johnson & Johnson은 임신 관련 궁금증을 간호사와 상담할 수 있고, 수유에 관한 자료를 예비 엄마에게 제공하는 상담사를 배치하고 수유실을 설치하고 있으며, 병원 수준의 수유기(breast pump)를 대폭 할인하여 구매할 수 있게 해주며, 워킹맘들의 네트워킹도 제공하는 Care Connect라는 프로그램을 운영하고 있다.

뿐만 아니라, 부모가 직장을 나가는 날 중에 학교 수업이 없는 날에는 학동들을 직장 내 어린이집에 등록할 수 있으며, 어린이집에 있는 아이를 회사 카페테리아에서 데리고 와서 함께 식사하도록 권장도 하고 있다. Cigna 사는 수유 엄마와 아이에게 지급되는 건강관리비(health care expenses)를 24만 달러 절감하였고, 아이가 아파서 결근으로 인한 작업시간 손실을 77% 줄일 수 있었는데 이는 연간 6만 달러의 절감에 달하고, 처방전의 62% 감소로 의약비용을 낮추는 획기적인 효과를 거두고 있다.

미국 소식 8 : College students majoring in credit-card debt

1,700만 명의 대학생들이 개학으로 대학 캠퍼스에 돌아가면 신용카드 회사의 마케팅 직원들이 벌떼처럼 몰려든다. 원반던지기 원판(frisbee), 티셔츠, 심지어 아이팟까지 미끼(enticement)로 쓰인다. 신용카드 소지 대학생 비율은 1998년 67%에서 현재는 75%이다. Freshman 15는 맥주와 늦은 밤 피자를 먹어대서 대학 1학년 때 몸무게가 15파운드 늘어난다는 의미인데, 이제는 신입생들이 법정 음주가능 연령인 만 21세가 되기도 전에 15천 달러의 신용카드 빚을 지게 된다는 새로운 의미를 담고 있다.

성장시장인 대학생 고객을 대상으로 카드사 간의 경쟁이 치열해져서 직업이 없는 젊은이에게 1만 달러 이상의 사용한도액을 설정해주고 있다. 자신의 재정능력을 초과한 카드 사용으로 연이율 30%를 웃도는 연체 이자를 무는 경우도 있다. 이에 대해 BOA의 대변인은 자사 카드신청 대학생의 절반은 기각된다고 반박하지만, 고통을 경험한 학생들은 이런 말에 의문을 제기한다. DePaul 대학 학생이었던 Lukasz Kozoil은, 시티뱅크의 판촉직원이 소득을 묻는 신청난에 수업료를 기입하라고 말했다고 한다.

아멕스 카드를 발급받은 센트럴 워싱턴 대학의 Seth Woodworth는 카드사가 6천 달러이던 사용한도액을 3개월 만에 1만 달러로 상향 조정해주었다고 한다. 실직자에게 이런 카드발급은 흔치 않는 경우와 대조를 보인다. 카드 승인을 받을 수 있는 연령은 18세인데, 다른 카드사와는 달리 아멕스 카드는 교정 안에서 마케팅 활동을 벌이지는 않지만, 온라인을 통한 마케팅은 전개하고 있다.

대학생들은 신용카드 사용기록(track records)이 짧기 때문에 한두 번의 연체만으로도 신용점수가 곤두박질칠 수 있다. 가령 Universal Default라는 프로그램이 있는데, 이는 두 개의 카드 중 하나는 정상 결제를 하였으나 다른 하나의 카드를 연체한 경우에 정상 결제를 한 카드에 대해서도 30%의 연체 이자율이 적용된다.

10개의 신용카드사 가운데 8개사는 아직도 이 프로그램을 적용하고 있다. 많은 대학생들이 카드사용의 충동을 억제하지 못한 이유는, 졸업만 하면 좋은 직장에 두둑한 보수를 받을 것이라는 미래에 대한 낙관 때문이다. 그러나 500달러의 연체 금액에 16%의 이자율이 적용될 경우, 최소 결제액만을 갚아나가는 리볼빙 방식을 이용하더라도 완납하는데 3년이 걸린다는 사실을 아는 대학생은 많지 않다. 청소년들에게 술과 담배 판매를 못하게 하듯이 대학생을 상대로 한 신용카드 판매도 금지해야 한다는 소비자 단체도 있다. 신용카드 사용으로 인한 학습곡선은 가파르다. 대학시절 카드사용을 잘못 관리한 탓에, 원하는 직장에 취업하거나 월세 아파트 입주를 신청하는데, 심지어는 유틸리티 비용을 추가로 부담해야 하는 어려움을 겪는 등 후유증은 오래 간다.

제 2 부

중 국 시 장

1. 중국의 소비자 계층
2. 중국 시장 내의 외국 브랜드
3. 중국형 기업 경영
4. 중국 시장의 세분화
5. 중국인과의 사업 협상
6. 중국 정부의 정책

제 2 부

중 국 시 장

1. 중국의 소비자 계층

1) 중산 소비자 계층의 대두

중국에서는 현재 25-35세의 연령, 대졸 이상의 학력, 1-5만 달러의 연간 소득과 2-10만 달러의 자산, 중등 이상의 계층인식과 브랜드 소비의식, 마이홈과 마이카 등의 요건을 충족하는 소비자 집단을 중산 소비층으로 정의한다(蔡, 2006: 26). 이런 중산 소비층에 속하는 직업군을 보면 외국계 기업의 관리자, 민간기업의 경영자, 국영기업의 경영관리자, 변호사/회계사/컨설턴트/부동산중개업자, 유학경험이 있는 하이테크 기업의 경영관리자, 광고/미디어 업계의 경영관리자와 전문가, 기술전문가, 연예계와 스포츠계의 스타 등이다. 2004년 현재 중국에는 중산소비자 계층이 1억 명에 달하고, 2010년에는 2억 명으로 늘어날 것으로 예상된다. 가구수로 보면 2005년에는 도시지역 가구 중 2,500만 가구(도시 가구의 13%), 2010년에는 6,000만 가구(25%)가 된다.

이러한 중국 시장의 소비자 계층 분화는 1980년대에 시작되었다. 경제개혁과 시장개방 정책이 실시되면서 등소평은 '先富論(먼저 일부 국민, 일부 지역을 부유롭게 하자는 이론)'을 내세웠는데, 이는 사회주의 계획경제 시대의 '惡平等(모두가 평등하나 모두가 빈곤한 상태)'에서 벗어나고 싶은 중국인들에게 희망을 주었다. 그 결과, 도시 지역에서는 개인경영자가, 농촌 지역에서는 '万元戶'가 중국 사회에서 최초로 부유한 계층이 되었다. 참고로 중국 전체 인구 중 도시 거주 소비자는 42%이다.

이어 1990년대는 계층 분화가 활발해진 시기로서 등소평이 내세운 '發展是硬道理(경제발전이 곧 제일이다)' 이론은 연해지역의 발전과 외국투자에 따른 경제성장을 촉진하면서 지역간 발전 격차, 소득 격차를 사회문제로 대두시키기도 하였다.

21세기에 중국 사회는 소비자 계층의 분화가 형성되었다고 본다. 지역격차, 소득격차가 초래한 사회문제, 환경문제에 대한 반성에서 以人爲本(인본주의), 協和社會, 均衡發展의 이념들이 대두되었고, 중산계층의 형성은 중국 정부에게 이런 문제 해결의 최적 해법이 되었다.

중국 대도시의 고소득 상위 계층만이 상당한 가처분 소득을 지니고 있었을 때는 고가 전략(skimming strategy)이 나름대로 의미를 지녔다. 중국 대도시의 부유층(urban-affluent segment)은 전체 인구의 1%에 지나지 않지만, 도시 가처분 소득의 10%에 달하는 5천억 인민폐(renminbi; 2000년 실질금액 기준)를 보유하고 있고, 1인당 연간 소득은 10만 인민폐(12,500달러 정도)를 웃돈다(Farrell, Gersch, & Stephenson, 2006).

글로벌 럭셔리 브랜드에 대한 왕성한 소비를 보이고 있어서, 외국기업들은 제품 구색이나 사업 시스템을 상당 수준 뜯어 고치지 않고서도 중국 시장에서 성공을 거둘 수 있다. 아울러 현재 이들 부유층은 메트로폴리탄에 거주하여 공략하기가 용이하다. 그러나 이제는 도시의 중산층이 지닌 소비력[1]이 중국 시장을 재정의하게 될 것이다. 중국 경제가 성장을 거듭하면서 이루게 될 급진적 변화를 이익으로 삼으려면 대도시 부유층에 집착하는 일에서 탈피해야 할 것이다. 향후 20년간 보다 높은 소득의 직업을 쫓아 더욱 많은 지방 인력이 도시 지역으로 이동할 것이

1) 가처분소득(disposable income) = 세후 소득(after-tax income)으로서 저축(savings)을 포함하는 개념이고, 소비력(spending power 또는 소비지출=consumptions expenditure라고도 함) = 가처분소득에서 저축을 공제한 개념이다.

고, 한때 가장 빈곤했던 이들 노동자 계층은 소득 사다리의 높은 자리로 꾸준히 올라와 새로운 거대 중산층을 형성할 것이다.

하단의 수치는 도시가구 수(단위: 백만 가구)

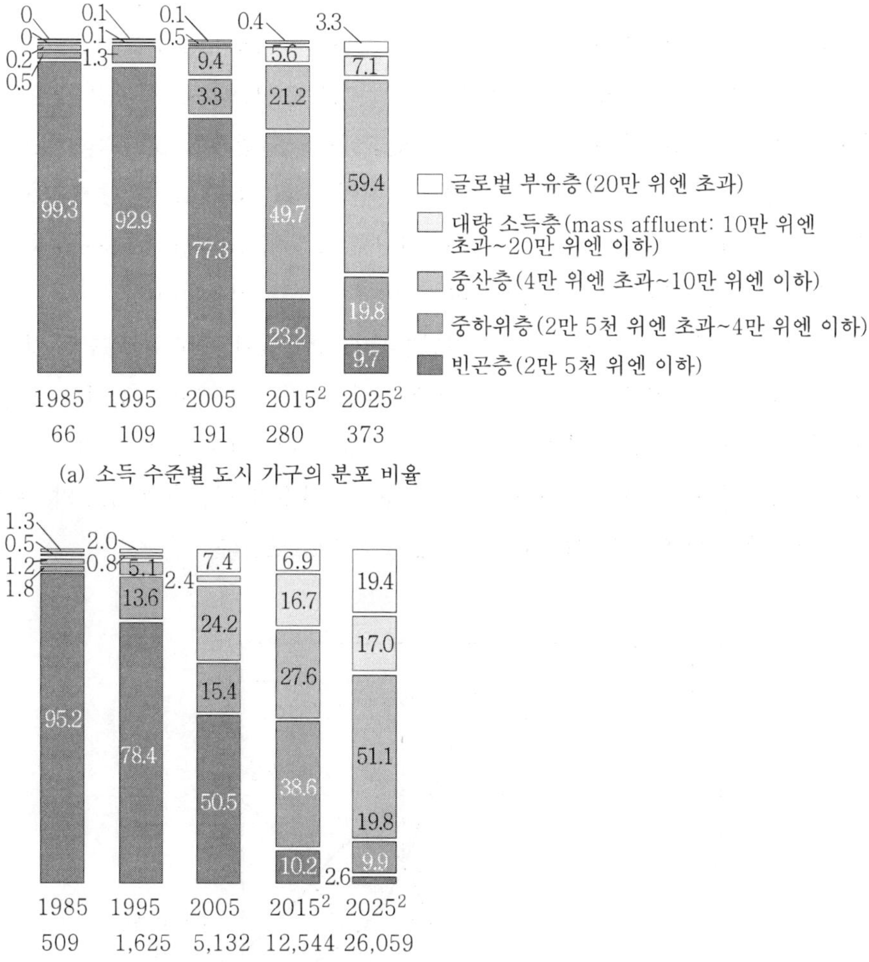

(a) 소득 수준별 도시 가구의 분포 비율

2015년, 2025년 예측치의 기준은 2006년 1/4분기

(b) 도시가구의 총 가처분소득의 소득 수준별 점유 비율

자료: National Bureau of Statistics of China; McKinsey Global Institute analysis.

〈그림 2-1〉 연간소득 기준 계층분류

따라서 럭셔리 제품을 제조하는 기업들은 부유층만을 앞으로도 계속 공략하더라도 관계없겠지만, 대량 소비재 제조업체들은 이들 신흥 중산층(emerging middle class)으로 초점을 확대함으로써 보다 세력을 넓혀 나갈 수 있다. 코카콜라, P&G 등의 선발자 기업들은 이미 이들 계층을 표적으로 삼은 수익 모델을 가동하고 있다.

2005년 현재 중국 도시지역 가구의 77%는 연간 가구소득이 25,000 인민폐를 밑돌지만, 2025년에는 이들 가구의 비중이 한자리수(9.7%)로 떨어질 것으로 예측되고 있다. 2025년에 중국 도시가구는 연간 20조 인민폐의 소비력을 보임으로써 일본의 2004년도 가구 소비 규모(2조 7천억 달러; OECD 자료)에 버금가는 세력을 과시하게 될 것이다. 아울러 총 가처분 소득의 20%를 웃도는 저축 규모로 2025년의 연간 저축액은 6조 인민폐에 이를 것으로 전망된다.

중국의 급속한 경제 성장은 과거 가난했지만 평등했던 중국 사회를 뚜렷한 소득 격차를 보이는 계층군으로 분화시킬 것이다. 이미 빈부격차의 심화로 인한 사회, 경제적 긴장은 정부 정책의 초점을 모으고 있다. 단지 중국은 다른 다수의 개도국들을 괴롭힌 바벨 경제(barbell economy: 다수의 빈곤층과 소수의 부유층, 극소수의 중산층으로 구성)는 면할 수 있을 것으로 보인다.

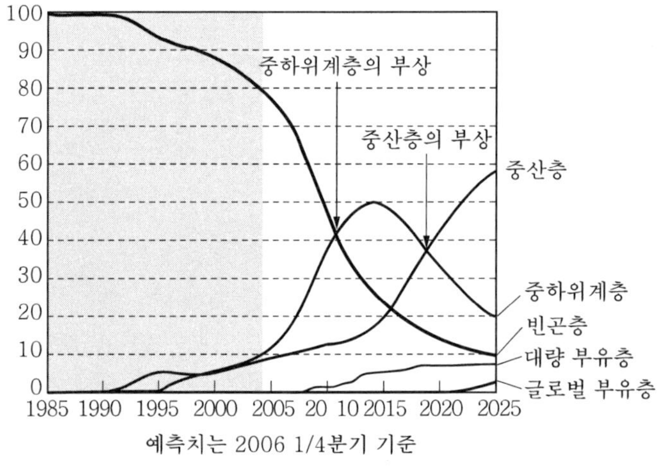

자료: 위와 같음

〈그림 2-2〉 중국소득계층의 시기별 구성변화

구매력 지수(purchasing-power parity: PPP)를 감안하면 10만 인민폐의 가구소득은 4만 달러의 미국 가구소득과 같은 라이프스타일을 연출할 수 있다. 중국의 도시가구 소득의 변화에서 흥미로운 점은, 2011년경에 중하위층 인구가 2억 9천만 명으로 도시가구에서 최초로 가장 많은 비중(44%)을 차지하게 된 뒤에 2015년경에 절정에 달하여 총 4조 8천억 인민폐의 소비력을 구가하게 된다는 점, 또 하나의 경향은 이후 수억 명의 인구가 중산층으로 상승하여 2025년에는 도시인구의 절반이 넘는 5억 2천만 명에 달하고 총 가처분 소득은 13조 3천억 인민폐가 될 것으로 예상된다.

중국의 신흥 중산층이 갖는 두 가지 특징적인 사항은, 첫째, 선진국 중산층에 비해 연령이 젊다는 점이다. 미국에서는 45-54세에 가장 소득이 많은데(Consumer Expenditure Survey 2002, US Census Bureau), 중국의 최부유층은 25-44세가 될 것으로 예상된다. 고소득은 고학력, 훈련을 요하므로 중국 정부는 젊은 층의 고등 교육에 상당한 투자를 붇고 있다.

둘째, 향후의 중산층은 현재의 부유층을 규모와 소비력 모두에서 압도할 것이라는 점이다. 2010년 이후에는 부유층이 대량 부유층(mass affluent)과 글로벌 부유층으로 세분화되겠지만 2025년에 이르러도 이들 가구 수는 4천만 가구에 지나지 않게 된다. 이는 중국 도시 거주자의 11%에 불과하고, 이들의 총 소비는 5조 7천억 인민폐로서 중산층 소비와 비교하면 41% 수준에 그친다. 물론 부유층은 여전히 중요한 계층으로서, 중국 가계 저축의 25%를 차지하고 있으며, 국가의 누적 부의 60%를 2025년에는 점유하게 될 것이다.

따라서 금융 기관에게 이들 부유층의 중요성은 더해갈 것이고, 소비자 신용 시장이 덜 발달된 다른 국가들과 마찬가지로 중국에서도 저축 규모가 큰 가구가 자동차, 내구재 등 비교적 값비싼 제품을 구매할 가능성이 가장 높다. 그러나 앞서 언급하였듯이 대량 소비재를 취급하는 기업에게는 신흥 중산층이야말로 최고의 기회를 제공해 줄 것이다. 이들을 성공적으로 공략하기 위해서는 이들의 소득 수준 향상에 따라 저축과 소비 패턴이 어떻게 변화해 가는지를 이해해야만 한다.

중국 가구 중 근검절약하는 가구는 가처분 소득의 1/4을 저축하고 있다. 이처럼 높은 저축률을 보이는 이유는 건강(50%)과 퇴직(43%) 문제에 있다. 도시 가구의 저축률은 다소 떨어지겠지만 향후 20년간 20%를 상회할 것이고, 총 도시 소비는 연간 8.7%의 증가세를 나타낼 것이다. 소득이 증가하면서 소비 패턴에도 변화가 일어나서, 자의적 상품(discretionary items), 소형의 럭셔리 제품에 대한 구매는 늘어나는 반면 의, 식 등의 생활필수품에 대한 가계 지출의 비율은 떨어질 것이다.

이런 소비 패턴의 변화 속도는 다른 개도국보다 빠르게 진행되고 있는데, 가령 현재 중국의 가구가 생필품에 지출하는 비율은 유사한 경제발전 단계의 우리나라 경우보다 적다(달러 표시 1인당 실질 GDP를 기준). 물론 다른 상품에 대한 소비 지출 증가율이 더 높기 때문에 상대적 비율은 감소하지만, 생필품(담배, 알코올음료, 비알코올음료 포함)의 절대 소비액은 국가 경제의 발전으로 계속 늘어난다. 도시 가구의 식비 지출은 향후 20년간 연평균 6.7%의 증가율을 보임으로써 최대의 소비 항목을 형성할 것이다.

향후 2025년까지의 소비 변화 추세에서 지출 증가율이 가장 높은 항목은 주택과 건강이다. 개도국 경제에서는 소득 수준이 증가하게 되면 주택 지출비가 그에 비례하여 줄어드는 반면, 중국에서는 주택에 대한 사유권이 최근에서야 인정되었고, 정부의 주택 보조금이 축소되었기 때문에 주택 구매, 사용, 관련 비용 지출을 위해 가구는 소득의 보다 많은 부분을 이 항목으로 돌려야 하는데, 2025년에는 가계 예산의 16.6%를 차지할 것으로 예상된다.

중국 가정에서 건강이 차지하는 중요성의 제고, 중국의 급속한 인구 고령화, 공적 보건 제도의 문제점 등으로 도시 소비자들이 사적으로 지출하는 보건비용은 향후 20년간 연평균 11%를 웃돌 것으로 보인다. 이렇게 되면 의료기관, 보험회사, 의료장비업체, 제약회사 등에게는 상당한 기회를 제공하게 될 것이다. 아울러 교육수준과 급료 간의 높은 상관성으로 교육비 지출 비중도 증가하게 된다.

이처럼 중국 소비자의 저축, 소비 패턴의 변화를 이해하고 예상한다 하더라도 중국의 신흥 중산층을 공략하는 데는 상당한 애가 따를 것이다. 이들 계층의 미래는 전도양양하지만, 현재로는 빈곤 계층이며 중국 전역에 산재해 있다. 앞으로는 지식산업, 서비스산업으로 이동하겠지만 현재로는 블루컬러 노동자이다.

제1열= 제품 목록
제2열=절대 소비액의 변화(단위: 10억 인민폐/ 1인민폐=0.12달러)
제3열= 2004-2025년 소비 증가액(단위: 10억 인민폐)
제4열= 2004-2025년 연평균 증가율(단위: %)

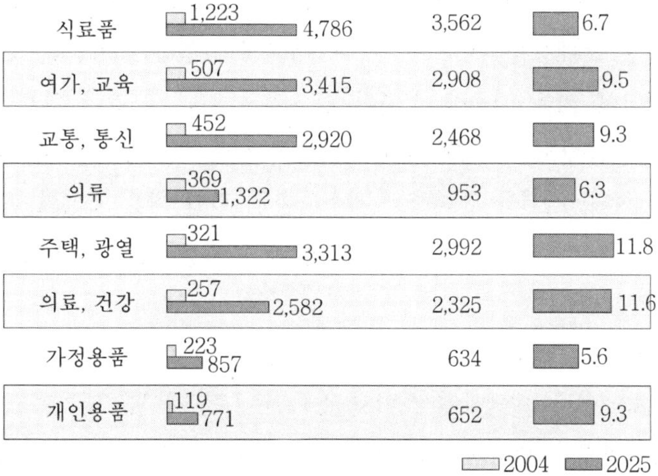

(a) 중국 도시 가구의 소비 내역

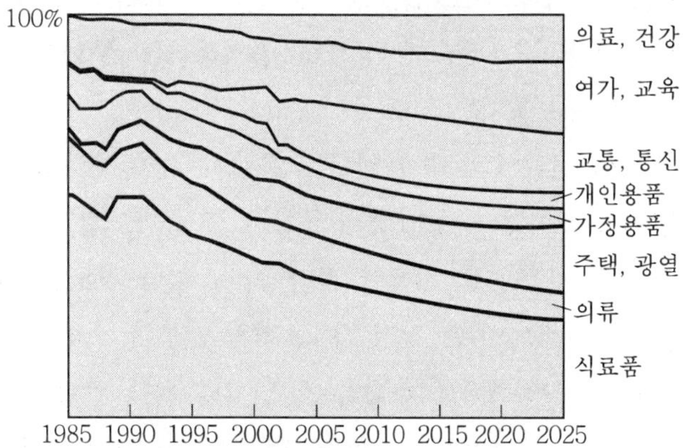

(b) 도시 가구 소비 품목의 구성 비율

자료: 위와 같음.

〈그림 2-3〉 소비항목별 지출규모의 변화

현재 가구 소득도 평균 17,600 인민폐 정도에 불과하기 때문에 자의적 지출 여력이 거의 없다. 물론 일부 기업들은 도시 노동자 가구를 표적으로 삼기 시작하여 성장 곡선에 끌어들이고 있다. 현재 이들을 공략함으로써 얻게 되는 노출과 경험은 이들의 소득과 기호가 진화하게 되면 경쟁력을 확보하는데 필요한 투입물로 기능할 것이다. 어떤 기업들은 제품 원가의 절감, 사업 시스템의 재배치, 국산 자재 사용 등으로 전략의 전환을 보이는 등 창의적 사고를 전개하고 있다.

독일의 유통 소매그룹 메트로는 중국 매장에 진열하는 상품의 95%를 국산품으로 조달하면서 제품 비용을 꾸준히 인하하고 있다. 그러나 현재 시장 상황에 맞는 사업 공식조차도 시간의 경과와 더불어 낡은 것으로 전락할 수 있다는 점에 유념해야 한다. 가격을 인하하고 저소득층을 위한 제품 구성의 변화를 꾀하더라도 이들은 소득이 올라가면 곧바로 지금까지 애용하던 브랜드를 걷어차 버릴 수 있다.

이런 함정에 빠지지 않기 위해 일부 기업들은 다계층 브랜드전략(multi-tiered branding strategy)을 채택하여 소비자 소득의 증가 계단을 따라가고 있다. P&G의 경우, 슈퍼마켓과 하이퍼마켓에서는 Olay 브랜드의 제품을 공급하고, 백화점에서는 Olay Regenerist 브랜드를 공급하고 있다.

중국 소비자들의 저축과 소비를 둘러싼 논의를 좀더 언급하면, '나의 재정적 미래에 확신을 가진다'는 진술에 강하게 동의하거나 동의한 응답자의 비율이 37%이라고 한다(Lane & St-Maurice, 2006).

2005년도 소득이 전년에 비해 늘었다는 응답이 34%, 변동없다는 응답이 52%, 줄었다는 응답이 14%이었다. 늘었다는 응답자 중 증가분의 소득을 거의 전부 저축한 자가 17%, 상당 부분을 저축한 자가 30%, 절반 정도를 저축한 자가 23%인 반면에 상당 부분을 소비한 자가 21%, 거의 전부를 소비한 자가 9%이다. 전년보다 소비 지출을 늘리겠다는 응답은 5명당 1명 꼴에 미달하는 수준이다. 향후 12개월이 경과할 때까지 구입하고 싶은 품목으로는 신형 자동차, 최신 가전품, 기타 살림살이로 나타났다.

또한 응답자의 10%는 신규 주택의 구입을 향후 12개월 이내에 하게 될 것 같다고 했다. 새 집에 입주하게 되면 가구와 살림살이를 새 것으로 업그레이드하겠다는 자가 3/4에 달한다. 자동차 구입 계획은 희망사항과는 달리 2%를 약간 웃도는 응답자만이 있다고 했다. 중국에서 승용차 보급률이 1천 명당 8대인데, 이는 전세계 평균치인 1천 명당 104대에 비하면 턱없이 낮은 수준이다. 한편 지역적으로는 중소 도시나 읍면 단위 지역의 소비가 급증하고 있다.

농촌 지역 응답자의 20%가 1년 이내에 휴대폰을 구입할 계획이라고 한 반면에 우한이나 샤먼(Xiamen)과 같은 제2군 도시지역의 소비자 중에는 15%로 상대적으로 낮았다. 향후 1년 이내 신형 세탁기 구매 의사에 대해서는 소규모 읍면 지역의 소비자 중 12%가 그렇다고 한 반면에 제1군 도시지역의 소비자 중에는 5%에 불과하였다. 그 만큼 대도시 지역은 시장이 포화 단계에 접어들고 있음을 말해 준다.

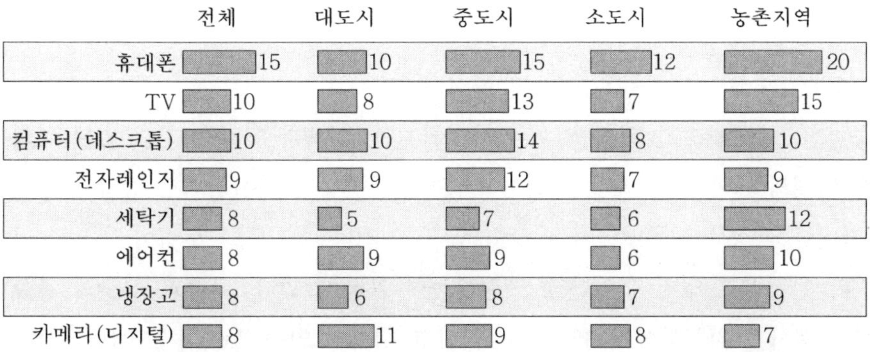

2006년 중 구매 의사를 밝힌 비율을 의미하며, 실제 구매 행위를 나타내는 것은 아님.

인구와 1인당 GDP를 기준으로 지역을 구분하였는데, 제1군의 대도시 지역에는 베이징, 광조우, 상하이 등이 포함되며, 제2군의 중규모 도시 지역에는 Wuhan, Xiamen, Zhengzhou 등이 포함되고, 제3군의 소도시 지역에는 Changzhou, Jilin, Nanning 등이 포함됨.

자료: Lane & St-Maurice, 2006.

〈그림 2-4〉 중국의 도시별 주요 소비재 구매의사

한편 갤럽은 중국 시장에 대한 10년간의 조사를 통해 일반적으로 받아들여지고 있는 네 가지 오해를 시정해야 할 것이라고 말하고 있다(McEwen et al., 2006).

오해 1: 중국 노동자의 주된 목표는 열심히 일해서 부자가 되는 것.

자신을 희생해서 사회에 봉사한다는 집단주의적 사고로 정형화된 중국인은 거의 없다. 1994년의 갤럽 조사에서는 응답자의 4%이었으나 2004년 조사에서는

2%로 줄어들었다. 이런 감소는 중국 시장이 개방을 계속하고 있고, 중국인들이 창업 기회를 수용하는 분위기에서 전혀 놀랄 만한 일이 아니다. 오히려 자본주의적 관점을 지닌 중국인들의 비율이 줄었다는 점에 주목해야 한다. 열심히 일해서 부자가 되겠다는 응답자가 68%(1994년)에서 53%(2004년)로 줄었다. 돈이나 명예보다는 내 취향에 맞는 생활을 하겠다는 자기만족, 자기표현의 응답자가 같은 기간 동안 2.6배(10%→26%) 증가하였다. 특히 베이징, 광조우, 상하이의 대도시에서는 자기만족이 제1의 동기부여 요인으로 자리잡았고, 18-24세의 젊은이들의 주된 삶의 목표가 되었으며, 가장 부유한 계층의 지배적인 야망이 되었다.

오해 2: 중국 근로자들은 대단히 헌신적이다.

중국의 노동자 수가 엄청난 것은 사실이지만, 의욕과 열정을 갖고 있는냐 하는 것은 별개의 문제이다. 독일, 일본, 미국의 노동자들과 마찬가지로 중국 노동자들도 자신들의 직무가 무엇인지는 알고 있다. 그러나 자신들의 노력이 충분히 보상받거나 인정받고 있지 못하다고 느낀다는데 문제가 있다. 학습과 성장의 중요한 기회를 회사가 자신들에게 제공하고 있다고 생각지 않는 것이다. 2004년 갤럽 조사에서 68%의 근로자는 열심히 일하고 있지 않으며, 20%는 적극적인 일탈을 보일 정도로 일을 싫어하고 있는 것으로 나타났다.[2)]

특히 직장의 규모가 클수록 직장에 대한 개인의 소속감은 떨어졌다. 결국 88%의 근로자가 자신의 일에 흥미를 느끼지 못한다면 생산성이 타격을 받게 된다.

2) 갤럽은 12개의 질문에 대한 응답을 기초로 중국 근로자들을 열심히 일하는(engaged)-열심히 일하지 않는(not engaged)-적극적으로 일탈하는(actively disengaged)로 구분하고 있다. 2004년에 같은 조사를 미국 근로자들을 대상으로 한 결과, 열심히 일한다는 비율이 29%, 적극적으로 일탈한다는 비율이 16%이었다. 12개의 질문에 대해 '매우 강하게 동의한다'고 응답한 비율은 다음과 같다. 직장에서 내게 기대하는 바가 무엇인지 안다(34%). 내 일을 올바로 하는데 필요한 재료와 장비를 갖추고 있다(32%). 직장에서 나는 매일 내가 가장 잘하는 일을 할 기회를 갖고 있다(26%). 지난 7일간 나는 일을 잘 했다는 칭찬이나 인정을 받은 적이 있다(12%). 내 상사나 동료는 나를 하나의 인간으로서 신경써주는 것 같다(26%). 직장내 누군가는 나의 발전을 장려한다(23%). 직장에서 내 의견은 중시되는 것 같다(20%). 회사의 미션이나 목표는 내 일이 중요하다고 느끼게 만든다(30%). 내 동료는 질 높은 일을 하는데 헌신하고 있다(27%). 직장에는 내 최고의 친구가 있다(43%). 지난 6개월간 직장내 누군가는 내가 진보하고 있다고 내게 말해준 적이 있다(19%). 지난 1년간 나는 직장에서 학습하고 성장할 기회를 가졌다(23%).

결근율의 증가, 작업 현장에서 사고 다발 등이 전반적인 성과의 저조함을 가져오는 것이다. 생산성의 저하는 곧바로 제품과 서비스의 질적 저하로 이어지게 된다. 중국의 대도시 소비자들이 '메이드 인 차이나'에 대해 저평가를 하는 이유를 헤아릴 수 있는 바이다. 중국의 역사나 문화, 가동률 극대화에 대한 초점 등을 고려하면 효율적인 조립 라인의 구축에는 개인의 만족과 발전이 요구된다는 생각을 중국 경영자들이 수용하기는 쉽지 않을 것이다.

오해 3: 중국 소비자들은 현재 소비할 자금을 충분히 보유하고 있다.

중국의 가구 소득이 1997-2004년간 30% 증가했다고는 하지만, 절대 규모는 1,800달러를 밑돈다. 더군다나 가구 소득에 '매우 만족한다'는 비율은 2000년의 9%에서 5%로 줄어들었다. 또한 5명 중 1명은 현재의 가구 소득에 '매우 불만이다'라고 응답하였다. 심지어 부유층 중에도 7%만이 '매우 만족한다'고 응답한 반면, 4명 중 한명은 '매우 불만이다'라고 한다.

오해 4: 중국 소비자 시장 중 가장 큰 부문은 가정 생필품 분야이다.

노동력을 줄여주는 청소기, 냉장고와 같은 가전제품의 구매 증가율은 엔터테인먼트를 강화시켜주는 컬러 TV, DVD, 컴퓨터, 휴대폰 등의 구매 증가율보다 낮다. 중국 소비자들은 기능 이상의 것을 원한다는 점은, 패션을 강조한 노키아 휴대폰이 모토롤라, 에릭슨의 휴대폰 매출을 훨씬 앞지르고 있는 사실을 뒷받침한다. 물리적 욕구 뿐 아니라 감성적 욕구의 충족이 필요한 것이다.

중국의 국부의 증가는 3대 도시에서만 엿볼 수 있는 것이 아니라, 제3의 중국이라 불리는 시안, 난징, 우한 등과 같은 중규모 도시에서도 일어나고 있다. 연간 가구 소득이 3,800달러(3만 위엔)에 달하는 비율이 1997년 3.5%에서 2002년에 12%를 상회하였으며, 3대 도시의 거주자 중 절반이 이 수준에 달하였다. 그리하여 TV와 휴대폰은 널리 보급되어서 이 시장에서 수요 창출은 신규 구매가 아니라 업그레이드에 의한 재구매에 있다.

가령 3대 도시 거주자의 80%가 휴대폰을 소유하고 있고, 이들 중 33%는 교체 구매를 계획하고 있다. 적어도 부유층 중국 소비자들에게 어필하려면 브랜드의 파워가 있어야 한다. 이들은 자신의 직접 경험에 의존하며, 기업이 주도하는 광고보다는 구전에 설득되기가 쉽다. 단, 자동차 부문은 예외이다. 자동차 시장은 여전히 최초 구매를 표적으로 삼고 있다. 최상위 소득층 중에서도 겨우 10%만이 자가용을 보유하고 있다.

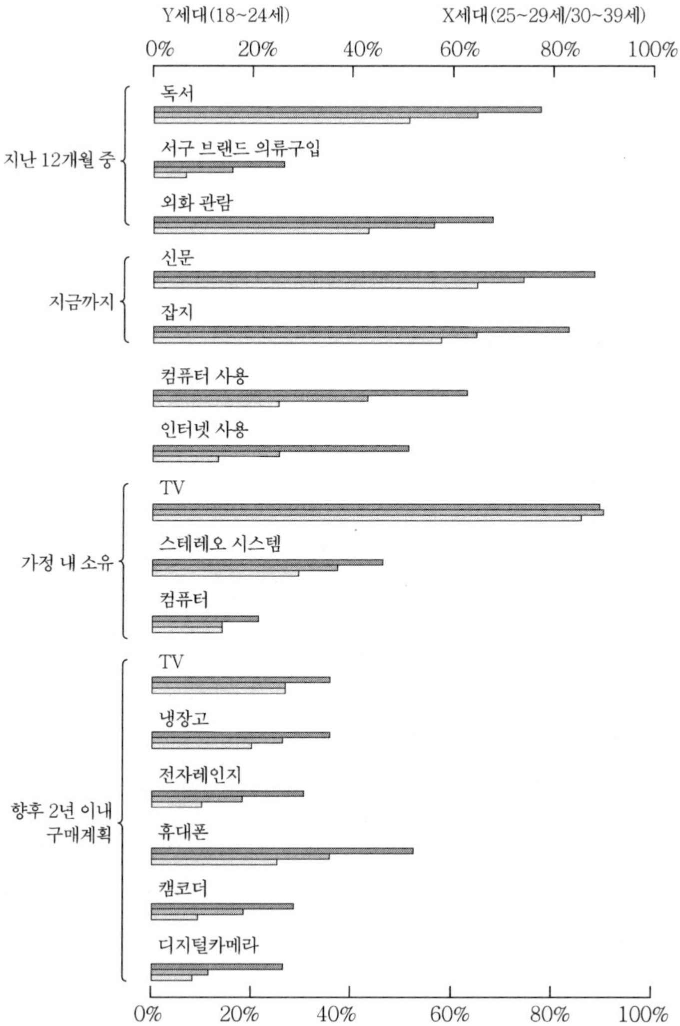

자료: McEwen, 2006, p. 74.

〈그림 2-5〉 중국의 X세대, Y세대의 소비비교

자동차 업체간 치열한 경쟁으로 가격이 떨어지고는 있지만, 자동차를 구매하려면 대부분의 중국인에게는 2-3년치의 연봉을 쏟아야 하는 실정이다. 현재 1억-1억3천만 명의 잠재적 자동차 구매자가 있는데, 이 중 2%만이 향후 2년 안에 자동차를 구매한다면, 이는 GM이 2004년에 전세계에서 거둔 매출액의 22%에 달하는 규모가 된다.

중국 소비자 계층을 언급할 때 X세대와 Y세대로 구분하기도 한다. 전자는 20대 후반-30대 후반의 연령층이고 후자는 10대 후반에서 20대 중반의 연령층이다. 그런데 이들 중국의 Y세대는 독일, 미국, 브라질의 Y세대와는 또 다르다. 이들 국가에서는 Y세대가 게으른 세대(slackers)로 비춰지는 반면, 중국에서는 추진력, 욕구, 희망에 가득 찬 세대이다. 교육 수준이 높고 정보 취향이 까다로워서 당연시되기를 거부한다. 서양의 사고와 제품에 개방적이면서도 아울러 전통적인 자국문화에 대한 긍지도 높다.

중국 소비자들은 다른 개도국의 소비자와는 달리 만족하지도 않고 순응하지도 않는다. 급격한 변화가 지금의 중국에서는 정례적인 것으로 되어 버렸기에 과거를 갖고 미래를 예측하는 일은 부질없는 짓일 뿐이다.

〈표 2-1〉 중국 도시 지역 부유층의 상품별 구매 계획 비율

향후 2년 내 구매 계획 상품	3대 도시 (베이징, 광조우, 상하이)	연소득 3만 위엔 이상 소비자
휴대폰	34%	15%
디지털 카메라	29%	29%
컴퓨터	28%	31%
TV	27%	34%
에어컨	23%	26%
냉장고	21%	24%
스테레오 시스템	20%	23%
DVD, VCD 플레이어	18%	16%
전자레인지	17%	23%
자동차	13%	16%

자료: McEwen, 2006, p. 76.

2) 중국 중산 계층의 소비문화

중국의 중산 계층은 저축보다는 소비를 선호하는 것으로 나타났다. '2005년 중

국 중산계층과 소비의식에 관한 조사'에 따르면, 3개월분의 임시보너스를 받게 될 경우 어떻게 하겠느냐는 질문에 응답자의 72%가 계획적 소비를, 11%가 무계획적 소비를 선택한 반면, 저축은 겨우 16%만이 선택하였다(蔡, 2005: 50). 이는 최근 중국 은행의 예금 금리가 낮아지고, 마이홈과 마이카의 붐이 본격화한 것이 영향을 미친 결과로 해석된다.

중국의 전통적인 소비관념인 量入爲出(수입을 감안하여 지출을 생각함), 근검절약이 중산 계층에서는 급속히 소멸해가고 있다. 특히 상하이, 광조우(廣州) 등의 대도시는 젊은이들의 빚천국이라고 불릴 정도이다. 개인에 대한 주택융자 잔고 규모를 보면 1997년에 200억 위엔이던 것이 2003년에는 1조 위엔으로 불과 6년간 50배로 불어났다. 개인에 대한 자동차 금융 잔고 또한 2002년 700억 위엔에서 2003년 1,800억 위엔으로 일년 사이에 2.6배로 증가하였다(蔡, 2005: 51).

상하이와 항조우(杭州)는 중국에서 부동산 붐의 양대 지역이라서 중산 계층의 자가 주택 보유율이 높으며, 베이징은 중국 자동차 사회의 선행 지역으로서 자동차 면허증 소지 여부가 시대 조류에 걸맞은 인간인지를 가늠하는 척도가 되고 있다. 요즘 중국의 중산 계층에서는 '花明天的錢 休今天的閑(내일의 돈을 써서 오늘의 즐거움을 누린다)' 이라는 말이 최고의 유행어라고 한다.

중국의 중산 계층이 소비 결정에 고려하는 요소 가운데 가장 중요한 것은 품질이고, 그 다음으로 브랜드 〉 성능 〉 가격 등의 순이며, 원산지(수입품이냐 국산품이냐의 구분)는 가장 낮은 8위에 그쳤다(蔡, 2005: 54).

중산 계층의 1년간 지출 항목 중 식비의 비중을 나타내는 엥겔지수가 도시 지역 평균 40%에 비해 중산 계층은 22%로 상당히 낮음을 알 수 있다. 한편 주거비 지출은 15.5%인데, 중국 정부는 1998년에 주택 제도를 개혁하여 국영기업, 정부기관, 학교, 사회단체가 소속 간부와 직원에게 주택을 무료로 배분하는 제도를 폐지하고, 그 대신 주택기금을 설립하여 주택을 상품화하였다.

중산 계층의 마이홈 비율은 70%선이고, 특히 상하이는 95%로 압도적인 비율을 차지하고 있다. 재미있는 점은 중산 계층의 자가주택 보유율을 성별로 보면 여성 91%에 비해 남성 67%이고, 임대 아파트 거주는 여성 4.3%에 비해 남성 25%라는 점이다. 주택의 형태는 '보통주택'이 80%, 고급 맨션이 10-20% 정도인데, 향후 3년간 주택 구입 계획에서는 36%의 응답자가 보통주택, 29%는 고급 맨션, 12%는 별장, 기타 23%로 나왔다(蔡, 2005: 61).

마이홈과 더불어 마이카 붐이 1998년에 시작되었는데 이 해에 신규 자동차 구매 대수 중 개인 구매 비율이 처음 50%를 넘어섰다. 그리하여 2002년 베이징의 젊은 층 간에 유행했던 말이 '차 면허 땄니?' 이었다. 성별로는 여성의 75%, 남성의 67%가 자동차를 보유하고 있고, 연령별로는 30대 이하의 80%, 30대 이상의 59%가 차를 갖고 있다. 승용차를 보유하고 있지 않은 사람들 가운데 65%가 향후 3년 이내에 차를 구입할 계획으로 있으며, 차종으로는 중급 승용차(15-20만 위엔)가 56.5%로 가장 많다.

〈표 2-2〉 중국 5대 도시의 승용차 보유 현황

	보유대수 (만 대)	개인 승용차 보유 비율 (%)	가구 승용차 보유 비율(%)	인구 (만 명)	가구 (만 호)
北京	130	11.2	27.7	1,163	469
廣州	59	8.0	26.3	738	224
深圳	38	6.2	20.2	597	184
上海	32	2.4	5.5	1,352	573
杭州	25	3.6	11.4	652	204

* 2005년 3월 기준
원전: 중국기차산업협회 및 중국국가통계국의 공표 데이터
출처: 蔡, 2006, p. 63

이상에서 언급한 중국 중산 계층의 소비문화를 요약하면, i) 저축보다는 계획적 소비를 지향하고 실용성을 추구하여 품질과 브랜드를 중시하며, ii) 엥겔 지수가 22%로서 선진국 수준에 와 있으며 교육, 레저, 스포츠, 여행, 서비스에 지출하는 비용이 전체 지출의 50%를 넘고 있고, iii) 마이홈과 마이카를 보유하고 있는 중산층이 70%에 달하고, 과거 3년간 해외여행을 다녀온 자가 25%라는 점 등이다.

3) 중국 중산 계층의 브랜드 소비

골드만삭스는 세계의 고급 브랜드 소비시장에서 점하는 중국시장의 비율이

2004년 12%에서 2008년에는 20%로 늘어날 것이라고 한다(蔡, 2006: 74). 고급 브랜드를 구매하는 중국인은 전체 인구의 12%인 1억 5천만 명이고, 대부분이 40세 이하의 연령층이다. 이들 중국 소비계층이 어느 정도 소비자 자국중심주의(consumer ethnocentrism)를 보이는가도 관심사 중의 하나일 것이다. 이 개념은 국산 브랜드를 우선적으로 구매하고 외국 브랜드에 대해 저항감을 표시하는 경향을 말한다.

국산 브랜드의 제품을 우선적으로 구매하는 것에 대해서는 찬성 42%, 반대 25%로 나타났고, 국산/외제 브랜드에 관계없이 필요에 맞는 브랜드 제품을 구매하는 것에 대해서는 찬성 67%, 반대 19%로 나왔다(蔡, 2006: 78). 이를 통해 보면 중국의 중산 계층은 기본적으로 '민족주의적' 태도보다는 '실용주의적' 태도를 갖고 있다고 여겨진다.

지역적으로는 중국의 개혁, 개방 정책의 선두에 섰던 深圳이 외국 브랜드의 제품에 대해 높은 관심을 갖고 있다는 '개방주의적' 태도보다 '민족주의적' 태도를 지닌 중산 소비계층이 많다는 점이다.

원산지에 대한 이미지 측면에서는 아시아 국가보다는 미주, 구주 국가(미국 〉 프랑스 〉 독일)의 이미지가 좋으며, 아시아 국가 중에서는 싱가포르〉한국〉일본의 순으로 나와 있다.

제품 종류별로 보면, 승용차의 브랜드에 대한 선호도는 미/구주 브랜드(29.4%) 〉 국산 브랜드(26.2%) 〉 일본 브랜드(23.0%) 〉 한국 브랜드(17.2%)의 순으로 나왔다(제1-제2-제3 선호도 비율의 평균치). 그러나 제1 선호도로 지명한 비율만을 보면, 한국 브랜드는 3%로서 상위 국가의 브랜드와 큰 격차를 보이고 있다.

지역별로는 북경과 상해가 미/구주 브랜드, 심천이 국산 브랜드, 광주가 일본 브랜드의 선호도가 가장 높다(蔡, 2006: 90-95). 통신기기의 브랜드에 대한 선호도는 미/구주 브랜드(28%)〉국산 브랜드(27%) 〉 한국 브랜드(24%) 〉 일본 브랜드(21%)로 나왔다. 제1 선호 비율만을 놓고 보면 중국산 브랜드에 비해 우리나라 브랜드는 1% 포인트의 차이에 불과하지만, 미/구주 브랜드와의 격차는 더욱 확대된다(45% vs 18%).

지역별로는 광조우와 베이징이 미/구주 브랜드, 상하이가 일본 브랜드, 심천이 자국 브랜드와 한국 브랜드 선호도가 높게 나타났다. 가전제품의 브랜드 선호도는 국산(29%) 〉 일본(26%) 〉 미/구주(25%) 〉 한국(21%)의 순이다. 그러나 제1 선호 브랜드의 비율만을 놓고 보면 일본 37.7% 〉 국산 29.7% 〉 미/구주 21.0% 〉 한국 11.3%로서 우리나라와 다른 나라 브랜드 간의 차이가 현격해진다. 지역별로는 심천의 국산 브랜드, 상해의 일본 브랜드 선호도가 두드러진다. 화장품 브랜드의 선호도는 미/구주 브랜드(31%) 〉 국산 브랜드(27%) 〉 일본과 한국 브랜드 공히 21%의 순으로 되어 있다.

2. 중국 시장 내의 외국 브랜드

1) 외국 기업의 미디어 커뮤니케이션 전략

글로벌 기업들이 중국 소비시장을 개척한 것은 1980년대에 네슬레 커피, 코카콜라, KFC, 맥도널드 등으로 이들은 중국인의 식생활과 생활양식 전반에 커다란 영향을 미쳤다. 80년대 초반에 프랑스의 피에르 가르뎅은 북경에서 중국의 대외개방 이래 최초의 패션쇼를 개최하였는데, 유럽풍 스타일은 인민복 일색이던 중국인에게 커다란 자극을 주었다.

1990년대에는 외국의 유통업체들이 중국에 진출하였는데, 1992년에 7-Eleven은 심천에 중국 1호점을 개점하였고, 1993년에 까르푸는 톈진에서 1호점을, 1996년에 월마트는 광조우에 1호점을 , 1997년에 이토요카도는 베이징에 1호점을 각각 열었다. 90년대 말에는 마이홈과 마이카의 붐에 편승하여 외국의 주택금융사와 자동차금융사가 중국시장에 진입하였다.

2000년대 초반에 들어와서 중국이 이동통신 시장의 세계 1위, 인터넷 시장의 세계 2위, 자동차 시장의 세계 3위로 거대한 시장 규모를 형성하였는데, 이는 2000년의 중국 도시지역 거주민의 엥겔지수가 40%를 밑돌면서 소비 구조에 질적인 변화가 초래되면서 가능해진 것이다. 2003년에 중국의 1인당 GDP는 1천 달러를 넘어섰고 특히 동부 연안지역의 3억 인구의 1인당 GDP는 3천 달러를 웃돌았다. 2004년도 중국 소매시장 규모는 5조 위엔을 돌파하면서 승용차와 주택이 가전을 대체하는 새로운 내구소비재의 주류를 이루었다.

중국의 중산 소비층을 대상으로 패션/유행 잡지 시장을 최초로 개척한 회사는 프랑스의 Hachette Filipacchi로서 'ELLE'의 중국어판 'ELLE 世界時裝之苑'을 발행하고 있다. 현재 중국의 중산층 여성 소비자를 대상으로 한 3대 패션/유행 잡지는 '瑞麗', '時尙', 'ELLE 世界時裝之苑'인데, '瑞麗'은 일본여성 패션잡지를 참고로 세계의 유행과 동양 풍토와의 융합에 의한 실용적 제안, 동양미의 구현이라는 편집 방침을 갖고 있는데 반해, '時尙'과 'ELLE 世界時裝之苑'은 미/구주 계통의 유행과 패션을 다루고 있다.

발행 부수 면에서는 '瑞麗 服飾美容'과 '瑞麗 依人風尙'이 각각 전국 1위와 2위를 달리고 있는데, 전자는 도시지역의 18-25세 여성을, 후자는 25-35세의 직장 여성, 전문직 여성, 경영관리직 여성을 독자층으로 삼고 있다. 아울러 중산층 가정을 표적으로 삼은 '瑞麗 家居設計'도 발행하고 있다. 한편 중산층 남성들이 애독하는 패션/유행 잡지로는 '時尙 先生', '時尙 財富', '創意', '名碑(유명 브랜드)' 등이 있으며, 2004년부터는 'FHM'', 'MAXIM' 등의 해외 유명 남성잡지도 중국 시장에 진입하고 있다.

생활/소비형 신문과 잡지에서는 북경의 '精品購物指南(良品 구입 가이드)'와 상해의 '申江服務導報'가 최초로 발간되었다. 현재 발행 부수 면에서는 '上海星期三(상해 수요일)'이 전국 1위이고 '汽車之友'가 2위를 달리고 있다.

도시형 신문은 시장 경제와 더불어 등장한 시민 대상의 신문으로서 조간, 일간, 석간의 3종류가 있다. 석간이 발행 부수가 정체 상태인데 비해 조간과 일간은 높은 신장세를 보이고 있다. 이들 도시형 신문의 최대의 특징은 전국의 정치, 경제, 사회의 중대 사건, 사고 소식과 지방의 사회 뉴스의 분석, 보도에 관하여 독자의 목소리를 낸다는 점이다.

'南方都市報'는 2003년 사스 보도로 일약 유명해졌으며, 대표적인 도시형 신문에는 북경의 '新京報'와 상해의 '新聞晨報'가 있다.

경제신문/잡지에서는 1988년 창간한 북경의 '中國經營報'가 55만부의 판매부수로 1위이고, 뒤이어 광조우의 '21世紀經濟報道'가 43만부로 2위이며, 최근 급속히 인기를 누리는 경제신문은 상해의 '第一財經日報'(40만부, 3위)로서 2004년 6월에 창간하였다.

시사/사회형 신문, 잡지로는 발행 부수 300만부의 '參考消息'이 국영 통신사인 新華社에 의해 편집, 발간되고 있는데, 국제정치, 세계경제, 외국의 문화, 사회 등에 관한 시사 신문의 성격을 띤다. '參考消息'이나 '環球時報'가 국제 시사뉴스를 중심으로 다루는 관제 신문인데 비해 '南方週末', '新週刊', '社會觀察' 등은 민간 신문으로서 심층 보도를 통해 국내의 시사 및 사회 뉴스에 대한 대담한 분석과 보도를 통해 중산 계층의 남성들에게 인기를 모으고 있다(蔡, 2006: 127-130).

중국의 신문, 잡지 광고 규모는 2004년에 684억 위엔이었다. 이 중 중산계층이 선호하는 50종의 신문, 잡지가 차지하는 비중은 121억 위엔으로 약 18%에 달한다. 2004년의 광고 규모가 전년대비 100%를 웃도는 신문, 잡지로는 新京報(978%) 〉 第一財經日報(372%) 〉 青年報(322%) 〉 中國名碑(252%) 〉 生活週刊(138%)〉 汽車的友(103%)의 순이다. 이들은 도시형, 경제형, 생활소비형의 신문, 잡지들이다.

한편 광고 수입의 절대 규모 면에서 유형별 상위 신문, 잡지를 보면, i) 유행/패션 계통에서는 時尙-依人 〉 瑞麗服飾美容 〉 瑞麗依人風尙의 순이고, ii) 생활/소비 계통에서는 週末畫報 〉 生活週刊 〉 中國汽車畫報의 순이며, iii) 도시 계통에서는 廣州日報 〉 北京晩報 〉 南方都市報의 순이고, iv) 시사/사회 계통에서는 參考消息 〉 環球時報 〉 南方週末의 순으로 되어 있다.

중산 계층을 대상으로 한 신문, 잡지에 실린 광고 내용의 비중을 보면, 부동산이 20%로 가장 많고 그 다음으로 자동차(9%) 〉 전기통신(7%) 〉 컴퓨터(6%) 〉 화장품 및 위생용품(5%) 〉 가전(5%) 〉 복장 및 액세서리(4%) 〉 주택 및 내장(3%) 〉 여행 및 레저(3%) 등의 순으로 되어 있다. 마이홈, 마이카의 붐에 대응하여 부동산과 자동차 광고가 가장 많은 점을 엿볼 수 있다.

중산 계층 미디어에 광고를 투입한 외국 브랜드 중 규모면에서 상위 10사를 열거하면, HP가 7천만 위엔을 웃돌아 1위이고 그 다음이 폭스바겐 〉 BUICK 〉 삼성 〉 IBM 〉 혼다 〉 로레알(LOREAL) 〉 마츠시타 〉 아우디 〉 닛산의 순이다

(蔡, 2006: 135).

이상의 10개 외국 브랜드가 지출하는 광고비는 전체의 18%를 점하고 있다. 광고 투입 비용을 신문과 잡지로 구분하면, 중산층 선호 신문에 대해서는 외국 브랜드들이 평균 4,500만 위엔을, 잡지에 대해서는 평균 1,400만 위엔을 지출하고 있다.

글로벌 기업의 중국시장 마케팅은 크게 3단계의 과정을 거치면서 발전해왔다. 1단계는 마케팅 커뮤니케이션 사상과 이론의 도입, 2단계는 기법의 적용, 3단계는 실천이다. 마케팅의 사상과 이론이 중국에 도입된 것은 등소평과 상해 시장이었던 汪道涵이었다. 등소평은 1979년에 미국을 방문하면서 중앙 행정부서와 대형 국영기업의 간부 육성을 위한 근대적 기업경영관리 센터를 미국이 중국에 설치하는 일을 부탁하였다.

미 행정부는 경제학과 경영학의 30명의 교수로 구성된 교육팀을 중국에 파견하여 MBA 과정을 통해 2천여 명의 신진 간부를 육성하였다. 왕도함은 상해 시장이던 1984년에 미국을 방문하여 서점에서 코틀러의 'Marketing Management' 교재를 사갖고 돌아와 번역본을 출간토록 하였고, 코틀러가 1986년부터 2회에 걸쳐 중국을 방문하여 KMG(Kotler Marketing Group)가 글로벌 기업의 중국시장 개척시 컨설팅을 제공하고, 중국 대학에 마케팅 교육을 전수하였다. 한편 1985년에는 프랑스 기업 MORS의 아시아담당 영업사원인 25세의 도문이라는 자가 사직하고 중국 최초의 PR회사인 '中仏公共關係公司'를 설립하여 코닥, 인텔, KFC을 고객사로 한 마케팅 활동을 기획, 추진하였다.

이어 마케팅 기법의 적용은 P&G가 브랜드 매니지먼트와 촉진 기법을 도입하여 중국기업과 소비자들에게 자극을 주었고, IBM은 중국 내의 상이한 지역과 소비자에 대응하기 위한 시장세분화 개념을 중국에 최초로 적용하였고, 모토롤라는 제품 세분화 전략을 최초로 도입하였으며, Lucent Technology는 고객관계관리(CRM)를 중국 사업에 도입하였다.

마지막으로 마케팅 실천 단계에서는 중국 정부와의 커뮤니케이션, 기업시민(corporate citizen)으로서 사회공헌활동, 스포츠 마케팅이라고 하는 3개 영역에서 활동이 전개되었다. 중국 정부와의 커뮤니케이션에서는 IBM, Kodak, GE, HP 등이 1980년대 후반부터 중국지역본부에 정부관계 담당부서 내지 전임담당자를 배치하였고, Kodak, Unilever 등은 1990년대 초반에 최고경영자가 중국 정부의 수뇌와 커뮤니케이션을 행하여 중국 사업의 난제를 해결하는 길을 열었다. 아울러 IBM, HP, Intel 등은 중국의 관계 행정부서와 전략적 파트너십을 구축하여 사업을 전개하였다.

기업시민으로서의 사회적 책임(CSR)의 실천은 코카콜라, 모토롤라, P&G 등이 1990년대 초반부터 중국의 최대 공익사업인 '희망공정'(중국의 후진 지역의 아이들에게 교육을 지원하는 사업)에 기부하는 선례를 남겨 기업 이미지 향상에 성공하였다. 2005년 기준으로 노키아가 101개 학교, P&G 90개교, 모토롤라 72개교, 코카콜라 56개교, 소니 30개교, 삼성 15개교(삼성의 경우 '희망공정 삼성 Anycall 기금'으로 되어 있음)의 순으로 되어 있다. 뒤이어 2003년 봄의 사스와 같은 사회적 공공위생의 위기 등에 글로벌 기업들이 참여하였다.

스포츠 마케팅의 경우에는 GE, 코카콜라, 맥도널드, 코닥, 피자 인터내셔널, 삼성, 마츠시타전기 등이 베이징 올림픽 마케팅을 전개하여 중국에서의 기업 이미지 제고와 브랜드 가치의 강화를 실현하고 있다.

글로벌 기업의 중국 미디어에 대한 커뮤니케이션 전략 조사가 미국기업(IBM, HP, 모토롤라), 유럽기업(지멘스, 노키아), 일본기업(마츠시타전기, 소니, 캐논, 히타치), 한국기업(삼성)을 대상으로 신문(524종), 잡지(449종)에 대한 이들 글로벌 기업의 광고 전략을 분석하였다(蔡, 2006: 203).

중국 신문 중 광고 게재량 상위 10위권은 모두 도시형 신문으로서 이 중 廣州日報(전국 신문 광고량의 3% 점유) 〉 北京晩報(2.6% 점유) 〉 北京青年報(2.4% 점유)가 1-3위를 차지하고 있다. 이들 글로벌 기업들은 특히 중국 중산층에 강한 영향력을 발휘하는 北京青年報를 가장 중시하고 있다.

기업별로는 IBM과 HP가 IT업계 전문지인 '計算機世界'와 '中國計算機報'에 방대한 광고비를 지출하고 있고, 지멘스와 마츠시타전기는 중산층이 애독하는 생활/소비지 '주말화보'에 많은 광고를 쏟고 있다.

2003년의 신문, 잡지에 대한 외국기업의 광고 활동을 보면, 금액 면에서는 IBM(2억 7천만 위엔) 〉 HP(2억 5천만 위엔) 〉 삼성(2억 위엔)의 순이고, 광고 게재 횟수 면에서는 삼성(7,754회) 〉 HP(7,570회) 〉 IBM(5,965회)의 순으로 되어 있다.

지역적으로 살펴보면 글로벌 기업들은 상업의 중심지인 상해보다는 정치 중심지인 북경을 미디어 커뮤니케이션 활동의 중심지로 삼고 있다. 그 이유를 알기 위해서는 먼저 중국 시장을 1線 시장과 2線, 3線 시장으로 구분할 필요가 있다.

1선 시장은 상하이, 광저우, 텐진(천진), 선전(심천), 따렌(대련), 칭타오(청도) 등의 직할시, 연해도시, 일부 省廳 소재 도시 등 총 30개의 대도시를 가리킨다. 2선 시장은 270개의 대, 중규모 도시이며, 3선 시장은 2천 개의 현, 2만 개의 '小城鎭' 등의 농촌 시장을 말한다. 경우에 따라서는 1선 시장을 성숙시장, 2선 시장을 개발도상 시장, 3선 시장을 성장 시장이라고도 표현한다.

글로벌 기업의 브랜드는 1선 시장에서, 중국기업의 국산 브랜드는 2선과 3선 시장에서 경쟁 우위를 확보하고 있는데, 판매 규모 면에서는 2-3선 시장이 월등히 크다. 가령, 2003년의 음료수 판매량을 보면 중국 브랜드인 '女圭 哈哈'은 183톤이었으나, 코카콜라는 161톤, 펩시는 76톤이었다. 그러나 최근에는 중국기업들이 1선 시장에 공세를 펼치고 있고 마찬가지로 외국기업들이 2-3선 시장을 개척하고 있어 전 시장에서 혼전을 벌이고 있다.

이러한 중국 시장에서의 광고 활동에 대해 중국 정부는 2004년 1월에 제17호령이라 불리는 '라디오, TV광고에 관한 잠정관리방법'을 공표하였는데, TV 방송국의 경우 저녁 7시-9시의 시간대에 한 가지 프로그램에서 내보낼 수 있는 광고시간을 9분 이내로 규정하였다. 또한 TV에서 단편 드라마 형태로 내보내는 의료광고를 일체 금지하였다.

상해시 당국에서는 유명인이 의료 서비스, 약품, 건강식품, 의료기기를 추천하는 광고를 금지하였고, 북경시 당국은 '북경시 노천(옥외)광고 관리규제'를 공표하여 천안문 광장지역, 長安街 일부 지역에서 교통광고를 금지하여 차체에 광고를 부착한 차량의 규제지역 내 이동을 금지하고 있다.

광고 규제는 구체적인 광고 내용에 대해서도 행해지고 있는데, 2004년 11월에 中國國家放送映畵TV總局은 나이키의 농구화에 관한 새로운 광고에 대해 방송정지 명령을 내렸다. 이유는 '라디오, TV광고 방송관리 잠정 규정'을 위반하여 중국민족과 중국문화를 모욕했다는 것이다.

광고 내용은 NBA의 스타 선수인 제임스가 중국무술의 大師, 중국고대 天女, 중국문화의 대표격인 龍을 무서워하지 않고 용감하게 차례차례 격퇴하여 쓰러뜨린다는 것이다.

도요타자동차는 2003년 말-2004년 초에 걸쳐 '覇道車(프라드)' 브랜드의 광고를 내보냈는데, 중국의 오래된 저택 정문 앞에 앉아 있는 사자가 覇道車를 향해 경례하고, 사자머리 근처에 '覇道에는 존경을 표하지 않을 수 없다'라는 광고문구가 쓰여 있었다. 그런데 소비자들은 중국문화의 상징인 사자의 지존지엄을 짓밟고 패도차의 무시무시함을 표현한 것으로 받아들여 문제가 되었다. 이에 북경시 工商管理局이 진상 규명을 위해 광고가 게재된 '汽車의 벗'에 대해 청취조사를 하고, 관계서류의 제출을 명하였다. 이어 2004년 9월에는 일본페인트가 '국제광고'에 게재한 '龍編'의 광고 내용이 또 다시 중국인들의 반발을 샀다.

지면에는 중국의 고전 건축물 '亭'이 있고, 그 양쪽 기둥 위를 용이 감싸고 있는데, 왼쪽 기둥은 칙칙한 색깔에 용이 잘 감싸고 있는데 비해 오른쪽 기둥은 새로 칠해서 반짝거리다보니 용이 미끄러지는 장면이다. 그만큼 일본페인트의 도료의 우수성을 알리고자 하는 의도이었겠지만, 중국 문화의 상징인 용을 바보로 만든 것이 문제를 야기하였다.

이러한 문제 광고가 발생하는 것은, 광고 메시지에 대한 발신 프로세스만을 중시하고 수신 프로세스를 전혀 고려하지 않은데 그 원인이 있다. 즉 마케팅 커뮤니케이션의 현지화를 소홀히 한 점을 지적할 수 있다. 중국어에 어눌하고 중국문화를 제대로 이해하지 못한 본국 직원이 파견되어 '公共關係部'나 '弘報宣傳部'의 책임을 맡고 그 밑의 부하로는 커뮤니케이션 지식이 부족한 채 외국기업의 모국어를 대학에서 전공한 현지인을 통역 겸직으로 앉히는 폐단인 셈이다.

아울러 미디어관계, 광고관계의 업무를 모두 외국계 PR회사에 일임하고 사내에서 이를 제대로 체크하지 못한 점도 있다. Both Think and Act Locally의 발상이 필요한 것이다.

2) 외국 브랜드의 중국 내 평가

중국사회와 여론은 외국기업에 대해 기업시민으로서의 사회적 책임을 평가하고, 중국시장과 소비자는 품질과 기술, 서비스 등의 신뢰성을 평가하며, 중국정부는 투자와 기술이전, 수출 확대, 납세액 등으로 외국 기업을 평가한다.

북경대학은 2001년부터 '중국에서 가장 존경받는 기업' 이라고 하는 평가 작업을 부설 管理案例硏究센터가 중심이 되고 전국의 50개 미디어와 대학, 연구기관이 공동으로 참가하여 실시하고 있는데, 중국에서는 가장 권위있는 기업평가이다.

2005년도의 조사, 평가 활동은 전국의 18개 성, 자치구, 직할시에 있는 정부 기관의 간부, 기업의 경영관리자, 대학 MBA 과정의 재학생 등 총 7,500명을 표본으로 한 조사(설문조사 4,000 표본과 인터넷 조사 2,500 표본, 전화 인터뷰 1,000 표본, 유효 회답률 58%)에 의해 후보 기업 300사 중에서 상위 50사를 선정하고, 이들을 대상으로 25명의 전문가 選考위원회가 최종적으로 20개 기업을 '2004-2005년도 중국에서 가장 존경받는 기업'으로 선정하였다.

상위 20사 중 1위 기업은 中國平安保險(집단)股份有限公司이고, 외국계 기업은 6사가 포함되어 있는데, 중국휴렛팩커드유한공사가 2위, 상해제너럴모터즈유한공사가 8위, 삼성유한공사가 9위, 노키아투자유한공사가 11위, 광저우혼다기차유한공사가 16위, IBM유한공사가 20위에 올라있다.

평가 기준은 인적자원, 재무능력, 기업의 사회적 책임, 기업 이미지, 매니지먼트 능력, 경영관리의 질 등의 6개 차원으로, 이에 토대하여 후보기업들의 실태를 평가한 뒤, 발전 잠재력과 혁신의 2개 차원으로 기업의 장래성을 평가하여 존경받는 기업을 선정하게 된다.

2005년도에 선정된 기업들의 공통점을 보면, 첫째, 이익과 성장을 추구하는 중국 사업전략을 내세웠다는 점이다. 이의 실현을 위해 매출액, 영업이익률, 투자수익률 등의 재무능력을 강화하는 대책을 수립하였고, 특히 수익률의 극대화를 위해 중국의 제조거점과 영업거점에 대한 전략적 통합, 적자기업과 휴면상태의 기업과 같은 불량자산의 매각, 성장성없는 사업의 과감한 철수 등을 단행하였다.

가령, 노키아는 중국현지법인들을 통합하였고, IBM은 PC사업을 매각하였으며,

지멘스는 휴대전화단말기 사업을 매각하였다. 두 번째 공통점은, 마케팅 투자에 중점을 둔 점이다. 주력 사업의 시장 확대를 위해 지역본부 내에 마케팅 조직을 확대하고, 통일된 영업 플랫폼을 구축하였으며, 현지인 마케팅 인력을 채용하였다. 세 번째로는 주력사업과 관련있는 사회공헌 활동을 전략적으로 전개하였다는 공통점이 있다.

글로벌 기업이 중국에서 신뢰관계를 구축하는데 가장 효과적인 방법으로 사회적 책임이 거론되고 있다. 이는 친근감, 친화도를 형성, 강화하기 위한 인간성 커뮤니케이션을 말하는데, 사회공익활동은 단순한 사회적 자선활동을 넘어서 마케팅 활동으로 자리잡고 있다.

Forbes China Research誌가 2005년 5월에 공표한 '2005년 글로벌 기업 중국 자선기부 상위 10사'를 보면, HSBC그룹(250만 위엔) - 시티그룹(173만 위엔) - BP그룹(827만 위엔) - 월마트 스토어즈(827만 위엔) - 암웨이 코퍼레이션(310만 위엔) - 화이자(280만 위엔) - 코카콜라(100만 위엔) - 로열 덧치 쉘(83만 위엔) - P&G(400만 위엔) - 소니(100만 위엔)의 순으로 나왔다.

공익 활동을 분야별로 구분하면 모토롤라, GE, 지멘스, 삼성 등은 빈곤지역의 교육사업, 자연재해 구원, 환경 보호 등의 분야에 적극적으로 공헌하고 있고, IBM, HP 등은 대학 기부와 인재육성 지원 분야에 높은 실적을 보이고 있다.

이러한 글로벌 기업의 공익 마케팅은 리스크 관리에도 도움이 된다. 2005년 3월에 허위광고로 제소된 P&G는 브랜드 위기를 극복하기 위해 4월 1일에 희망공정에 400만 위엔의 추가 기부를 발표함과 동시에 광저우의 지역본부에서 자사의 공익사업표지를 소비자에게 공표하는 대형 이벤트를 개최하여 효과를 보았다.

중국에서 글로벌 기업의 이미지 확립은 중국정부 및 미디어와의 커뮤니케이션을 통해, 브랜드 가치 강화는 시장과의 커뮤니케이션을 통해서 주로 이루어진다. 중국정부와의 관계에서 양호한 정도는 유럽 기업 〉 미국 기업 〉 홍콩 기업 〉 한국 기업 〉 대만 기업 〉 일본 기업의 순으로 되어 있다.

특히 중국 정부는 기업의 리스크 관리 차원에서 가장 중요한 이해관계자라고 본다. 미디어의 과열 보도, 소비자의 과잉 반응 등에 대해서 중국 행정부처가 어떤 태도를 표명하느냐가 사태 해결의 열쇠를 쥐고 있다. 지멘스, IBM, HP, GE

등은 중국 정부와의 원활한 커뮤니케이션을 위해 유능한 중국인을 담당 부사장으로 임명하였다.

IBM의 경우에는 '政府事務部'는 정부, 업계단체와의 커뮤니케이션 활동을 기획, 추진하고, '公共關係部'는 미디어 대응과 기업이미지의 선전, 광고를 담당하며, '大學合作部'는 중국대학에 기부, 사회공헌활동을 기획, 실시하고, '마케팅부'는 각 사업그룹의 제품과 서비스 브랜드의 선전, 광고 활동을 한다. 삼성의 경우에는 '기획부'가 중국정부와 미디어 대응, '인적자원부'가 사회공헌을 담당한다.

구체적으로 보면, 기획부 산하에 '섭외·정부관계부', '홍보부', '정보부'가 있는데, 섭외·정부관계부는 삼성유한공사 및 삼성그룹의 중국정부 상대 커뮤니케이션 활동을 담당하고, 홍보부는 미디어 커뮤니케이션을, 정보부는 공공 싱크탱크와 컨설팅회사와의 커뮤니케이션을 각각 맡고 있다. 아울러 인적자원부는 사회공헌 활동을 기획, 실시한다.

이들 외국기업들은 PR회사와 장기 계약관계를 맺고 있다. 중국의 PR회사는 1,500사 정도인데, 북경을 본사로 전국 활동을 벌이는 회사가 286개사로 가장 많다. 중국계 회사의 톱은 藍色光標公關顧問이고, 외국계 회사의 1위는 APCO Worldwide인데, 외국계는 시장의 60%를 점하고 있다.

글로벌 기업들은 중국계와 외국계를 병행 활용하고 있다. 그 이유는, 중국계는 정부와의 커뮤니케이션, 위기사태 대응, 미디어 커뮤니케이션, 시장 커뮤니케이션 등에 강점을 보이고, 외국계는 PR의 경험과 노하우, 이벤트 기획, 전략적 컨설팅과 같은 종합 서비스에서 강점을 갖고 있기 때문이다.

3) 중국 미디어와 글로벌 기업

중국 업계에서는 '防火, 防盜, 防記者'라는 말이 있다. 그만큼 미디어의 부정적 보도, 공격적 보도가 기업 이미지와 브랜드 가치에 미치는 파괴력이 대단하다는 것이다. 중국 미디어를 특징지으는 표현으로 官製와 管制가 있다.

官製라 함은 중국 공산당과 정부의 행정비용에 의한 급부 방식으로 설립, 운영되는 것이고, 管制라 함은 미디어의 운영 방침과 선전 내용, 형식 등에 관한 공산당의 중앙집중식 관리를 가리킨다(蔡, 2006: 173). 후자는 그다지 변화를 보이고 있지 않지만, 전자의 경우에는 상당한 변용을 나타내고 있다. 그 증거로 2005년 5월 기준으로 홍콩증시 등의 증권시장에 상장한 중국 미디어는 20개 회사에 달하고 있으며, 민간자본 및 외국자본이 자본 출자를 통해 미디어 경영에 참가하고 있는 회사는 10개 사에 달한다.

2004년도 신문광고 시장을 살펴보면, 도시형 신문이 전체의 67%를 점하고 있는데 비해 공산당 및 정부 기관지는 14%에 불과하며, '인민일보'를 예로 들면 광고 수입 면에서 80위권 밖으로 밀려나있다(蔡, 2006: 174). '南方週末'로 대변되는 도시형 신문은 비판 보도의 방법으로서 부정, 부패 등 사회, 경제의 현실 문제를 다루어 독자의 관심과 공감을 불러일으키면서 지명도와 브랜드 가치를 향상시키고 있다.

2005년 5월 기준으로 중국에는 2,137종의 신문(전국지 212종, 성 단위 771종, 시 단위 893종, 현 단위 261종), 9,029종의 잡지(월간지 3,094종, 격월간지 2,790종, 계간지 2,378종), 320국의 TV방송국, 282국의 라디오방송국, 200개 이상의 인터넷 정보사이트가 세력을 뻗치고 있다. 이 중 미디어의 종류와 지역의 틀을 초월하여 신문, 잡지, 라디오, TV 등 4대 미디어를 통합 운영하고 있는 거대 미디어 집단만도 39개에 이른다. 그러나 이런 미디어간 치열한 경쟁은 미디어의 공신력에 부작용도 낳고 있다.

일부 미디어는 독자나 시청자의 수요보다는 광고주의 요청을 중시하는 성향을 보이고 있고, 경쟁사보다 앞서 보도하려는데 집착하여 기사의 진실성을 손상시키기도 한다. 또한 유상 뉴스(퍼블리시티를 가장한 광고 뉴스)를 통한 배금주의의 표출, 선정적 기사의 게재에 의한 윤리성의 무시 등도 있다.

중국이 WTO에 가입하면서 2006년까지 도서, 신문, 잡지의 발행과 방송프로그램의 제작, 유통, 광고에 100% 외국기업의 출자가 전면적으로 개방된다. 이미 2005년 2월 기준으로 미국의 주력 미디어가 중국에 진출하여 거대시장을 개척하고 있는데, 가령 타임즈 워너는 중국에서 Fortune 및 Forbes지의 중국어판을 발행하고 있고, McGraw Hill은 합작형태로 비즈니스 위크지의 중국어판을 발행하고 있다.

또한 Viacom사는 중국중앙TV방송국, 상해TV방송국, 광저우TV방송국과 협력하여 MTV 프로그램을 방영하고 있고, Murdoch News사는 상해와 광주 지역에서 스타TV의 프로그램을 방송하고 있다(蔡, 2006: 177). 새로운 미디어 매체로서 중국에서도 인터넷이 강력한 주자로 부상하였는데, 중국의 '新聞記者'사가 2004년 5월에 조사한 '상해시 대학생의 미디어 접촉상황 조사'(상해시의 6개 대학 학부생 및 대학원생 1,000명을 대상)의 결과에 의하면, 대학생들의 1일 미디어 접촉 시간이 인터넷 121분, 라디오방송 52분, TV방송 51분, 신문/잡지가 34분으로 인터넷이 단연 높은 비중을 차지하고 있다. 대학생들이 인터넷을 통해 얻는 정보는 주로 사회, 경제, 시사 뉴스와 생활 정보이었다.

인터넷은 사회적 압력으로도 작용하여 북경-상해간 고속철도 프로젝트의 채택 기술을 어떤 것으로 할 것인가에 대한 인터넷상의 대논쟁은 중국 철도부의 기술 도입 결정에 커다란 영향을 미쳤다. 영향력과 주목도 면에서 상위에 있는 인터넷 포럼에는 신화사가 운영하는 '新華네트'의 『발전포럼』과 『청년화제』, 인민일보가 운영하는 '인민네트'의 『강국 포럼』과 '千龍네트'의 『京華포럼』 등이 있다. 또한 중국의 휴대전화 사용자가 2005년 2월 기준으로 3억 명을 돌파하여 중국인 4명 중 1명꼴이며, SMS(Short Message Service)의 사용 건수는 2004년에 2,177억 6천만 건에 달하여, SMS가 광고시장에 새로운 광고 매체로 대두하고 있다.

上海文廣미디어집단은 2004년에 중국 최초로 이동TV광고를 개시하였다. 이는 상해시에서 운행 중인 4천대의 버스에 TV 스크린을 설치하여 광고를 보여주는 것이다. 뒤를 이어 북경의 北廣伝媒移動TV公司도 북경시에서 운행 중인 수천대의 버스 안에서 TV광고를 시작하였다. 이 밖에 초고층 빌딩 내의 액정 TV광고, 지하철 내의 TV광고 등도 주목을 끌고 있다.

중국의 고도 경제 성장은 중국 미디어의 변용을 가속하는데 영향을 미쳤다. 중국의 중산층에게 경제지, 경제전문 채널은 정보 취득의 중요한 도구로 자리잡았다. 정보에 대한 독자들의 높은 관심과 수요를 충족시키기 위해 치열한 시장경쟁이 전개되고 있다.

2004년 11월에 탄생한 '第一財經日報'는 북경의 北京青年日報社, 상해의 上海文廣新聞미디어집단, 광저우의 廣州日報報業集團 등의 3대 지역의 유력 미디어 그룹에 합작으로 설립한 종합 경제지로서 '중국에서 가장 결단력있고, 소비력있고,

영향력있는 자'를 표적 독자층으로 설정하였다. 이처럼 화북지역, 화동지역, 화남지역의 미디어집단의 합종연횡은 중국의 월스트리트저널을 표방하면서 기존에 중국경제지의 3강이라 불리는 '21世紀經濟報道', '經濟觀察報', '中國經營報'에 상당한 충격을 가하였다.

이러한 중국 미디어의 외국계 기업에 대한 시선은 중국 정부가 외자 유치를 적극적으로 펼친 1980년대 후반부터 1990년대까지는 호의적이었다. 그러나 이후 중국의 국유기업들의 경쟁력이 향상되어 외국계 기업들과 치열한 경쟁을 벌이게 되면서 기술력에 의한 시장독점, 국경을 넘은 탈세, 영업상 뇌물 행위, 지적재산권의 행사를 통한 중국기업 봉쇄, 중국의 사회, 전통문화의 무시, 중국 소비자의 경시 등과 같은 비판적 보도가 늘어났다.

미국(GE, IBM, HP), 독일(지멘스), 일본(마츠시타전기, 히타치, 소니, 캐논), 한국(삼성) 등 4개국 10개 다국적기업에 대한 중국의 600 종의 신문, 잡지의 보도 내용을 2003년에 분석한 자료(蔡, 2006: 183)에 따르면, 보도의 양적 측면에서는 HP, IBM, 삼성이 상위권을 유지하였고, 보도의 내용 차원에서는 IBM, GE, 소니는 '기업보도'가 많은 반면, HP, 삼성, 지멘스, 캐논, 마츠시타전기는 '제품보도'가 주류를 이루었다.

'사회공헌활동'의 보도 내용에서는 지멘스의 기사가 많았고, 신제품발표회, 촉진 등의 '시장 커뮤니케이션'의 보도 내용에서는 삼성이 많은 건수를 차지하였다. HP, IBM은 시장커뮤니케이션 내용과 더불어 기술세미나 관련 보도에서 많이 거론되었다.

'미디어 커뮤니케이션'의 보도 내용에서는 IBM이 가장 많은데, 가령 2003년 2월의 춘절을 전후로 IBM은 중국 전역의 주요 도시에서 '또 하나의 IT 혁명: 수용에 대응하여 변화하는 전자상거래'를 테마로 한 '춘절 기사초대 설명회'를 개최하였는데, 중국의 28개 미디어가 32회의 보도기사 및 관련 뉴스를 집중적으로 게재하였다.

중국의 미디어는 글로벌 기업의 중국내 활동뿐 아니라 모국과 제3국 등 세계 각지에서의 활동 및 관련사건 등에 대해서도 실시간으로 보도하고 있다. 가령 2003년에 IBM의 미국 본사가 저지른 분식회계 사건이 발각된 사실, IBM의 한국

자회사에서 법인 영업을 전개하면서 뇌물을 준 사건 등이 보도되어 IBM에 대해 호의적 이미지를 갖고 있던 중국 독자에게 충격과 실망을 안겨주기도 했다.

비판적 보도의 양적 측면에서는 IBM, 삼성, HP가 상위권을 차지하였고, 빈도 측면(해당 기업에 관한 전체 보도 건수 중 비판적 보도의 비율)에서는 소니, 모토롤라, 노키아가 상위권을 점하였다.

중국에서 브랜드 가치 평가에 가장 권위가 있는 北京大學 管理案例研究센터와 홍콩대학 中國管理研究센터가 공동으로 실시한 '2004년 중국에서 가장 가치있는 소비품 브랜드' 조사(2004.12.20공표)에 따르면 놀랍게도 우리나라 삼성이 447억 위엔으로 1위를 차지했다. 삼성은 중국미디어를 상대로 한 마케팅 커뮤니케이션 전략에서 제품광고와 기업이미지 광고, 판촉 광고에서 모두 상위 3위에 들어갔다.

또한 주요 신문, 잡지의 보도 건수 면에서도 삼성은 1위를 차지하였으며, 이동통신업계의 광고지출액에서는 노키아에 이어 2위를 차지하였다. 조사는 58명의 조사연구자가 10개월에 걸쳐 32개 성, 자치구, 직할시에서 30개 이상의 업종에서 320개의 브랜드를 대상으로 기업의 재무데이터 분석, 소비자 앙케이트 조사(48,368의 유효 응답수)를 통해 종합 평가를 내린 결과이다. 100개의 가장 가치있는 소비품 브랜드 중에 중국계 브랜드 59, 미국/유럽 브랜드 25개, 일본 브랜드 9개, 한국 브랜드 2개, 기타 5개로 나와 있다.

〈표 2-3〉 중국에서 가장 가치있는 소비품 브랜드 상위 10

브랜드 명	브랜드 가치(억 위엔)	소속 업종
삼성	447	전자
하이얼(Haier)	338	가전
노키아	318	전자
상해폴크스바겐	291	자동차
모토롤라	259	IT통신
TCL	241	가전
一汽폴크스바겐	210	자동차
소니	158	전자
HP	152	전자
聯想(Lenovo)	135	전자

원전: 북경대학, '北大商業評論', 2004. 12
인용: 蔡, 2006, p. 194

중국중앙TV국(CCTV)이 실시한 '2005년 골든타임 광고입찰'(2004년 11월 실시)에서 P&G가 3억 9천만 위엔으로 낙찰 1위(標王)가 되었는데, 1995년 처음 입찰을 실시한 이래 중국 브랜드가 아니고 외국 브랜드가 標王이 된 것은 P&G가 최초이다. 광고입찰 총액에서 외국 브랜드가 차지하는 비율도 2004년의 4%에서 15%로 급상승하였다.

중국의 2004년 광고시장 규모는 2,614억 위엔으로 전년대비 32% 증가한 수치이다. CCTV 계열의 CRT시장연구가 2005년 2월에 발표한 '2005년 大中華區 광고시장의 분석과 전망'에 따르면, 최대의 미디어 광고 시장은 TV광고로서 전체의 76%에 달하며[3], 신장률이 가장 높은 것은 노천(옥외)광고이다.

품목별 광고액 규모를 보면, 화장품/일용잡화 〉 식품 〉 약품 〉 소매 및 서비스 〉 부동산 등의 순으로 되어 있고, 지출 증가율 면에서는 오락/레저〉 개인용품 〉 소매 및 서비스 〉 자동차 〉 OA기기 등의 순이다.

미디어 종류별로는 우선 TV광고 시장의 규모를 보면, 전국 차원의 중앙TV(CCTV: 16개 채널, 여기에 2006년부터 하이비전 2개 채널로 증가)가 15%, 성 및 자치구 차원의 TV국이 55%, 시 차원의 TV국이 30%를 차지하고 있다. 주력 TV광고 시장인 성 및 자치구 TV의 경우, 廣東省, 浙江省, 江蘇省이 높은 광고수입을 올리고 있다. 잡지가 60%의 가장 높은 광고수입 증가율을 나타내었다.

도시 TV의 경우에는 북경시, 상해시, 중경(충칭)시가 상위 3대 시장을 형성하고 있다. TV 광고의 주된 품목은 화장품/일용잡화 〉 식품 〉 약품 〉 소매 및 서비스 〉 음료로 되어 있는데, 전체 미디어를 기준으로 한 경우 부동산이 5위이었으나, TV 미디어에서는 음료로 바뀌었음을 알 수 있다.

신문광고 시장에서는 도시형, 당/정부 기관지, 생활/소비형, 경제, 업계, 기타(스포츠, 시사, 사회 등)의 종류로 구분되는데, 이 가운데 도시형 신문광고가 신문광고 시장에서 75%로 가장 높은 비중을 차지하고 있고, 이어 당/정부 기관지 11%, 기타 4.2%, 생활/소비형 3.4%, 업계지 3.4%, 경제지 3.1% 등의 순서로 되어 있다.

---

3) 규모로는 1,500억 위엔으로 나와 있는데(채, 2006: 197), 이는 2,614억 위엔의 57%이지 76%가 아니다. 따라서 원저자에게 확인을 요하는 부분이나, 필자로서는 확인할 길이 없음을 밝힌다.

한편 잡지의 경우에는 패션, 경제, 생활, 자동차, 업계, 시사/사회, 기타의 7가지 유형으로 구분되는데, 각각이 차지하는 규모 비중은 패션(時尙잡지) 38%, 경제지 17%, 업계지 17%, 생활잡지 10%, 기타 8%, 자동차잡지 5%, 시사/사회형 잡지 4%의 순으로 되어 있다.

신문, 잡지 광고의 주된 품목은 TV광고와는 차이를 보이고 있는데, 부동산 〉 자동차 〉 소매 및 서비스 〉 전기통신 〉 약품의 순이다. 인터넷 광고는 2004년에 19억 위엔의 규모를 보였는데, 2005년의 인터넷 사용자가 1억 3천만 명을 돌파하여 전년대비 25%의 증가율을 나타냈다.

4) 대만 기업의 중국 시장 전략

'세계 시장', '세계 공장'이라 불리는 중국에는 여러 국가의 기업들이 시장 선점과 쟁탈을 위해 단순한 수출 방법에서 탈피하여 현지투자로 방향을 선회하고 있다. 주요국 기업들의 대중국 직접투자의 규모를 살펴보면 실제 투자금액 면에서 홍콩, 대만, 버진 諸島(tax haven), 싱가포르로 대변되는 화교 기업의 진출이 60%에 달하고 있다.

〈표 2-4〉 주요국의 대 중국 직접투자 규모

단위: 억 달러, 건

	실제 투자 규모	약정 규모	투자 건수
홍 콩	2,226(44.4%)	4,145(44.0%)	224,510(48.3%)
미 국	441(8.8%)	864(9.2%)	41,340(8.9%)
일 본	414(8.3%)	575(6.1%)	28,400(6.1%)
대 만	365(7.3%)	700(7.4%)	60,180(12.9%)
버진 제도	301(6.0%)	620(6.6%)	8,870(1.9%)
싱가포르	235(4.7%)	436(4.6%)	11,870(2.6%)
한 국	197(3.9%)	366(3.9%)	27,130(5.8%)
영 국	114(2.3%)	208(2.2%)	3,850(0.8%)
독 일	88(1.8%)	157(1.7%)	3,500(0.8%)
프랑스	61(1.2%)	79(0.8%)	2,300(0.5%)
전 체	5,012(100%)	9,431(100%)	465,270(100%)

원전: 중국 상무부, 外資統計

인용: 朱(2005), p. 22

홍콩의 대중 투자가 부동산과 서비스업 중심인데 반해 대만의 투자는 제조업 중심이라는 차이가 있다. 특히 대만 기업인 鴻海精密(Honhai Precision)의 중국 현지법인인 鴻富錦精密工業은 중국기업 가운데 수출 랭킹 1위를 달리고 있다. 뿐만 아니라 중국의 100대 수출 기업 중에 대만계 기업이 18개 회사나 포함되어 있다. 현재 중국에 거주하는 대만인들은 120만 명으로 이는 대만 본국 인구의 5%를 웃도는 규모이다.

〈표 2-5〉 대만 기업의 중국 투자 지역 분포

	투자 규모(억 달러)	투자 건수(건)
長江 델타	162(47.3%)	10,210(32.8%)
江蘇省	93(27.2%)	4,350(14.0%)
上海市	48(14.1%)	4,230(13.6%)
浙江省	20(6.0%)	1,620(5.2%)
廣東省	105(30.6%0	10,580(34.0%)
東莞市	35(10.3%)	1,250(4.0%)
深圳市	22(6.4%)	3,360(10.8%)
廣州市	13(3.9%)	2,420(7.8%)
기 타	34(10.1%)	3,550(11.4%)
福建省	30(8.8%)	4,190(13.5%)
福州市	12(3.5%)	1,600(5.2%)
廈門市	6(1.9%)	790(2.5%)
기 타	11(3.4%)	1,800(5.8%)
環渤海地域	26(7.6%)	3,270(10.5%)
北京市	7(2.2%)	800(2.6%)
天津市	7(2.1%)	930(3.0%)
山東省	6(1.7%)	790(2.5%)
기 타	5(1.6%)	750(2.4%)
기타 지역	19(5.6%)	2,890(9.3%)
전 체	343(100%)	31,150(100%)

주) 환황해지역의 기타에는 河北省과 遼寧省이 포함됨
원전: 대만투자심사위원회
인용: 朱(2005), p. 39

이렇게 막대한 대만 기업들의 중국 투자는 1990년대에 본격적으로 진행되었는데, 이는 대만 정부가 1991년에 중국에 대한 직접투자를 제3국 경유 조건으로 허가한 점이 촉매제가 되었다. 투자 업종은 섬유, 의류, 신발, 식품 등 노동집약적 전통산업이었고, 투자 지역은 대만과 지리적으로 인접하고 방언도 같은 福建省이나, 대외개방이 앞서있고 수출하기에 편리한 廣東省에 집중하였고, 투자 주체는 소규모 투자의 중소기업들이 중심이 되었다.

그 이후 1990년대 후반에는 석유화학, 전자전기, 기계산업 등 자본/기술 집약적 산업에서 산업기반이 정비된 江蘇省, 上海市에 대기업 중심의 투자 패턴 변화를 보였다. 2000년대에 접어들어서는 중국 경제의 고도성장과 WTO 가입에 의한 내수 시장의 확대, 대만 경제의 저조, 대만 정부의 대폭적인 규제 완화 등으로 대만 기업들의 중국 투자는 급증세를 보였다. 지역적으로는 광동성 중심의 華南지역에서 상해와 蘇州 중심의 華東지역으로 이동하고 있다.

대만 기업의 경쟁 우위는 독창적인 기술과 제품의 개발력에 있는 것이 아니라 양질의 제품을 저렴한 비용으로 대량 생산하는데 있다. 따라서 가격 경쟁력의 유지가 기업 존속의 필수 요소이어서 중국 진출을 불가피한 선택이다. 가장 경제발전을 이루어 다른 지역보다 임금수준이 높은 上海市, 廣東省, 江蘇省도 각각 대만 임금의 20.1%, 13.4%, 10.5%에 불과하다(朱, 2005: 73).

이들 중국 진출 대만 기업 중 수익을 거두고 있는 기업은 진출 기업의 2/3이며, 이는 대만의 상장기업 전체의 1/3에 해당한다. 이들은 투자 후 2-3년이 경과하면 투자원금을 회수하고 있다. 100% 단독투자가 전체 중국 투자의 49%를 차지하고 있는데, 이는 중국투자 외국계 기업 전체의 평균치 29.5%에 비해 월등히 높은 수치이다.

현지 인력의 채용에서는 미국이나 유럽계 기업보다 지명도가 낮아서 불리한 처지에 있기 때문에, 대기업은 일류대학과, 중소기업은 일반대학 및 내륙부 소재 대학들과 제휴하여 인력을 확보하고 있다. 이는 단순히 대학 캠퍼스에서 취업설명회에 의존하는 일본기업(일부 대기업 제외)과는 대조적이다.

생산 제품의 판매처는 수출이 55%(1999년 기준), 중국 내수가 45%의 비율이다. 그러나 식품 사업을 제외하면 화학, 고무, 기계, 금속 사업은 다른 수출사업의 원재료나 중간재로 들어가기 때문에 실제로는 대다수가 수출 용도라고 볼 수 있다. 이 경우, 우리나라와 동일한 제도(중국에서는 轉廠 또는 結轉이라고 부름)가 있어서, 수출용 최종제품에 공급된 부품에 대해서도 부가가치세(중국식으로는

增値稅)를 환급받을 수 있다. 단, 완성품 제조기업과 부품 생산 기업의 관할 세관이 상이할 경우에는 절차가 번잡스러워 여의치 않다.

인적 자원의 현지화에 관해서는, 투자 초기에는 현지 생산을 빠른 시일 내에 본 궤도에 올리기 위해 경영 간부와 기술자를 대만 본사에서 파견하였다. 특히 대기업의 경우에는 본사의 기업 문화를 중국현지 자회사에 이식하기 위해 간부를 대량 파견하였다. 대만 기업의 간부 파견의 특징은 현지에 아예 정착시킨다는 데 있다. 대만의 경기가 저조하고 실업이 증가하는 상황으로 인해 인재를 채용하여 중국에 파견하는 일이 용이해지고 있으며, 파견된 간부가 대만 본사로 귀국하더라도 보직받기가 여의치 않아서 정년 때까지 중국 현지에서 근무하지 않을 수 없다는 점도 작용한다. 정년까지 현지 근무를 시킨다는 점에서는 우리나라나 일본의 기업처럼 3-5년 단위로 현지 간부를 교체하는 것이 인적 자원의 현지화라는 차원에서 볼 때 불리하다고 볼 수 있다.

물적 자원의 현지화에 관해서는, 대만 기업들은 상류(up-stream) 산업 및 하류(down-stream) 산업의 업체들과 동반 진출함으로써 중국 현지에서 산업 연관 효과를 보고 있다. 따라서 부품 제조업체는 원재료 조달과 부품의 판매를, 완성품 제조업체는 부품 조달을 현지 진출한 같은 대만 기업에게 상호 의존하는 경우가 많고, 특히 대만 기업이 세운 집적지(industry cluster)에서는 모든 것이 대만 기업간에 완결되는 경우가 흔하다.

자본 조달의 현지화에 관해서는, 대만 정부의 규제도 원인으로 작용하여 중국의 현지은행을 통한 간접금융 또는 증권시장에 상장을 통한 직접금융에 의존하고 있다. 중국의 상해은행은 대만의 上海商業儲蓄銀行, 홍콩의 상해상업은행과 업무제휴를 통해 대만 기업에 대한 융자 업무를 전담하는 '香台業務部'라는 조직기구를 신설하여 2001년 4월부터 업무를 보고 있다.

특히 대만의 중소기업에 대한 융자에 중점을 두고 있는데, 2002년 5월 기준으로 20억 위엔을 대만 기업들에게 융자하였다. 주식상장의 경우 중국증권시장에 상장하는 일은 여러 가지 규제로 쉽지 않아서 3개 기업이 상장되어 있고(이 중에서 외국인투자자 대상의 B株市場에 1개사, 내국인투자자 대상의 A株市場에 2개사), 홍콩주식시장에 13개 기업, 싱가포르 주식시장에 2개 기업 등이 상장되어 있다. 경우에 따라서는 중국기업을 매수하여 우회상장을 꾀하는 대만기업들도 있다.

기술의 현지화에 관해서는, 중국에 설립하는 연구개발센터가 대만의 연구개발센터와 업무 분담을 하는 경우가 많고, IT산업에서는 대만의 연구센터를 통째로 중국으로 이전하는 일도 드물지 않다. 이전 목적은 중국내의 연구기관, 기술인력을 활용하고, 연구개발 비용을 절감하며, 현지생산을 지원하려는 데 있다.

大衆電腦(FIC)는 2000년에 소프트 네트워킹 산업이 집중해있는 북경에 통신용 소프트 연구개발센터, 반도체 산업이 집중해 있는 상해에 IC설계 연구개발 센터, 자사의 PC생산기지인 광주에는 컴퓨터관련 소프트웨어 연구개발센터를 각각 설립하였다. 물론 이러한 기술의 현지화는 대만의 대기업에 국한되며, 이들 중국 연구개발기구의 투입비용은 대만 기업의 총 연구개발비에서 14% 정도를 차지하고 있다(朱, 2005: 114).

5) 미주/구주 기업의 중국시장 전략

외국의 다국적 기업들이 중국 시장에서 경쟁할 때 부닥치는 문제가 바로 가격 효율성을 갖고 시장을 공략해야 하는 일이다. P&G는 시장 점유율로 보면 가장 성공을 거둔 외국기업이라고 하겠다. 7개 판매 품목(laundry detergent, hair care, baby care, feminine care, body washes & soap bars, skin care, dentifrice) 중 4개 품목에서 리더의 자리를 지키고 있고 나머지 3개 품목에서 강력한 2위 자리를 확보하고 있기 때문이다. P&G의 2003년 중화권 시장(중국, 대만, 홍콩) 판매액은 18억 달러로서 이 회사 총 판매액의 3.4%에 달한다. P&G 입장에서 보면 중국 시장은 2000년에 10번째 규모(2.5%, 10억 달러)이었으나 3년 만에 6번째 규모의 시장으로 성장한 셈이다(Penhirin, 2004).

1988년에 중국 시장에 진입한 이 회사는 전통적 방식 그대로 프리미엄 제품을 중국의 비교적 부유한 지역인 해안 지역 소비자들에게 공급했다. 그러나 매출의 신장세, 수익성 등의 측면에서 중간 소득 계층을 공략하지 않을 수 없었다. 그러다 보니 원가도 보다 저렴하고 지역 시장에 대한 지식도 보다 뛰어난 전국구 기업 내지 지역구 기업들과 경쟁이 불가피하였다. Hutchison Whampoa China와의 합작투자의 상대측 지분 20%를 마저 매입하는데 18억 달러를 지불한 것은 이런 전략의 수정에 대한 자신감으로 해석될 수 있다.

P&G가 개도국 시장에 전략적 우선순위를 부여한 것은 2000년 봄에 Lafly가 새로 CEO에 취임하고부터이다. 신흥 시장에서 거두는 이 회사의 매출액의 구성비를 보면 아시아 35%, 중화권(중국, 대만, 홍콩) 24%, 라틴 아메리카 35%, 기타 6%로 되어 있다. 중국은 규모가 큰 개도국이라는 점에서 초점을 받았고, 공략에 성공하기 위한 핵심적인 전략적 우선순위로 고객의 지불가능성(affordability), 저렴한 비용(lower cost), 광범한 제품포트폴리오 구성(broader portfolio), 개선된 유통 능력(go-to market capability) 등이 지목되었다.

본사의 최고경영진이 이들 전략적 우선순위에 개입한 점은 지역본부장의 성공에 중대한 배경 요인으로 작용하였다. 지역본부장들은 사업본부장들과 정규적으로 회합을 가지고 소비자, 고객의 부상하는 요구, 여러 시장을 횡단하는 공통의 과제 등과 같은 중요한 동향을 확인하며, 효과적 해법 개발을 위해 협동하는 글로벌 네트워크 협력 의식이 발달되어 있다.

중국 시장 공략에는 시장 자체의 규모뿐 아니라 다양성 면에서 어려움이 따른다. 다양성에는 소비자(부유 계층과 서민 계층), 지역(동부연안과 서부내륙), 유통 경로(글로벌 소매업체, 현대식 현지유통업체, 재래의 구멍가게, 키오스크 등) 등이 있다. 상하이, 베이징, 광조우 지역의 소비자는 홍콩이나 다른 선진국 소비자들이 찾는 경험과 제품에 아주 흡사한 것을 추구하고 있다.

이와 대극점에 있는 서부내륙 지역의 소비자들은 기본적인 기능상의 편익을 추구한다. 규모 자체가 엄청나기 때문에 세분화한 하위 시장 부문 하나하나가 크다는 점을 꼽을 수 있다. 중국 4대 도시만을 표적 시장으로 삼아도 3천만 명의 소비자가 된다.

현재 P&G 중국 시장의 수익성은 회사 전체의 평균치에 달하고 있다. 주주는 보다 높은 수익률을 요구하고 있기 때문에 중국 시장에서 리더가 되려면 중간 소비자층까지 표적을 확대해야 한다.

판매량 기준으로는 상위 가격의 제품이 15%, 중위 가격 제품이 30%, 하위 가격 제품이 55%이지만, 판매액 기준으로는 3자의 구성이 각각 30%, 40%, 30%이다. 판매액 기준으로 15%의 점유율을 확보하면 가격 프리미엄을 갖고 있다고 볼 수 있지만, 판매량 기준으로 5%의 점유율에 그친다면 지속가능한 경쟁우위를 지녔다고 보기 힘들다. 비용 구조가 비효율적이던가 아니면 가격 수준이 지나치게 높다는 의미이기 때문이다.

따라서 스킨케어 화장품 카테고리를 제외하곤 판매량 기준 점유율이 중요하다. 그러나 판매량 확대는 그에 수반되는 비용 구조를 회사가 받아들여야 하는 어려움이 있다. 비용 문제를 극복하고, 구매/제조/마케팅 면에서 규모 경제를 실현한다면 기업이 누릴 편익은 어마하게 될 것이다.

하나의 브랜드를 다수의 소비계층에서 성공시키려면 각 세분화된 하위 시장의 소비자 욕구를 이해하고, 제품 구성, 가격 설정, 소비자 커뮤니케이션에 초점을 맞추어 각 세그먼트의 특정한 욕구를 충족시켜야 한다. 가령 Crest 브랜드의 치약을 중간 소비자층에 침투시키기 위해 보다 값싼 크레스트 치약을 제공하는 것이 아니라, 향기가 다르고 반죽도 다르고, 충치 예방(cavity prevention)의 과학적 근거도 다른 크레스트 치약이 되어야 한다.

요점은 각 세그먼트에서 점하는 시장지위가 가시적으로 상이하여 고가 제품을 저가 제품이 희생양으로 삼는 제살깎기의 결과로 이어져서는 안된다는 점이다. 값어치 높은 제품을 값어치 낮은 제품으로 대체시키는(trade down) 구매 행동이 일어나도록 해서는 안된다.

개개 소비자들은 모든 세그먼트에서 구매를 한다. 동일한 한 명의 소비자가 화장품을 특정 세그먼트에서 구매하다가도 세제는 다른 세그먼트에서 구매하기도 한다. 여러 유통 경로에서 동일 브랜드의 제품에 대해 보다 값어치가 낮은 제품을 공급한다면 소비자는 크게 당황할 것이다.

제품의 표준화와 현지화 문제에서는 다루는 품목에 따라 선택을 달리 한다. 스킨케어 제품에서는 중국 소비자들이 최고 수준의 글로벌 제품과 기술을 소유하고 싶어 하기 때문에 SK-II, Olay 제품은 미국이나 일본에서 판매하는 것과 동일하다. 그런 점에서 글로벌 제품, 즉 표준화를 취한다고 볼 수 있다.

반면에 세제와 같은 품목에서는 소비자가 제시할 수 있는 가격 수준과 판매 가격 수준의 차이가 너무 현격하여 일부 성분을 생략하고 다른 성분으로 대체하는 식으로 표준화를 추구할 수는 없다. 따라서 중국 현지경쟁업체와 같거나 낮은 수준의 제조 원가를 구현하여 그들보다 우월한 다른 가치를 제공할 수 있도록 연구개발을 추진하고 있다. 이들 제품은 개발 초기 단계부터 일정한 비용, 가격 수준, 표적을 충족할 수 있도록 설정된다. 소비자 피라미드의 최고층만을 공략할 것이 아니라 핵심 계층인 주류 소비자들도 공략해야 한다.

이를 위해서는 해당 계층 소비자에 대한 이해를 높여야 할 것이고, 중국에 있는 연구개발 센터가 바로 이런 임무를 수행하고 있다. 가령 제품 개발 과정에서 중국의 향, 색상, 결을 사용한 제품을 시도하고 있는데, 소금이 치아 미백에 효과가 있다던가, 차가 거친 숨결을 다스리는데 효험이 있다던가 하는 중국의 전통 지혜를 살려 쟈스민향이 나는 크레스트 치약을 시판하고 있다.

촉진 전략 차원에서는 TV 광고가 갖는 중요성이 다른 선진국의 경우보다 더 크다. 따라서 중국 시장에서 리더가 되기 위한 미디어 선택은 TV가 중심일 수밖에 없다. 인쇄 매체나 라디오 광고는 꾸준히 증가하겠지만 침투율 면에서는 TV에 한참 처지며, 특히 메트로폴리탄을 벗어난 지역에서 두드러진다. 전국적 브랜드의 제품은 전국망의 CCTV를 이용하는 것이 필수이며, 지역 공략 시에는 Shanghai Media Group, Beijing TV 등의 도시 채널이 해당 지역에서는 상당한 효과를 발휘한다.

조직 구조 차원에서는 강력한 현지 조직의 구축이 전략적 명제이다. 이는 세계 어느 지역에서나 마찬가지인데, 우선은 우수한 본사 인력을 현지에 파견하여 본사의 지식과 지혜를 전수하는데 전념토록 한다. 중국 현지법인에는 4천명을 웃도는 인력이 근무하고 있는데, 이미 관리직의 상당수를 현지인이 맡고 있어서 파견 인력에 대한 초기 투자는 크게 줄어들었다. 훌륭한 인적 자원을 선발, 유지, 보상하는 길이 바로 굳건한 조직 구축인데, 특히 젊은 층 중국인들은 성공을 갈망하고 있다.

물질적 성공뿐 아니라 자아 성장을 중시하므로 P&G가 중국 시장에서 성공을 거두어 리더가 된다는 일은 이런 우수 인력의 선발, 유지, 동기부여에 중요한 도구로 작용한다. 인적 자원의 다양성 관리에도 힘을 쏟고 있는데, 성별 다양성, 파견인력과 현지 인력간 다양성, 중국본토인, 홍콩인, 대만인 간의 다양성이 바로 그것이다. 중국 주재 외국인력 수보다 외국 주재 중국인력 수가 많다는 점에서는 중국 현지법인의 인적 자원 관리는 무역 흑자라고 비유할 수 있다.

중국 사업에서 합작을 고려할 경우에는 보완해야 할 역량이 무엇인가를 검토해야 한다. 그런 보완자산의 확보를 위해 현지기업과 합작이 필요하다고 결정되면, 자사와 합작 상대가 추구하는 목표가 상충되지 않고 일관성을 지니는지에 대해 시간을 들여 평가해야 한다. 가령, 합작 상대의 현지기업 중 상당수는 고용인력의 유지라고 하는 목표를 가질 터이고, 외국의 다국적기업은 즉각적인 생산성 향상에 관심을 보일 수 있다.

6) 일본 기업의 중국시장 전략

일본의 자동차메이커 미츠비시자동차는 컴퓨터의 인텔처럼 중국자동차업계에 'Mitsubishi Engine Inside'의 전략을 전개하고 있다. 미츠비시의 완성차는 중국 현지 생산을 늦게 하는 바람에 2006년 판매 대수는 10만대, 시장 점유율 기준으로 15위에 불과하지만, 엔진 생산에서는 전혀 상황이 다르다. 1998년에 엔진합작사업을 시작하여 배기량 2천cc, 2400cc를 갖춘 선양미츠비시 (瀋陽三菱) 이외에도 하얼빈에 1,300-2,000cc의 엔진합작생산 공장을 갖추고 있다. 엔진 생산대수는 합계 30만대이다. 이는 2006년에 중국에서 판매된 토요타자동차의 완성차 대수와 같은 규모이다.

〈표 2-6〉 중국 승용차 시장 업체별 판매 순위(2006년 1월-6월 판매량 기준)

	판매대수
폭스바겐(독일)	281,613(69%)
GM(미국)	223,121(51%)
현대/기아자동차(한국)	199,380(27%)
奇瑞汽車(중국)	144,217(72%)
혼다(일본)	143,509(21%)
토요타자동차(일본)	112,553(109%)
一汽夏利(중국)	105,947(8%)
吉利汽車(중국)	105,823(58%)
닛산자동차(일본)	102,318(45%)
푸조/시트로엥(프랑스)	100,173(38%)

자료: 주간동양경제, 2007년 2월 3일자, 47쪽.

미츠비시자동차의 'intel inside' 전략이 시작된 것은 2002년에 중국 정부의 규제완화와 시장의 급격한 확대를 발판삼아 현지의 민족계 업체들이 자동차시장에 진입하면서부터이다. 자동차에 대한 기술력도 없이 시장에 뛰어든 민족계 기업에게 미츠비시는 구세주와도 같은 존재이었다.

미츠비시 주변에는 트랜스미션에서 배기가스 정화 촉매장치에 이르기까지 파워 트레인의 모든 부품을 다루는 공급망이 군집을 이루고 있기 때문이다. 이런 미츠비시의 핵심 부품 초점 전략이 빛을 보게 된 것은 2006년에 선양미츠비시의 출하 물량이 급증하면서부터인데, 이 시기는 바로 중국에서 '자주 브랜드, 자주 개발'의 붐이 일었던 때이다. 중국 정부가 민족계 자동차업체인 奇瑞汽車(안휘성 소재)에 자주 브랜드 자동차 개발을 위해 58억 위엔을 융자해준 것이다.

이러한 중국 정부의 정책적 지원은 기존의 국유 자동차업체에 대한 실망에서 나온 것이다. 중국 정부는 1990년대에 第一汽車, 東風汽車, 上海汽車의 3대 업체를 중심으로 대형 국유기업을 우대하는 정책을 실시하였다. 외국 자동차 업체들이 중국에 진출하려 할 때 이들 국유기업과의 합작을 요구하였고, 후발 민족계 업체는 무시하거나 도태의 대상으로 삼았다.

외국계 기업의 기술이전으로 자주 브랜드의 개발을 의도하였으나, 국유기업은 합작사업에 안주하여 내수 시장은 미국, 유럽, 한국, 일본의 다국적기업이 지배하게 되었다.

향후 전망을 보면, 상해기차는 영국의 로버사의 지적재산권을 매수하였고, 중국 내에서 가장 많은 수의 부품 자회사를 거느리고 있다는 점에서 생존 경쟁에서 살아남을 확률이 가장 높다. 그 다음으로 長安汽車는 중국 전역에서 고루 판매의 호조를 보이고 있다는 점이 생존 경쟁에서 유리하게 작용할 것이다.

반면, 제일기차와 동풍기차는 앞날이 험난해 보인다. 제일기차는 트럭의 자주 브랜드인 '해방'의 판매가 부진하고 승용차는 마츠다의 차대 기술에 의존하고 있어서 독자기술이 없다. 동풍기차는 닛산자동차, 푸조/시트로엥과의 합작사업에 몰두할 뿐 독자적인 경영자원이 없다는 점이 약점이다.

승용차 시장에서 현재 30%를 점하는 자주 브랜드의 점유율을 2010년에는 60% 이상으로 올리는 것이 중국 정부의 목표인데, 민족계 업체가 이를 수행할 것으로 기대된다. 〈표 2-7〉에서 보는 바와 같이 승용차 시장 판매 순위 (2006년 상반기)에는 3개의 민족계 브랜드가 포함되어 있다. 이들의 괄목할 만한 성장의 최대 무기는 가격 경쟁력에 있다. 동일 사이즈의 차량에 대해 외국업체의 자동차보다 5-10만 위엔 정도 저렴하다.

특히 5-8만 위엔 대의 경차(economy car)에서는 압도적인 지배를 보이고 있다. 월수입 800위엔의 공장근로자가 바겐세일로 2만 위엔의 奇瑞汽車 브랜드인 'QQ'를 융자로 구입할 정도로 중국의 마이카 붐은 대중화하고 있다.

〈표 2-7〉 중국의 민족계 자동차 업체

	奇瑞汽車(체리)	一汽夏利	吉利汽車(지리)	哈飛汽車(하페이)	比亞迪汽車(BYD)	華晨金杯汽車(Brillinace)	長城汽車(Great Wall)
본사소재지	안휘성	톈진시	절강성	흑룡강성	협서성	랴오닝성	허베이성
주주	지방정부	국유	개인, 상장주식	국유	개인, 상장주식	국유, 지방정부, 상장	개인, 지방정부, 상장
2006.1-6 판매량	144,217 (72%)	105,947 (8%)	105,823 (58%)	35,720 (61%)	31,263 (597%)	26,385 (320%)	18,088 (44%)
수출지역	러시아, 중근동	동남아 검토 중	러시아, 동유럽, 중근동	동남아시아	러시아, 남미, 동남아	아시아, 아프리카, 독일	러시아, 중근동 이탈리아

주) 회사명의 ( )안 이름은 해외에서 통용되는 브랜드 명칭으로서, 一汽夏利만 없음.
판매량의 ( )안 퍼센트는 전년 동기 대비 판매대수의 증가율임.
2위 업체인 一汽夏利를 제외하곤 상위 7개 민족계 자동차업체 중 6개 업체가 미츠비시 자동차의 엔진을 탑재하고 있음.
자료: 주간동양경제, 2007년 2월 3일자, 48-49쪽.

위의 표에서 알 수 있듯이, 중국 민족계 자동차업체들의 차량은 선진국 시장으로 수출하기에는 품질과 기술면에서 처지므로, 러시아와 중남미, 중근동 지역을 대상으로 한국과 일본업체들과 경쟁을 벌이게 될 것이다. 단지 성장률은 눈부시지만 수익성에서 문제가 있다. 민족계 1위인 奇瑞汽車조차 18만대 판매를 통해 8천만 위엔의 경상이익을 실현하는 데 불과하다.

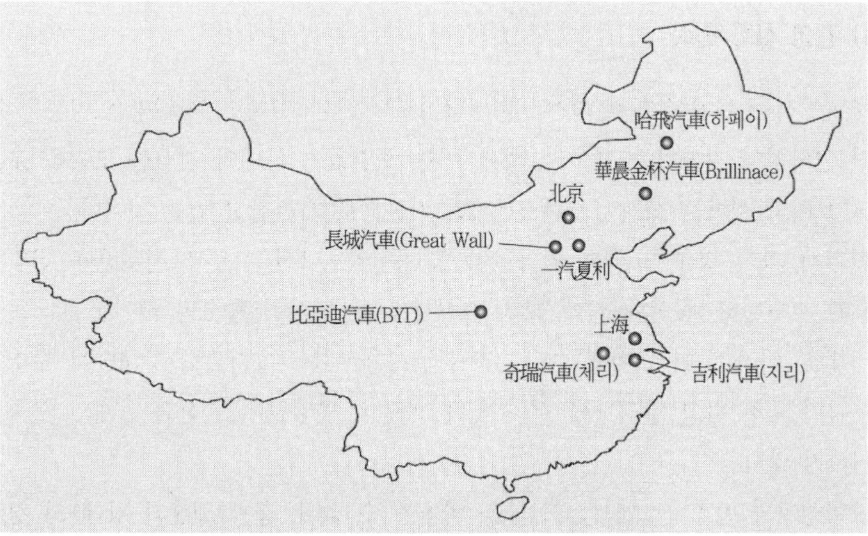

〈그림 2-6〉 중국 주요 자동차기업의 본사 소재지

3. 중국형 기업 경영

중국 상무부의 '中國投資指南'에 따르면, 2003년 중국의 매출 상위 100대 기업 가운데 1위는 중국석유천연가스집단공사(3,792억 위엔)이고, 외국계 기업은 필립스(22위: 584억 위엔), 모토롤라(26위: 471억 위엔), 상해폴크스바겐(35위: 362억 위엔), 상해제너럴모터(78위: 185억 위엔) 등 4개사뿐이다.[4)]

중국이 1978년에 개혁 개방 조치를 단행한 뒤 2004년까지 26년간 약 51만개의 외국투자기업이 설립되었는데, 투자 1단계(1991년까지)에서는 비용 절감을 목적으로 한 위탁가공 형태의 직접투자가 다수이었다.

4) 중국 정부의 허가없이는 회사명에 '중국'이라는 용어를 사용할 수 없다.

1) 경영 철학/전략

중국에서는 예전에 통신수단의 미발달과도 관계가 있지만, 상대방을 방문할 때 사전 연락없이 찾아가는 경우가 많다. 이는 꾸밈없는 상대의 진실한 모습을 보고 싶고 보이고 싶다는 생각이 교우 관계의 기본으로 자리잡고 있는 것이다.

따라서 자택 방문을 사전 연락없이 할 수 있느냐의 여부로 서로간에 친밀한 정도가 판단된다. 중국에서는 비즈니스에서도 첫 인상이 좋으면 헤어질 때 '後日登門拜訪' 이라 하여 찾아뵙겠다는 인사를 하게 된다. 그러므로 상대방이 주소를 묻는다면 주저 말고 알려주는 것이 좋다. 개인적 만남없이는 신뢰 관계의 구축은 용이하지 않다.

중국인과의 비즈니스에서는 선물을 빼놓을 수 없다. 홍백(결혼과 장례)의 경조사는 물론이고 아이의 출산과 만월, 만1세(우리나라의 돌에 해당), 유치원 입학, 학교 입학, 유학에서 성인의 생일(특히 숫자 5와 10이 들어가는 해의 생일), 승진, 정년퇴임, 이사, 입원, 신년(신정과 구정), 국경일, 단오, 중추절, 동지 등 1년 내내 선물의 시기가 있다. 선물을 줄 때는 가격의 고저에 관계없이 선물의 좋은 점을 강조함으로써 자신의 진지한 감정을 전하게 된다. 따라서 우리나라 식으로 '약소하나마...'와 같은 겸양의 표현을 하게 되면 중국인은 말 그대로 별 볼 일없는 선물로 받아들인다는 점에 유의해야 한다.

중국 기업의 경영 철학에 배인 노자의 도덕경 사상을 살펴보면, 대립/통일의 변증법적 발상이 있다. 이는 상대의 존재를 자기존재의 전제로 하는 것인데, 가령 상대를 자신의 세력 범위에 넣으려면 먼저 상대의 확장을 지켜보아야 하며, 상대 세력을 약화시키려면 먼저 상대의 강점을 용인해야 하고, 상대의 지위를 박탈하려면 먼저 상대에게 지위를 부여해야 한다는 이치이다(徐, 2006: 42). 또한 전쟁의 역사로 점철된 중국 역사에서는 내란, 외환 속에서 승리하기 위한 병법의 연구가 활발하였다.

가령 손자병법(기원전 6세기경 공자 시절의 孫武의 병법과 기원전 4세기경 맹자 시절의 孫臏의 병법의 2가지 원전)은 1660년에 일본어로, 1772년에 프랑스어로 각기 번역되어, 나폴레옹도 이를 탐독하였다고 하는데, 13편 6,500자로 구성되어 있다.

제1편 始計編에는, '손자 가라사대, 전쟁은 나라의 대사요, 병사의 생사를 가르는 땅이요 국가의 존망의 길이기도 하므로 진지하게 생각해야 한다(兵者, 國之大事, 死生之地, 存亡之道, 不可不察也).'고 되어 있다. 여기에서 전쟁을 경쟁전략, 국가를 기업, 병사를 종업원으로 치환한다면, '경쟁전략은 기업의 대사요, 종업원의 생활과 기업의 존망에 관계된 일이므로 진지하게 생각해야 한다.'고 말할 수 있다.

제3편 謀攻編에서는 '상대를 알고 나를 알면 백번 싸워 위태롭지 않고, 상대를 모르고 나를 알면 일승일패하며, 상대도 모르고 나도 모르면 싸울 때마다 위태롭다(知彼知己 百戰不殆, 不知彼而知己 一勝一敗, 不知彼不知己 每戰必殆).'고 되어 있다. 중국의 가전업체 하이얼이 일본시장에 진출할 때, 우선 자사의 강점과 약점을 파악하였다. 강점은 소형 냉장고와 소형 세탁기의 개발력 및 제조기술, 중국에서의 판매 네트워크이고, 약점은 일본시장 진입의 노하우가 없다는 것과 일본시장에서 판매망을 확보하고 있지 않다는 점이다.

반면 상대방인 일본의 산요(三洋)전기의 강점은 상급 가전품과 배터리에 대한 개발력, 제조기술이며, 약점은 중국시장에서 판매망을 확보하고 있지 못하다는 점도 간파하였다. 결론은 자사 브랜드를 고수하는 것을 전제로 산요전기와 포괄적 제휴를 맺는 것이었고, 이는 산요전기의 판매망을 통해 하이얼의 소형냉장고와 소형세탁기가 순조로이 일본시장에 흘러들어가는 결과를 가져왔다[5].

제5편 兵勢編에서는 '하천의 물이 커다란 돌을 흐르게 하는 것은 물 힘이 세기 때문이요, 금수가 매의 먹이가 되는 것은 습격이 빠르기 때문이다. 고로 싸움에 능한 장군은 좋은 시기를 이용하여 단숨에 공격하는데, 그 힘과 빠름은 쏜 화살과 같다(激水之疾 至於漂石者 勢也. 鷙鳥之擊 至於毁折者 節也. 是故善戰者 其勢險 其節短 勢如弓弩 節如發機)'고 하였다.

우세한 병력을 집중시켜 적의 취약한 부분을 철저히 공격하면 적은 전투력을 상실한다. 바로 모택동이 게릴라를 지휘하던 시절에 이 병법을 곧잘 활용하여 장

5) 산요전기 입장에서는 일본 소비자의 냉담한 반응을 우려하여 브랜드를 '산요 · 하이얼'로 표기하여 대리점에서 판매하였다고 한다.

개석 군대를 몇 번이고 쳐부수었다. 일개 벤처기업에서 출발하여 중국 제일의 IT 기업으로 발전한 聯想(Lenovo)은 외국기업의 PC 판매대리업을 수년간 하면서 자금을 축적한 뒤 PC 생산에 뛰어들었다. 그러나 선두기업과의 격차가 너무 심하여 면밀한 시장조사 끝에 PC 완제품이 아니라 PC 부품에 집중하여 시장에 진입하였다. 머더보드의 경우 시장규모는 크지만 이익률이 낮은 제품이면서, 동시에 높은 기술력과 노동집약적 특성을 지니고 있다.

1989년 이전에 세계의 머더보드 시장은 대만 업체가 장악하고 있었는데, 렌샹은 단숨에 최정예 개발팀을 투입하여 품질과 코스트 면에서 경쟁우위를 확보하여 시장점유율을 급속히 확대해나갔다. 현재 렌샹은 세계 제일의 머더보드 업체로 발전하는 성공을 이루었다.

제9편 行軍編에서는 '병졸이 군기에 익숙하지 않은 상태에서 군기 위반자를 벌하면 불복종을 초래하는데, 불복종하는 병졸은 부리기 힘들다. 병졸이 군기에 익숙하고 나서도 군기 위반자를 벌하지 않으면 그런 장교를 활용해서는 안된다. 고로 군령의 제정에는 다소의 여유를 두되, 군령의 실행에는 엄격해야 한다. 이리하면 전쟁은 반드시 이긴다(兵未親附而罰之 則不服 不服則難用也 卒已親附而罰不行 則不可用也 故令之以文 齊之以武 是謂必取).'고 되어 있다.

하이얼이 도산 직전의 중소기업에서 중국 제일의 가전기업으로 환골탈태하게 된 데는 윗글의 '군기'에 해당하는 경쟁과 출세의 규칙이 크게 기여하였다. 이 규칙은 문서화되어 전 종업원에게 책자로 배포하여 철저히 주시시켰다. 종업원들은 자신이 어디까지 열심히 하여 얼마만큼의 실적을 내면 어떤 보상과 지위를 얻게 되는지를 이해하게 되었다.

임시 직원도 실적을 낸다면 임금 인상과 승격을 받게 되며, 경영 간부라 하더라도 목표를 달성하지 못하면 엄한 벌을 받는 신상필벌 원칙이 적용된다. 2002년 2월의 그룹경영회의에서는 사업부장급 이상 58명의 간부 중 13명이 엄한 처벌을 받았는데, 면직 3명, 강직 6명, 시간한정의 업무개선명령 4명이었다.

36계 병법은 저자미상인데 전법의 풍성함에서는 손자병법의 13편에 비해 36계이므로 압도적이고, 무엇보다 4자 성어 내지 3자 성어로 외우기 쉽다는 장점이 있다.

제2계가 圍魏救趙인데, 이는 사마천이 쓴 史記에 유래하는 병법이다. 기원전 354년 위나라 혜왕이 조나라 수도를 공격해오자 조나라는 동쪽의 이웃 국가인 제나라에게 원군을 요청하였다. 제나라는 田忌를 총수로, 손빈을 軍師로 하여 군대를 파견키로 하였다. 전기가 위나라 군대와 결전을 벌이려 하자 손빈은 말하기를 "위나라는 정예부대를 모두 조나라 원정에 파견하였으니 국내에는 병력이 별로 남아 있지 않다. 위나라 수도를 공격한다면 위군은 조나라에서 철수하여 수도로 돌아올 것이다." 실제로 위군은 회군하였으나 도중에 잠복해 있던 전기의 군사에 포위되어 대패하고 말았다. 조를 구한다는 직접적인 목적은 위를 포위하는 간접적인 행동으로 성취된 것이다.

일본 기업의 사례이긴 하지만, 전자업체 샤프와 유통업체 이온 간에 대만제 액정TV의 특허 침해 건을 둘러싼 분쟁을 보면, 샤프는 자사가 보유한 액정제조 특허를 대만업체가 침해하였다고 보고 해당 대만산 액정 TV를 판매하고 있는 이온에게 매장에서 철수시킬 것을 요청하였다. 이온이 순순히 응하지 않자 이온과의 협상을 2시간 만에 중단한 샤프는 다음날 동경세관에 대만제 액정 TV의 수입을 차압할 것을 신청하였고, 결국 이온은 샤프의 요청을 받아들였다.

여기서 조나라는 이온의 매장에서 특허침해의 혐의가 있는 대만제 액정 TV를 철수시키는 일이고, 위나라는 대만의 액정 TV 제조업체라고 볼 수 있다. 샤프가 이온만을 상대로 협상을 벌였다면 장기전으로 이어졌을 것이다.

제32계는 空城計인데, 三國志演義 蜀志·諸葛孔明傳에 보면, 제갈공명은 司馬懿(사마의)를 공격하기 위해 대본영인 양평성에는 1만의 수비 부대를 남겨두고 주력부대는 모두 정벌 부대로 파군하였다. 20만 대군을 끌고 온 사마의 군사들과 길이 엇갈려 위연의 군대는 다른 방향으로 나아가는 통에 사마의의 대군은 저항 한번 받지 않고 陽平城에 근접하였다. 지원군을 기다리는 것이 무리임을 안 제갈공명은 부대의 활동을 일체 정지시키고 외출을 금하였으며, 성문을 열어놓고 여러 명의 노인에게는 길을 청소토록 일일이 지시하였다. 그런 뒤 제갈공명은 혼자 성 위에 올라가 유유자적하게 거문고를 켰다. 이 광경을 본 사마의는 성 안에 복병이 있을 것으로 여겨 공격을 하지 않았으며, 거문고 소리에 흐트러짐이 없자 결국 철수하고 말았다. 이것이 바로 제갈공명 1인이 20만 대군의 공격을 막아낸

공성계의 출전이다.

위기일발의 상황에서 목숨을 건져낸 심리전의 전형으로서, 제갈공명의 주도면밀한 계산과 발군의 대담성이 없었더라면 지극히 위험한 병법인 것이다. 만약 사마의가 복병이 있음에도 우군이 압도적인 전력상의 우위를 지녔으므로 공격하라는 명을 내렸더라면 제갈공명의 운명은 달라졌을 것이 분명하다. 중국의 비즈니스 세계에서는 공성계를 곧잘 사용하는데, 광동성의 어느 전기기기 메이커가 신제품 개발을 막 마치자마자 '광저우 수출품 견본 전시회'가 개최되었다. 기회를 놓치지 않으려고 서둘러 출전하였으나 광고와 카탈로그 준비가 깔끔하지 못했고, 지명도마저 없으니 방문객이 뜸하였다. 자사의 신제품에 자신을 지닌 사장은 3일째에 행동을 개시하였다.

직원을 손님으로 가장하여 부스를 빈번히 방문케 하고 정오쯤에 '내년 상반기 주문은 매진되어 하반기에 납품할 수밖에 없으니 이점 양해해주시기 바랍니다.'라는 글을 내다 부쳤다. 늦은 오후에는 '내년 하반기 주문은 매진되어 내후년에나 출하 가능하니 이 점 양지해주시기 바랍니다.'라는 알림을 내걸었다. 4일째가 되자 이 회사 부스의 움직임에 주목한 진짜 손님들이 다수 방문하여 사장은 특별우대조치로서 납기 단축이라고 하는 고객의 요청에 부응하였다. 결과적으로 많은 주문을 받아내어 공성계를 응용한 상술은 효과를 보았다. 여기서 한 가지 주의할 점은 뛰어난 기술을 지닌 신제품이 존재한다는 점이 상담의 전제가 되어야 한다는 것이다. 그렇지 않으면 이는 사기가 된다.

2) 경쟁 우위

중국의 집단소유제 기업은 중국 특유의 기업 형태로서 집단이 공동출자하여 소유하는 기업이지만, 실제로는 특정 행정부서가 만든 기업으로서 모기업이 해당 행정부서가 되며, 국가 예산에는 들어있지 않은 공기업이 대부분이다. 도시지역의 區 이하의 행정기관, 농촌지역의 縣 이하의 행정기관이 만든 기업은 거의 집단소유제 기업의 형태이다. 민간기업은 개인이 출자한 기업으로서 주식회사 형태는 적으며 오너형의 기업이 다수인데, 이들 오너는 職人의 솜씨를 갖춘 인물인 경우가 많다. 이들 민간기업은 자본과 경영의 노하우를 축적하고 나면 M&A를 통해 그룹 기업으로 성장하는 경향이 강하다.

집단소유제 기업과 민간기업 중 일부는 해외 진출을 통해 다국적기업으로까지 발전하기도 하는데, 이들 기업의 공통된 경쟁 우위는 강력한 리더십과 매력적인 인센티브 시스템에 있다. 하이얼은 張瑞敏이라고 하는 강력한 리더의 존재와 종업원 전원의 창조성 발휘를 위한 인센티브 시스템을 가동하고 있다. 인센티브는 단순한 금전 지급이나 스톡옵션이 아니고 철저한 권한부여(empowerment)와 승진기회, 장려금이다. 그 결과 20대의 공장장, 30대의 사업부장, 40대의 그룹 부총재를 드물지 않게 발견할 수 있다. 이들 출세 인물들은 공모와 公選에 의해 뽑힌 것이다.

경쟁 우위의 원천인 지식창출에 대해서도 중국기업은 개인 중심의 지식창출에 강점을 보이고 있다. 중국에는 예로부터 하늘에는 玉皇上帝라는 신이 있지만 인간 세상에는 신이 없다는 전통이 있다. 전쟁에서 이기면 누구라도 제왕이 될 수 있다는 의식이 자리잡고 있으며, 실제로 漢나라 高祖인 劉邦은 지방의 하급 관료 출신이고, 원나라를 멸망시킨 명나라 태조인 朱元璋은 가장 천한 신분인 거지 출신이고, 명나라에 항거한 李自成도 마부이었으며, 근대에 와서는 蔣介石이 빈곤층 출신이고, 毛澤東이 농민의 자식이다.

중국은 자연환경 면에서는 국토가 넓어서 자연과 힘겹게 싸우는 것보다는 잠시 다른 곳으로 피난삼아 이주하는 편이 낫다는 생각이 있어서 모두의 힘을 합치지 않고서도 그럭저럭 위기를 넘길 수 있었다. 중국의 속담에는 '寧爲鷄首 不爲牛尾'(소꼬리보다는 닭벼슬에 서는 편이 낫다)라는 말이 있는데, 대기업의 말단으로 일생을 보내느니 조그만 회사라도 사장이 되는 편이 낫다는 사고방식이다. 이런 풍토와 문화가 개인 중심의 지식창출을 조성하고 있다.

이러한 개인 중심의 지식창출을 지탱하는 것이 교육제도인데, 중국은 지난 20년간 경제 개혁과 더불어 교육 개혁을 지속적으로 추진해왔다. 학교 자주권의 확대, 배속제의 폐지, 교원대우의 개선, 외국대학과의 공동운영, 사립대학의 설립 허용, 대학 재편 등의 일련의 개혁을 통해 대학 입학생은 1983년 39만 1천명에서 2004년 447만 3천명으로 무려 11배나 증가하였다(徐, 2006: 81-82).

대학원 과정의 발전도 눈부시어 1981-83년 중에 석사학위 취득자 1만 8천명,

박사학위 취득자 29명이었는데, 이는 연평균 6천 명 정도가 대학원에 진학한 것이다. 그러던 것이 2004년에는 32만 6천명이 대학원에 입학하는 급성장을 보였다. 특히 경영학석사(MBA) 과정[6]이 주목을 끄는데, 외국계 기업의 중국 진출이 증가하면서 경영자와 상급 관리자의 부족이 눈에 띄었고, 이에 중국정부와 대학들이 조속히 대응책을 마련하게 되었다.

1991년 중국 교육부는 9개 대학의 관리학원에 시험적으로 비즈니스 스쿨과 MBA 과정을 허가하였다(북경의 淸華大學과 中國人民大學, 상해의 復旦大學과 上海財政大學, 천진의 南開大學과 天津大學, 동북지역의 하얼빈공업대학, 서남지역의 西安교통대학, 동남지역의 아모이대학).

1993년에는 다시 북경대학과 상해교통대학 등 17개교가 MBA 시험대학으로 지정받았고, 1998년에는 30개 대학에 추가 신설을 허가하였다. 2005년 11월 기준으로 중국에는 90개를 웃도는 MBA 과정이 있다.

중국의 MBA 교육의 특징으로는(徐, 2006: 92-95), 첫째, 외국의 교육자원을 활용하고 있다. 우리나라의 경영대학에 상응하는 것이 管理學院인데, 중국은 문화대혁명 이후 극좌 사상의 영향으로 인문, 사회계열 학과의 부활이 자연계열 학과보다 더뎠다. 가장 먼저 관리학원이 생겨난 대학도 1984년의 일이고 보니 MBA 과정을 개설해도 가르칠 교수진이 부족하여 외국 대학의 지혜를 빌리게 되었다.[7]

---

6) 세계 최초의 MBA는 1881년에 세워진 펜실바니아대학(University of Pennsylvania) 와튼(Wharton)스쿨이다. 2차 대전 후에 제대 군인의 대학 복귀와 경제 부흥이 겹쳐 1945-54년의 10년간 56개교가 과정을 개설하였고, 현재 725개교에서 매년 9만여 명의 MBA를 배출하고 있다. 유럽에서는 프랑스의 INSEAD가 1959년에 최초로 세워지고 나서 런던비즈니스 스쿨 1965년, 스위스의 IMD가 1972년이며 90년대에 들어서서 개설이 본격화되어 영국의 캠브리지대학이 1990년, 옥스퍼드대학이 1996년에 각각 개설하는 등 현재 유럽 전역에 250개교가 MBA 과정을 운영하고 있는데, 이중 120개교가 영국에 있다. 일본의 최초의 MBA는 1978년 케이오(慶応)대학의 경영관리연구과가 대기업의 간부후보생의 위탁교육 중심이었고, 2004년 8월 기준으로 24개교이다. 이중 18개교가 1995년 이후 생겨났으며, Economist International Unit가 발표한 세계 베스트 비즈니스 스쿨에 들어간 대학은 국제대학(2005년 88위)뿐이다. 이 중 파트타임 학생만을 받아들이는 학교가 13개교이며, 입학정원도 평균 60명이라서, 미국의 평균 610명[232명(다트머스 칼리지)-1,500명(시카고대학)]의 1/10에 지나지 않는다(徐, 2006: 89-91).

7) 청화대학은 MIT대학의 Sloan School과, 중국인민대학은 뉴욕주립대 Buffalo 대학과, 상해교통대학은 EU·유럽경영발전재단과 제휴하였다. 특히 CEIBS(China Europe International Business School)은 상해시와 EU의 공동출자로 1994년 11월에 상해의 푸둥(浦東)지구에 설

특히 중국 교육부가 1997년에 교육부 직속의 중점대학에 국제MBA(International MBA; IMBA) 개설을 허가함으로써 국제교류는 더욱 활발하게 되었다. IMBA는 영어수업, 외국 비즈니스 스쿨 개발의 교재와 사례 사용, 3학기의 최소 1개월 해외 협력대학에서 수강, 수료 후 쌍방 대학으로부터 동시 MBA학위 수여[8] 등의 특징을 갖고 있다.

둘째, 양에서 질로 전환을 도모하고 있다. 1997년부터 중국 교육부는 MBA입시 전국통일시험(GRK)를 실시하고 있는데, 수학, 중국어, 영어, 논리학 등이 시험과목이며, 정기적으로 각 대학의 MBA 과정의 질에 대한 査定도 하고 있다. 2004년의 모집 정원은 12,000명으로 성장하였다.

3) 하이얼 사례

하이얼의 사장 張瑞敏씨는 1949년 산동성 태생으로 고교 1년 때 문화대혁명이 시작되어 대학 진학을 못한 채 칭따오(靑島)시의 건축금속공장에 배속되어 견습공 생활을 시작하였다. 이후 靑島市家電公司의 부사장까지 승진하였고, 1984년 12월에 靑島日用電器(하이얼의 전신)라고 하는 집단소유제 기업의 사장에 임명되기에 이르렀다. 집단소유제는 실질적으로는 지자체가 출자하여 만든 기업이 대부분인데, 국가 예산에 들어가지 않는 공기업은 모두 집단소유제 기업이다. 이들 집단소유제 기업은 원래 자금이 부족한 상태인데다 중앙정부가 투자하지 않기 때문에 설비투자의 여력이 없고, 인재 부족으로 기술력, 관리력, 판매력 모두 취약하다.

저학력 종업원들은 소질이 떨어져서 제품의 품질이 열악하고 국유기업(원래는

립하여 상해교통대학과 유럽경영발전재단이 공동 운영하는 기관으로서 전세계에서 전임교원을 공모하였고(33명 중 중국국적, 북미국적, 유럽국적이 각각 1/3씩), 입학생의 평균 GMAT점수 664점, 여학생이 33%, 외국유학생이 16.5%, 여름방학과 겨울방학 없이 18개월의 풀타임 프로그램, 학년 정원 128명, 중역대상프로그램(EMBA) 수강생까지 포함하면 1,020명이 재학중에 있다. 북경과 선전(深圳)에도 사무실을 두고 있다. Economist Intelligence Unit의 2005년 10월 MBA 평가에서 세계 92위를 차지, 같은 해 1월 Financial Times의 평가에서는 세계 22위 및 아시아 1위(EMBA는 세계 13위)를 기록하였다.

8) 복단대학은 MIT Sloan School of Management와 워싱턴대학의 경영대학원, 홍콩대학 등과 공동학위를, 북경대학은 싱가포르국립대학과 공동학위를 수여하고 있다.

국영기업이었으나 경영을 개인에게도 허용함으로써 국유기업으로 명칭 변경)과 비교하면 모든 면에서 뒤처지는 기업이다. 그러나 장서민 사장은 이런 집단소유제 기업의 불리함을 오히려 유리함으로 반전시키는 노력을 기울였다. 중앙정부의 간섭이 없으니 자기 의지대로 통제할 여력이 크고, 쳐진 인력은 능력개발을 통해 육성하면 될 것이고, 부족한 자금은 은행이나 민간으로부터 융자하면 되며, 빈약한 기술은 외국기업으로부터 도입하면 해결될 수 있다는 생각이다.

결과적으로, 종업원 600명, 二槽式 세탁기가 유일한 생산품이었던 기업은 종업원 51,000명, 96개 품목의 제품, 해외에 30개 생산공장, 연결매출액 1,016억 위엔의 중국 제일의 가전업체로 대변신하였다.

이러한 가공할 변신의 성공은 우선 최고경영자의 경영 능력에 기인하는 바가 크다. 그전에 취임한 3명의 사장은 회사의 재건을 단념하고 몇 개월 만에 그만두고 말았다. 장서민 사장은 靑島市家電公司 부사장 재직시 기술혁신을 담당했기 때문에 청도일용전기와 관계하고 있었기에 이 회사의 문제점을 누구보다 소상히 알고 있었다. 장 사장의 경영 정책을 살펴보면 다음과 같다(徐, 2006: 151-176).

첫째, 守成보다는 공격의 전략을 취하였다. 적당히 경영하다가 원직으로 복귀한다는 방어적 자세에서 벗어나, 냉장고 생산을 시작한 때부터 중국 제일의 시장점유율을 확보하겠다는 공격적 자세를 보였고, 경상 이익이 5천만 위엔에 불과한 시점에서 15억 위엔이 들어가는 '칭따오 하이얼 산업단지(industrial park)'를 건설하여 정부와 업계, 학계를 모두 경악케 만들었다. 혁신을 위해서라면 어떠한 곤란도 극복해야 한다는 소신의 결과이다.

둘째, 매출보다는 브랜드를 중시했다. 외국 업체들이 중국 전역을 누비는 모습을 본 장 사장은 브랜드가 회사의 생명이며, 브랜드의 수보다는 질이 중요하며, 한번 소비자의 신뢰를 상실한 브랜드는 부활하지 못한다는 점을 배웠다. 먼저 손을 댄 것이 냉장고 사업을 개시하면서 중국 최고의 브랜드로 육성하기 위해 7년간 오로지 냉장고 제품 하나에 전력을 기울여 품질 향상과 애프터서비스에 만전을 기하였다. 당시 업계의 관행은 품질 수준에 따라 1등품, 2등품, 3등품, 등외품으로 구분하여 시장에 출하하였는데, 1985년에 한 소비자로부터 품질 결함의 클레임이 들어왔고 재고를 점검해보니 76대의 냉장고에서 같은 결함이 발견되었다. 이에 장 사장은 76대 전부를 망치로 부셔버림으로써 '결함있는 제품은 폐품'이라는 슬로건을 내세워 종업원 전원에게 품질의식을 환기시키고, TQM을 추진하였다.

셋째, 가격 인하가 아니라 가격 인상의 전략을 구사했다. 중국은 경제 개혁, 개방 후 중앙정부의 행정지도하에 각 성, 직할시, 자치구가 외국기업의 가전제품 생산라인을 도입하여 지역의 핵심 산업으로 육성하였다. 그러나 시장 개방의 가속화로 외국업체가 직접투자를 개시하고 합작사업을 전개하였고, 선진국의 불황과 동남아시아의 금융위기까지 겹치면서 중국 시장에서 내외 기업들의 쟁탈전은 불을 뿜어냈다. 공급이 수요를 초과하는 현상이 발생하였는데, 2000년의 컬러TV 판매대수는 1,600만대이었으나 생산대수는 4,000만대이었다. 결국 생산량의 60%에 달하는 재고처분을 위한 20-30%의 가격인하 전쟁이 벌어졌는데, 이에 하이얼은 가격인하를 거부하고 가치 경쟁을 선포하였다. 상품의 품질, 기능, 개성, A/S (주야불문하고 고객이 전화를 주면 24시간 이내에 방문하는 '24시간 전화서비스'라든가, 주문전화 1통만으로 상품 배달과 설치까지 무료로 해주는 '제로 거리 서비스' 등)를 통한 부가가치의 제고로 오히려 냉장고 판매가를 12% 인상하는 조치를 취하였다. 일류의 상품, 일류의 서비스는 일류의 대가를 받아야 한다는 발상으로 결국에는 소비자의 애착을 사는데 성공했다.

넷째, 객관적 계절 요인이 아니라 주관적 관념 요인을 추출하여 부진을 타개했다. 수년 전까지만 해도 중국에서는 여름이 되면 세탁기의 판매대수가 줄어들었다. 여름에는 사람들이 세탁기를 사용하지 않는다는 것이 판매원의 설명이다. 이에 납득하지 못한 장 사장은 보다 상세한 조사를 지시했다. 여름에는 땀이 많이 나서 매일 세탁을 해야 할 지경인데, 시판 중인 세탁기는 5kg짜리뿐이어서 티셔츠 한 장, 양말 한 켤레는 세탁기보다 손으로 빠는 것이 훨씬 낫다는 것이다. 하이얼은 1.5kg짜리 세탁기를 신발매하여 여름철 히트 상품으로 자리잡았고, 현재는 1.5kg에서 0.2kg씩 늘려 12 규격의 세탁기를 제조하고 있다. 계절 요인은 객관적으로 존재하지만, 이런 객관적 요인에 구애받으면 수동적인 결론밖에 도출되지 않는다. 이면에 담긴 본질적 요인, 주관적 요인을 추출해낸다면 능동적인 결론이 나올 수 있다.

다섯째, 안이한 자기만족 대신 끊임없는 혁신을 위한 자기부정의 자세를 견지했다. 장 사장에게 자기부정은 창조적 파괴를 의미한다. 신제품이 출시되면 소비자의 의견을 청취하여 제품 개량에 질주한다. 이렇게 함으로써 경쟁기업의 모방을 차단하는 효과를 거둘 수 있다. 경쟁사의 모방을 소송으로 해결하려면 너무도 번잡스럽기 때문에 아예 따라오지 못하도록 지속적인 개량을 선택하는 것이다. 중국 내륙부의 어느 소비자가 세탁기의 수리를 의뢰하여 A/S기사가 나가보니 세탁기의 불량이 아니라 사용법에 문제가 있었다. 의류를 넣어야 할 세탁기에 진흙투성이의 토란을 넣어 씻는 바람에 배수관이 막히고 말았다. 하이얼은 농촌 지역에서 이런 수요가 있다면 이를 충족시키지 못한 자사 제품에 문제가 있는 것이라고 판단하여 농촌 지역을 표적으로 한 토란, 야채 전용 세탁기를 개발하였는데 이것이 히트 상품으로 발전했다. 이 밖에도 양말 한 켤레라도 세탁할 수 있는 미니세탁기, 미국대학생을 대상으로 한 데스크 일체형 소형이동냉장고, 가정용 와인쿨러, 한국시장을 표적으로 한 김치전용냉장고 등은 소비자의 의견을 청취하여 개발한 상품들이다. 하이얼의 홈페이지에는 'user order'라고 하는 창구가 있는데, 소비자가 좋아하는 상품을 스스로 디자인하여 하이얼에 주문할 수가 있다. 가령, 냉장고 문에 자기네 결혼기념 사진을 인쇄해달라든가, 부엌 공간에 맞는 폭이 좁은 냉장고를 만들어달라든가 등의 주문 예가 있다. 이는 기술의 고도화가 아니라 개성화에 의한 고객만족이 된다. 기술의 고도화는 개발에 많은 비용이 투입되지만 기술의 개성화는 기존 기술을 응용한 것이라서 추가 비용없이 부가가치를 올릴 수 있는 방법이다.

여섯째, 어려운 일을 먼저 취하고 쉬운 일을 나중으로 하는 사업 전개 방식을 취하였다. 사실은 신규 사업을 전개할 때 처음에는 쉬운 일로 시작하여 어느 정도 경험을 쌓고 나서 어려운 일을 하는 것이 보다 합리적이고 리스크를 최소한으로 할 수 있다. 반면에 처음에 어려운 일부터 시작하면 도중에 곤란에 직면하게 되고 원만한 진척이 여의치 않게 되지만, 일단 이 고비를 넘기게 되면 그 다음부터는 빠른 속도로 일이 전개될 수 있다. 어려운 일을 먼저 취하는 방식은 서투르게 할 경우에는 회사를 망칠 수 있으므로 주도면밀한 전략과 대담한 용기를 지녀야만 실행가능하다. 장 사장이 취임하여 최초로 단행한 결단은 냉장고 생산이었다. 제조기술도 인력도 없는 상황에서 4성급 냉장고 제조기술을 보유한 독일의 Libeheer사로부터 기술을 도입하였다. 이처럼 무모한 행동을 하게 된 배경에는 세탁기의 실패에서 얻은 교훈이 있다. 즉 신제품은 탄생 시부터 시장을 선도하여 주도권을 장악해야 한다는 사실이다. 국제화 전략을 추진할 때도 마찬가지였다. 냉장고를 독일에 수출하기란 무척이나 어려운 과제이었다. 독일의 냉장고 품질기준은 유럽에서 가장 엄격하여 시장 진입이 높다. 장 사장이 먼저 취한 일은 개발 인력을 총동원하여 독일의 VDE와 GS 두 인증을 획득하는 것이었다. 그 결과 냉장고는 독일뿐 아니라 유럽 전역으로 수출할 수 있게 되었다. 마찬가지로 세탁기 기술은 일본에서 도입하였는데, 수년에 걸친 개발 끝에 일본의 SMAR 인증을 취득하여 소형세탁기의 일본 상륙을 성공적으로 마칠 수 있었고, 다른 선진국 시장에서도 인정받게 되었다.

일곱째, 한 우물 파기에 성공한 뒤에는 다각화 전략을 채택하였다. 7년간의 노력 끝에 냉장고 시장에서 중국 제일의 자리에 오르게 된 하이얼은 1992년부터 다각화를 전개하였다. 우선 핵심기술과 관련성이 높은 와인쿨러와 에어컨의 제조를 개시하였고, 그 다음에는 관련성이 낮은 컬러TV와 전자레인지 사업으로 확장하였고, 나중에는 관련성이 없는 IT 부문에 진출하여 PC와 휴대전화 사업에도 손을 대었다. 심지어 보험업, 금융업에도 진출하면서 내외의 주목을 끌었는데, 이 분야로 진출하게 된 계기는 GE의 연결이익의 40%가 금융자회사에서 나온 것이라는 점을 알게 된 점이다. 그런데 다각화의 주된 방법이 M&A라고 할 때 여기에 소요되는 막대한 자금의 동원이 문제가 된다. 하이얼은 假死魚를 잡아먹는 이론을 활용하여 자체 자금 투입을 제로 내지 극소로 하였다. 假死魚란 기술이나 설비 등의 하드 측면은 양호한데 경영이 취약하여 위기에 빠진 회사를 말한다. 하이얼은 이처럼 가사 상태에 빠진 기업에 자사의 경영노하우와 기업문화를 이식하여 곧바로 부활시키는 능력을 발휘하였다. 일례로 청도시에 있는 紅星電器는 종업원 3,500명에 연간 70만대의 세탁기를 제조하는 중국 3대 메이커 중의 하나이었으나 경영의 취약으로 1억 6천만 위엔의 적자를 내어 假死 상태에 빠졌다. 단돈 일원도 내지 않고 홍성전기를 흡수, 합병하여 청도하이얼세탁기유한회사를 설립하였는데, 3개월 뒤에 적자에서 벗어나고 6개월 뒤에는 150만 위엔의 순이익을 달성하였다.

여덟째, 해외진출로 외국기업의 공세에 대응하였다. 많은 중국기업은 외국계 기업의 중국 시장 진입에 대해 경쟁력의 열세로 퇴출당할 것을 우려하여 외국기업과의 합병을 통한 생존을 모색하였으나, 하이얼은 자사 브랜드 우선, 과반수 의결권 확보 등의 조건을 받아주는 외국기업하고만 합작한다는 방침에 따라 불과 3건의 합작에 그쳤고, 그 대신 해외진출에 눈을 돌렸다. 다른 중국기업들은 정부의 세금 및 외환의 우대조치의 혜택을 받으려고 무분별하게 출혈 수출을 하여 중국제품의 국제시장에서의 이미지 실추를 가져오거나, 또는 외국기업의 브랜드에 Made in China를 단 상품 수출에 의지한 반면, 하이얼은 브랜드 창출을 위해 해외시장에 진출하였다. 1992년 이후 ISO 9000, ISO 9001, ISO 14001, 미국의 UL, 캐나다의 CSA, 일본의 SMAR 등의 국제인증을 취득하여 상품 수출의 '비자'로 활용하였다. 하이얼은 시장있는 곳에 공장을 만든다는 방침하에 1996년부터는 인도네시아, 필리핀, 말레이시아, 이란, 미국, 파키스탄, 방글라데시, 이탈리아, 일본 등에 자회사를 세웠다.

아홉째, 競馬論의 인사정책을 실시하였다. 하이얼은 종업원 전원의 의식 환기와 창조성 개발을 위해 모든 사람이 인재라고 하는 방침에 따라 각각의 직무 수행에 걸맞는 인재를 사내에서 개발하는 인사전략을 채택하였다. 기업에게 결여되어 있는 것은 인재가 아니라, 인재가 자라는 환경이라는 인식하에, 장 사장은 借力論을 펼쳤다. 기업 경영이란 타인의 힘을 빌리는 것으로서, 사장 혼자서 아무리 힘써도 모든 일을 다 잘할 수는 없다는 논지이다. 타인의 힘을 얼마만큼 빌릴 수 있는가에 따라 사장의 우수성이 판단되므로, 힘을 빌려주는 측에서 기꺼이 빌려주려는 마음이 생기도록 빌리는 측에서는 좋은 환경을 조성해야 한다.

특히 개혁, 개방 이후 현대교육을 받은 중국 젊은이들의 사고방식은 자신의 자질을 알아보는 상사를 만나 기다리는 수동적 자세가 아니라 하루라도 빨리 재능을 보여 출세하고 싶다는 욕망이 강하다. 이런 신입사원들의 요망을 반영하여 경마론을 전개하고 있는데, 여기에는 공평, 공정, 공개의 3가지 원칙을 내세우고 있다. 공석이 된 직책에 도전해보고 싶은 사원들은 누구든지 응모 기회를 준다는 公平, 상사-동료-부하의 평가 및 자기신고를 종합한 업적평가를 통한 公正, 응모자의 입후보와 선거연설을 모든 종업원 앞에서 행한다고 하는 公開가 바로 그것이다. 1992년 10월의 첫 관리직 공모에는 242명이 응모하였는데, 이중 102명의 생산직 응모자가 31개의 관리직에 당선되었다. 이는 구성원 전원에게 지식과 스킬만 있다면 누구든지 근속년수, 학력, 자격, 인적 관계에 구애없이 승진할 수 있다는 능력주의의 믿음을 심어주는 커다란 효과를 가져왔다. 이에 1996년 7월에는 '종업원 육성, 승진에 관한 조건'이라고 하는 지침서를 작성하여 인재개발 전략의 목표와 프로세스를 체계화하였다. 모든 종업원들은 자신이 언제쯤이면 어느 직위까지 승진할 수 있는지, 승진하기 위해서는 얼마만큼의 노력을 기울여야 하는지를 확실히 알 수 있게 되었다. 간부직에 대해서도 매년 실적 심사를 하여 최저 평가를 받은 자는 가차없이 해임되는데, 2002년 2월의 그룹 경영회의에서는 13명의 간부가 엄한 처벌을 받았는데, 면직 3명, 降職 6명, 시간한정의 업무개선명령 4명이었다. 경영층의 대부분이 30대(장서민 CEO 56세, 楊綿綿 사장 63세로 예외)이고 중간관리직의 평균연령은 27세이다. 물론 1일 8시간 근무라고 하는 노동법을 준수하지 않는다든가 과혹한 업무표준으로 인간성이 결여된 직장이라는 등의 비판도 제기되고 있다.

열번째, 임기제의 인사제도를 시행하고 있다. 경영 간부가 타성에 젖으면 시장변화에 둔감하여 신속한 대응력이 떨어지는데 이를 미연에 방지하기 위해 간부의 임기를 종신제가 아니라 임기제로 하였다. 임기제의 제1원칙은 경쟁에 의한 승진이다. 상사가 부하의 승진을 결정하는 것이 아니라 선거연설, 필기시험, 면접 등의 경쟁을 통해 이루어진다. 제2원칙은 재임 중의 통제이다. 간부는 자신의 언동을 통제하여 부하의 모범이 되도록 힘써야 하고, 회사는 간부를 통제하여 담당부문의 업무 목표와 방향성이 전사적인 방침에서 벗어나는지 여부를 업적 평가를 통해 점검한다. 소속 부문의 책임자는 가장 눈에 띄는 벽에 간부들의 업적 평가서를 붙여놓는데 월 1회 평가에서 '칭찬' 부분에는 해당자가 없어도 관계없지만, '개선권고' 란에 1명도 안 쓰게 되면 본부로부터 부문책임자에게 책임 추궁이 가해진다. 칭찬을 받은 자는 급료 인상을 받고, 연간 3회의 개선권고를 받은 자는 즉각 해임된다. 제3원칙은 임기 만료에 의한 離任이다. 임기가 만료된 중간관리직은 보다 상위직을 맡기 위해 하이얼 대학에서 실시하는 집중연수에 참가시키거나 또는 신규 직책의 공개 경선에 출마시킨다. 이는 한 자리에 오래 머물러 있음으로 인해 생기는 뇌의 경직과 창조력의 쇠퇴를 방지함과 동시에 의욕이 넘치는 젊은 인력에게 승진의 기회를 부여하여 지속적인 인재 육성을 꾀하려는 목적을 갖고 있다. 제4원칙은 말석자 도태이다. 업적 평가에서 저조한 점수를 받은 사람을 해임함으로써 평범한 사람이 관리직에 취임하는 일을 허용치 않는다.

4) 聯想그룹 사례

렌샹그룹을 소개할 때 우리나라 독자들에게 가장 기억시킬 만한 뉴스로는 2004년 12월 8일 중국 북경의 오주호텔(五洲大酒店)에서 열린 기자회견에서 렌샹(Lenovo)그룹과 IBM 간의 13개월에 걸친 협상 끝에 IBM의 PC사업을 17억 5천만 달러(현금 6억 5천만 달러, IBM에 신주발행 6억 달러=IBM은 렌샹주식의 18.5% 보유, IBM PC사업의 채무인수 5억 달러)에 매수하기로 했다는 내용일 것이다. 향후 5년간은 'IBM'과 'Think' 브랜드를 사용할 수 있다.

렌샹그룹이 탄생한 1980년대의 중국 상황을 보면, 북경시 海淀區 中關村 주변에는 대학이나 과학연구기관이 설립한 벤처기업이 연이어 출현하였는데, 이들 벤처기업의 창업자는 대학교수나 연구원으로서 컴퓨터 관련 사업이 많았다. 그러나 이들 벤처기업에 참여한 대부분의 교수나 연구원은 체력이나 능력 면에서 연구, 교육에 부적합하여 잉여 인력으로 분류되는 사람들로서 선택의 여지없이 벤처기업으로 전직한 사람들이었다.

렌샹의 창업자 柳伝志씨는 연구자로서 한계를 느끼고 강한 의지를 갖고 전직하였으며, 다른 직원들도 자신이 지닌 지식을 사회의 부로 전환해보겠다는 기대를 갖고 있었다. 이리하여 렌샹그룹의 전신인 중국과학원 계산기술연구소 신기술개발공사가 1984년 11월 1일에 탄생하였다. 유전지씨는 40세의 나이로 전직 1년 전부터 인사부 업무를 맡은 경험을 통해 인사권, 재무권, 의사결정권을 약속받고 사장에 임명되었다.

인사권은 연구소가 함부로 잉여인원을 회사에 발령하지 않을 것, 재무권은 국가, 과학원, 연구소에 납부금 공제 후 이익에 대한 보류권과 사용권을 가지며, 의사결정권은 경영활동에 관한 일체의 의사결정에 대해 연구소가 개입하지 않는다는 것이다. 이처럼 국가소유에 민간 경영이라고 하는 조직형태는 지금은 흔한 것이지만 당시에는 대담한 개혁으로 여겨졌다.

무엇을 어떻게 하면 좋을지 방향을 잡지 못한 채 11명의 구성원은 직감적으로 돈벌이가 될 것 같다 싶으면 곧바로 입수하여 판매해보았으나 이런 식으로 2개월 만에 20만 위엔의 자본금 중 절반을 까먹고 말았다. 이를 만회하려고 제조업체로부터 인기있는 컬러TV를 사들여 판매하였으나 세무서가 징세를 위해 회사를 방문했을 때 비로소 납세 문제를 인식할 정도였다.

나중에는 근처 농가에서 무, 배추를 사들여 과학원의 현관에서 직원들에게 판매하기도 했고, 롤러스케이트와 전자시계의 판매도 해보았다. 이런 식의 시행착오로는 안 된다는 것을 절감한 구성원들은 논의 끝에 PC 시장에 뛰어들기고 했다. 당시 중국에서는 PC에 대한 수요는 있는데 공급할 만한 마땅한 제조업체가 없어서 중관촌에는 PC를 해외에서 수입, 판매하든가 아니면 부품을 수입하여 조립, 판매하는 벤처 기업들이 다수 있었다.

렌샹은 수입 자금의 부족으로 PC 관련 서비스를 제공하는 일부터 시작하기로 했다. 마침 그 때 중국과학원은 소속 연구소의 연구용으로 500대의 PC를 수입하였는데, 이의 檢品과 硏修, 서비스를 제공할 만한 업체를 찾고 있었고, 렌샹은 7%의 서비스료를 제시하여 다른 경쟁사를 물리치고 낙찰받았다.

당시 PC는 상당히 복잡한 기기로서 영문 매뉴얼이 있어도 이를 읽을 수 있는 사람이 거의 없었다. 다행히도 렌샹의 직원들은 구체적인 조작법은 몰라도 작동원리를 이론적으로 이해하였고 대형 계산기의 개발에도 관여한 적이 있어서 전원 일치의 작업 결과, 70만 위엔의 이익을 실현하여 지식을 제대로 활용한다면 생존해갈 수 있다는 자신감을 갖게 되었다.

PC서비스 사업에서 얻어낸 또 다른 수확은 중국어 소프트웨어의 개발이다. 중국과학원에 제공한 서비스에서 얻은 70만 위엔 전액을 중국어 시스템 개발에 투입하여 1호 제품 '렌샹 한자시스템'을 출시하였는데, PC에 장착하면 영어로 된 지침 용어가 모두 중국어로 변환되어 간단히 조작할 수 있다는 점이 히트를 불러일으켜 창립 2년째의 매출액이 단숨에 350만 위엔으로 증가하여 지속적 성장의 발판을 마련하게 되었다.

그런데 렌샹이라고 하는 사명의 배경을 잠깐 살펴보면, 聯想은 '人'이라는 한자를 입력하면 '人民', '人民元', '人民大學', '人民大會堂' 등의 상용어가 동시에 나오는 기능을 의미한다. 이 한자의 중국어 발음도 읽기 쉽고 의미도 PC 기능에 적절하여 自社製 PC의 브랜드명으로 되었다. 외국기업들과 거래할 때는 한자명 브랜드만으로는 부족하므로 로마자를 병기하는 것이 중국에서는 일반적이어서, 가령 가전업체 하이얼도 '海爾'라는 한자와 'Haier'이라는 로마자를 병기한다.

렌샹의 로마자는 Lianxiang인데 그 대신 Legend가 보다 멋있는 의미라고 여겨져서 채택하려 했으나 이미 영어권에서는 20여개 회사가 사명으로 하고 있고 제품명으로는 100개 정도가 있었다. 그렇다고 이들을 모두 사들이기에는 너무 회사수나 제품수가 많아서 무리였고, 2003년 4월 28일에 Legend를 Lenovo로 개명하였다. le는 원래의 Legend 브랜드의 머리글자이고 novo는 라틴어로 '혁신'을 의미한다. 사명의 변경에는 막대한 비용 지출이 뒤따랐다.

렌샹그룹이 전개한 경쟁 전략의 내용을 보면 다음과 같다(徐, 2006: 190-196).

첫째, '貿 - 工 - 技'의 전략이다.

성장을 원하는 렌샹에게 선택할 수 있는 대안은 세 가지이었다. 하나는 '렌샹 한자시스템'의 판매를 계속하는 것이고, 둘은 자체 PC를 개발하는 일이며, 셋은 외국PC 메이커와 제휴하여 상대방 제품에 '렌샹 한자시스템'을 장착하여 판매하는 일이다.

선택안 1은 아직 중국의 PC시장 규모가 작아서 큰 기대는 어렵고, 선택안 2는 인재, 기술, 자금, 정책(정부의 제조허가증 취득 곤란) 등의 걸림돌이 있다. 선택안 3은 적은 투자규모로 PC의 선진기술을 습득하고 자사 판매 네트워크를 구축하는데 도움이 된다는 매력이 있어서 결국 미국의 AST사와 제휴하여 1987년부터 AST PC의 중국내 판매대리 업무를 수행하였다.

유 사장은 이 판매대리 사업을 3단계로 나누어 전개하였다. 1단계는 외국 메이커의 뛰어난 제품을 중국 시장에 도입하는 일이고, 2단계는 생산 라인을 도입하여 생산 거점의 현지화를 꾀하고, 3단계는 기술이전을 통해 양사간의 거리를 좁히는 일이다. 물론 자력갱생의 정신을 높이 사는 중국의 풍토와는 거리가 있는 방안이었고, 실제로 북경의 '長城' 이라는 국유기업은 일관된 자력갱생의 PC 사업을 추구하였다.

長城은 1986년에 장성브랜드의 PC(모델명 0520CH)를 자체개발로 발매하여 몇 년간은 국내 시장에서 1위를 점하여왔다. 그러나 기술면에서 열세를 면치 못하여 90년대 이후에는 시장을 빼앗기기 시작하여 현재는 상위 10위권에도 끼지 못하는 신세가 되고 말았다.

이와 반대로 롄샹은 1996년부터 줄곧 국내 정상의 자리를 고수해오고 있다는 점에서 극명한 대조를 보여주고 있다. 長城은 기술개발을 선행하고 이어 공업화를 실현하며 최후에 무역을 행하는 '技-工-貿'의 전략을 채택하였으나, 롄샹은 무역에서 시작하여 자금을 축적한 뒤 공업화를 실현하고 덧붙여 기술을 개발한다고 하는 '貿-工-技'의 역순을 밟았다.

둘째, 해외진출 전략이다.

중국 정부가 롄샹과 같은 소규모 벤처기업에게 PC제조 허가를 해주지 않자 유 사장은 역발상을 통해 국내에서 안 된다면 해외에서 하자는 생각으로 홍콩을 생산 거점으로 잡았다. 그러나 이에 필요한 자금이 부족하였기에 1988년 6월에 香港導遠電腦株式會社, 중국계의 香港技術移轉公司와 합작으로 각사 30만 홍콩달러를 갹출하였는데, 전자는 홍콩 및 유럽, 미국시장에 해박하고 후자는 법률 및 융자 면에서 강점을 지닌 파트너이다.

홍콩롄샹은 PC무역으로 시작하여 1989년 3월에는 자체 개발의 '롄샹 Q286'이 독일과 미국의 전시회에서 호평을 받아 400대의 주문을 받았다. 그러나 홍콩이 입지 조건 면에서 코스트의 불리함이 있기에 중국 선전(深圳)의 현지기업과 합작법인을 세워 대량생산 체제를 갖추었으며, 합작기업에 대한 중국정부의 우대조치도 받았다.

가격 면에서 경쟁 우위를 확보한 홍콩롄샹은 1994년에 500만 세트의 머더보드를 수출하여 세계시장의 10%를 점하였고, 같은 해 2월에는 홍콩주식시장에 상장하였으며, 현재 전세계에 21개의 개발 거점과 사무소를 운영하고 있다. 그러나 1995년에 IT 시장의 급속 냉각으로 많은 적자를 기록하자 홍콩롄샹을 롄샹그룹에 흡수, 합병하여 위기를 극복하기도 했다.

따라서 홍콩주식시장에 상장된 기업명도 聯想集團有限公司(Lenovo Group

Limited)로 바뀌었다. 렌샹의 둘째 전략인 해외진출 전략은 2004년의 총매출액 대비 해외매출액 비중이 3%에 불과하다는 점에서 순조롭지 못하다고 평할 수 있다.

셋째, 제품개발 전략이다.

렌샹의 제품개발은 '田忌競馬', '大衆化'의 두 가지 전략으로 집약될 수 있다. 중국 고전에 보면 田忌라는 자가 경마에서 필승을 거두었는데, 그 작전이 자신의 上馬를 상대의 中馬와, 자신의 中馬는 상대의 下馬와, 자신의 下馬는 상대의 上馬와 싸우게 함으로써 승률을 높이는 것이다. PC의 머더보드 사업은 시장규모는 크지만 이익률이 낮고, 높은 기술력과 노동집약적이어서, 1989년 이전만 해도 대만 업체들이 세계시장을 장악하고 있었다.

렌샹은 머더보드 사업에 진입하면서 최정예 개발인력을 투입하여 자신의 上馬를 상대의 中馬와 對戰시켰다. 그 결과 2002년에 세계 시장의 10%를 점유하였다. 마찬가지로 PC완성품에서도 당시 PC286은 중마 내지 하마에 해당하여 한국과 대만 기업이 시장을 장악하고 있어서 여기에도 상마를 출전시켜 성과를 거두었다. '대중화' 전략은 보다 많은 소비자들이 사용하기 쉬운 제품을 개발한다는 것이다. 프로바이더와 컨텐츠를 세트로 한 '인터넷 퍼스컴'은 스위치를 누르면 자동으로 인터넷에 연결되어 '뉴스', '교육', '오락', '생활', '주식', '쇼핑' 등의 카테고리에서 하나를 선택하면 자신이 좋아하는 컨텐츠를 즐길 수 있게 만들었다.

메일을 이용할 때도 하나의 키를 누르는 것만으로 해결된다. 관련 기기의 삽입구 크기도 통일시켜 이전처럼 크기별로 다른 케이블, 프린터, 디카, 스캐너 등의 정확한 삽입 위치를 찾아야 하는 번거로움을 일체 배제하였다. 또한 키보드가 필요없는 PC를 개발하여 노년층의 틈새시장을 공략하였고, 맹인용 PC(음성으로 응답)도 세계 최초로 개발하였다. 입력, 통신, 인터넷이라고 하는 가장 빈번히 사용하는 기본 기능에 충실한 사용이 간편한 PC가 소비자에게 환영받는다는 점에 주목하였다.

넷째, 가격과 A/S를 겸비한 경쟁전략이다.

유사장은 렌샹그룹의 가격경쟁 전략을 마오타이주(茅台酒)의 품질과 二鍋頭酒의 가격에 비유한다. 마오타이주는 국빈에게 접대하는 중국 제일의 명주이고, 이

과두는 같은 소주이지만 서민용 술이다.

1993년 중국 정부가 외제 PC를 解禁하자 IBM을 비롯한 세계적 기업들이 중국에 상륙하여 현지 기업들은 철수 여부의 고민에 빠졌다. 유 사장은 자사의 강점을 살리고 상대의 약점을 파고드는 전략을 선택하였는데, 그것이 바로 가격+A/S의 전략이다. 다행히 당시 중국정부는 외제 PC의 販禁을 해제하면서 직판은 인정하지 않고 대리판매만을 인정하였기에 A/S망의 구축에는 한계가 뒤따랐다.

렌샹은 자체 판매망을 확보하고 있으므로 A/S를 강화한다면 생존이 가능하다는 결론을 내렸다. A/S는 단순한 고장 수리에 그치는 것이 아니라, PC 사용법의 지도까지 포함되어 있어서 소비자 간에 정평이 나 있었다. 1996년 인민일보의 '전국 소비 안심감 조사'에서 PC 분야 1위에 오르는 기염을 토했다.

한편 가격 문제에서는 당시 동일한 CPU를 탑재한 외국 제품은 15,000 위엔 전후의 가격대이었으나 렌샹은 9,999 위엔에 판매하였다. CPU 가격은 같았지만, 조립비용과 판매비용 면에서 우위에 있었기 때문에 1만 위엔을 밑도는 가격 설정이 가능하였다.

PC는 제품수명주기가 대단히 짧아서 한번 뒤처지면 소비자 눈에서 벗어나는 리스크를 안고 있다. 따라서 업계의 최신 동향을 수시로 파악해야 하는데 렌샹은 설립 후 곧바로 미국과 프랑스에 자회사를 세웠다. 렌샹의 비즈니스 모델을 보면, 실리콘 밸리의 연구소의 네트워크를 통해 최신 기술과 정보를 수집, 분석, 시장 예측을 하여 홍콩에 보낸다. 홍콩에서는 최신 기술의 적용에 필요한 조건을 검증하고 판매예측의 결과를 북경으로 보낸다.

북경의 경영층은 의사결정을 내리는데, OK 사인이 나오면 연구개발 부문(렌샹 연구원)과 중국과학원 계산기술연구소의 전문가들에게 개발 프로젝트의 설계를 맡긴다. 설계가 종료되면 광둥성 惠陽에 있는 자회사에 제조 지시를 내린다. 생산품의 출하는 북경에 의한 내수 판매와 홍콩을 경유한 수출의 두 경로를 통해 이루어진다. 해외 판매의 정보는 실리콘 밸리와 북경에 동시에 피드백되어 다음 행동에 연결된다.

렌샹의 사업성공의 요인은 다음과 같이 정리해볼 수 있다(徐, 2006: 203-206).

첫째, 품질 확보를 전제로 한 비용 절감이다. 대리점을 통한 판매에서는 판매

대금의 회수가 어느 회사나 골칫거리인데, 롄샹은 독자의 판매 시스템으로 외상 매출 대손충당금을 5/10,000로 낮추어 국제 우량기업의 3/1,000보다 압도적으로 유리한 입장에 있다.

둘째, 제품 기술의 장점을 활용한 것이다. 시장의 니즈에 맞추어 기존 기술을 조합하는 제품 기술은 외국기업의 지적 재산권을 일체 침해하지 않으면서 능숙하게 해내고 있다.

셋째, 시장 개척과 판매점 관리이다. 홈 PC 분야에서는 사용이 간편한 'Net PC', 고령자용의 키보드없는 PC 등의 개발로 소비자 입장에서 시장을 개척하였다.

넷째, 팀 관리이다. 최고경영자 팀을 메인 엔진, 하위 팀을 서브 엔진에 비유하여, 메인 엔진이 최고 출력을 내더라도 서브 엔진이 그에 미치지 못하면 롄샹이라고 하는 선박은 고속 운항이 힘들다는 것이다.

다섯째, 전략 목표의 책정이다. 대규모 목표를 여러 중규모 내지 소규모 목표로 분해하여 노력해야 할 방향을 선명히 하였다.

여섯째, 부하의 동기부여이다. 동기부여는 사기와 능력, 협력의 제고에 의해 이루어지는데, 롄샹은 리더와 부하의 관계를 1과 0의 관계로 보고 있다. 1 뒤에 0을 붙이면 10배가 되지만, 앞자리가 0이면 뒷자리에 0을 무수히 붙여도 아무런 의미가 없다는 점에서 리더 육성에 힘을 쏟고 있다.

일곱째, 유연한 조직 형태이다. 설립 당시부터 기업 형태를 국유민영기업으로 함으로써 국유국영 기업의 비능률과 민유민영의 리스크를 동시에 면할 수 있었다. 국유민영은 국유의 간판이 있기에 거래처와 고객의 신뢰를 얻기가 쉽고, 정부의 대형 프로젝트에 입찰할 기회도 늘어난다. 창업 초기 수익의 절반이 정부의 관련부문에서 이루어진 점이 이를 뒷받침한다.

그러나 국유민영은 어느 정도 성장을 이룬 뒤에 새로운 문제에 봉착한다. 국유이므로 아무리 열심히 하더라도 인센티브에 한계가 있다. 스톡옵션이나 배당과 같은 제도의 실시가 어렵다. 그렇기 때문에 창업 멤버들이 일선에서 물러나려 하지 않는다. 이 문제의 해결을 위해 유 사장은 중국과학원과 끈질긴 협상 끝에 35%의 이익배당권을 얻어내었고, 35%의 주식을 창업멤버들에게 우선주로서 분배하는데 성공했다. 결국 창업 멤버들은 흔쾌히 은퇴에 동의함으로써 권력 교체가 원만히 이루어져서 제2의 비약을 위한 발판이 마련되었다.

5) 聯華 사례

중국의 모든 자원(사람, 상품 등)은 중앙정부의 계획 통제하에 종적인 흐름이 있었을 뿐이지 횡적 흐름은 없었다. 가령 A省이 풍작으로 식량이 남아돌고 B省이 자연재해로 식량이 부족하더라도 A성에서 B성으로 식량공급이 이루어지지 않았다. 마찬가지로 B성의 주민이 A성으로 가기 위해서는 먼저 B성이 발행한 식권을 중앙정부가 발행한 전국 통용의 식권으로 교환해야 했다. 그러던 것이 경제 체제의 개방 이후에는 생산성 향상으로 물자의 부족이 해소되면서 식량 배급제도 폐지되었다.

그러나 지자체 간에 횡적 연결이 생겨났어도 지역보호주의의 벽은 부서지지 않고 있다. 가령 A성의 상인이 B성에 가서 자기가 원하는 장소에 점포를 낼 수가 없다. 이는 각 지역의 경영자원과 이익의 보호를 위해 상업 활동의 범위가 지리적으로 제한되어 있음을 말해 준다. 이러한 경쟁의 제약으로 중국 최고의 上海第一百貨店조차 1991년의 종업원 1인당 매출액과 세전이익은 각각 27만 7천 위엔과 2만 4천 위엔에 불과했다. 국영백화점과 전문매장은 약간의 이익을 남기거나 적자를 기록하였다.

1990년대에 들어와서 중국 정부는 국영기업의 체제를 개혁하게 되었는데, 1단계는 경영방침을 개혁했다. 독립 채산제로 전환하면서 각 기업의 경영 성과는 종업원의 보수와 복지에 반영되었다.

2단계는 기업형태를 개혁했다. 국영기업을 국유기업으로 전환하여 유능한 경영자가 사내에 없을 경우 민간인에게 경영을 맡길 수도 있고, 제한된 범위 내에서 외국자본과의 제휴도 시험적으로 도입되었다. 재생이 불가능한 기업은 매각이나 청산을 하였다.

3단계는 소유제를 개혁했다. 국유기업을 주식회사로 전환하여 중, 대형 국유기업은 거의 주식회사로 바뀌었는데, 이 중에서 국민생활에 지대한 영향을 미치는 대기업은 국가가 100%의 주식을 보유하였고, 중규모의 기업은 정부가 과반수의 주식을 보유하고 나머지는 경영층과 종업원, 기타 법인과 민간인이 보유하였다.

4단계는 경영의 지역범위를 개혁했다. 전국 어디에서나 개점이 가능해짐에 따라 M&A와 프랜차이즈, 그룹화가 급속도로 진행되었다.

중국 정부는 대외 개방과 경제 개혁의 상징으로서 1984년부터 홍콩과 마카오에 인접한 지역 4군데(深圳, 珠海, 汕頭, 아모이)에 경제특구를 설립하고 외자를 도입하였다. 외국 유통업체 중에서 일본의 야오한이 홍콩에서 사업을 성공시키면서 선전(深圳)으로 진출하였다.

1991년에 슈퍼마켓 1호점을 개점하였다. 이듬해에 중국 정부는 소매업의 시험적 개방을 북경, 상해, 천진 등의 6개 도시와 심천을 비롯한 5개 경제특구(海南省 추가)로 확대하였다. 단지 외국자본의 100% 단독 출자는 WTO 가맹시 약속한 2004년 12월 11일 이후에야 허가되었다.

외국계 유통업체의 중국 진출 상황을 보면, 중국프랜차이즈경영협회의 조사에서 보여주는 바에 따르면 2004년 중국의 상위 30개 소매업체 중에 프랑스의 까르푸(5위, 62점포), 미국의 월마트(20위, 43점포), 독일의 메트로(24위, 23점포)가 자리를 잡고 있다. 1992년-2005년 9월까지 868개 외국기업이 중국의 유통시장에 진입하였고, 점포수는 5,127개로 되어 있다.

까르푸(중국명 家樂福)는 이전에 설립한 합작기업을 통해 1995년에 북경에 8,000㎡의 1호점 하이퍼마켓(大賣場)을 개점하였다. '까르푸에서 즐겁게 쇼핑한다'는 경영이념과 '한 곳에서 모든 쇼핑 보기'라는 사업 컨셉트는 중국 소비자들에게 지지받았다. 북경에서 성공으로 자신감을 얻은 까르푸는 1999년에 상해에 진출하는데, 聯華와 25년 계약조건으로 제휴(55:45)하여 상해연화주식회사를 설립하였고, 2005년 9월 시점에서 상해의 8개 점포를 비롯하여 중국 주요 도시에 64개의 하이마트를 보유하게 되었다. 이외에 챔피언슈퍼(冠軍超市) 브랜드의 일반 슈퍼마켓 8점포, 데아(迪亞)라는 브랜드의 할인점 212개 점포를 보유하고 있다. 2004년의 매출액은 162억 위엔으로 중국 체인소매업 5위(외국계 1위)를 기록하였고, 26,000명의 종업원을 거느리고 있다.

까르푸의 이익 창출의 원천은 크게 3가지이다. 하나는, 상품의 납품가를 최대한 낮추어 매출원가를 떨어뜨리는 것이다. 중간 유통업자를 거치지 않고 제조업자와 직접 거래하며 거래 협상은 본사에서 일괄 처리하므로 납품가 인하가 가능하다. 더군다나 물자 부족시대에서 물자 풍요시대로 바뀌면서 매입자 위치에 있는 까르푸의 협상력은 더욱 강해졌다.

둘은, 자본비용을 낮추는 것이다. 납품업체와의 결제는 2개월 후불제로 계약하지만 상품의 入店料는 선불로 징수한다. 따라서 자금운용이 원활하여 무차입 경영이 가능하다. 반면 운전자금의 부담을 떠안은 공급업체들은 유동자금을 늘려야 하는 어려움을 겪고 있다.

셋은, 영업외 수익을 늘리는 것이다. 납품 계약을 마친 공급업자들에게 개점축하금, 건국기념일(中佛 양국) 축하금, 전단인쇄비, 특매찬조금, 신상품광고비, 파견점원관리비, 서비스료, 컨설팅비 등의 명목으로 징수를 한다. 또한 상품 배송 지연이나 파손, 반품 등이 발생할 경우 상품 대금의 3-5%를 벌금으로 징수한다. 제조업체와 협상할 때 제조원가의 제시를 요구하는데, 중국의 관례에 따르면 제조원가의 1.25배가 출하가격이 된다.

그러나 까르푸는 그 절반인 12.5%만을 인정하기 때문에 제조업자로서는 거의 이익이 나지 않는 거래인 셈이다. 중국 제일의 염가 판매를 내세우는 까르푸로서는 납품업자에게도 중국 제일의 염가 납품을 요구하는 것이며, 만에 하나 중국 제일의 염가 납품이 아닌 것으로 밝혀질 경우에는 거래 중지는 물론이거니와 손해배상마저 청구한다. 그러나 이러한 납품업체와의 관계는 많은 원성을 사고 있다.

실례로 2003년 6월에는 땅콩과 해바라기 열매를 취급하는 상해의 식품회사 11군데가 가맹되어 있는 上海炊貨協會가 회원기업의 호소를 접수하여 까르푸에 대해 1개월간 출하정지 조치를 발동하기도 했다. 이 사건을 계기로 중국의 몇몇 도시에서 까르푸의 부당청구에 반발하는 움직임이 연쇄적으로 발생하여 까르푸에게 커다란 이미지 손상을 가져다주었다.

이 밖에 까르푸는 점포를 확장하면서 중앙정부에 신청하지 않고 지방정부의 허가를 받는 것만으로 비개방도시에 진출한다든가 완전개방 이전에 100% 출자의 회사를 설립하는 등 중국정부의 규정을 위반하여 두 번에 걸친 영업정지와 強制減資의 처벌을 받은 일도 있다. 까르푸는 합작기업의 설립과 최초 점포의 개설에 소요되는 자금을 제외하곤, 이후 개점 비용은 중국에서 벌어들인 자금으로 충당하고 있다.

월마트(중국명 沃亏馬)는 1996년 선전(深圳)에 슈퍼센터 1호점과 샘회원상점(Sam's club) 1호점을 각각 개점하였다. 슈퍼센터는 1만㎡ 이상의 영업면적과 2만 종류에 이르는 상품 구색, 시장가격보다 10% 이상 저렴한 가격을 경쟁 우위로 내세워 고객의 구매의욕을 돋우며, 샘스클럽은 회원전용 할인점이다. 회원제상점은 중국 최초로 도입된 것인데, 법인과 개인 불문하고 150위엔의 연회비를 내면 모든 상품을 저렴한 가격에 구매할 수 있다.

중국의 新貴(부모의 유산이 아니라 자신의 노력으로 회사를 일으켜 성공한 기업가, 변호사, 외국계기업의 관리자 등 남보다 앞서 부유해진 신귀족의 약칭)들은 샘스클럽의 회원카드를 일종의 사회적 지위의 상징으로 생각한다. 샘스클럽의 취급상품은 3,500종류로 슈퍼센터보다 적지만 유명브랜드의 상품이 많고 창고식으로 다수 진열하여 묶음구매를 통해 저렴하게 살 수 있다.

Everyday Low Price를 사업 가치로 내세우는 월마트의 이익 창출의 원천은 크게 두 가지이다.

하나는, 매출원가의 절감이다. 뇌물과 리베이트가 횡행하는 중국에서 상품 조달의 악습과 선을 긋기 위해 월마트는 '상품조달 10개조'를 공표하였다. 이를 위반한 직원에 대해서는 해고뿐 아니라 형사고발까지 한다. 납품업체에게 리베이트, 입점료, 축하금 등을 일체 요구하지 않고, 오로지 상품의 품질과 가격만으로 공급처를 정하므로 상품 조달의 투명성, 합리성, 공평성이 높다.

또한 상품 조달비를 절감하기 위해 공급업체들에게 제조기술 및 품질의 개선, 인건비 절감, 재고 관리 등에서 지원을 해주고 있다. 이는 소매업체와 공급업체가 이익공동체라고 하는 가치명제로서 중국에는 새로운 개념으로 도입되었고, 2만개의 공급업체와는 대단히 양호한 관계를 유지하고 있다.

둘은, 판매비(광고비)와 일반관리비(관리비와 인건비)를 절감한다. 월마트는 미국의 시골지역에서 수수하게 영업을 시작한 역사적 배경으로 광고라고 하는 화려한 판매방법을 사용하지 않고 있다. 중국 진출에 임해서도 마찬가지로 광고선전비는 거의 제로에 가깝다. 창업자 샘 월튼(Sam Walton)은 조그만 간이사무실에서 일을 시작했고, 출장 때도 이코노미석에 탑승하고, 이면지를 사용하는 등

낭비 근절을 장려하는 사풍을 조성하였다. 지금도 세계 어디의 월마트 사무실을 가보아도 넓은 방과 화려한 장식 따위는 볼 수 없고, 중고 책상과 PC 등의 사무용품만을 볼 수 있을 뿐이다. 인건비는 인력의 현지화와 파트직의 대규모 채용으로 절감하고 있다. 현재 중국내 각 점포의 점장은 물론이거니와 중국본부, 아시아본부(중국 소재), 세계상품조달본부의 경영자들은 거의가 중국인들을 임명하고 있다.

셋은, 경영 이념에 맞지 않는 경비 지출을 억제한다. 중국의 노동조합법에는 매출액의 2%를 노조의 운영자금으로 내놓아야 하지만, 이를 7년간이나 무시해온 것도 경영이념과의 배치 때문이다. 노조문제를 제외하고는 월마트의 법령 준수는 정평이 나있다. 중국 진출 후 수년 동안 선전시와 광둥성에 입지를 한정한 것도 중국 정부의 영업 허가상 지역 한정 규정을 준수하기 위해서이다.

기업시민(corporate citizen)으로서의 이미지를 중시하여 관련 경비의 지출은 아끼지 않는다. SARS가 유행하던 2003년에는 선전시와 베이징시에 합계 100만 위엔을 기부하였다. 신규 지역에 출점할 때는 지역 주민을 위한 기부를 하는데, 희망소학교, 의료시설, 도서관 등의 건축이라든가 장학금, 연구조성금 등의 갹출 등으로 2004년 말 기준으로 1,974만 위엔을 지출하였다. 그 결과 월마트는 중국 정부와 민간단체 등으로부터 '소비자에게 가장 존중받는 기업', '우량납세법인', '안전위생점포' 등의 명예상을 받았다.

넷은, 주차장 공간의 넉넉한 보유를 통한 고객층의 확보이다. 까르푸가 시가지역에 진출하는 것에 비해 월마트는 교외지역에 진출하고 있다. 토지 임대료가 저렴해서 넓은 공간의 매장과 주차장을 확보할 수 있기 때문에 자가용 보유 소비자들에게 대환영이다.

다섯은 현지조달의 강화이다. 월마트는 매년 중국 현지에서 다수의 상품을 조달하여 전세계 영업점에 제공하고 있다. 2002년 120억 달러, 2003년 150억 달러, 2004년 180억 달러로 증가하면서 미국의 대중국 수입액의 10%가 월마트에 의해 이루어지고 있을 정도이다. 그러나 월마트의 중국 사업에도 문제점이 있다. 까르푸가 상해에 8개 점포를 운영 중인데 비해 월마트는 여전히 1개 점포뿐이다. 이유는 월마트의 일괄결산 방식에 있다. 월마트는 중국 전역에 있는 점포의 결산을 중국본부가 소재한 선전시에서 집중적으로 행하는 것이 효과적이라고 주장하지만, 상해시 당국에서는 외국기업에 대해 행정적 지원을 해주고 있고, 외국기업으로 인해 국내기업의 매출도 감소하는 영향이 있는데, 세금을 시외 지역으로 반출한다는 것은 허용하기 어렵다는 것이다.

독일의 메트로(중국명 麥德龍)는 1995년에 중국호텔 체인 최대기업인 上海錦江그룹과 합작으로 금강메트로를 설립하고 1996년에 상해에 1호점을 오픈하였다. 메트로가 까르푸, 월마트와 다른 점은 다음과 같다.

첫째, 점포 모두가 토지 구매에 의해 건축한 단독 점포라는 점이다. 토지를 취득한다는 것은 현지에서 장기적으로 사업을 전개하겠다는 의지의 표명으로서 현지국과 현지인에게는 안심감을 준다. 즉 고용창출과 세수증대가 지속적으로 이루어질 수 있다는 점에서 지방 행정기관은 대환영이다.

둘째, 메트로 점포는 상품의 도매업과 소매업을 겸비한 법인 대상의 창고식 슈퍼마켓이라는 점이다. 처음부터 법인을 대상으로 한 회원제를 도입하였는데, 회비는 무료이지만 회원 가입의 절차가 까다롭다. 회사등록증 원본, 법인대표의 신원증명서, 회원이 될 법인 직원의 신원증명서 및 소개장을 지참해야 한다.

회사의 규모에 따라 가입 가능한 회원 수가 다른데, 자본금 10만 위엔 미만의 회사는 1명, 11-50만 위엔은 2명, 51-100만 위엔은 3명, 101-500만 위엔은 4명, 500만 위엔 이상의 자본금을 갖춘 법인은 5명의 직원이 회원카드를 사용할 수 있다. 가입 절차가 번거롭지만 사기 등의 범죄를 방지하고 고객의 이익을 보호하는데 도움이 크므로 호텔, 레스토랑, 바, 커피숍, 식품소매점, 자영업, 정부기관, 단체 등이 애용하고 있다.

소량 구매 고객은 본인이 직접 카트를 주차장까지 끌고 가지만, 대량 구매 고객은 forklift truck이 주차장까지 직행한다. 아침 6시-밤 10시의 영업시간은 창고를 갖고 있지 않은 중소기업에게는 대단히 인기가 높다. 영업 전에 메트로에 가서 그날 팔릴 만한 상품을 팔릴 만큼 사서 입하하면 끝이다.

셋째, 자체 제작의 영수증을 사용한다는 점이다. 원래 중국 정부는 전국 통일의 영수증 사용을 정하고 있지만, 메트로는 자사 영수증의 선진성을 중국 정부에 호소하여 특례로 인정받았다. 이처럼 메트로는 Cash & Carry(중국어로는 現購自

運) 즉 현금으로 사고 자신이 운반한다고 하는 새로운 사업 모델을 갖고 중국에 진출하였고, 특정 고객층을 표적삼아 뛰어난 서비스를 제공하였기에 커다란 성공을 거둘 수 있었다.

이온은 홍콩, 광둥, 상하이, 칭타오 등의 4군데에서 중국 사업을 전개하였으나 상해 사업은 철수하여 현재는 3곳에서만 활동하고 있다. 이온은 1985년 9월에 중국 진출의 전진 기지로서 자스코홍콩주식회사(중국명은 吉之島홍콩百貨)를 설립하였고, 1987년 11월에 GMS 1호점을 개점하였다. 자스코홍콩(자스코는 이온의 옛 명칭: 이온의 중국명은 永旺)의 사업 형태는 GMS와 더불어 '10달러 플라자'라는 브랜드의 염가상점의 두 가지이다. 중국 대륙에 진출한 것은 1995년 12월에 광둥성 광저우(廣州)에 합작법인 '광둥자스코주식회사(廣東吉之島天貿百貨有限公司)'를 설립한 때이다. 2002년 5월에는 선전에도 진출하였고, 현재 광둥성에 2개의 자회사와 9개의 GMS 점포를 갖고 있다.

이온그룹의 중국본토 사업은 2004년 9월에 세운 이온주식회사(홍콩에서 설립)가 홍콩이온을 대신하여 주관하고 있다. 이온의 상해 사업 실패는 상해자스코가 상해역전의 신축상가에 1만㎡의 매장을 연 것인데, 유동 인구가 많고 주변에는 외국계 대형점포도 없어서 입지조건이 괜찮은 것으로 여겨졌다. 그러나 실적은 첫해를 제외하곤 한 번도 목표치를 달성하지 못하였고, 결국 2000년 7월에 폐쇄하기에 이르렀다.

이온의 상해 사업 실패의 원인은, 첫째, 입지면에서 상해역은 장거리 기차역으로서 상해 시민보다는 타지역 사람들이 많이 이용하기 때문에 일용품을 취급하는 슈퍼마켓의 경영에는 적합하지 않다. 기껏해야 여행객의 기념품이나 선물을 파는 크지 않은 상점이 입지하기에 어울릴 뿐이다.

둘째, 점포 플로어의 배치에 문제가 있다. 지하 1층의 플로어는 천장의 높이가 3m에 불과하여 고객이 압박감을 느껴서 마음편히 쇼핑을 하는 즐거움이 상실된다.

셋째, 유동 인구를 잘못 잡았다. 유동 인구의 규모 자체는 많지만, 상해역에 도착한 사람들은 서둘러 투숙할 곳으로 이동하기 때문에 슈퍼마켓에서 물건을 살 여유가 없고, 상해역을 출발하는 승객들은 기차 시간에 늦지 않게 서둘러 플랫폼으로 들어가므로 기념품이 아니라면 쇼핑할 필요를 느끼지 않는다.

넷째, 경영관리의 실패를 꼽을 수 있다. 상해쟈스코의 의사결정은 주로 파견 일본인 관리자가 행했는데, 이들은 일본에서의 성공 경험에 집착한 나머지 중국측 파트너의 의견에 귀를 기울이지 않았다. 그러나 이온의 중국 사업 전체를 실패로 단정지을 수는 없다. 중국 진출의 또 다른 목적이 중국으로부터 상품을 조달하는데 있다. 2004년에는 50억 달러를 조달하여 이온그룹의 2005년 2월 결산기의 1조 7,346억 엔의 매출 달성에 크게 기여하였다. 현재 일본시장에서 유명해진 중국 하이얼의 소형 냉장고와 세탁기를 최초로 취급한 것이 바로 이온이다.

이토요카도는 중국화부무역, 이등충상사, 이등충(중국법인), 중국영리도부동산개발(청두 소재) 등과 공동으로 1996년 12월 '成都이토요카도주식회사'를 설립하였다. 成都(청두)는 쓰촨성(四川省)의 청사 소재지로서 인구 1천만 명(이 중 도시인구 350만 명)의 대도시이다. 1997년 말에 개점한 1호점(1만 4천㎡)은 몇 년간 줄곧 매출이 기대치를 밑돌다 현지 중국인 종업원들의 지혜를 살려 그들의 의견을 매장 경영에 반영하고 나서 전기를 맞이하였다.

2003년 9월에 개점한 2호점은 3만㎡의 거대 매장으로서 고객의 요망에 따라 어린이 놀이시설, 수유실, 장애인용 화장실 등 인간적 설계를 갖추었고, 매일 오전 8시 30분-오후 8시까지 무료 셔틀버스를 4대 운영하는데(한 시간에 한 대꼴) 주변의 뉴타운과 대학, 대기업 등을 순환한다. 이러한 고객 요망을 최대한 반영한 점포 설계와 운영으로 2호점을 곧바로 정상 궤도에 올랐다.

1997년에 청두에 진출과 동시에 베이징에도 개점하였는데, 프랜차이즈 경영과 관련하여 외국기업 중에서 최초로 중국 중앙정부로부터 허가를 받은 것이 바로 이토요카도이다. 허가 조건은 i) 중국측 파트너와 합작기업을 만들 것, ii) 주식의 과반수는 중국측 파트너가 보유할 것, iii) 2군데의 省會도시(성, 자치구, 직할시 청사 소재 도시)에서 3개 점포까지만 경영할 것 등이다.

이에 따라 中國糖業酒類그룹, 伊藤忠상사, 이토츄(중국법인)가 공동으로 자본금 650만 달러를 출자하여 합작기업 '화당요카도상업주식회사'를 북경에 설립하였다. 6개월 후인 1998년 상반기에 북경에 1호점을 개점하였는데, 점포 관리는 완전히 일본식으로 하였다. 입사식을 호텔에서 열고 가족까지 초대하였으며, 개

점식에 고객 대표를 초대하였고, 매일 아침 조회에는 社是를 암송하고 社歌를 제창하는 것이 일과였다. 종업원들의 복장, 표정, 말씨까지 지도하였고, 단품관리와 2시간 단위의 기온 기록과 판촉 상품의 조정, 컴퓨터에 의한 재고 관리와 발주 시스템 등도 운용하였다. 5년 연속 근무 직원에게는 시상까지 하였다. 실적이 예상을 상회하면서 축적된 자본을 바탕으로 2001년 2호점, 2003년 3호점, 2005년 4호점과 5호점을 개점하였다. 이런 와중에 이토요카도는 인재 유출의 문제에 직면하고 있다. 사내 교육을 통해 육성된 인재, 특히 대졸의 중간관리직에게 보다 높은 직위 내지 업무를 부여하지 않으면 경쟁사가 스카우트 해버린다.

이상에서 중국진출의 외국계 유통업체들에 대해 간단히 소개하였는데, 중국 정부는 WTO 가입 전에 행정지도를 통해 여러 가지 변혁을 가져왔다. 하나는 그룹기업의 결성이다. 계획경제 하에서 소매업은 활동 지역의 제약을 받아왔는데, 우선 해당 지역의 리딩 업체가 주체가 되어 그룹을 결성토록 하여 시장경제 도입에 무리가 없도록 하였다.

중국은 WTO 가입 3년 후에 소매업의 완전 개방을 약속했기 때문에 2003년에는 전국에 20개의 대형 소매기업그룹을 결성토록 방침을 세웠다. 上海百聯그룹은 上海第一百華그룹, 華聯그룹, 上海友誼그룹, 上海物資 등의 4개 그룹이 결성한 조직이다. 이런 대형 그룹 결성은 북경, 대련 등지에서도 이루어졌다. 둘은 프랜차이즈의 추진이다. 슈퍼마켓, 편의점, 전문점의 프랜차이즈에 박차를 가했다.

중국의 유통소매업체로 먼저 소개되는 聯華는 원래 상해우의상점의 식품, 생활용품 취급부문이었는데, 1991년 5월에 상해에서 슈퍼마켓을 시험 운영하다가 聯華超市 1호점을 열게 되었다. 당시 슈퍼마켓이라는 업태는 상해 시민에게는 참신한 명칭이었다. 점포 개점에 대한 고객의 요구가 빗발치면서 프랜차이즈의 필요성을 느꼈고, 1997년에는 聯華주식회사(上海友誼集團 51%, 上海實業聯合集團 38% 출자, 기타 거래처인 미츠비시상사, 홍콩王新興投資 등)가 설립되었다.

출자 비율은 국유기업이 주식회사로 전환할 때의 기본 패턴인데 모기업이 과반수 내지 40%, 기타 국유기업이 30%, 나머지는 종업원지주회사와 외부투자가가 갖게 된다. 연화주식회사가 가장 먼저 벌린 일은 까르푸와 제휴하여 上海聯家株式會社(45% 지분 확보)를 설립한 것인데, 소수지분이기는 하지만, 까르푸의 경영 노하우를 학습할 수 있어서 후에 자체의 하이퍼마켓 사업을 전개하는데 도움이 되었다.

연화의 운영 업태로는 하이퍼마켓(大賣場), 슈퍼마켓(超市), 편의점(便利店), 할인점(까르푸의 스페인 자회사인 데아와 제휴하여 2005년 9월 기준으로 212점포) 등이 있다. 1999년 이래 줄곧 중국 소매업의 정상을 유지하고 있으며, 2003년 6월에는 중국 소매업체 최초로 홍콩증권거래소에 상장하였다. 이러한 연화의 경쟁전략은 다음과 같다(徐, 2006: 231-234).

첫째, 외국계 기업을 철저히 연구한다. 까르푸와의 제휴를 통해 입지 선정, 매장 설계, 상품 구성, 가격 설정, 바코드 응용 및 레지스터(계산대) 조작, 컴퓨터에 의한 상품관리와 같은 하드 측면은 물론 종업원 모집과 훈련, 고객용 락커 설치, 무료 셔틀버스 운행, 회원제 도입, 입주 업체 모집, 판촉 기법, 공급업체와의 협상, 물류 시스템 확보 등과 같은 소프트 측면에 대한 공부를 철저히 하였다. 이를 통해 외국계 점포의 카트가 아이를 태울 수 없는 점을 간파하여 연화에서는 카트를 개조하여 아이들도 태울 수 있도록 함으로써 고객의 호감을 높이기도 했다.

둘째, 유예 기간을 이용하여 집중적으로 출점을 한다. 중국이 WTO에 가입한 뒤 3년이 경과하는 2004년 12월 11일부터 외국기업의 출자 비율과 진출 지역에 대한 제약이 완전히 철폐된다. 연화는 이 3년간의 유예기간 동안에 집중적으로 개점하는데 소요되는 자금마련을 위해 주식 상장을 하였고, 2년 동안 점포수는 1,896점에서 3,123점으로 확대되었다. 1개 점포 신설에 8천만 위엔이 소요된다는 점을 감안하면 연화는 자금 조달원을 모회사인 상해우의집단의 지원(직접 출자는 하지 않고, 모회사의 자산과 신용력을 담보로 은행 융자를 가능케 함), 앞서 언급한 주식 상장, 지역의 대규모 국유기업과의 제휴를 통한 자금 부담의 분산 등 3가지를 활용하였다.

셋째, 2급 도시에 진출한다. 유예 기간 동안 외국계 소매기업은 성, 자치구 청사 소재지와 직할시 등 소위 1급 도시에만 진출이 가능하므로, 연화는 1급 도시와 大連, 寧波, 蘇州 등 2급 도시를 아울러 표적으로 삼았다. 1개 성에는 10개 정도의 2급 도시가 있는데, 동부 해안 지역의 2급 도시들은 성 청사 소재지보다 오히려 경제력이 앞서 있다. 따롄(大連)은 선양(瀋陽)보다, 青島는 濟南보다, 쑤저우(蘇州)와 無錫은 난칭(南京)보다 각각 경제력이 우위에 있다. 2005년 11월 기준으로 연화는 중국 전역의 성 중에 2/3에 있는 80여개의 도시에 진출해있다.

넷째, 4가지 소매 업태를 동시에 전개한다. 연화는 슈퍼마켓을 경영하면서 까르푸의 하이퍼마켓, 스페인 데아의 할인점, 로손의 편의점 경영 노하우를 각각 전수받아 4가지 업태를 동시에 전개함으로써 시너지를 구사하였다.

중국의 두 번째 유통 소매업체로 소개되는 聯華快客은 홍콩에서 7-Eleven을 경영하던 홍콩유업이 1992년에 선전(深圳)에 진출한 것이 사업이 시초이다. 그러나 지역 한정으로 상해에 미치는 영향력은 거의 무시할 정도이었다.

1994년에 일본 로손은 上海華聯集團과 제휴하여 상해화련로손주식회사를 설립하였고, 1996년에 'LAWSON羅林' 1호점을 개점하였다. 호기심 많은 상해시민들은 미니슈퍼가 아닌가 하는 생각으로 점포에 쇄도하였으나, 점내를 둘러보고는 비싸다는 반응만 보일 뿐 구매하지 않았다.

당시의 상해 소비자들은 편의점이라고 하는 새로운 업태의 존재가치를 이해하지 못하였던 것이다. 그런데 로손 점포를 자주 방문한 사람들은 상해의 소매업자이었다. 점포가 자기네 사업에 미칠 영향, 사업 기회의 탐색 등의 목적을 지니고 관찰한 결과, 커다란 위협으로 두각을 보일 것을 느끼고는 먹어 본 적이 없는 식품을 사먹기도 하고 알지도 못하는 상품을 사보기도 했다.

이들이 품은 궁금증의 예를 들면, 중국의 전통에 따르면 도어는 당당하게 정중앙에 있어야 하는데 어째 옆에다 했는지, 선반의 위가 좁고 아래가 넓은 이유는 뭔지, 계산대 옆에 삶은 음식의 냄비(어묵 요리)를 놓는 건지, 형광등을 밀집시켜 달아 놓는 이유는 뭔지 등인데, 이런 것에 대해 점원이 가르쳐 주는 것도 아니어서 오감 기능을 활용하여 세세한 정보를 입수하였다.

이들이 바로 중국 편의점의 개척자인 것이다. 1호점을 개설하고 8년이 경과한 2004년 말까지 로손은 상해에서 120개의 점포밖에 운영하고 있지 않지만, 로손을 탐방하여 학습하던 중국인 선각자들은 5,365개의 편의점을 운영하고 있다. 이들 선각자 중에서 연화는 上海聯華便利商業有限公司라고 하는 자회사를 설립하여 1997년 11월에 '연화편리' 브랜드의 1호점을 개점하였다.

2002년 9월에는 슈퍼마켓 업체의 이미지를 희석하기 위해 상호를 'QUIK 快客'으로 변경하였고 상해 이외에 北京, 大連, 廣州, 杭州, 寧波 등에도 진출하여 1,734개 점포를 개설하여 중국 편의점 업태에서 최고의 자리에 등극했다.

중국의 편의점 경쟁은 특히 상해 지역에서 가장 치열하게 전개되었는데, 처음 등장 이후 2004년 말까지 8년간 5,365개 점포가 난립하고 있는데, 1,700만 명의 상해 인구를 점포수로 나누면 3,168명당 1점포가 개설된 셈이다. 이는 동경의 밀도인 2,500명당 1점포에 근사한 수치이며, 동경이 30년 걸려 도달한 상황에 비하면 엄청난 증가 추세이다.

경쟁의 양상을 시기별로 구분하면, 2003년 까지는 규모의 경쟁이었다. 이 와중에서 홍콩의 先施社가 설립한 '先施地利'는 2002년 창업하여 75개 점포를 개설한 뒤 1년 만에 철수하였고, 城開그룹의 '21세기'도 2001년 창업하여 2003년 6월에 매각되었다. 남은 업체[9] 중 이익을 내는 곳은 1-2군데에 불과하고, 세계적인 소매업체의 매수 시에 고가에 매도하려는 전략으로 버텨내는 곳도 있다. 2004년 이후의 시기는 차별화 경쟁을 보이고 있다.

광명유업이 모기업인 可的은 신선한 우유를 타사보다 저렴한 가격에 판매하고 있고, 21세기는 美亞投資가 인수하여 미디어 관련 상품, 서비스를 확충하고 있으며, 로손이 운영하는 羅林은 어묵과 즉석식품 등을 고객에게 소구하고 있고, 快客은 우표 판매, 티켓 예약, 공공요금 수납, 꽃의 예약과 배달(상해의 대형 꽃집과 제휴하여 90분 이내에 수취인 주소 근처의 꽃집에서 배달: 대학생과 사무직에 인기), 우산의 무료 대여(갑작스런 비로 발목잡힌 고객에게 무료로 우산을 대여해주고 반납은 상해의 어느 지점에서나 가능: 일본에서도 볼 수 없는 서비스) 등과 같은 참신한 서비스를 강화하고 있다.

이런 차별화 전략이 경쟁사에 의해 모방되면 그 다음으로 생각해 볼 수 있는 전략은 다각화 전략이다. 이는 편의점 이외의 업태로 다각화하는 것이 아니라 각 지역별 특성에 맞는 상품과 서비스로 재구축하는 것을 말한다. 가령 상해, 항주

---

9) 상해의 편의점 업태의 회사별 순위를 보면, 2004년 12월 기준으로 快客(聯華) 1,734점, 可的(光明乳業) 1,079점, 好德(農工商) 1,000점, 良友金伴(良友集團) 669점, 21세기(美亞投資) 400점, 喜士多(臺灣華潤) 150점, 羅林(로손) 120점, 全家(패밀리마트) 25점 등이다(원전: 중국프랜차이즈경영협회, 상해프랜차이즈경영협회, 인용: 徐, 2006, p. 237).

처럼 쌀을 주식으로 하는 남방지역에서는 주먹밥과 도시락의 매출이 호조인데 비해 북경, 천진과 같은 북방지역은 밀가루를 주식으로 하므로 중화만두나 면류의 매출이 양호하다.

또한 고구마, 고량, 밤 등의 잡곡을 주식으로 하는 서북지역도 고려하여 쾌객은 이미 이러한 지역별 다각화 전략을 고려하고 있다. 이러한 상해 지역의 편의점 업태의 격전과는 달리 아직 북경지역에서는 이렇다 할 치열함이 보이지 않고 편의점 업태의 발전도 성장기에 이르고 있지 못하다.

중국의 세 번째 유통소매업체로는 百聯그룹을 들 수 있다. 앞서 언급한 대로 중국 정부가 주도하여 上海一百, 華聯, 上海友誼, 上海物資 등 4개 그룹의 합병으로 2003년 4월에 上海百聯이 탄생하였다. 자본금 10억 위엔에 연간 매출액 676억 위엔의 규모이다.

상해일백은 상해제일백화점으로서 1990년대 중반까지 중국 유통업의 정상을 고수해온 기업이고, 화련은 제일백화점과 경쟁관계에 있는 중국 제2의 유통업체이고, 상해우의는 1980년대까지 외국인 대상의 상품과 서비스를 제공하다 슈퍼마켓과 편의점 사업에 손을 대서 1999년에는 상해일백을 제치고 중국 최고의 자리에 오른 기업이며, 상해물자는 자원독점형 국유기업으로서 생산재 취급에서는 상해에서 으뜸간다. 일백과 화련은 백화점 중심의 사업이라서 매출이 감소 추세에 있고, 우의와 물자는 슈퍼마켓과 쇼핑센터라고 하는 신업태 중심으로 매출이 급증하고 있다.

2003년 말 기준으로 백련의 산하에는 7개의 상장기업이 있고, 이들은 각각 십여 개의 자회사를 거느리고, 자회사들은 각자 수십여 개의 손자회사를 보유하고 있다. 업태별로는 백화점 20점포, 슈퍼마켓 2,458 점포, 하이퍼마켓 87점포, 편의점 1,565 점포, 쇼핑센터 6점포, 전문점 621 점포로 구성되어 있다. 이 중에서 중국 소매업 베스트 100(2002년 중국상업연합회 자료)에 등재된 멤버 기업으로는 華聯그룹(1위: 백화점, 슈퍼마켓, 편의점) 〉 聯華超市(2위: 슈퍼마켓, 편의점) 〉 제일백화점(22위: 백화점) 〉 제일야오한(55위: 백화점) 〉 東方商厦(81위: 백화점) 등이 있다.

4. 중국 시장의 세분화

1) 유업 시장

중국의 낙농산업(dairy industry)은 2000년대 말(2009년)에는 지금보다 시장 규모가 두 배로 증가하여 200억 달러에 달할 것으로 예측하고 있다(Cheung & Grant, 2006). 시장 규모의 증가보다 주목할 점은 소비 기호의 변화, 소매업의 근대화, 국부의 증대 등으로 도입기의 산업에서 경쟁의 변화가 일고 통합의 시대가 열릴 것이라는 점이다. 중국 시장에 군침을 흘리는 외국기업들에게는 그들이 보유한 제품개발, 브랜드 관리, 유통망 관리의 역량으로 기회를 누리게 될 것이다. Cheung & Grant(2006)는 150개의 중국 도시와 읍면을 돌면서 소비 패턴과 소비자 선호를 조사하여 세 가지 중요한 사실을 발견하였다.

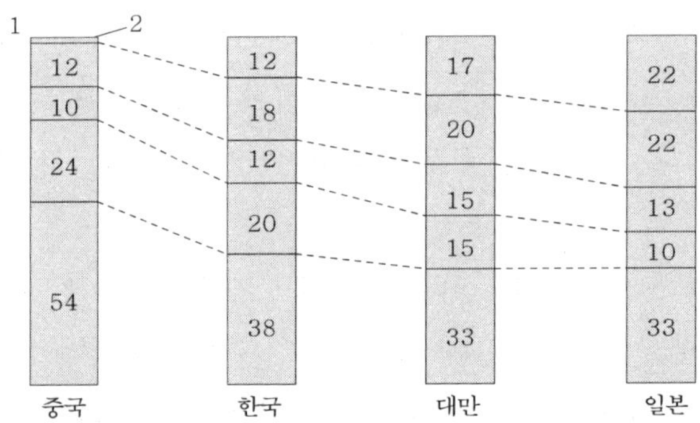

자료: Euromonitor; Food and Agricultural Policy Research Institute(FAPR); International Dairy Federation(IDF); Korea Food Distribution Yearbook 2004; 맥킨지.

〈그림 2-7〉 아시아 주요 4개국의 낙농제품 소비구성

첫째, 중국 소비자들이 아시아 이웃 나라들의 소비자가 보이는 구매 습관을 대단한 속도로 채택하여 유음료, 치즈, 요구르트 등과 같은 고부가가치 제품을 찾

는다는 점이다. 이들 고부가가치 제품은 액상 우유보다 수익률이 2-3배에 달하는데, 현재는 유제품 시장의 24%를 차지하고 있지만, 향후 5년간 이들 제품의 연평균 성장률은 유음료 22%, 치즈 38%, 요구르트 31% 등으로 예상된다.

둘째, 다른 중국의 패키지 상품에서도 정도의 차는 있지만 나타나는 현상인데, 소비자의 소득이 증가하면서 중간 규모의 도시가 갖는 중요성이 더해가고 있다는 점이다. 중국의 3대 도시가 낙농 제품의 매출에서 차지하는 비중이 2004년 14%에서 2010년에는 11%로 줄어들 전망이다. 2000년대 말까지 순 매출 증가의 70%는 제2군과 제3군에 속한 100개 도시에서 이루어질 것이다.

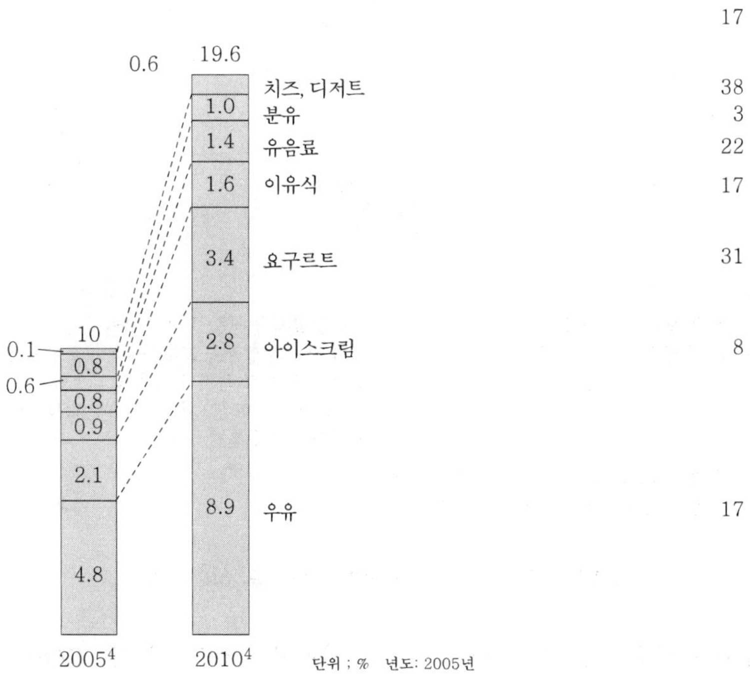

단위: 10억 달러 / 맨 오른편 수치는 2005-2010년의 연평균 증가율(%)을 가리킴. 디저트에는 카스타드(custards) 등이 포함.

자료: Euromonitor; Food and Agricultural Policy Research Institute(FAPR); International Dairy Federation(IDF); Korea Food Distribution Yearbook 2004; 맥킨지.

〈그림 2-8〉 중국 낙농업의 제품별 매출 규모

셋째, 유제품 판매 경로 및 판매 방식에 변동이 있다는 점이다. 현대적인 식품 소매 형태인 슈퍼마켓, 하이퍼마켓이 차지하는 중국 도시 지역의 패키지 상품 비율은 2000년 1/5에서 2004년 1/3로 확대되었다. 이는 2004년 12월에 외국 소매업체에 대한 규제 장벽이 제거되면서 까르푸와 같은 글로벌 거대 소매업체가 중국 시장에서 지배력을 키워 온 점에 기인한다.

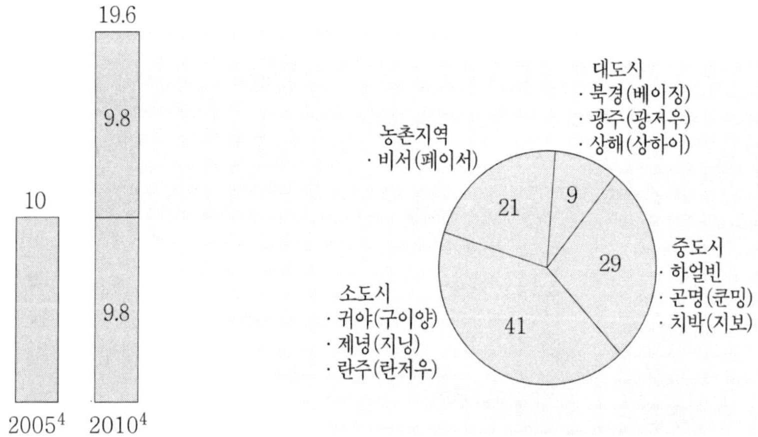

중국의 낙농제품 소비총액
(단위: 10억 달러)

도시군별 낙농제품 소비 증가율 (2005-2010)
군별 기준은 인구규모와 1인당 GDP이며, 2군 도시는 주로 각 성의 수도를 중심으로 한 40개 도시, 3군은 그 다음 규모의 60개 도시, 4군은 나머지 500개 도시

자료: China Dairy Industry Yearbook 2004;
China Statistical Yearbook 2004; 맥킨지

〈그림 2-9〉 중국의 도시군별 낙농제품 소비 비중

낙농 제품의 경우 이들 현대 소매 시설이 차지하는 매출 비중은 1998년 2/5에서 2010년에는 2/3로 늘어날 전망이다. 그러나 이처럼 현대 시설의 소매 점포가 갖는 지배력의 확대는 중국의 낙농업에게는 양면의 칼(double-edged sword)인 셈이다. 한편으로는 낙농업자가 보다 효율적인 공급망(매장으로 직배송)을 통해 제품을 유통시키고, 보다 소비자 친화적 환경에서 제품을 판매할 수 있다. 이는 현대 소매점들이 촉진과 시각적 머천다이징에 뛰어나기 때문이다.

그러나 다른 한편으로는 재래형의 구멍가게보다 이들 현대식 대형 소매점들이 입점비, 매대 공간 배치 등의 측면에서 보다 완강한 협상력을 발휘하기 때문에 낙농업자로서는 버거울 수 있다. 심지어 이들 대형 소매업체 중에는 자체 브랜드(PB)의 유제품 판매를 개시하고 있다.

따라서 중국의 국내 낙농업체가 성공을 거두려면 제품개발, 브랜드 관리, 마케팅 등에서 새로운 역량을 구축해야 한다. 유음료와 요구르트는 혁신지향적 제품이라서 강력한 연구개발력의 형성과 소비자 세분화 능력을 요하는데, 상당수의 국내업체는 이 중 뭐하나 제대로 갖추고 있지 못하다.

중국의 국내 상위 5대 업체의 연구개발비는 매출액의 1%에도 미치지 못하는데 이는 미국, 유럽의 경쟁사가 쏟는 3-4% 수준과 대비를 보인다. 그러다 보니 이면에 담긴 논리를 이해하지 못한 채 무턱대고 유제품의 향료나 포장을 이리저리 해보는 식으로 제품의 차별화를 꾀하고 있다. 반면 다른 아시아 국가들의 최고 업체들은 특정 소비자 계층, 특정 사용 상황에 초점을 맞추고 있다. 가령 커피향이 나는 우유를 세련된 종이 커피컵에 담아 휴식을 취하러 잠시 나온 화이트칼라 직장인들에게 제공하는 식이다.

결국 여력이 딸리는 도시의 소비자들이 부담할 수 있는 범위 내에서 혁신을 꾀해야 하는데, 내수 시장의 1/3을 점하고 있는(2005년 기준) Mengniu Dairy, Shanghai Bright Dairy & Food, Yili는 다국적기업과의 제휴를 모색, 강화하는 방향으로 역량 강화를 꾀하고 있다. 외국기업들도 모든 형태의 외국인 지배권을 허용하고 있는 중국 시장의 개방성을 이용하고 있다.

가령 2005년에 뉴질랜드의 Fonterra사는 중국업체 Sanlu의 지분 43%를 취득하였다. 중국의 유제품 시장이 폭발적으로 증가한다고 하더라도 2010년까지 현재의 1,600개에 달하는 낙농제조업체의 절반 이상이 과도기를 넘기지 못하고 생존경쟁에서 사라지게 될 것이다.

2) 농촌 시장과 도시 시장

혹시 가오춘(Gaochun)이라는 곳이 아는 독자가 있을까? 필자도 알 리가 없다. 아니 우리는 그렇다 치고 다국적기업의 경영자 중에도 이 지역이 중국 어디에 있는지 아는 사람은 거의 없다고 한다. 가오춘은 난징(南京)에서 남으로 87㎞ 떨어진 곳에 위치해 있다고 한다. 소비재 상품을 취급하는 다국적기업들이 중국 시장 진출 초기에 베이징, 상하이, 광조우의 3대 도시[10]에 역량을 집중한 것은 현명한 일이었다. 최근에는 2등급과 3등급 도시로 영역을 확대해가고 있는데, 아직 12,000개의 소도시와 향(small cities and towns)에는 주목하고 있지 않다. 그런데 이들 소도시와 향 지역이 우습게 볼 수 없는 경제 규모를 자랑한다.

이들 지역의 총 가구소득은 1등급 도시와 2등급 도시의 총 가구소득을 합산한 규모의 1.5배이다. 향후 20년간 이 지역에서 연소득 35,000 위엔 이상의 가구는 매년 7%씩(가구 수로는 760만 가구) 증가할 것으로 예상되는데, 이는 1-3등급 도시의 평균치 5%(가구 수 660만 가구)를 웃도는 크기이다. 중국 인구의 약 1/3에 해당하는 4억 명이 거주하는 이들 소도시와 향 지역의 평균 월 가구소득은 2,200 위엔으로서, 바오딩(baoding)이나 미안양(Mianyang)과 같은 3등급 도시의 평균치 2,500 위엔, 청두(Chengdu)나 시아먼(Xiamen)과 같은 2등급 도시의 2,900 위엔에 크게 쳐지는 규모는 아니다.

이들 지역의 소비자 조사에서 두드러진 두 계층은 월 평균 1,400 위엔의 가구소득을 버는 4,300만 가구의 주류 계층(mainstream segment)과, 3,800 위엔의 월 평균 가구소득을 버는 3,500만 가구의 향상욕구 계층(aspirant segment)이다. 이 정도의 가구 소득은 중국에서 최소한의 생필품 이외에 약간의 작은 사치품의 소비를 가능케 하는 수준이다.

특히 다국적 기업이 초점을 맞추어야 할 대상은 향상욕구 계층인데, 이들은 향후의 자신의 구매력이 현재보다 높아지고 질적 제고가 이루어질 것으로 기대하고 있다. 이들의 소득은 1등급 도시의 평균 소득인 월 4,300 위엔에 달한다. 향상욕구 계층의 55%는 18-34세의 연령이고 1/3은 2년제 대학 이상의 학력을 갖고 있다.

대도시 소비자보다 브랜드 의식이 다소 강하여 (59% vs 50%) 패션 트렌드를 쫓는 일은 매우 중요하다고 생각하고 있다. 이들의 69%는 에어컨을 소유하고 있고, 12%는 가까운 시점에 구매하기를 희망하고 있는데, 이 또한 다른 대도시보

10) 이들 3대 도시를 합치면 인구 2,900만 명(일시 체류자 1천만 명 제외), 중국 가처분소득의 13%임.

다 높은 비율이다. 자가용 보유 비율도 대도시 보다 약간 높을 것으로 여겨지는데, 이는 향상욕구 계층이 이동해야 하는 거리가 멀다는데 기인한다. 평면 스크린 TV를 구매할 것으로 예상한다는 비율 10%도 다른 대도시보다 높다.

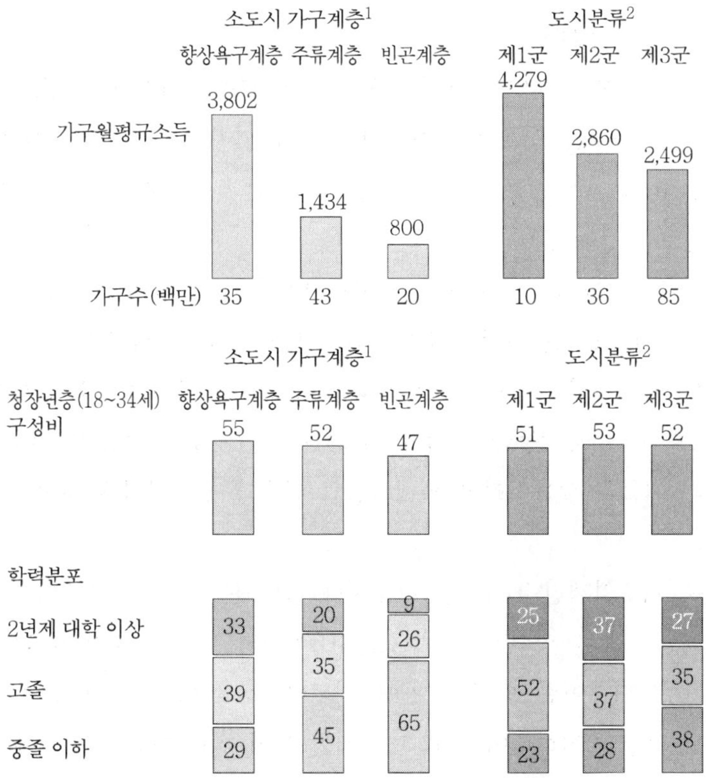

1. 가구계층별 월평균소득은 향상욕구계층(aspirant) 2천만 위엔 초과, 주류계층(mainstream) 1천 위엔–2천 위엔, 빈곤계층(poor) 1천 위엔 미만.
2. 도시분류는 인구, 1인당 시민소득(GDP) 등을 기준으로 하였음.
제2군(tier 2)에는 각 성의 수도를 비롯한 40개 도시가 포함되고, 제3군(tier 3)에는 그 다음 60개 도시가 해당됨.

자료: McKinsey Survey, 2005년 9월

〈그림 2-10〉 중국의 도시유형별 가구소득 및 학력분포

소도시와 향촌 지역의 소비자들은 대도시 소비자들과 많은 공통점을 갖고 있다. 이들의 58%는 TV 프로그램의 국제 뉴스를 늘 시청하고 있는데 이 비율은 1등급 도시와 유사한 수준이고, 2등급 도시 보다는 10% 포인트 높다. 슈퍼마켓과

단일 브랜드의 부티크를 찾는 성향은 1등급 소비자와 거의 비슷한 반면, 지역 상점의 상품 구색이 대도시만 못하기 때문에 카탈로그 쇼핑과 TV 홈쇼핑에 대한 선호도는 대도시 소비자보다 높다. 아울러 방문 판매원(door-to-door salespeople)이나 지역 대리점에 의한 직접 판매의 효과가 다른 대도시 지역보다 높다(Lane, St-Maurice, & Wu, 2006).

이처럼 소도시와 향촌 지역의 소비자가 지닌 잠재력은 매력적이지만, 이들에게 제품, 서비스를 제공하는 일은 다국적기업의 기를 꺾기도 한다. 12,000개의 소도시와 향촌, 2,000개의 군 단위 지역에 뿔뿔이 분산된 이들 계층에 다가서는 일은 무척이나 힘들고 비용이 많이 든다.

향상욕구 계층에 속하는 소비자들 중 전자레인지 (microwave oven)를 구매하려고 마음먹었다가 포기한 사람이 41%인데, 이는 1등급 도시의 24%, 2등급 도시의 30%보다 높다. 섬유 유연제(laundry softener)를 구매하려다 포기한 비율 역시 1등급 도시의 8%, 2등급 도시의 14%보다 높은 37%이다. 망설이지 말고 구매를 하도록 이들을 설득하려면 판매시점의 전술과 구매여력에 초점을 맞추어야 할 것이다.

대만의 국수 제조업체인 Tingyi는 소도시에 판매되는 국수의 제조법을 달리하여 저가로 하였고, 361개의 판매 사무소는 4,600개의 도매상, 66,000개의 소매상과 협력을 이루었다. 이런 대규모 판매 네트워크로 1999-2005년 중에 연평균 12%의 매출 증가율을 달성하여 금액 면에서는 40억 위엔에서 80억 위엔으로 신장하였다. 상품에 따라서는 열망 계층의 현대적이고 세련된 야망을 보완해줄 수 있다면 고가의 판매 전략이 효과를 발휘할 수도 있다.

주류업체 Shui Jing Fang은 성공한 비즈니스맨의 사치품 및 결혼식과 같은 특별한 경우에 맞는 엘리트 상품이라는 판촉 전략에 힘입어 자사의 술 한 병을 400-600 위엔에 판매하고 있다.

소도시 지역의 부모들은 자식이 유학하기를 바라는 마음이 대도시 부모와 마찬가지여서 원격학습 상품의 기회도 있고, 상품 사용으로 자녀의 교육적 향상이 이루어진다고 마케팅 메시지를 전하면 매출 신장을 이룰 기회도 있다. 또한 비용이 적게 드는 유통망의 확보도 이들 소비 계층에 접근하는데 필수적이다. 어떤 유통 전략이 최선인지는 산업별로 다르겠지만, COD (Cash On Delivery: 현금인도방식)가 보편적인 결제 방식임을 고려할 때, 카탈로그나 직접 판매와 같은 저비용의 유통망 개발은 유통비용의 절감을 가져온다. 미국의 직접 판매 방식 업체인 암웨이는 13만 명의 방문 판매원을 소도시와 향촌, 농촌 지역에 파견함으로써 중국에서 연간 매출액 20억 달러를 돌파하였다.

중국 인구 가운데 64%는 농촌 지역(rural areas)에, 나머지 36%는 도시 지역(urban areas)에 거주하고 있다. 1인당 연간 소득은 농촌이 2,366 RMB(285달러), 도시가 6,859 RMB(826달러)인데, 2.6:1의 소득 격차는 다른 대부분의 국가의 1.5:1 이하에 비해 큰 편이다.[11]

〈표 2-8〉 생활 수준 향상의 5대 지표 상품

	도시지역 소비자(%)	농촌지역 소비자(%)
주택	33.6	29.2
PC	9.3	-
에어컨	8.6	-
컬러 TV	8.5	22.2
전화기	-	8.4
세탁기	-	4.8
자가용	8.5	3.5

자료: Sun, Wu (2004: 246)

도농 지역 간 소득 격차는 수십 년에 걸쳐 중국 정부가 농촌 인구의 도시 이동을 제한해온 정책과 도시에 편중된 복지 정책에 기인한다. 1949년 중국 공산당 정권이 수립되고 바로 실시된 개발 정책은 도시 지역에 자본집약적 중공업을 건설하는 일에 역점을 두었다.

또한 중국 정부의 분배 메커니즘은 도시지역에 대한 투자 증대와 보조금 지급, 상대적으로 농촌 지역 소득에 대한 보다 높은 과세가 결합된 형태이다. 인구 이동의 제한은 유능한 젊은 인력을 농촌에 보전할 수 있게 했지만, 한편으로는 이들 젊은 인재들이 도시 발전의 경험에서 소외당하는 결과를 가져오기도 했다. 이처럼

11) Yao, S. (1999). Economic growth, income inequality and poverty in China under economic reforms. *The Journal of Development Studies, 35, 6*, 104-130.

경제 개발의 수준에서 차이를 보인다는 점은 도시와 농촌간 소비자 행동에도 차이가 있음을 말해 준다.

Sun, Wu(2004)는 2000년 5-6월에 5,584명의 소비자(도시지역 3,243명, 농촌지역 2,341명)를 대상으로 한 조사에서 다음과 같은 사실을 발견하였다.

〈표 2-9〉 미래 전망의 5대 형용사

	도시지역 소비자(%)	농촌지역 소비자(%)
건강한	74	57(2위)
느긋한	69	36(4위)
정신적 풍요	58	-
안정적	58	45(3위)
자연적	55	-
유복한	-	57(1위)
물질적 보상	-	34(5위)

* 영어 표현으로는, healthy, relaxed, spiritually enriched, stable, natural, well-to-do, materially rewarding.

자료: Sun, Wu (2004: 247)

매슬로의 욕구단계(hierarchy of needs)를 적용시킨다면, '유복한'과 '물질적으로 보상되는'은 생리적 욕구, '안정적', '건강한', '느긋한'은 안전 욕구, '자연적', '정신적으로 풍요로운'은 자기강화 내지 자기실현의 욕구에 포함시킬 수 있다. 그렇다면 도시와 농촌 소비자의 차이는 생리적 욕구와 자기강화의 욕구에 있음을 알 수 있다.

〈표 2-10〉 쇼핑 시 동행하는 인물

	도시지역 소비자(%)	농촌지역 소비자(%)
자기 혼자	37.1	56.9
배우자	30.5	13.9
친구	17.6	18.5
자녀	7.9	4.5

자료: Sun, Wu (2004: 247)

쇼핑할 때 자기 혼자 가는 비율이 도시보다 농촌 지역에서 높게 나온 점은, 도시 지역은 쇼핑 몰에 대한 접근이 농촌 지역보다 용이하다는 점에서 쇼핑을 집단 엔터테인먼트로 간주하는 경향이 있다고 여겨진다.

〈표 2-11〉 브랜드 명칭 연상 불가 비율

	도시지역 소비자(%)	농촌지역 소비자(%)
방향제(fragrance)	79	91
PC	57.7	94.3
핸드폰	38.3	83.8
승용차/트럭	34.6	68.1
주류	34.4	49.2
감기약(anti-cold drugs)	17.1	37.7
탄산음료(carbonated drinks)	16.6	48.7
샴푸	13.6	33.3
냉장고	12.9	61.7
생수(spring water)	12.8	47.5

자료: Sun, Wu (2004: 249)

이상에서 살펴본 중국의 도농 소비자간 차이점은 광고와 마케팅 커뮤니케이션의 전략, 전술을 달리할 것을 요구하고 있다. 중국의 도시지역 소비자들은 제품의 특성, 제품의 효과 등과 같은 정보를 다루는 광고와 제품의 이미지, 인격 등을 다루는 광고 모두를 수용할 수 있지만, 농촌 지역의 소비자들은 제품에 대한 사전 정보의 부족으로 암시적 이미지 광고를 이해하기 어렵다.

따라서 그래픽 중심의 포장 디자인으로 농촌 소비자들의 인지 욕구를 충족하고, 무료 시식으로 학습 경험을 강화할 필요가 있다. 또한 위에서 본 것처럼 농촌지역 소비자들은 쇼핑에 동행하는 인물 중 친구를 가장 많이 언급한 만큼, 마케팅 커뮤니케이션도 우선은 이들 준거, 선도 집단(reference group, opinion leaders)을 표적 삼아 전개한 뒤 다수의 대중에게 다가가는 방향이 효과적이다.

아울러 좋은 상품은 굳이 광고를 하지 않아도 잘 팔리게 되어 있다는 오해가 뿌리깊게 자리잡고 있다는 점, 일부 부도덕한 광고주들이 사기 광고를 벌인 점 등으로 매스 미디어 광고에 대한 신뢰가 높지 않다는 점을 염두에 둔다면, 풀뿌리 DM 방식의 마케팅 커뮤니케이션으로 준거, 선도 집단에게 다가가는 것이 바람직하다. 광고가 추구해야 할 궁극적 목표의 하나는 광고에 대한 오해를 시정하는 일이다. 즉, 오직 좋은 상품만이 보다 많은 매출을 창출하여 매스 미디어 광고비를 감당할 수 있는 것이라는 생각을 심어주는 일이다.

중국 정부가 농촌 지역 개발에 보다 신경을 쓰기 시작하면서 농촌 소득이 증가하고 있고, 이로 인해 식품 소비와 같은 전통적 항목에 대한 지출 비율은 줄어드는 반면, 내구 소비재에 대한 소비 지출은 늘어가고 있다. 생존이 보장받게 되자 농촌 소비자들은 생필품 이외의 상품과 문화, 교육비 지출을 늘리고 있다. 이러한 농촌 소비의 양적, 질적 전환에는 이농 노동자가 한 몫을 하고 있다. 중국 대도시 인구의 1/5은 이농 노동자로 구성되어 있는데[12), 이들의 송금은 농촌지역의 재정적 부를 증대시켰고, 도시의 소비문화 전수로 농촌에 있는 친척, 친구들에게 준거집단의 역할을 보여주고 있다.

농촌 소비자들이 신제품을 수용하는데 장애가 되는 것으로는 상품을 목격할 수 있는 경우가 적다는 점(low observability), 제품을 시용해보기가 어렵다는 점(difficult trialability), 제품 사용이 상당히 복잡하다는 점(high complexibility), 제품 구입의 필요성이 낮다는 점(weak felt need) 등이다.

따라서 이런 장애의 극복을 위해서 기업들은 전통적인 시골 재래 시장에 부스를 설치하여 제품을 전시할 필요가 있다. 아울러 이농 노동자들에게 메시지를 전달하여 이들이 혁신자 내지 초기채택자로서 농촌 소비자에게 혁신을 확산시킬 수 있는 구전 역할을 촉진하는 작업도 수행해야 할 것이다.

물론 농촌 지역 가운데도 향진기업(township and village enterprise: TVEs)의 성장세가 가파른 지역은 생활수준이 괄목할 발전을 보인 반면, 아직도 농사에 편중된 외진 시골들은 생활 향상이 미미하다. 도농간 소득 격차는 해안-내륙간 소득격차보다는 심각하지만, 격차율 면에서는 오히려 안정적이다. 결국, 마케팅 전술의 4P 면에서 보면, 가격(가격 의식), 제품 (제품 혁신성, 브랜드 인식, 브랜드 연상), 촉진(매스 미디어 광고), 유통(쇼핑 점포 애용)에서 도시지역과 농촌지역의 소비자 간에 현저한 차이가 드러났다.

---

12) Wang, F.,, Zuo, X. (1999). Inside China's cities: institutional barriers and opportunities for urban migrants. *American Economic Review, Papers and Proceedings, 89, 2*, 276-280.

7억 5천만 명이 거주하는 중국의 농촌 시장 소비자들은 현금 결제에 의존하기 때문에 소비재 판매업체에게는 시장 확대의 제약요인으로 작용한다. 중국의 POS와 ATM 보급률은 인구 100만 명당 530대 꼴인데, 이는 미국의 1만대 꼴과는 비교가 안 될 정도의 초라한 수치이다. 미국에서 현금 결제율이 21%인데 비해 중국에서는 83%에 달하고, 앞서 언급한 기기들이 주로 도시지역에 설치되어 있는 점을 고려하면 농촌지역의 거래는 현금거래가 전부라고 보아도 무방하다(Bellens, Ip, & Yip, 2007).

농촌 소비자의 현금 결제 부담을 덜어주기 위해 추가로 ATM과 POS 터미널을 설치하는 일은 재정적 부담이 과하다. 인구 100만 명당 ATM, POS 터미널을 130대 추가하는데 최소 20억 달러가 소요된다. 장비 설치와 통신망 연장에는 너무도 오랜 시간이 걸린다.

저비용의 현금 이외의 결제 네트워크를 설치하는 일이 농촌지역의 소비를 진작하고 도시지역과의 부의 격차를 좁히는데 불가결하다고 보는 중국 정부에게 기존의 SMS(Short Message Service) 네트워크는 농촌 지역의 결제 시스템으로서 신속하고도 저렴하게 이용될 수 있는 대안이다. 인프라의 가장 고비용 부분인 모바일 네트워크와 수백만 대의 휴대폰이 이미 존재하므로 4천만-6천만 달러의 비용이면 충분할 것으로 예상된다.

이 비용의 대부분은 상인과 은행, 통신망 공급업체 간의 대금결제 시스템 구축에 소요된다. 물론 서울이나 동경에서 이미 이용되고 있는 전자결제시스템도 또 다른 대안이 될 수 있지만, 점포 내에 비접촉형 판독기를 설치하고 특수 칩이 내장된 핸드폰을 구입하는데 드는 비용을 감안하면 중국의 농촌 지역에는 부적절한 해법이다.

유비쿼터스의 특징을 지닌 SMS 결제 시스템은 단지 대금 수취인의 휴대폰 번호와 이체금액, 사용자의 ID번호만을 SMS 메시지로 보내기만 하면 된다. 불과 수초가 경과하고 나면 대금 수취인은 SMS에 의한 확인 메시지와 지정 계좌에 입금을 받고, 지불인은 확인 메시지를 받는다. 이런 SMS 결제 시스템은 제품 구매의 결제 도구로서 뿐 아니라 공과금 납부, 급료 수령, 송금 등에도 활용될 수 있다. 도시에 나와 있는 농촌 출신 근로자들은 고향으로 송금하는데 훨씬 편리하고 저렴하며 안전한 시스템을 이용할 수 있다.

은행 입장에서는 현재 은행 계좌대신 침대 밑에 현금을 두는 농촌 지역의 상인, 소비자들을 고객으로 끌어들일 수 있고, 상인 입장에서는 모바일 결제로 농촌 주민들이 보다 충동구매할 가능성이 높아지면서 매출의 증대와 현금 취급에 따른 비용 및 리스크를 줄일 수 있는 효과를 누리게 된다. 이동통신망 공급업체들은 고객 기반을 늘리고 데이터 판매 수익을 증가시키며 추가 서비스를 통해 고객을 가두어둘(lock-in) 수 있다. 이미 이런 SMS 결제시스템이 널리 보급된 필리핀의 사례가 중국에도 해당된다.

현재 중국 농촌지역의 휴대폰 보급률은 15%인데, 2010년에는 22%, 2016년에는 40%까지 침투율이 상승할 것으로 예상된다. 현재 휴대폰 사용자의 75%가 SMS를 이용한다는 점에 비추어 SMS 결제 시스템의 채택에 기술적 장벽은 없다고 본다. 물론 고객 입장에서는 눈에 보이지 않는 시스템을 신뢰하는데 조심스럽겠지만, 중국의 경우 신뢰할 만한 대형 브랜드인 은행과 이동통신업체가 참여하고, 소비자 교육 및 마케팅 활동을 접목한다면 그런 불안을 잠재울 수 있다. 정부의 의지도 확고한 만큼 규제 장벽은 제거될 것이다.

현재 중국 전체 소매 거래의 22%를 차지하고 있는 농촌 소비자들은 가구 소득의 증가로 2015년에는 44%를 차지할 것으로 내다본다. 은행과 이동통신업체, 상인, 정부당국의 협력을 통해 농촌 소비의 촉진이 앞당겨질 것이다.

3) 인터넷 시장

2003년 중국의 1인당 국민소득은 구매력 지수를 고려하면 5,500달러(명목상 1,100달러)이었지만 2010년에는 24,000달러로 7년간 약 4배에 달할 전망이다(Yu, 2006: 380). 이는 미국이나 유럽 기준에 비추어 볼 때 중산층에 속한다고 볼 수 있다.

미국에서는 b-to-c의 인터넷 마케팅이 발달할 수 있는 배경으로 카탈로그 마케팅이 오랜 역사를 지니면서 가상 거래(virtual transaction)의 수용을 가속화시킨 점, 인터넷 보급률이 높은 점, 카드결제 시스템이 성숙된 점, 효율적인 배달 서비스가 이루어지고 있는 점 등이 있다. 중국은 2004년 기준으로 인터넷 보급률이 7%에 불과하고, 후진적인 수송 인프라에 고전하고 있으며, 신용카드 소지자가 극소수에 불과하다는 약점을 갖고 있다[13]. 더욱이 소비자 문화가 대면적 거래를 선호하고 있다.

인터넷 마케팅이 급속히 확대될 수 있었던 것은 잠재 소비자들에게 제품 및 제품정보를 제공한다는 점이다. 글로벌 매체로서 인터넷은 지리, 시차, 입지 등으로 야기되는 고객 및 종업원과의 커뮤니케이션 장애를 제거하면서 마찰없는(frictionless) 사업 환경을 창출하고 있다. 인터넷이 마케팅에 활용될 수 있는 용도는 크게 네 가지이다[14].

커뮤니케이션과 광고, 기존 상품의 판매, 인터넷 기반 상품의 판매, 디지털 정보의 온라인 유통이 바로 그것이다. 인터넷이 사업 활동을 단순화시킬 수 있는 까닭은, 전자 거래를 통한 다이렉트 마케팅으로 에이전트나 유통업자에 대한 의존도를 줄일 수 있기 때문이다. 기업의 웹사이트를 방문하는 고객들에 대한 모니터링을 통해 피드백과 고객서비스를 개선할 수 있다. 그러나 이런 혜택을 누리기 위해서는 앞서 언급한 전제 조건이 구비되어야 한다.

즉, 첫째, PC와 인터넷 접근이 보편화되어야 하고, 둘째, 고객이 온라인 거래에 기꺼이 참여할 의사가 있어야 하고, 셋째, 카드결제 시스템에 기초한 온라인 지불 방식이 발달해야 하며, 넷째, 효율적인 배달 서비스가 이용 가능해야 한다. 이들 조건을 중국 상황에 투영해 보면(Yu, 2006: 382), 중국 가정의 인터넷 보급률은 7%에 불과한데, 이는 인터넷 접속 요금이 상당수 가정에서 부담하기에 벅차기 때문이며, 여기에는 중국 정부의 정책도 작용하고 있다.

고맥락의 유교문화권인 중국에서는 구매 행동에서 개인간 상호작용이 보편적이어서, 제품에 대한 지식을 보유한 사람 또는 자신들의 사회적 네트워크에 속하는 일원과의 거래를 선호한다. 대면적 거래를 통한 신뢰구축을 오랫동안 지속해 온 중국인들에게 몰개인적인 (impersonal) 전자상거래는 부정적으로 비추어진다. A/S가 좀처럼 이루어지지 않는 중국에서 소비자들은 제품을 보고 만지고 싶어

---

13) Worthington, S. (2003). The Chinese payment card market: an exploratory study. *International Journal of Bank Marketing*, 21, 6/7, 324-334.

14) Samiee, S. (1998). The internet and international marketing: is there a fit? *Journal of Interactive Marketing*, Vol. 12, no. 4, 5-21.

한다.

중국에는 카드 평가시스템, 카드 인증시스템, 중앙처리센터 등이 존재하지 않는다. 크레디트 카드가 아닌 데빗 카드, 소위 직불카드는 많은 사람들이 보유하고 있지만, 발행 은행[15]이 소재한 도시에서만 사용가능하다는 단점이 있다. 3,300만명의 카드 소지자 가운데 1주일에 한번 정도 사용하는 자는 9%에 불과하다.[16]

물류 인프라 면에서는 현지 민간 택배업체는 아직 없으며, FedEx가 최초로 중국에 진입한 외국업체이지만 시장침투가 저조하고, UPS도 중국내 영업소가 고작 14군데에 불과하다. 전국적인 배달망을 갖춘 것은 중국우정국(China Post Service)가 유일하지만 배달 속도가 더디고 요금이 비싸서 전자상거래를 이용하는 중국 소비자들의 원성을 사고 있다. 특히 원거리의 외진 농촌지역에 대한 서비스가 매우 부실하다.

그러나 중국에서의 인터넷 마케팅이 비관적인 것만은 결코 아니다. 인터넷 보급률이 7%에 불과하다고는 하지만, 8,700만 명의 인터넷 사용자 규모는 독일, 프랑스, 이탈리아, 영국과 같은 유럽국가의 총인구보다 많다는 점에 주목할 필요가 있다. 인터넷의 상업적 서비스가 중국에서 개시된 것은 1996년이고, 1997년의 인터넷 접근이 가능한 PC 대수는 30만대에도 미치지 못하였지만, 2004년 중반에는 3,630만대로 늘어났으며, 사용자 수는 앞서 말한 대로 8,700만 명으로 증가하였다. 도시 지역의 전화 보급률도 80년대 중반에는 1%에도 미치지 못하던 것이 1999년에는 42%의 수준에 달하였다.[17]

1998년 말에는 인터넷 사용자의 절반 이상이 사무실에서 접속하였으나, 2004년 중반에는 가정에서 접속하는 사용자가 전체의 67%에 달하였다. 인터넷 사용시간은 주당 평균 13시간이고, 접속 방식으로는 다이얼 업 방식이 브로드 밴드 방식보다 1,900만명 많지만, 전자의 증가율이 14.5%인데 반해 후자는 78.7%의 증가율을 보여 향후 역전이 예상된다.

2003년 말 기준으로 인터넷 사용자의 40%가 온라인 쇼핑을 하게 되었고, 그

---

15) 참고로 중국의 4대 국책은행은 중국은행, 건설은행, 농업은행, 工商은행이다.

16) Tan, Z., Wu, Q. (2002). Global and national factors affecting e-commerce diffusion in China. available at: *www.crito.uci.edu*

17) Yuan, D., Li, B. (2000). *Big-blue IBM in China*. Beijing University Press.

가장 주된 목적은 45%의 응답자가 시간 절약을 내세웠다. 그 다음의 목적으로는 구매의 용이성 42%, 진귀한 상품의 탐색이 30%로 나타났다. 반면 재미나 호기심의 동기는 2000년의 39%에서 2004년 중반 19%로 떨어졌다(Yu, 2006: 386).

중국의 전자상거래 증가에 예측하지 못했던 촉발 요인으로 2003년의 사스 발생을 꼽을 수 있다. 베이징, 상하이 등의 대도시 소비자들은 외출을 꺼리면서 인터넷 주문을 시도하게 된 것이다(www.chinabyte.com/20030507/1667117). 사스 위기는 은행 카드의 보유자 수의 폭발적 증가에 기여하기도 했다. 2004년 중반 기준으로 7억 장을 넘는 은행카드가 사용되어 중국인 2명당 1명꼴로 보유하고 있는 셈이지만, 그 중 크레디트 카드는 3천만 명만이 보유하고 있다. 그런데, 2003년에 신규 크레디트 카드 발급 건수가 1985년 도입 이래 그 때까지의 누적 발급 건수보다 많았다는 점이다.

중국에서 온라인 쇼핑의 상품 배달 방식 중 판매자의 직접 배달 내지 위탁 배달은 2001년까지 최고 45%의 점유율로 가장 지배적이었지만, 2002년 이후에는 감소세로 돌아서서 2004년 중반 기준으로는 30% 이하로 떨어져 2위에 머무르고 있다. 반면, 중국우정국의 소포 배달 방식은 2위의 자리에서 2002년 이후 40%의 지배적인 자리를 차지하고 있다. 이는 비용과 시간 면에서 기존의 일반소포와 특급소포 중간에 속하는 신규 배달 서비스를 제공하게 된 덕분이다.

결국, 중국의 인터넷 마케팅은 4가지 전제 조건을 상당히 충족시켜 나가고 있다고 여겨진다. 이 보다 심각한 장애 요인은 제품의 품질과 거래의 안전성이다. 많은 불법적인 거래 사이트가 개설되어 소비자들을 기만하고 있다. 웹사이트에 게재한 상품과는 다른 조잡한 상품을 배달하는 경우가 허다하다. 소비자의 카드 정보가 유출되는 사례가 빈번한 것은 지불 방식의 안전성이 수립되지 못하였기 때문이다. 외국 기업들이 중국에서 인터넷 마케팅을 전개할 경우 마케팅의 전술인 4P 관점에서 다음과 같은 조언이 가능하다(Yu, 2006: 388-390).

첫째, 제품(product) 면에서는 주문형 판매를 할 필요가 없다는 점이다. 인터넷에서 상품을 만지고, 느낄 수가 없기 때문에 가상 거래의 환경에서는 표준화 제품이 보다 수용 가능성이 높다. 실제로 중국 소비자들이 온라인 쇼핑을 많이 하는 품목의 비율을 보면, 서적 57.6% 〉 컴퓨터 및 관련 제품 33.4% 〉 CD,

DVD 26.4% > 가정생활용품 16.5% > 통신기기 14.1% > 의류 12.3% > 선물 10.8% > 카메라 및 관련 제품 9.3% > 화장품 8.7% > 교육 서비스 6.6% > 스포츠용품 6.5% > 가전제품 6.4% > 공연 티켓 5.5% > 호텔 예약 3.5% > 문구류 3.2% > 의료(medical care) 2.9% > 금융, 보험 서비스 1.8% > 식품 1.5%의 순이다. 따라서 상위 3개 품목이 가장 유망한 온라인 거래 제품으로 꼽을 수 있다. 한편 화장품, 선물, 란제리, 특수 식품(specialty foods) 등은 성장 속도가 가파를 것으로 예상된다. 2003-2004년 중에 두드러진 약진을 보인 품목은 온라인 여행 서비스이다.

둘째, 촉진(promotion)면에서는 중국어 홈페이지의 작성이 필수적이다. 대다수의 외국 기업들은 영어로 된 웹사이트를 갖고 있는데, 영문 독해는 중국 소비자들에게 버거운 일이다. 특히 중소기업들은 모든 일을 다 할 만큼의 자원을 보유하고 있지 못하기 때문에, 온라인 장터(online marketplaces)와 같은 중국 인터넷 서비스 업체들이 제공하는 서비스를 채택하는 편이 낫다. 중국기업의 60% 이상이 사업 촉진의 가장 효과적인 방법으로서 온라인 장터를 이용하고 있다. 웹사이트의 촉진 방식으로는 복수의 접근법을 취하는 것이 바람직하다. 기업의 웹사이트를 알게 된 경로에 대한 설문조사에서 응답자의 87%는 검색 엔진, 64%는 웹링크, 53%는 친구나 가족, 28%는 이메일, 27%는 다른 매스 미디어를 꼽았다. 검색 엔진이 지배적인 경로라는 점은 외국기업들이 중국어로 된 웹사이트를 갖고 있어야 하는 당위성을 말해준다. 중국어로 된 웹 포털과 웹 링크의 중요성에 입각한다면, 중국 소비자들을 자사의 웹사이트로 방문토록 유도하기 위해서 중국 포털 업체들과의 협력 전략이 필요할 것이다.

셋째, 가격(price)면에서는 온라인 쇼핑을 통해 금전적 절약을 꾀하려는 소비자가 2000년 중반의 31%에서 2004년 중반 45%로 증가한 점에 비추어 볼 때, 당분간 온라인 판매 가격은 배송비를 포함하여 오프라인 판매 가격보다 낮은 수준에서 책정되어야 할 것이다.

넷째, 입지(place)면에서는 인터넷 사용자의 분포가 경제 발전을 이룬 동부 해안지역과 도시 지역에 극도의 편중을 보이고 있다는 점을 고려하여, 도시 지역에 먼저 입지를 잡는 일을 고려해야 할 것이다. 이들 지역은 수송 인트라가 발달하여 소비자들이 배송 서비스에 만족하고 있다. 또한 은행카드 소지자의 대부분이 이들 지역에 거주하고 있다는 점도 한몫하고 있다.

4) 자동차보험 시장

중국의 도시 지역에서는 교통수단이 자전거 중심에서 자동차 중심으로 전환하면서 자동차보험 산업에도 성장의 불길이 일고 있다. 2001-2005년의 연평균 18% 성장세에 비해 2006-2010년 중에는 24%(이 중 영업용 보험: commercial insurance이 16%, 자가용 보험: personal insurance가 29%)로 늘어날 것으로 예상된다(Gu, Huang, & Wilcox, 2007).

그러나 중국 보험업계의 경영자들은 보험 인수 (underwriting)와 클레임 관리 기법을 제대로 개발하지 않은 채 단기적 보험료 수입만을 좇아 수익성이 성장성에 미달하는 상황이 연출되고 있다. 가령, 운전자의 클레임, 상이한 보험판매망의 성과 등에 대한 정보 취득이 어렵다. 더욱이 이런 정보가 보험회사의 수익성에 미칠 영향력을 업계는 제대로 이해하고 있지 못하다. 제살깎기의 투구전 양상으로 파산에 이른 업체들도 있으며, 중국 정부의 규제는 외국 기업의 역할에도 한계를 지우고 있다.

2005년에 중국보험감독원(China Insurance Regulatory Commission: CIRC)은 100% 단독 출자의 외국계 보험회사에 손해보험(property insurance)과 상해보험(casualty insurance)의 판매권을 허용하였지만, 강제적 제3자 책임보험[18](mandatory third-party liability coverage)은 판매할 수 없도록 하고 있다. 중국의 보험계약자들은 제3자 책임보험에 가입할 때 충돌손해증권(collision damage policy)과 같은 비강제적 보험에 든다는 점이 외국계 기업에게는 불리하게 작용한다. 결국 외국계 보험회사는 현지 보험회사에 소수 지분 투자를 함으로써 문제를 극복해볼 수도 있다. 실제로 AIG는 PICC의 지분 9.9%, HSBC는 Ping An Insurance의 지분 20%를 확보하여 제3자 책임보험 시장에 진입할 수 있었다.

또는 제3자 책임보험을 판매하는 현지기업과 파트너십을 체결하여 손해면책보

18) 제3자 보험이란 보험계약자의 부주의로 신체적, 재산적 피해를 입은 사람(제3자)에게 보상을 하는 보험을 말한다.

험(damage waiver insurance)과 같은 영업용 보험증권을 인수한다든가, 클레임 처리와 같은 보수료 지불 기준의 서비스의 제공 내지 재보험을 해 줄 수도 있다.

중국의 보험회사들이 보다 수익성을 높이려면 시장 정보를 수집, 관리함으로써 리스크와 통제비용을 경감시켜야 한다. 특히 최초의 보험 판매에서 상당한 비중을 차지하는 자동차 딜러 및 자동차 수리점과 같은 보험 유통업체(insurance distributors)와의 제휴는 시작을 내딛는 중요한 작업이다.

또한 운전자에 대한 보다 많은 정보의 수집 및 수수료 절감을 위해서 기존 고객을 유지하는데 초점을 맞추어야 한다. 아울러 불필요하게 과다한 처리비용을 삭감하고 감독을 개선시키기 위해서 클레임 처리의 집중화 작업을 고려해야 할 것이다.

중국의 보험업은 이전에는 국영기업 People's Insurance Company of China (PICC)가 독점적으로 지배해오다가 2003년에 지분 25%를 매각하였고, 2002년에 중국보험감독원(CIRC)이 보험 상품과 가격에 대한 규제를 풀면서 업체 수가 배증하였다. 34개의 보험회사 중 설립 5년 미만이 절반에 달하며, 자가용 보유자의 80%가 자동차보험 가입 기간이 3년 이하이다. 보험업체 간의 가격(보험료) 경쟁 과열에 대해 CIRC는 2006년에 보험료의 최대 할인 폭을 기존의 50%에서 30%로 줄이는 조치를 취하였다. 아울러 기본 대물손해(physical damage)에 대해서는 고정가격 모형(fixed-formula model)을 제정하였는데, 보험료 산정의 기준을 차량 가치와 종류에 두고 있으면서 운전자의 클레임 이력과 성별을 고려한 할인율 적용을 용인하는 모형이다.

CIRC는 최근에 강제적 제3자 보험을 도입하여 교통사고 희생자가 정당한 보상을 받을 수 있도록 보장하였다. 이런 보험은 외국계 보험사가 취급할 수 없기 때문에 현지 보험사에게는 혜택을 가져다 준다. 그 혜택이란, 첫째, 향후 5년간 총 보험료 수입의 증가분의 절반 이상이 이 보험에 의해 창출된다는 것이고, 둘째, 운전자의 교통사고 및 위반 행위에 대한 교통국 (traffic bureau)의 보고서를 제3자 책임보험(liability insurance)을 취급하는 보험사와 공유하도록 의무화하고 있기 때문에, 보험사들은 개별 운전자들의 리스크를 평가하고 운전자의 행동을 기초로 보험할인율과 상품제공을 하는데 보다 유리한 입장에 설 수 있게 된다.

아직까지 중앙은행인 중국인민은행(People's Bank of China)이 금융기관에 정보 제공을 위해 2005년에 설치한 신용국(credit bureau)의 데이터를 열람할 수 없는 상황에서 교통국의 정보 열람은 그나마 큰 도움이 된다.

다른 사업분야와 마찬가지로 보험업에서도 기존 고객의 유지는 신규 고객의 확보보다 훨씬 경제적 매력이 큼에도 불구하고, 어떤 중국 보험회사의 대리점들은 기존 고객 유지율이 25%를 밑돌고 있다(단, 상위 3사는 80%). 이는 100명의 고객 당 75명을 새로 가입시켜야 수지를 맞출 수 있었다는 이야기이다. 그러다보니 보험외판원(agents) 모집에 열중하고 자동차 딜러에 대한 수수료 지급을 늘릴 수밖에 없었다. 결국 기존 고객 유지는 단순히 비용 절감에 멈추는 것이 아니라, 운전자 정보 수집의 기회를 늘려준다. 특정 보험사의 고객으로 지속하는 기간이 오래될수록 클레임 제기 가능성은 높아지고, 보험사는 고객 클레임을 처리하면서 미래 보험상품의 가격 산출에 도움이 될 만한 정보를 얻어낼 수 있다.

성장기에 있는 보험산업에서 수익성을 창출하려면 보험상품의 가격 책정을 위한 가장 효과적인 방법과 보험유통업자와의 관계 최적화, 클레임의 보다 합리적 처리 등이 갖추어져야 할 요건이다. 모든 보험계약자를 일률적으로 다룰 것이 아니라 클레임 제기 이력과 같은 요소에 기초하여 개별 고객에 대한 보험료를 조정한다면 보험료 수입과 클레임 비용 지출 간의 수지를 훨씬 좋게 개선할 수 있다.

가령 성별 기준으로 보면 남성 운전자들은 여성운전자에 비해 클레임 비율(보험 청구금액/납입 보험료)이 높은데도, 중국 보험회사들은 그런 리스크에 기초하여 보험료를 산정하는 것이 아니라, 신규 고객의 창출을 위해 무조건 보험료를 할인해주기 때문에, 위험도가 높은 운전자에게 경각심을 불러일으키지 못한다. 일부 도시에서는 오히려 보험료 할인을 받은 운전자의 보험금 청구 빈도가 더 높다는 사실도 있다.

그러나 현재 보험회사들이 갖고 있는 정보만으로는 운전자 리스크를 보험료 산출의 기초로 삼을 수가 없다. 보다 필요한 정보를 입수하려면 보험증권의 주된 판매자인 자동차 딜러 및 자동차 수리점과의 관계를 재고해야 한다. 자동차 딜러는 영업용 차량과 자가용 차량의 최초 보험 판매의 70%를 점하고 있고, 보험 갱신의 30-40%는 딜러와 수리점이 도맡고 있다. 이들 보험 유통업체와 보험회사

간의 관계는 긴밀하지만 협력적이라기보다는 적대적이다. 보험회사들은 경쟁사에 빼앗기지 않기 위해 이들 딜러, 수리점에게 보험료의 22%에 달하는 수수료를 지불하고 있는 반면 자사 대리점에게는 5%의 수수료를 지불하고 있다.

따라서 보험사들은 최초의 보험 판매 이후에는 보험계약자를 딜러로부터 대리점으로 전환하기를 선호하며, 그 수단으로는 딜러 점포에서 근무하는 직원들을 통해 고객 명부를 구입한다든가 접수된 클레임을 통해 고객에 대한 정보를 취득하고 대리점을 통해 보다 저렴한 갱신 보험료를 제공하려고 한다.

보험 유통업자들은 이런 가로채기(poaching)를 심각한 문제로 간주하는데, 그 이유는 고객 유지를 못하게 되면 수수료 수입이 줄어들 뿐 아니라 보험 사고 처리에 따른 자동차 수리 및 서비스 수입이 감소하기 때문이다. 그 결과 유통업자들은 고객의 이름, 주소, 차량 등에 관한 정보를 보험사에게 제공하려 하지 않는다.

보험회사가 이런 유통업자들에게 의존하지 않고 필요한 정보를 입수할 수 있는 방법은 전용 콜센터나 인터넷 포털과 같은 대체적인 판매망을 이용하는 것이다. 물론 2006년의 자동차보험 가입자 중 불과 2%만이 인터넷을 이용하기는 했지만, 중국의 3대 보험사인 CPIC(China Pacific Insurance Company), PICC, Ping An Insurance는 보험 판매를 촉진하기 위해 인터넷 포털을 갖추고 있다. 이 보다 실리적이고 즉각적인 효과를 거둘 수 있는 정보 입수 방법은 고객 정보의 공유에 대해 유통업자들에게 인센티브를 제공하는 일이다.

가령, 유통업자들은 여러 보험사의 상품을 동시에 취급하므로 일정 비율의 보험 계약을 자사로 해 줄 것을 보장하는 대가로 고객 가로채기를 중단하겠다고 약속하는 일을 들 수 있다. 또한 고객 정보를 제공하는 반대급부로 차량 수리를 특정 딜러나 수리점에 맡기도록 보험계약자를 유도해주겠다고 약속할 수도 있다. 아울러 특정 딜러로부터 고객 차량의 수리를 부탁받으면 보다 신속한 보험금 청구 처리를 해주겠다고 약속하는 대가로 딜러에게 고객 정보를 요청할 수도 있다. 처리를 신속하게 해주어야만 딜러도 기존 고객을 유지할 수 있다는 점에서 당근으로 작용할 수 있다. 보험회사가 보험유통업자에게 제공하는 보상 방식을 개정하는 일도 필요하다.

현행 방식은 보험 판매량에 따라 수수료를 지급하는 방식인데, 이는 수입 증대에는 효과적이지만 유통업자가 높은 리스크의 운전자에게 보험을 판매한다면 수익성에는 위협이 된다. 보험회사가 가장 높은 수수료를 지급하는 유통업자는 자동차 수리점인데, 어느 보험사에서는 자동차 수리점의 클레임 비율이 90%를 웃돌기도 한다. 따라서 유통업자의 성과 개선에 대한 인센티브로서 절대적 수익성 내지 타 유통업자와 비교한 상대적 수익성의 크기에 따라 수수료를 차등 지급하는 일을 고려할 수 있다.

〈표 2-12〉 유통경로별 보험청구 비율 및 수수료 지급률

	보험청구비율[1](%)	수수료 지급률(%)
자동차 수리점	93	22
독립 보험대리점	77	19
자동차 판매상	70	21
보험사 영업직원	47	5

1) 보험청구액/보험납입료, * 2005. 3- 2006. 3의 모 보험사 통계
자료: McKinsey analysis

중국의 보험회사들은 보험처리 담당자의 성과 추적이라든가 수리비용 및 청구기록에 관한 정보의 중앙집중화와 같은 프로세스, 시스템에 대한 투자가 여전히 부족한 실정이다. 표준화된 처리 절차를 갖추지 못하면 처리 비용이 사안에 따라 천차만별일 수 있다는 문제점이 있다.

가령, 2006년에 보험회사가 폭스바겐의 Santana 차량의 헤드라이트 수리비용을 지급한 금액은 사건 별로 2.4배의 격차가 있음이 발견되었다. 수리비용과 청구금액을 추적하는 데이터베이스와 같은 보다 나은 클레임 절차를 사용한다면 보험회사는 5-10% 포인트의 클레임 비율 인하를 가져올 수 있다. 일부 운전자들은 현행 보험처리 시스템의 약점을 악용하여 동일 교통사고에 대해 복수의 보험회사에 청구서를 제출한다.

가령 차량 사고의 피해자는 자신이 가입한 보험회사에게 제1자(first-party) 보험 청구를, 가해자인 상대방의 가입 보험회사에는 제3자 보험 청구를 이중으로 한다. 보험회사 간에 보험금 청구에 대한 정보 추적 및 공유가 보다 체계적으로 이루어진다면 이런 악습은 상당히 줄어들 수 있다.

전문 보험처리 담당자를 팀으로 운영하면 특히 의료 청구에서 보험회사는 큰 도움을 받을 수 있다. 보험회사의 손실 중 20% 이상은 의료 청구 및 사망 청구가 차지하고 있는데, 강제적 제3자 책임보험이 실시되면 이 비율은 더 늘어날 것이다. 이런 클레임을 전문적으로 다루지 않으면 보험회사는 처리 담당자가 처음에 추정한 금액보다 많은 보험금을 지급하게 된다.

〈표 2-13〉 의료 청구 손실 내역

	중소형 사고	대형사고
초기 추정 보험금	570 위엔	24,100 위엔
최종 지급 보험금	5,500 위엔(9.65배)	32,200 위엔(1.34배)
총 의료손실 점유율	15%	85%

* 중소형 의료사고: 1만 위엔 이하, 대형 의료사고: 1만 위엔 초과

자료: Gu, Huang, & Wilcox, 2007

Ping An Insurance는 상하이 본사에 청구를 집중화하고 있는데, 500명의 처리 담당자를 팀으로 편성하여 의료 청구, 단순 수리, 복잡 사고로 전문화된 세부 팀제로 클레임 유형과 지역별 수리비용을 목록화하는 데이터베이스를 구축하여, 이에 기초한 자동차 부품업체와의 협상으로 수리 부품을 보다 효율적으로 조달할 수 있다. 그런데 이처럼 감독 개선, 절차의 표준화, 특정 클레임별 전문팀의 운영 등에는 막대한 투자가 소요된다. 대형 보험사들은 이런 방향으로 나아가고 있지만, 소형 업체들은 투자의 편익을 이해하지 못한 채 대리점 증설에만 힘을 쏟고 있다.

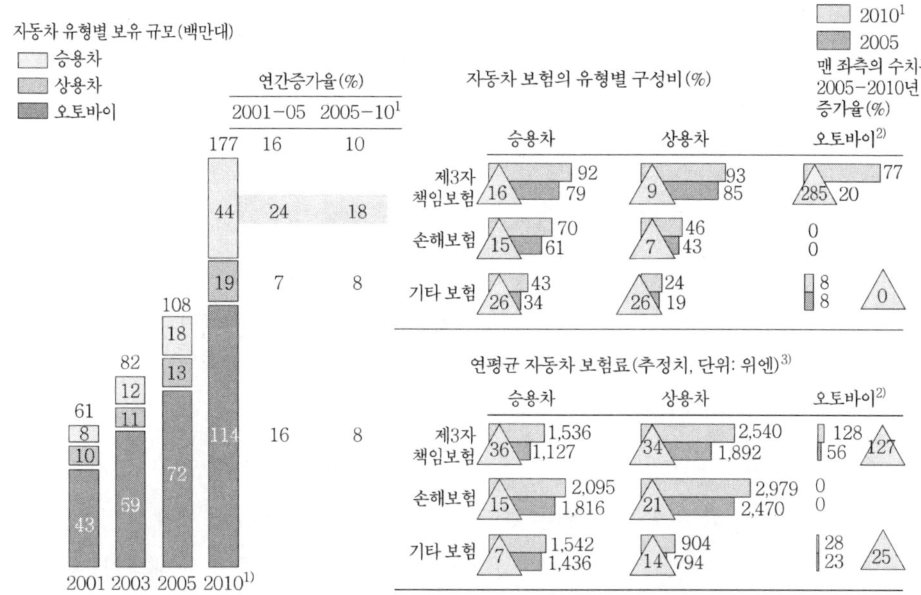

1) 예측치
2) 오토바이에 대한 손해보험은 가입가능하지만 인기가 없음
3) 2005년도 환율은 1위엔=0.12달러

자료: China Automotive Information Network; CIRC; Mc Kinsey.

〈그림 2-11〉 중국의 자동차 유형 및 자동차 보험 유형별 구성비

5) 자본 시장과 M&A

1990년대에 중국 정부가 공기업의 민영화를 처음 시도하였을 때 그 의도는 다른 나라와 마찬가지로 자본시장의 압력을 지렛대 삼아 상당수 공기업의 경영성과를 개선해보자는 것이었다. 그러나 중국 정부는 이들 공기업의 상당량의 지분을 여전히 보유한 채 영향력을 행사하고 싶어 했다. 반쪽짜리 민영화만이 이루어진 채로 기업의 자본조달을 허용하기 위해 복층식(two-tier) 소유 구조를 갖추게 되었다. 기존의 주식보유와 신규 발행 주식의 보유를 법적으로는 별도로 분리시켜 기존 주식의 공개 거래를 금지시켰다.[19)] 그런데 중국의 민영화된 기업의 규

19) 비거래주식(nontradable share)의 비중을 산업별로 보면, 탄광업 67%, 식품업 61%, 비철금속 가공업 57%, 농업 56%, 의류 및 섬유업 52%, 부동산업 47%, 인쇄 및 제지업 40%, IT 37%, 운송 및 보관업 26%, 제약업 25%의 순이다. 출처: Financial China Information & Technology

모와 복잡성이 더해가면서 이런 소유 구조는 많은 어려움에 직면하게 되었다.

이들 기업의 경영진은 가장 중요한 주주인 정부와 1-2개 다액 주주에 온통 신경을 쏟고, 비거래 주식의 소액주주 및 거래 주식의 주주들은 기업 통치 및 투자 결정에 대해 지극히 제한적인 영향력 밖에 행사하지 못하였다. 그로 인해 상하이 주식시장은 2001년에 1차 주식공개(IPO)가 정점에 달한 이후 2005년 중반까지 하향 곡선을 그리면서 시가 총액이 절반 이하로 줄어들었다. 할 수 없이 중국 정부는 2005년에 복층 구조의 두 주식을 하나로 통합할 것을 기업들에게 요구하였다. 이는 중국 자본 시장의 확대를 가져올 것이 분명하다. 주식 투자자들은 이미 지난 5년간 손실을 회복하는 18개월 연속 랠리를 누리고 있다.

주식 통합의 구체적 형태와 실행은 기업이 자율적으로 결정할 수 있지만, 이행 계획은 두 가지 요건을 충족해야 한다(Ahn, Cogman, 2007). 첫째, 통합 계획에 대한 정부 승인을 받은 첫 해에는 비거래 주식의 5% 이하만을 매각할 수 있고, 2차 년도에는 10% 이하만을 매각할 수 있다. 둘째, 비거래 주식의 보유자는 거래 주식의 보유자에게 보상을 해준다는 내용이 계획에 포함되어야 한다. 거래 주식 보유자는 보유 가치의 30%에 해당하는 보너스를 받아야 한다는 합의가 도출되었다.

이는 비거래 주식의 가치가 거래 주식의 1/3 정도로 평가받고 있는 상황에서 나온 수치이다. 이행 계획은 비거래 주식의 주주 2/3와 거래 주식의 주주 2/3의 표결 지지를 각각 받아야 한다.

이렇게 해서 개혁 작업이 순조롭게 진행되면 비거래 주식에 투자를 하고 있는 기관 투자가들은 비핵심 투자 사업의 합리화를 단행할 수 있게 되어 M&A의 붐을 몰고 올 것이다. 물론 중국 정부는 외국계 투자기업에 대한 규제 틀을 개정하는 신 정책을 발표한 점에서 불확실성은 존재한다.

전략적 산업으로 지정받는 산업에 대해서는 개인 투자자 또는 외국 투자자의 100% 소유를 개방하지 않는다. 이 신 정책의 적용에 대한 세부 사항은 불분명하고, '전략적(strategic)'이라는 용어의 정의가 너무 유연성이 커서 수많은 해석을 낳을 수 있다. 또 다른 불확실성은 국유기업을 포함하는 M&A에 대해서는 여전히 국유자산감독관리원(State-owned Assets Supervision and Administration

Commission: SASAC)의 역할이 중요하다는 점이다. 따라서 주식 통합 작업이 어느 정도의 속도로 진행될 지는 예견하기 힘들다.

개혁이 실시되어 그 효과가 드러나기 전에는 대량의 신주 유입으로 유동성의 과잉 문제가 우려되었지만, 2012년에 비거래 주식의 남은 모든 수량이 거래되는 시점에서 연금제도와 사회보장 제도의 개혁이 실행된다면 자본 시장의 신규 투자자로 등장하여 물량 소화에 문제가 되지 않는다. 연금기금은 모든 비거래 주식 가치의 2/3에 해당하는 자금 규모이며, 투자 제한 업종을 제외한 모든 비거래 주식 가치의 3/4에 해당한다. 그렇게 되면 중국 국내의 기관투자가(institutional investors)의 투자 비중도 현재의 10%에서 더 높아질 것이다.

아울러 중국 중산층 투자자들이 주식 시장에 대한 확신을 보다 강하게 갖게 된다면, 현재 저수익 예금[20]에서 주식으로 투자처를 전환함으로써 신규 투자금의 유입을 증대시킬 것이다. 이처럼 중국내 주식시장이 활황을 타게 되면, 기업의 상장에도 변화가 올 것이다. 이미 몇몇 주목받는 기업은 홍콩주식시장 등록에서 상해주식시장 등록으로 방향전환을 하고 있다.

기업의 자본조달의 주된 원천이 은행 융자에서 증권 투자로 바뀌는 것은 자본 분배의 개선, 수익 창출의 중요성 강조, 은행에 대한 기업 의존도의 경감 등의 결실로 이어질 것이다. 기업은 경영의사결정의 투명성에 대한 투자자의 압력을 더 많이 받음으로써 통치구조가 개선되고 성장성보다는 수익성 위주의 경영에 초점을 맞추어야 할 것이다. 이런 결실의 수확에 해결하고 가야 할 과제로는 사기업의 주식 등록의 접근성 확보(국영기업은 등록 접근성이 보다 수월), 등록 기업의 회계를 처리할 공인회계사의 확보, 효과적 시장 감독에 필요한 감독기관의 독립성과 객관성의 확보 등이 있다.

외국계 다국적기업들은 2004년에 중국 시장에서 신규 사업 및 합작 사업에 600억 달러 이상을 투자하였지만, 총 FDI에서 차지하는 외국기업의 중국기업 M&A 거래(inbound cross-border M&S deals)는 12% 미만이다. 이는 중국을 제외한 상위 10대 외국자본 유입국의 평균치 47%에 훨씬 못 미치는 수치이다. 그렇다고 이렇게 낮은 수치가 중국기업의 매력이 없다는 점을 말하는 것은 아니다.

20) 중국 금융자산(financial assets) 중 예금은 3/4을 차지하고 있는데 반해 미국은 20%선이다.

중국의 국유기업은 자산 포트폴리오를 선명하게 하고 있고 정보 개시(開示: disclosure)의 기준도 개선하고 있어서 외국 투자가들의 매력적인 투자대상이 되고 있다. 또한 중국 기업들이 고정자산에 대해 과도한 투자(자동차 산업과 맥주 산업은 50%를 웃도는 과도한 생산능력을 갖고 있음)로 생산 능력이 적정 수준을 초과하고 있어서 구조조정이 발생하게 되면 중국기업이나 외국기업들은 자산이나 사업을 저렴하게 인수할 수 있는 기회도 생길 것이다.

〈표 2-14〉 중국의 M&A 실적

	1997	1998	1999	2000	2001	2002	2003	2004
건 수(건)								
Domestic	82	93	77	78	118	277	413	362
Inbound	81	85	89	127	124	182	223	244
Outbound	34	33	16	20	21	35	17	35
Total	197	211	182	225	263	494	653	641
금 액(억 달러)								
Domestic	46	22	33	53	49	184	159	43
Inbound	32	38	91	35	31	38	34	47
Outbound	7	14	1	6	5	24	10	27
Total	85	74	125	428	84	246	204	118

* 전체 크기와 개별 크기가 일치하지 않은 것은 반올림에 기인함.
* 2000년의 금액 실적을 보면, 전체와 개별 합계가 큰 차이를 보이는 것은, 340억 달러에 달하는 China Mobile Communication의 자산을 모기업으로부터 인수한 것이 Inbound의 35억 달러에는 포함되지 않았기 때문임.

자료: Thomson; McKinsey.

중국에서는 은행, 통신, 자동차제조업 등에서 외국인의 다수 지분 소유를 금지하고 있는데, 외국측이 다수 지분을 소유할 수 없는 경우에는 불이익을 당하지 않기 위해 다른 통제 수단을 활용해야 한다. 그 예로는 이사회 멤버 중 일정 비율의 확보, 주요 관리직의 선임권 확보(재무, 기술 등) 등이 있다.

복수의 요구 사항에 대한 중국측의 수용 용의가 다르다는 점에 비추어 이들 복수의 사항을 적절히 혼합하는 일이 중요하다. 어떤 소비재 관련 다국적기업은 9명의 이사회 멤버 중 3인의 지명권, 3명의 집행 이사의 선임권, 이사회 부의장 임명권, 집행임원회의(executive committee)의 설치 및 지명권, 주요 직능 활동의 감시권한 등을 협상에서 얻어내기도 하였다.

중국에서 M&A를 추진할 때 외국기업들이 겪는 애로사항은 기업 가치의 측정이 어림짐작에 의한다는 점이다. 중국 시장의 역동성이 너무 심해서 할인현금흐름 기법의 적용이 부적절하다는 것인데, 이는 3-5년을 초과한 기간의 현금흐름 예측이 지레짐작에 의할 수밖에 없다는 것을 말한다. 중국측에서는 법정 가치평가를 흔히 사용하는데, 이는 자산이 창출할 수 있는 현금흐름을 고려하지 않은 채 장부가격에 의해 가치를 평가하는 일과 유사하다. 중국측의 불만은 인수하려는 외국측이 법정 최소 가치를 밑도는 수준에서 인수가격을 제안하여 거래가 성립할 수 없다는 점이다.

〈표 2-15〉 중국내 다국적기업의 M&A 유형

	적합한 상황	주된 전략적 근거	예
소수 지분 투자	외국인투자 제한 업종	규제완화 후 재거래의 선택권 확보, 경쟁사 선제, 학습축적	BOA-중국건설은행, HSBC-통신은행
합작 투자	제한업종, 현지파트너의 특수가치제공 업종	시장침투가속, 현지선두기업의 성장 공유	GM-상해자동차공사(SAIC)
통제권 확보	다수소유권, 지배구조 통한 사업 통제	가치손실 극소화, 지배구조 확보	InBev-Lion Group, Amazon.com

자료: Ahn, Leudi, & Zhang(2006)

중국에서 M&A 협상을 하는데 가장 민감한 주의의무(due diligence)는 자산소유권, 사업영역 인가, 토지사용권, 세제 및 금융상 혜택과 의무 등이다. 신생 중국 기업 중에는 기업에 속하는 자산이 어떤 것들인지를 보여주는 적절한 문서가 없는 경우가 많다. 따라서 인수측은 자산 소유권의 확인, 관련 회사의 조사, 자산의 은행 저당 여부 확인 등의 작업을 게을리 해서는 안 된다.

일부 특별 사업은 정부기관의 인허가를 요하는데, 인수대상 기업이 갖고 있는 이러한 인허가 사항이 M&A에 의해 인수주체 기업에게 항상 이전된다는 보장은 없다. 중국에서 토지는 국가에 귀속되고 기업이나 개인은 할당된 토지에 대한 사용권만을 갖는데, 합작 상대인 중국기업이 자산을 토지 형태로 제공한다고 할 경우에는 어떤 토지사용권이 첨부된 것인지를 확인해야 한다.

법률상의 실체가 무엇이냐에 따라서 중앙정부나 지방정부가 주는 세제, 금융상의 혜택, 인센티브가 상이하다. 기업 소유권이 외국인에게 넘어가면 이런 인센티브가 이전되지 않을 수 있고, 중국 기업에는 대차대조표에는 없는 부채가 있는 경우도 있기 때문에 숨겨진 부채로 인한 손실을 입지 않으려면 배상 합의서(indemnification agreements)를 작성, 서명해두어야 한다.

이와 같은 주의의무를 통해서도 인수대상 기업의 가치에 대해 확신이 서지 않는다면, 특정 상황이 발생할 경우 매입한 지분을 정해진 가격에 재매수하겠다는 중국측의 확약을 M&A 협정서에 명문화할 필요가 있다. 2005년 9월에 Royal Bank of Scotland가 Bank of China의 주식을 매입하면서 삽입한 규정 중에는, 추가 주의의무에 의해 놀라운 사실이 발견될 경우에는 주당 인수가격은 인수측에게 유리한 방향으로 조정된다는 내용과, Bank of China가 3년 이내에 IPO를 행하지 못하면 인수측의 주식 전량을 재매입한다는 내용이 담겨 있었다.

5. 중국인과의 사업 협상

대만 작가 柏楊은 "일본인 3명이 모이면 용이 되지만, 중국인 3명이 모이면 돼지가 된다. 그 이유는 중국인들이 내분을 일으키니까."라고 말했다고 한다(吉岡, 2007: 35). 일본인들은 모이면 조직을 결성하여 규칙을 만들어 이를 준수하는데, 중국인은 간단히 규칙을 부수고 심할 때는 내부 투쟁까지 일삼는다는 것이다.

1986년의 한 사례를 보면, 칭타오시의 경공업국에서 국영 봉제공장의 감독을 맡던 陳 과장이 친구 4명과 동업을 하였다. 일본인의 소개로 일본 수출용 작업복의 봉제 작업을 하도급 맡게 되었다. 3년 만에 회사는 크게 성장을 이루어 봉제 재봉틀을 300대 추가로 리스로 조달할 정도가 되었다. 그러자 출자한 친구 4명이 '진 총경리(사장)만 승용차를 몰고 다닌다.', '그 녀석만 TV에 출연하여 얼굴을 알린다.', '일본 공장 시찰에 나를 동행하지 않는다.', '고객을 초대하는 자리에 나를 동석시키지 않는다.'라며 질투를 보이고 급기야 의심투성이가 되어 내분으로 번지고 말았다. 경리부장을 맡은 동업자는 회사 돈을 횡령하고, 현장주임을 하던 또 다른 동업자는 제품을 횡령하고, 결국 생산 현장은 혼란에 빠져 종업원들도 일을 하는 둥 마는 둥 하여 제품의 사이즈가 뒤죽박죽에 봉제 하자가 속출하면서 전량 반품이라는 사태를 맞이하여 도산하고 말았다.

중국인의 기질을 논할 때는 흔히 長江(양자강)을 중심으로 남북으로 나누어 말한다. 이북의 중국인들은 보수적, 권력지향적인 반면, 이남의 중국인들은 실리적, 진취적이라고 하는데, 이는 풍토와 환경에 기인하는 바가 크다. 장강 이북의 황하 연안을 포함한 중원의 황토문화권은 추위가 매섭고 모래바람이 휘날리며 광활한 황무지라고 하는 자연조건 탓에 폐쇄적, 정치적인 성향을 갖게 되었고, 장강 주변 및 이남의 장강문화권은 기후가 온난하고 다경작에 풍광이 수려하여 모험적, 개방적인 기질을 갖게 되었다. 강이 많은 장강문화권의 남방인들은 예로부터 배를 교통기관으로 삼았고, 황토문화권의 북방인들은 말을 교통기관으로 삼았다.

남방인들은 배를 이용하여 외국과 교류를 하면서 외국 문화의 영향을 받고, 국제화에 대해 긍정적인 자세를 보이면서 자유무역을 행하였다. 실제로 해외 화교의 태반이 남방인이고, 중국이 자본주의를 받아들인 창구 역시 상하이,[21] 광둥, 福建 등의 지역이다. 왕조의 본거지로서 군정권과 인사권을 장악한 북방인에 대해 남방인들은 권력 저항과 북방 유교문화에 대한 경시의 감정을 갖고 있다.

중국인의 기질을 좀더 세분하여 북경인, 상해인, 광동인, 복건인, 동북인의 다섯 유형으로 분류해 보면, 북경인은 정치적이고 따지기를 좋아하며, 상해인은 북방인 전체를 촌놈으로 경멸하면서도 겉으로는 사근사근하며 상대 기분을 상하게 하지 않으려는 배려를 하는데, 이는 상대로부터 이득을 얻어내기 위한 타산적 자세를 보여준다. 따라서 상대의 이용가치가 없다고 판단되면 대하는 태도가 차갑게 돌변한다. 광동인은 열탕과 냉탕을 오가는 다혈질에, 혁명적, 반체제적 속마음을 갖고 있다. 새로운 것을 좋아하고 눈치가 빠르며 의리가 두텁다.

중국 혁명의 걸출한 지도자들 대부분이 광동, 사천, 호남 등의 남방인이다. 복건인은 모험적이면서도 이웃의 광동인과는 대조적으로 자신의 이익을 얻거나 지

21) 吉岡 (2007: 45)은 상해 지역을 지저분하고 냄새나고 요란하고 혼잡하다는 걸로 요약하고 있다. 참고로 중국은 문화대혁명 시대에, 더러운 것을 더럽다고 생각하는 것은 부르조아적 감정이라고 비판받아 왔다.

키기 위해서라면 인의를 저버리는 경향이 있다. 동북인(흑룡강, 라오닝, 지린 3성)과 내몽골인은 인내심이 강하고 보수적이며 싸움을 좋아하지 않는다. 인간관계를 소중히 여기는 것은, 혹독한 기후 여건 속에 서로 돕지 않으면 살아갈 수 없다는 점에서 연유한다.

1) 중국인의 사고방식

하나: 인연은 돈 나름. 예로부터 중국인들이 소중히 여겨 온 것은 첫째가 혈연과 지연, 둘째가 돈, 셋째가 이용가치가 있는 친구, 넷째는 없고 다섯째가 법률이다(吉岡, 2007: 51). 시험에 합격하여야 들어가는 대학조차 학장의 권한으로 불합격한 연줄이 닿는 학생을 입학시키기도 한다. 이런 사회 속에서 친척, 동향 사람들과의 인맥 쌓기에 열을 올리는 것도 무리가 아니다.

둘: 내일의 백원보다는 오늘의 10원. 종업원들은 5년 뒤, 10년 뒤의 회사 발전의 전망보다도 눈앞의 수당이나 복리후생을 강력히 요구하는 실정이다. 오늘의 왕조가 내일의 왕조가 되는 건 아니라는 관념이 강하게 작용하는 것 같다.

셋: 걸어가느니 비행기로 단번에 날아가자. 오늘날의 중국인들은 역량도 없으면서 최첨단의 기술설비를 도입하고 싶어 하는데, 이는 전형적인 허세적 성격을 보여주는 일이다. 일본인이라고 하는데 중국인인들 못할 리가 없다는 식이고, 최첨단 설비가 제대로 가동하지 않으면, 일본 기업이 제대로 가르쳐주지 않아서 그런 것이라며 책임 추궁을 하고 배상금을 얻어내려고 한다.

넷: 나라를 믿지도 말고 기대지도 말고 온몸 다 바치지도 않는다. 정부는 자기 입에 맞는 것만 보도하니까 관제 보도는 믿지 않는다. 일반 국민이 신뢰하는 정보원은 입소문이다. 오직(汚職) 사건으로 해외로 망명하는 고위 간부들이 늘고 있는데, 2006년 9월 30일-10월 7일까지의 국경일 연휴 기간 중에 552명의 고위 간부가 해외 망명을 기도하여 115명이 성공하고 나머지 437명은 체포되는 일이 발생했다. 이들이 갖고 나가려던 재화로는 현금 4억 달러, 백금과 금 2,950온스, 국보급 서화 및 골동품 80점, 국가기밀문서 32종류이었다.

다섯: 원칙을 만들되 운용은 유연하게. 문제점을 대분류하고 이의 판단 원칙, 해결 원칙을 작성한다. 그러데 이 원칙이란 것이 그 때 그 때의 정치, 경제 상황

을 반영한 자기중심적인 것이 되고 만다. 일방적으로 자신들의 주장을 정당화하는 식으로 밀어붙인다. 그러다가 역으로 그런 원칙이 자신의 이익에 반하는 경우에는 해석을 이어령 비어령식으로 굉장히 유연하게 한다든가 아예 새로운 원칙을 만들기도 한다.

여섯: 반성한다는 것은 자기 잘못의 증거. 문제 발생의 원인을 겸허하게 돌이켜 보고 반성한다는 일이 중국인에게는 받아들이기 힘들다. 그러다 보니 같은 잘못을 되풀이하는 일도 있다. 자신의 잘못을 인정하는 발언을 한다는 것은, 무슨 일을 당하더라도 이의를 제기하지 않는다는 죄인의 입장에 놓이기 때문이다.

일곱: 죽음에 직면해서도 활로를 찾는다. 절대 절명의 위기에 봉착하더라도 자살이라고 하는 도피 행위를 택하기 보다는 현실에 입각하여 자신의 입장을 방어하고 목청 높여 자신을 정당화하는데 전력을 기울인다.

2) 중국의 관행

중국은 人治의 나라이다. 중국 당국이 공포하는 법률에는 '잠정조례', '잠정규칙'이라는 것이 있다. 잠정이란 말 그대로 한동안은 이대로 하지만 형편에 따라 변경한다고 하는 의미인데, 한동안이 어느 기간을 가리키는지 알 수가 없다. 각 지자체마다 창구 담당자마다 생각에 따라 기분에 따라 다르게 해석되고 판단되는 것이다.

중국 국내에서 원자재를 조달하여 만든 완제품을 수출하면 원자재 구매에 지불한 부가가치세 17%를 환급받았는데 어느 틈엔가 환급 혜택이 취소되기도 하고, 사업용 자동차 수입에 대한 면세 조치가 폐지되기도 한다. 이 모두가 잠정법령이므로 중국 정부의 형편에 따라 시도 때도 없이 바꾸기 쉽다. 중국의 지자체에서는 정책 결정자와 실행자가 동일 인물이라서 관료의 권한이 막강하다. 따라서 골칫거리가 생기면 돈으로 해결할 수밖에 없다.

현재 중국에는 1,100개의 대학이 있고, 재학생은 200만 명에 달한다. 문화혁명 당시에는 대학 졸업의 인텔리를 臭九(아홉 번째로 냄새가 고약한 녀석)라 하여 냉대를 하였으나 경제개방 정책 이후에는 교육열이 높아졌다. 그런데 대학 경영이 사립화하면서 학비가 비싸지고 고액의 뇌물이나 기부금으로 자식을 부정 입학시키는 부모들이 생기고 있다. 고교 진학률은 북경, 상해, 천진 등의 대도시 지역에서는 80%를 웃돌지만 농촌 지역에서는 10% 미만이다. 글을 읽고 쓸 줄 알며 산수만 할 수 있으면 충분하다는 고루한 생각이 남아 있어서 시골의 부모들은 자식을 진학시키기 보다는 농사일에 내보낸다. 중국은 우리나라처럼 학연을 내세우는 일은 없는 대신 같은 성이나 시, 향, 촌 출신끼리의 공동체인 동향회를 중시한다. 예나 지금이나 법률은 지키지 않아도 향약은 지켜야 한다는 것이 불문율이다.

2004년 통계를 보면 중국의 사유 재산은 총 8조 5천억 위엔이고, 이 중 도시지역의 4억 7천만 인구가 갖고 있는 사유 재산이 전체의 88%이고, 8억명을 넘는 농촌 인구가 소유하고 있는 사유재산은 겨우 12%에 지나지 않는다[22]. 중국의 행정 단위인 현, 향, 촌에는 6,500만 명의 공무원이 있는데, 이는 13명의 농민이 1명의 공무원을 먹여 살리는 셈이다. 연간 소득이 평균 3천 위엔에 불과한 농민들이 연봉 6만 위엔의 공무원 급여를 댈 수 있는 것은, 지방 공무원이 남아도는 농촌 인력을 도시로 내보내서 보내오는 송금을 자전거 보유세, 馬車道 보수비 등의 명목으로 부담금을 지우기 때문이다.

3) 대 중국인 협상술

하나: 중국측 의견을 먼저 말하도록 할 것. 중국인은 상대에게 기탄없는 의견 개진을 부탁하면서 있는 그대로 상대측 의향을 상부에 보고해 올리겠다는 식으로 나온다. 이는 상대방의 의견, 생각을 듣고 이를 분석하여 질문이나 반론을 들어 대책을 세우겠다는 작전이다. 중국측의 의향이 무엇인지도 모른 채 우리측 의견을 내뱉으면 나중에 후회하게 될 일이 생길 수 있다. 즉 중국측 의도대로 일이 진행되지 않아서 협상이 결렬될 경우, 우리측이 반대해서 의견의 일치를 보지 못했다는 식으로 책임을 전가하는 태도로 나올 수 있다. 사전에 중국측의 의도를 분석하고 협상에 임할 계제가 아닌 경우에는 추상적인 답변을 하고 적절한 농담으로 무시해버리는 식으로 나올 필요가 있다.

---

22) 중국 국토의 27.3%가 사막이라는 점, 이 가운데 농경지 퇴화율이 40%이고, 초원 퇴화율이 56.6%에 달하는 상황은 농촌 생활을 더욱 어렵게 하고 있다.

둘: 공식 회의 이외의 자리에서는 우리측 생각을 발설하지 않을 것. 연회에서는 물론이거니와 송영의 차 안에서 아무렇지도 않게 불쑥 협상 안건을 끄집어내어 우리측의 생각이나 본심을 캐내려고도 한다. 이를 토대로 대책을 마련하거나 복수의 중국측 파트너와의 협상이라면 공동 전선을 구축하여 공격적으로 나올 수 있으므로 유의해야 한다.

셋: 사견이 아니라 우리측 모두의 생각임을 미리 말해둘 것. 중국측 협상단 내에서 누가 결정 권한을 갖고 있는가를 파악하는 것이 중요한데, 회의장에 두 번째로 들어와서 두 번째로 발언하는 사람이 결정권자라고 보면 틀림없다. 협상의 이야기를 나눌 때는 이 결정권자와 50센티 정도 거리를 두고 앉는 것이 좋다. 그 정도 거리라야 상대방의 자세와 몸짓, 얼굴 표정, 심리 상태 등을 읽어낼 수 있다. 상대방의 몸 전체가 경직되어 움직임이 적을 때는 상대가 협상 내용을 제대로 숙지하고 있지 못하여 자신감이 없고 불안해 한다는 것을 의미하며, 메모장을 펴고서도 아무런 기재도 하지 않고 우리측의 복장이나 손에 든 물건을 바라본다면 우리에 대해 방어적 자세를 취하고 있음을 말해준다. 우리측 의견을 말할 때는 '이는 제 생각입니다만' 이라고 하지 말고 '이는 우리측 모두의 공통된 생각입니다만' 이라고 말하는 것이 보다 설득력이 있으며, '이 이야기는 여기서만 말씀드리는 것인데, 오프 더 레코드로 말씀드리면'이라고 말하면 의외로 효과를 본다.

넷: 가벼운 마음에 죄송하다는 말을 하지 말 것. 별 것 아닌 생각으로 미안하다고 표현하면 중국측에서는 우리가 잘못을 인정하고 중국측의 요구를 모두 받아들이기로 했다고 오해하게 된다. 중국에서는 자기가 잘못한 경우에도 구구절절 변명하고 자기를 정당화하려 한다. 그 이유는, 중국에서는 미안하다는 표현이 내가 모든 책임을 지겠다는 의미이기 때문이다. 따라서 중국인들은 추상적인 표현으로 알맹이 없는 내용을 애매하게 반성의 뜻으로 표현할 따름이다. 이를 두고 중국측이 잘못을 인정했다고 해석하면 오판이다.

다섯: 발언은 단순명쾌하게 논리적으로 할 것. 중국측은 우리의 말 가운데 자기네 형편에 맞는 것만 골라서 인용한다든가, 자기 입맛에 맞게 우리측 의견을 해석하려 한다. 각론에 들어가서 발언 내용이나 의미에 대한 해석을 둘러싸고 말했다느니 아니라느니 하는 입씨름에 치중하여 정작 중요한 주제의 논의에서 벗

어나는 일이 생긴다. 우리측의 의견을 개진할 때는 단순명쾌, 논리정연하게 말해야 한다. 너무 직설적으로 말하는 것은 아닌지 하고 주저할 필요가 없다. 그래야만 서로 오해의 소지가 없게 된다.

여섯: 양보해서는 안 될 일은 절대 양보하지 말 것. 고대 중국의 병법 중에 조호이산(Lure the tiger out of mountain) 이라는 병법이 있다. 중국인들은 자신의 씨름판에 상대를 불러들여 끈기있게 시간을 들이면 상대는 제한된 시간 내에 결론을 내려야 하므로 초조해 하여 양보할 것이라는 전술을 구사한다. 중국인에게 시간은 돈이라는 관념이 없기 때문에, 이들을 상대로 할 때는 몇 시간, 며칠을 두고라도 안 되는 일은 절대 안 된다고 설득한다고 하는 끈질긴 자세를 견지해야 한다. 우리의 이러한 완고한 자세를 인식하게 되면 중국측도 양보하지 않을 수 없거나, 도저히 안 되겠다 싶으면 완곡한 방법을 써서 후일 다시 협상하자고 할 것이다.

일곱: 중국측의 책임에 대해서는 확실히 인지시킬 것. 합작사업에서 외상매출금의 회수가 안 되는 일이 종종 발생한다. 중국 파트너는 상호 의견을 개진하여 대책을 세우는 일이 필요하다, 외상매출금의 회수가 무엇보다도 중요하다는 식으로 이야기를 꺼내다 도중에 이 이상 논의해봐야 아무 소용없으니 회의를 끝내자, 외상매출금의 회수는 곤란하니 일단 보류하고 신규사업을 시작하자, 당신네가 우리 생각에 동의하지 않으니 합작회사를 도산시킬 수밖에 없다는 식으로 태도를 바꾼다.

이럴 때는 적당히 타협할 것이 아니라, 철저하게 논의하여 상대방으로 하여금 파트너로서의 책임을 인식시켜야 한다. 가령, 중국측의 태만으로 인한 사소한 실수를 침소봉대하여 추궁한다든가, 합작계약서나 정관에 명기되어 있는 중국측의 책무 가운데 우리측에 유리한 점을 끄집어내어 밀어붙이는 식이다. 한편, 중국의 공무원들과 협상을 벌일 때는 이들이 책임 회피를 최우선으로 하기 때문에 상대에게 책임을 씌우지 않겠다는 자세를 보인 뒤에 최종적으로는 상대 스스로 책임을 자각할 수 있도록 하는 테크닉을 구사하는 것이 효과적이다.

4) 중국과의 합작 요령

하나: 확신이 50%라면 진출을 단념할 것. 중국인에게 말할 때 검토해보겠다는 표현은 삼가야 한다. 중국측은 이 표현을 할 것인가 말 것인가를 검토하는 일이 아니라 하긴 하는데 어떤 식으로 할 것인지를 검토해 보겠다는 말로 받아들이기 때문이다. 사업의 타당성 조사(feasibility study) 결과, 사업의 성공과 실패의 가능성이 반반으로 나왔다면, 단념하는 것이 필요하다.

사업 실패의 99%는 파트너 선정에 있다. 파트너측의 여신관리 능력, 자금회수 능력이 가장 중요한 요건인데, 이들이 정치력이나 인적 관계를 활용하여 회수할 능력이 있는지를 살펴보아야 한다. 판매 자금의 회수는 현금인도방식(Cash On Delivery: COD)이 가장 안전하며, 신용 판매를 할 경우에는 약속 기간내에 입금이 이루어지지 않는다면 판매 상품의 회수를 신속히 해야 할 것이다.

그러나 중국 전역을 대상으로 사업을 전개하고 있는 경우에는 상품 회수가 여의치 않기 때문에, 지역 밀착형으로 사업 전개를 하는 것이 리스크를 줄일 수 있다. 중국 전역을 사업 영역으로 삼게 되면, 동서남북 장대한 지리적 거리로 인해 유통이 원활치 않아서 상품이 파손되거나 치안 불안으로 약탈당하거나 야적지 확보의 어려움으로 유통경비가 팽배해지는 리스크가 아울러 존재한다.

사업 타당성을 통해 알맞은 파트너를 선정하는 작업에서 고려해야 할 요소로는 정관계에 네트워크를 지닌 인물이 파트너 회사에 있는지, 자금 조달력이 있는지, 경영 능력이 우수한 인물이 최소 2명 이상 있는지, 보유 설비와 기술력, 판매력은 어떤지, 간부급 관리직의 리더십이 뛰어난지, 종업원 교육 수준이 균일한지 등이다. 그리하여 파트너를 선정하였다면, 본격적으로 합작 사업을 하기 전에 기술 제휴의 형태를 통해 상대 기업의 신뢰성, 적성 등을 간파하는 단계를 밟아가는 일이 바람직하다. 중국인은 개인주의에다가 득실 계산이 뛰어나기 때문에 어지간한 중국통을 확보하지 않으면 합작에서 애를 먹기 십상이다.

둘: 사업 마찰 발생 시 중재 기관을 누구로 할 것인지를 사전에 명확히 할 것. 예전에는 중국의 국영기업과의 사이에 마찰이 생기면 해당 기업의 상부 기관에 호소하면 소위 '윗분의 한마디'에 해결되기도 하였으나, 기업의 독립채산제가 도입되

면서 마찰에 대한 해결책을 미리 강구해야 한다. 그런 마찰의 중재 기관으로서 중국국제경제무역중재위원회(China Int'l Economic & Trade Arbitration Commission: CIETAC/www.cietac.org.cn)가 있다.

합작계약서와 정관에 'CIETAC'의 중재를 최종적인 결정으로 하고 쌍방은 이에 따르는 것으로 한다.'고 명기하면 된다. 그렇지 않을 경우에는 '仲裁廷'이라고 하는 법원에 소송을 하게 되는데, 3인의 중재인 간에 합의가 이루어지지 않을 때는 主席 중재인의 의견에 따라 결정이 내려진다. 여기에서 패소한 측이 재정 집행을 거부할 경우에는 승소인은 패소인의 소재지 또는 재산 소재지의 법원에 강제 집행을 신청하면 된다. 일단 소송을 제기하면 법정이 구성되고 나서 9개월 이내에 재정 결정을 내리도록 CIETAC은 규정하고 있지만, 최근 중재 안건의 급증으로 지체되고 있다.

셋: 합작계약과 정관은 야박하다고 할 만큼 상세하게 작성할 것. 중국측은 금전적으로 조금만 여유가 생기면 본업 이외의 일에 손을 대어 경영 범위를 벗어나는 행위를 일삼는다. 계약서나 정관에 합작 기업의 경영 목적과 범위를 명시해야 한다. 또한 중국측 상대파트너가 사용해오던 공장 부지의 전부 내지 일부를 현물 출자하는 경우가 있는데, 여기에 인프라 정비 비용이 포함되어 있는지를 확인해 두어야 한다.

국유기업과 합작을 할 경우, 합작 이후에도 공장의 인프라를 계속 사용할 수 있을 것으로 생각하기 쉬운데, 막상 사업을 개시하고 나면 전기, 가스, 상하수도, 통신설비, 공장부지 내의 통로 등을 이용할 수 없게 되는 일이 생긴다. 국유기업의 인프라는 정부출자로 이루어진 만큼, 합작회사가 사용주가 될 경우 투자금액을 합작회사가 부담하지 않으면 사용할 수 없다는 것이다. 계약서, 정관 등에 기입할 수 없는 사항에 대해서는 취업규칙에 명기하여 엄격한 이행을 해야 할 것이다.

예를 들면 원재료의 관리와 사용법, 공구의 취급 방법, 출퇴근 방법, 휴식 요령 등을 세세히 규정한다. 근무 중에 집단으로 수다를 떤다든가 흡연을 한다든가 화장실에서 볼 일 보고나서 손을 살균 소독하지 않는 경우에는 일정액의 벌금을 부과하고, 무단결근하거나 회사 물건을 절도질 하면 해고한다는 내용을 담는다.

적발 시에는 엄격히 규칙을 적용해야 하며, 이번 한번은 봐준다는 식으로 운영하면 규칙 준수가 어려워진다.

2006년의 통계를 보면, 중국에서 안전조업 기준을 무시하여 일어난 산업재해사고로 사망한 사람이 11만 명에 달한다. 그 만큼 작업장의 안전 준수에도 각별한 주의, 감독을 행해야 한다.

넷: 이사회를 장악할 것. 거부권을 행사할 수 있을 정도의 지분을 확보함은 물론 이사회(董事會)를 통제하는 일도 중요하다. 이사회 회의 내용은 반드시 의사록을 작성하여 상호 확인을 거쳐 보관해 둔다.

다섯: 현지사원의 교육은 본국에서 행하도록 할 것. 중국 현지의 실정과 교육수준에 맞추어 매뉴얼을 작성하는 일에 상당한 시간이 소요된다. 훈련 교관을 파견하자니 경비가 수월찮다. 본국으로 보내 연수를 실시하면 기술 습득은 물론 효율적인 작업 절차, 팀워크의 요령, 안전관리 등에 이르기까지 몸소 체험할 기회를 부여하기 때문에 보다 효과적이다.

본국 연수 대상자를 선발할 때는 연수 후 귀국하여 공장 현장에서 능력을 발휘할 인물인지 여부를 잘 따져보아야 한다. 중국의 대졸 기술자 중에는 엘리트의식이 강하여 생산 현장에서 손에 기름 묻히고 땀 흘리며 일하기를 싫어하고 사무실 근무를 선호하는 자가 태반이기 때문이다.

여섯: 종업원의 신규 채용 시 반드시 보증인을 세우도록 할 것. 합작회사를 설립하는 경우에는, 파트너 기업에 근무하던 종업원들은 일단 전원 해고 처리를 하고 신규 채용 시험을 거쳐 적임자만을 채용하며, 이 때 신원보증인을 반드시 요구한다. 이는 악질적인 종업원을 걸러내기 위한 방편이다. 채용 시험 문제의 출제는 우리측에서 하도록 한다. 중국 파트너측에 맡기거나 공동으로 출제하게 되면 항상 사전에 문제가 유출되어 수험자의 진정한 실력을 가늠할 수가 없다.

고용조건 계약서를 작성할 때는 종업원 연수 후 직장 복귀 시점에서 퇴직할 경우에는 연수비용 전액을 변제한다는 항목을 삽입하고 본인과 보증인의 서약서를 첨부토록 한다. 또한 연수에서 받은 교육 내용이나 자료를 사유물로 생각하여 다른 종업원들에게 가르쳐주지 않는 경향이 있는데, 우리측 간부나 기술자가 현장의 생산직들과 대화를 나누어 지식 전달, 공유가 제대로 이루어지고 있는지를 점검토록 한다.

일곱: 잘못을 솔직히 인정하는 의식을 심어줄 것. 중국인들은 자신이 배운 지식을 갖고 고집을 부리며, 결점을 지적해줘도 솔직히 받아들여 고치는 법이 없다. 또한 자기가 모르는 것, 이해하지 못하는 것을 가르쳐달라고 청하지도 않는다.

한 가지 사례를 소개하면, 자동 사진현상기를 중국에 수출한 기업이 수업업체로부터 현상이 깔끔하게 되지 않는다는 클레임을 받고 현지에 가서 확인하니 이상이 없었다. 현상의 질은 수질에 달려 있기에 필터를 붙여서 물을 여과시킨 뒤 사용토록 하였으나, 수출업체 기술자가 조작하면 멀쩡한 것이 현지 기술자가 손을 대면 미묘한 색의 농도 차이가 나는 것이다. 중국측에서는 약품이 안 좋다고 불평하고, 약품이 멀쩡하면 지도 방식이 서툴러서 그렇다 하고, 그것도 아니면 기계에 문제가 있다는 식으로 나올 뿐, 자신의 조작 실수를 솔직히 인정하려 하지 않는다. 결점을 솔직히 인정하고 모르는 점은 가르쳐달라고 하는 태도가 기술 향상에 직결된다는 교육을 반복해야 한다.

여덟: 상품을 팔아치운다고 하는 의식을 개선시킬 것. 중국인들 중에 자신의 급료가 고객으로부터 나온다고 생각하는 사람은 없다. 또한 상품을 고객에게 팔아넘긴다는 의식이 강할 뿐, 고객이 상품을 구매토록 유도한다는 사고가 없다. 고객과 싸움을 하면서도 자신의 잘못은 생각지 않는다. 이런 공급자 중심의 사고방식을 떨쳐 버리도록 교육시키는 일이 급선무이다.

아홉: 우수한 현지 인물을 능숙하게 다룰 것. 우리 측에서는 현지법인의 인사관리에 관여하지 말고, 중국측의 副總經理(부사장)와 또 한명의 간부를 철저히 교육시켜서 이들에게 인사 문제를 맡기는 것이 현명하다. 이들 핵심 현지인물 두 명을 우리측의 의도대로 다룰 수 있다면 기업 운영은 원활히 이루어지게 되어 있다.

열: 신상필벌과 솔선수범을 보일 것. 아무리 규칙을 준수하라고 떠들어도 효과는 나타나지 않는다. 규칙을 지키고 좋은 성적을 거둔 종업원에게는 포상을 해주고 역으로 잘못을 범한 종업원에게는 벌금을 부과하며, 같은 과오를 3회 반복하면 해고한다는 식으로 실행한다. 또한 개인 책임으로 하기 보다는 규칙을 위반한 자가 속한 팀 전체에게 연대 책임을 묻는 편이 효과적이다. 또한 중국인 종업원

들의 행동 지도 면에서는 우리측 인물이 솔선수범을 보이는 것이 요구된다. 사무실 책상을 걸레질하고 화장실 청소를 시범으로 보일 때 비로소 중국 종업원들의 행동 실천이 가능해진다.

열하나: 생산품, 납품, 회계 등의 검사를 철저히 할 것. 중국에서는 불량 생산품을 '등외품'으로 국영 백화점이나 시장에서 당당히 유통시킨다. 이런 불합격품을 수출한다면 합작기업의 생산품은 품질이 열악하다는 낙인이 찍히게 되고, 내수용으로 판매한다면 합작 상대인 외국기업측이 지도를 잘못해서 품질이 안 좋다는 인식을 받게 되므로 검품을 완벽히 하도록 해야 한다.

또한 중국에서는 납품 과정에 담당자와 거래업체 직원과의 인맥이나 인간관계가 크게 개재하기 때문에 조금만 감독을 소홀히 하면 거래 리베이트의 부정이 속출하므로 주의를 기울여야 한다. 납품 전표의 점검을 납품 담당자가 같이 하게 되면 대충 눈감아줄 우려가 있기 때문에 다른 부서에서 담당토록 한다. 납품 전표는 세금 납부와 관련하여 매우 중요한 서류이다. 회계와 관련해서는 총경리(사장)의 인감을 중국 파트너측에 일임하지 않도록 하며, 월차회계보고의 점검에도 철저를 기한다.

열둘: 출하 포장비를 원가에 포함할 것. 중국인들은 포장에 돈을 들이는 것은 낭비라고 생각하며, 제품 출하 과정에서 물건을 함부로 다루거나 내던지기도 한다. 게다가 물류 기능이 떨어져서 재고 일수가 터무니없이 늘어나며, 운반 작업도 원활히 이루어지지 않는다. 따라서 운반 과정에서 상품에 흠이 생기기도 하고 파손되는 일도 흔하다. 일례로 칭타오 맥주의 생산 공장에서 300타스의 맥주를 호베이성(湖北省)의 의창(宜昌)이라는 곳으로 발송하였는데 실제 도착한 맥주는 80타스였다고 한다. 나머지 220타스는 도중에 깨지고 도둑질 맞았다는 것이다. 이렇다보니 의창에서 칭타오 맥주의 판매가가 10배 이상이라는 사실도 놀랄 만한 일이 아니다. 내수용이든 수출용이든 포장비와 운반비 일체를 원계계산에 포함시켜야 할 것이다.

열셋: 파견 사원의 명함에 찍는 직함을 평가 절상할 것. 중국은 직함 사회이므로 본국에서 파견 사원으로 직급이 낮은 인물을 보내면, 합작 사업에 대한 외국기업의 인식이 이것밖에 안되냐고 부정적 인식을 갖게 된다. 부장 직함 내지 고

급 기술자 직함을 주어 파견하는 게 좋다. 중국에서는 겉모양이 90%를 좌우한다.

6. 중국 정부의 정책

중국 정부는 양에서 질로의 정책 전환을 모색하고 있는데 구체적으로는 공업화, 정보화, 도시화, 국제화의 네 가지 방향을 말한다. 특히 도시화의 경우 연간 1,500만 명의 규모로 도시화가 이루어지고 있다. 도시로의 이동 인구를 확대하게 되면 농촌의 인구 1인당 경지면적이 확대되어 농촌의 경제적 윤택을 이룰 수 있다는 생각이다. 그렇다고 한꺼번에 대도시로 이주시키게 되면 도시지역에 슬럼가가 형성되어 사회 불안으로 이어질 수 있기 때문에, 베이징, 상하이, 광조우의 3대 도시 이외의 지방 도시를 개발하여 농촌 인구의 이주를 받아들이도록 해야 할 것이다. 이를 위한 시책으로서 3陸과 3海 전략을 세우고 있다.

3륙은 서북부, 동북, 서남부 지역의 발전을 촉진시키기 위해 주변국가와 무역, 직접투자, 인트라, 물류 등의 협력을 추진하는 것이고(각각 러시아, 카자흐스타, 키르기스탄, 다지키스탄, 우즈베키스탄/한국, 북한, 러시아, 일본/아세안과의 자유무역), 3해는 3대 도시권에 외자 도입, 산업의 국제이전, 수출지향 제조업 발전을 계속 추진해나가는 것이다(톈진을 중심으로 한 환발해 지구 개발, 상하이를 중심으로 한 장강 델타 개발, 광조우를 중심으로 한 주강 델타 개발).

중국의 중상층(up-middle 계층: 연소득 1만 달러 이상)을 대상으로 마스터카드가 조사한 생활 스타일을 보면, 연소득이 2만 달러를 넘게 되면 해외여행을 빈번히 가고, 2만4천 달러를 넘으면 골프를 시작하고, 2만 8천 달러를 초과하면 수입차를 구매하게 된다고 한다. 특히 35세 이하의 독신자층의 소비 확대가 다국적 기업에게는 기회로 다가오는데, 2015년에는 이들 계층은 9천만 명으로 증가하고 가처분소득도 1,500억 달러에 이를 전망이다.

〈표 2-16〉 중국의 연안지역과 내륙지역의 경제 지표 격차

	동남	환발해	동북	중부	서북	서남
인구(백만 명)	257	185	107.5	331.8	151.4	258.8
1인당GDP(RMB)	21,863	17,013	14,080	8,754	8,800	6,902
1인당FDI($)	128	74	55	18	5	5
외자/공업생산(%)	43	20	15	10	5	9
국유기업/공업판매(%)	23	43	73	57	56	72
신생아사망률(%)	7.4	7.9	8.2	11.7	14.4	12.6
유직자의료보험부보(%)	78	70	69	64	76	66

자료: 주간동양경제, 2007년 2월 3일자, 42쪽.

이와는 대조적으로 2006년 대졸자의 30%인 124만 명이 취업하지 못하고 있으며, 인터넷을 통한 대중들의 불만이 고조되고 있는 점에 신경질적인 반응을 보이는 중국 정부는 블로그의 실명제 등록을 의무화하기로 했다. '胡潤百富'는 중국의 500대 부자를 조사, 발표하는데 그 중의 35%가 공산당원이다. 이는 장쩌민 정권 시절에 자본가의 공산당 입당을 허용하고 나서부터 생긴 현상이다.

중국 정부가 경제의 지속적 성장, 발전을 달성하는데 다음과 같은 장애 요인이 있다(주간동양경제, 07년 2월 3일자, 44-45쪽).

첫째, 투자중심 정책에서 소비중심 정책으로 성장 방향을 전환하겠다는 중국 정부의 시책이 중장기적으로도 쉽지 않다는 점이다. 중국의 GDP 대비 신규투자 비율은 2000년 35%에서 2006년(1-11월) 49%로 상승하고 있는데, 현재 중국은 수요를 초과한 과잉 생산의 문제를 해소하기 위해 수출 확대의 단계에 와 있다. 따라서 해외 경제가 리스크 요인의 하나로 자리잡고 있는 셈이다. 소비의 경우, 고용 개선, 중장기 경제발전에 대한 기대 등으로 견실한 증가세를 보이고 있으나, GDP 대비 소비 비율은 2005년에 38.7%로서 줄곧 감소세를 보여서 소비가 투자를 대신할 상황은 아니다.

둘째, 환경개선, 사회보장 등 지금까지 보류해온 사회비용을 부담해야 한다는 점이다. 환경보호에 들어가는 투자비용은 2005년에 GDP 대비 1.3%인 8,400억 위엔이었으나 이는 선진국의 평균 수준인 2% 이상에 미흡한 수치이다. 또한 사회보장비용 측면에서도 65세 이상의 노인 인구가 현재의 1억 명에서 2020년에는 1

억 5천만 명으로 증가하여 커다란 사회적 부담으로 작용할 것이다.

〈표 2-17〉 중국 시장과 미국 시장의 비교

	중 국	미 국
역사적 배경	세계 4대문명의 하나/1911년까지 왕권/1949년 공산주의	1776년 독립
국토 면적	960만㎢	937만㎢
지형	산맥과 사막에 둘러쌓인 부분 많음/비옥한 농토의 동부지역에 많은 인구 거주	서부의 산맥, 중부의 대평원, 동부의 언덕과 낮은 산맥
경작가능 토지비율	10%	19%
인구	12억 8천만 명	2억 8천만 명
영아 사망률(1천명 신생아당)	28.1명	6.8명
기대 수명	72세	77세
출산율	1.82	2.06
종교	유교, 도교, 불교	개신교 56%, 가톨릭 28%
문자 해독률	82%	97%
행정 구역	23개 성, 5개 자치구	50개 주
입법부	전국인민회의 (2,979명)	상원(100명, 6년)/ 하원(435명, 2년)
1인당 GDP	3,600 달러	36,200 달러
산업 구성	농업 50%, 공업 24%, 서비스업 26%	농업 2%, 공업 18%, 서비스업 80%
라디오 방송국	650국	10,000국
TV 방송국	3,240국	1,500국
공항	489개	14,720개

자료: Hill(2005: 202-204).

제 3 부

인 도 시 장

제3부

인 도 시 장

1947년 영국으로부터 독립하였을 때 인도 정부는 자본주의 체제를 채택해야 할지 아니면 사회주의 계획경제를 채택할지를 놓고 갑론을박한 끝에 후자를 선택하였다. 그 배경에는 러시아 혁명으로 소비에트 연방공화국(소련)이 탄생하면서 사회주의 시대가 도래할 것으로 믿었던 네루의 판단이 크게 작용하였다. 1950-1951년만 해도 외환보유고가 21억 달러로 세계 최대 보유국의 하나이었으며, 전 세계 무역의 2.4%를 차지할 정도이었다.

그러나 일하지 않아도 임금이 지급되고, 재정적자를 해소하려고 해도 기득권층의 저항으로 근본적인 개혁을 이루지 못하고 빈사 상태에 빠지고 말았다. 여기에 중국과의 국경 마찰로 인한 전쟁, 파키스탄 분리 독립 분쟁 등으로 막대한 군사비가 지출되면서 1991년에 이르러 인도는 경제 파탄상태(de fault)에 이르게 되었다. 11억 달러의 외환 준비고는 겨우 2주 정도의 수입을 감당할 정도에 지나지 않았고, GDP의 8.4%에 달하는 재정적자, GDP의 3.5%에 달하는 경상적자 해소를 위해 불가피하게 시장경제체제로 전환하지 않을 수 없게 되었다.

1991년 7월에 국영기업의 민영화, 외자도입규제의 완화, 유통경로 지정제도(canalization)의 폐지, 수입관세 최고율의 인하, 보조금 폐지 등과 같은 정부의 경제활동 개입의 억제 내지 철폐, 시장개방에 의한 국제경쟁의 도입 조치가 실시되었고, 루피 貨를 2번에 걸쳐 총 20% 평가절하하면서 재정적자의 대폭 감축에 성공하기에 이르렀다. 외환 보유고도 1,370억 달러에 육박하였고, 연평균 경제성장률도 예전의 4%대에서 7%대로 증가하였다. 외국기업들의 직접투자도 1990년대 초반의 1억 달러 수준에서 55억 달러의 수준으로 급상승하였다. 일반 국민들이 누리는 삶의 수준 또한 1985년에는 국민의 93%가 연간 9만 루피 이하의 가구 소득으로 연명하였으나(1인당 하루에 1달러의 소비생활), 2005년에는 이런 빈민 가구가 전체의 54%로 대폭 줄어들었다(Beinhocker, Farrell, & Zainulbhai, 2007). 수적으로 보면 4억 3,100만 명이 극빈 계층에서 벗어난 셈이다. 향후 20년간 인도가 연평균 7.3%의 경제 성장을 이룩한다면 추가로 4억 6,500만 명이 가난에서 벗어날 수 있다.

외국기업의 직접투자 및 경쟁의 촉발로 산업 발달이 이루어질 수 있다는 실례로서 인도의 자동차산업과 항공운수업을 꼽을 수 있다. 이들 산업은 인도 정계의 관심 우선순위에 들어있지 않았기 때문에 정부규제의 완화 내지 철폐(deregulation)의 첫 번째 대상이 될 수 있었다. 1991년에 인도에는 단 한 개의 국영 항공사만이 있었으나 지금은 8개의 항공사가 경쟁을 벌이고 있고, 인도의 상업용 항공기 시장(commercial aircraft market)은 전세계에서 2위의 규모를 자랑한다. 정시 이착륙과 서비스의 개선은 눈에 띄게 달라졌고 운임도 떨어졌다. 그 결과 이용 승객은 연간 20%의 증가를 보일 것으로 여겨진다.

자동차 산업의 규제 완화/철폐는 경쟁을 촉발시켜서 Tata Motors라고 하는 현지 기업의 등장을 몰고 왔다. 이 회사의 연간 매출은 1991년 15만대에서 현재는 100만대로 늘어나서 국내 시장의 15%를 점유하고 있다. 아울러 인도 자동차 산업 전체의 고용 인력 규모도 3배나 늘어났다. 이런 성공에 힘입어 인도 정부는 다른 산업에서도 규제완화/철폐의 조치를 이어나갔지만, 아직 소매, 금융, 방위, 미디어 산업에서는 여전히 엄격한 규제를 실시하고 있다.

인도가 앞으로도 지속적인 경제 성장을 하려면 외국기업의 직접투자가 불가결한데, 이는 내수의 진작이 있어야만 가능하다. 지속적 성장은 연간 8-10%의 경제성장률을 의미하는데, 그 밑으로는 실업의 증가를 야기하기 때문이다. 그런데 인도 국민의 저축률이 너무 낮아서 경제성장에 필요한 자본 공급에 부족하며, 이 부족분을 외국기업의 직접투자에 의존할 수밖에 없는 실정이다.

반면 외국기업들은 인도를 숙련된 저임금 노동력의 공급 시장(특히 IT의 경우)으로만 바라볼 뿐 제품과 서비스의 주된 판매 시장으로는 여기고 있지 않다. 바로 이 점이 중국내 외국 기업의 직접투자 규모가 인도보다 10배나 많은 이유이기도 하다(물론 투자 규제도 한 몫 하고 있다). 결국 인도 정부는 FDI의 유치를 위해서 내수 진작을 위한 3단계 조치를 취해야 할 것이다(Pandit, 2005).

첫째, 인도중앙은행(Reserve Bank of India)은 호황 경제를 지속하기 위해 이자율의 지역 경쟁력을 유지해야 한다. 2002년 이후 중앙은행은 14-18%의 이자율을 6-8%로 낮추어 왔고, 그 덕분에 소비자 금융은 연 30% 이상 늘어나서 주택건설과 내구소비재의 성장을 가져오게 되었다.

둘째, 인도의 28개 지자체는 2005년 4월에 도입된 부가가치세법을 실시해야 한다. 이 법은 모든 공산품과 서비스에 적용되는 것으로서 수익은 중앙정부와 지방정부가 68: 32의 비율로 나누어 가진다. 1단계는 지방세의 통합 및 단일화, 2단계는 국세의 통합 및 단일화, 3단계는 모든 공산품, 서비스에 대한 세율의 균일화이다. 아직도 8개 지자체가 실시를 미루고 있는데, 이 법이 실시되면 평균 소비세율이 30-69% 수준에서 15-20%로 떨어지게 되어 잠재 수요를 불러일으키게 된다. 중국도 1994년에 대부분의 공산품과 서비스의 공장도 가격에 대해 17% 또는 소매가격에 대해 14%의 부가세 표준을 실시하여 수요의 급증을 몰고 왔다. 판매가격이 25% 포인트 하락하면 수요는 3-5배 증가하게 된다. 표준 부가가치세율을 이미 실행하고 있는 인도의 지자체에서는 2005년 2/4분기 세수가 평균 12% 증가하였다. 소비세율을 12% 선으로 추가 인하한다고 해도 세수에 전혀 영향이 없을 것이다.

셋째, 주 정부들은 재정 적자의 축소를 위해 노력해야 한다. 인도의 중앙정부는 GDP 대비 재정적자 비율을 4.3%에서 2009년에는 3%로 줄이겠다고 선언했지만, 주 정부들은 오히려 늘려서 총 적자는 GDP의 5.1%까지 되었다. 이는 이자율의 상승은 물론 정부 부채의 증가로 이어져 자본투자나 소비에 쓰일 자금을 고갈시키게 된다.

내수의 진작과 더불어 추진되어야 할 일은 시장 자유화 조치이다. 인도 정부가 초점을 기울여야 할 분야로는 다음의 8개 분야가 있다.

첫째는 제품 시장의 개혁이다. 정치적으로 민감한 분야인 소매, 금융, 뉴스 미디어, 방위산업의 규제를 풀어야 한다. 세계적 규모, 스킬, 기술, 자본에 소매업을 노출한다고 해서 실업이 더 늘어나지는 않는다. 오히려 소매업체로 상품을 운반하는 물류업자, 상품을 제조업체에서 도매업체로 배달하는 운송 에이전트와 같은 보다 부가가치가 높은 일자리를 제공하게 될 것이다. 소비자 또한 개선된 품질과 저렴해진 가격으로 편익을 누리게 된다.

둘째는 인프라 개혁이다. 인도 정부는 항만, 정보통신, 고속도로 등의 인프라에 투자를 했으나, 전력, 수도, 하수도, 철도, 공항 등의 인프라는 여전히 골치아픈 문제로 남아 있다. 이는 비타협적인 지방정부가 저지하는 면에도 기인하는데, 수돗물 공유권을 둘러싼 논쟁으로 Brahmaputra, Ganga, Godavari, Krishna, Yamuna 등의 여러 강을 수로로 잇는 1,500억 달러짜리 프로젝트가 지연되고 있다. 이 프로젝트가 완성된다면 수백만 인도인에게 수도를 공급함은 물론 농업 생산성을 배가시킬 것이다.

한편 Electricity Act of 2003은 사업체에게 중단없는 전력을 저렴하게 공급하기 위해 제정되었는데, 발전소 인허가권을 없애서 발전과 전송, 배분에 대한 자유로운 접근을 허용함과 동시에 보조금 지급의 단계적 폐지를 내용으로 한다. 현재로는 8개 주 정부의 전력위원회만이 자유로운 접근을 허용하고 있다.

셋째는 토지 개혁이다. 토지 소유권에 대한 혼란이 인도에서는 극심하다. 높은 인지세 때문에 지주들은 오랫동안 토지거래의 등록을 피해왔고, 변호사를 통한 토지 이전을 꾀하여왔다. 따라서 토지를 사들인 실제 지주와 등기부상의 지주가 일치하지 않는 경우가 흔하다. 인지세를 국제 수준으로 낮추고, 신속 등록 법원의 설치 및 전자거래기록 시스템의 도입으로 등록 절차를 간소화하여야 한다. 그런 점에서 안드라 프라데쉬(Andhra Pradesh) 주의 움직임은 다른 주들도 본받아야 한다.

넷째는 도시지역의 리뉴얼이다. 인도 독립 후 도시 인구는 5배로 늘어나서 그만큼 도시 빈민을 증가시켰다. 중앙정부는 10억 달러의 예산을 들여 National Urban Renewal Mission을 실행하고 있는데, 주 정부들도 동참해야 한다. 재산세, 수도세, 하수도세 등과 같은 사용 요금을 인상해야 하고, 세금 징수율을 높여야 하며, 지방공사의 효율성을 제고시켜야 한다.

다섯째는 자산 회수 조치이다. 파산된 기업으로부터 공적 자금을 회수하는 일을 가속화해야 한다. 융자 금융기관들이 부실 채권, 자산을 대출 기업으로부터 회수하는 일에 인도자산재건공사(Asset Reconstruction Company of India: 여러 은행이 출자한 컨소시엄)가 보다 적극적으로 가담할 수 있도록 해주어야 한다. 이런 공사에 외국 기관들의 투자도 허용되어야 하고, 부실 융자의 매입에 외국 금융기관의 참여를 허용하고 이 거래는 인지세에서 면제시켜 거래를 촉진시켜야 한다.

여섯째는 지적재산권 보호조치를 강화하는 일이다. 지난 10년간 인도의 의약, 바이오테크, IT와 같은 지식 섹터의 진화는 괄목할 만한 것이었다. 2005년 초에 통과된 인도의 특허법은 이런 성장을 강화시켜 줄 것이다. 지적재산의 보호조치를 효과적으로 신속하게 강행해야만 창의성과 혁신이 촉진되어 문화, 과학, 기술의 발전을 지속할 수 있을 것이다.

일곱째는 노동 개혁이다. 제조 상품의 수출 가속화를 위해서는 모든 노동자의 계약 노동을 허용해야 하고, 100명 초과 근로자를 고용하고 있는 기업들이 고용축소를 취하기 전에 주정부의 승인을 얻도록 한 법률은 폐지되어야 한다. 또한 노동자의 재교육을 용이하게 하는 사회적 안전망과 정책도 세워야 한다. 노동법을 단순하게 하면 장난감, 가죽, 신발, 섬유, 의류 등과 같이 인도가 원가 우위와 숙련 노동자를 보유한 경공업에서 글로벌 지위의 구축이 가능하다.

여덟째는 민영화 조치이다. 인도 정부는 Indian Petrochemicals, Hindustan Zinc, Bharat Aluminium, Videsh Sanchar Nigam 등과 같은 공기업의 민영화 성공을 발판으로 민영화 작업을 가속해야 한다. 정치적 반발을 관리하기 위해서 싱가포르의 Temasek과 같은 지주회사, 트러스트의 설립을 고려할 필요가 있다. 나중에 지주회사는 기업공개를 하여 민영화를 하지 않고서도 정부의 지분을 줄임으로써 공기업에 적용되는 법규로부터 벗어날 수도 있다. 자본금 기준으로 인도 경제의 60%를 점하는 이들 공기업들이 여전히 주정부의 손아귀에 있는 한 잠재력의 백분 발휘는 어렵다.

인도의 소비시장이 기지개를 펴기 시작했다는 점은 저축률이 1990년 24%에서 1997년 16.8%로 떨어진 사실에서도 엿볼 수 있다. 중류 가정의 으뜸가는 구매품은 컬러 TV, 전기밥솥, 세탁기, 무선전화기, 삐삐, 미니 컴포넌트, 자가 발전기

(정전이 다발) 등이며, 상류층 소비자들은 고급 자동차, 핸드폰, 전자레인지, 에어콘, PC, CD플레이어 등 소비의 고급화 추세를 보이고 있다.

농촌에서도 립스틱, 샴푸, 세제, 로션, 매니큐어 등의 일용품과 가전제품이 보급되고 있다. 인도 경차 시장의 넘버원인 인도 Maruti Udyog사와 일본의 스즈키사의 합작법인 Maruti Suzuki의 자동차 판매량 중 40%가 농촌에서 판매되고 있다는 점도 주목할 만하다. 특히 펀자브(punjab), 하리아나(haryana), 구즈라트(gujrat), 마하라슈트라(maharashtra), 고아(goa), 카르나타카(karnataka), 케랄라(kerala), 타밀나두(tamil nadu) 등의 8개 주는 소득수준이 높아서 지방도시라고 해도 구매력을 갖춘 소비계층이 꾸준히 증가하고 있다.

인도의 연간 자동차 판매대수는 2005년 3월 기준으로 전년 대비 20% 증가한 120만 대를 나타냈고, 2륜차(오토바이)는 16% 증가한 620만대를 기록하였다(島田, 2005:16). 현지의 2륜차 제조업체 중 단일 회사 규모로 세계 최대를 자랑하는 회사는 인도 히어로 그룹과 일본의 혼다 그룹이 합작투자로 1984년에 설립한 Hero Honda Motors Ltd(www.herohonda.com)이다. 여기에 미공개의 Honda Motorcycle & Scooter India(private)의 판매량까지 합칠 경우 2004년 실적은 300만대를 돌파하여 인도시장의 50%를 점유하고 있다.

인도에서는 1991년의 경제자유화를 계기로 수백 년에 걸쳐 지배세력으로 있던 유력한 비즈니스 커뮤니티(카스트)의 질서가 붕괴되고, 그 대신 중간 계급의 신흥 기업가들이 급격히 대두하였다. 이러한 비즈니스 커뮤니티의 붕괴는 기업 자본구성의 민주화, 두뇌집약형 산업(소프트웨어 산업 등)으로 구조 전환 등에 기인하는 바가 크다. 교육열이 높은 중산계층의 가정에서 성장한 젊은이들이 주저하지 않고 창업을 한 것이 밑거름이 되었다.

인도에서 이처럼 소프트웨어 산업이 두각을 보이게 된 것은 미국의 IT관련 기업들이 아웃소싱을 하기에 최적의 조건을 갖추었기 때문이다(島田, 2005:30-33).

첫째, 저렴한 인건비에 양질의 젊은 IT기술자들이 인도에 풍부하다는 점이다. 약 100만 명에 달하는 IT인력은 일본을 제외한 아시아권에서 가장 다수를 점하는데, 인도 정부는 독립 이후 이공계 대학 교육을 일관되게 충실히 이끌어 오고 있다. 공과대학이 100여개, 직업훈련학교(Industrial Training Institute: ITI)가

700여개에 달한다. 인도는 매년 15만 명의 컴퓨터 관련 기술 인력을 배출하고 있다. 인도공과대학(IIT)은 1950년대 종반-1960년대 초반에 걸쳐 미국, 독일, 영국, 소련의 원조를 받아 창설되었다.

둘째, 영어 능력이 출중한 인재가 풍부하다는 점이다. 다언어, 다민족 국가이면서도 대영 제국의 지배하에 영어가 커뮤니케이션의 도구로서 필수화된 점을 꼽을 수 있다. 특히 남부 인도의 3개 도시 방갈로르, 첸나이, 하이데라바드(각각 카르나타카, 타밀나두, 안드라프라데슈 주의 州都)는 영어 보급률이 높고, 이공계 대학이 많아서 남인도의 실리콘밸리로 불릴 정도로 세계의 IT투자가들에게는 주목의 대상이 되고 있다.

셋째, 인도인은 논리적 사고 능력이 우수하다는 점이다. 웅변술과 산술에 특히 능하다는 것은 초등학교 때부터 논리적 사고와 수학적 사고가 강조되었으며, 중학교 때부터 배우는 산스크리트어의 구조가 컴퓨터 사고와 유사하다는 점이 작용한 것으로 여겨진다.

인도인 기술 인력의 미국내 활동의 왕성함을 보여주는 자료로, 1998. 10- 1999. 9의 1년간 해외의 엔지니어, 회계사, 과학자 등의 전문직을 일정 기간 동안 고용하기 위해 발급하는 H-1B 비자의 발급 중 58%를 인도인이 차지하였고 그 다음이 10%의 중국인이라는 점을 들 수 있다.

실리콘 밸리에는 인도계 미국인들이 경영하는 회사가 750개 이상이며, 200만 명 이상의 인도인들이 실리콘 밸리에서 근무하고 있다. 미국 대학의 이공계 교수 중 인도인은 7천명을 웃돌고 있으며, 포춘지의 미국 500대 기업 중에서 절반 이상이 소프트웨어 개발을 인도기업에게 아웃소싱하고 있다.

인도 IT인력 중 세계적 출세 인물을 꼽으면 이메일 사이트 hotmail.com을 1995년에 26세의 나이로 사업화한 방갈로르(bangalore) 출신의 사비르 바티아(sabeer bhatia)가 있다. 단돈 200달러를 손에 쥐고 무작정 미국 유학을 떠나 캘리포니아공대(CALTEC)를 졸업하고 스탠포드대학에서 석사학위를 취득한 뒤 애플컴퓨터 등에 근무하였고, 창투사로부터 조달한 30만 달러를 종자돈으로 핫메일닷컴을 일으켜 세웠다. 2년간에 걸쳐 대성공을 거둔 뒤 1997년에 4억달러를 받고 마이크로소프트에 매각하였다. Oracle사에서는 1주일에 하루를 인디언 데이로 정하여 카페테리아에 인도 요리를 진열하고 가끔은 인도영화의 상영이나 인도음악 공연도 열릴 정도라고 한다.

오라클은 또한 데이터베이스 소프트웨어의 주력 개발 센터를 인도의 방갈로르와 하이데라바드에 설립, 운영하고 있다. 모토롤라 역시 2004년 3월에 싱가포르, 대만, 홍콩에 있던 반도체 설계 부문을 폐쇄하고 인도와 중국으로 이전하였으며, IBM도 미국과 유럽 자회사의 직원을 13,000명 삭감하면서도 인도 자회사에서는 14,000명을 증원하였다.

인도의 IT 기술의 우수성을 뒷받침하는 자료로는, ISO의 9000시리즈와 더불어 소프트웨어 개발의 품질을 인증하는 세계의 양대 단체인 SEI-CMM(Capability Maturity Model levels of Software Engineering Institute at Carnegie-Mellon University)의 최고 수준인 레벨 5를 취득한 전세계 74개 기업/기관 중 50사가 인도 기업이라는 점이다(2002년 10월 카네기 멜론 대학 발표).

인도의 소프트웨어 수출액은 2005년 3월 기준으로 연간 172억 달러에 달하였는데, 이는 1991년의 1억 달러와는 도저히 비교가 안 되는 막대한 성장세이다. 단지 2000년 4월의 미국 나스닥 시장의 급락으로 미국의 IT투자가 냉각기에 빠지면서 총 수출의 60%를 미국 시장에 의존하던 인도 IT업계도 대미 편중의 시정을 뼈저리게 느꼈다. 미국에서 실직한 인도인 기술 인력의 상당수가 할 수 없이 모국으로 돌아오게 되었다.

1. 인도의 경제 현장[1)]

1) 델리 메트로 사업

델리 메트로는 델리의 고속 통근전철 프로젝트를 가리킨다. 2021년을 최종 완료 시점으로 삼아 델리의 동서남북에 8호선(총연장 260㎞)의 철도망을 구축하는

1) 인도의 주별 소개에 대해서는 島田 卓(2005). 巨大市場インドのすべて. 東京: ダイヤモンド社의 국내 번역서인 출판사 삼각형비즈의 '거대시장 인도'를 참고하기 바람.

데, 1단계 사업은 1998년 10월에 시작하여 3개 노선(총 62㎞)에 약 2조 7천억 원에 달하는 사업비가 투입되었다. 이 중 64%는 일본의 엔화 차관으로, 인도정부와 델리정부가 각각 14%. 델리 지하철공단(DMRC)이 8%를 출자하였다. 철도차량은 우리나라, 통신은 프랑스, 에스컬레이터는 핀란드가 각각 분담하는 다국적 프로젝트의 성격을 띠었다. 2002년 12월에 올드 델리의 동서를 가르는 1호선(28㎞)이 부분 개통하였다. 2005년 7월에는 2호선(10개역, 11㎞)이 남북을 종단하였다. 1일 이용 승객은 7만 명에서 15만 명 정도로 늘어났다.

2) 케랄라의 의료관련 사업

남인도의 아라비아 연안을 따라 위치한 케랄라州는 예로부터 해양 무역이 활발하여 지금도 해외 이주자가 많이 거주하는 곳으로 독자적인 문화, 풍토를 지니고 있다. 정계와 재계, 군부, 학계, 예술계 등에 유력 인사를 다수 배출한 주이다. 이곳에는 인도 최초로 혈액 주머니를 개발한 펜폴 사와 일본의 테르모 사가 합작으로 1999년 6월에 Terumo Penpol Ltd.를 설립하였다.

혈액 주머니의 생산에는 깨끗한 물이 불가결한데, 케랄라에는 광대한 삼림이 있어서 그 지층에서 흘러나오는 물의 질이 상당히 높다. 재미있는 점은 이 합작회사에서는 생산인원 1인당 하루 생산량을 노조와의 합의로 정하여 그 이상은 생산할 수 없다는 사실이다. 더군다나 일하는 속도가 느려서 합의한 생산 목표량을 달성하기는 어렵다. 3교대 생산 작업의 매끄러운 인수인계도 이루어지지 못하기 때문에 인건비가 저렴하지만 생산관리를 제대로 하지 못하면 생산성 저하가 심각하다.

이런 문제점은 사실 인도 전역에서 겪는 점이다. 이 지역의 또 다른 문제점은 전력과 통신 등의 인프라가 미비하다는 점이다. 거의 하루에 한 번꼴로 정전이 발생하며, IT산업이 활발함에도 불구하고 전화나 인터넷이 도중에 끊기는 일이 잦다. 통관 문제 역시 첸나이와 비교하면 더디기 짝이 없다.

인도에서 외국인 업체가 사업하면서 겪는 커다란 어려움의 하나는 외상판매대금의 회수에 애를 먹는다는 것이다. 전형적인 인도 상술의 폐해이다. 인도에는 지역별 대리점뿐 아니라 상품별 대리점도 있기 때문에 아무래도 대리점 수가 많게 된다. 따라서 대리점을 선별하고 선불 제도를 실시하는 방안도 고려해볼 필요가 있다. 이는 매출 지상주의에서 이익중시로 사업 방침이 전환되어야 가능해진다. 인도의 의료 수준은 급속한 향상을 보이고 있어서 백스터(baxter)사와 같은 미국의 전문의료기기 제조업체는 이미 생산 시설을 갖추고 있다.

3) 서벵갈의 석유화학 사업

서벵갈州는 인도공산당이 정권을 장악하고 있어서 많은 외국 기업들이 진출을 꺼려왔던 곳이다. 그럼에도 석유화학 사업에서 외자 유치가 가능한 것은 세 가지 조건을 갖추고 있기 때문이다. 첫째는 대형 항구의 구비이다. 원료 수입과 완제품 수출은 물론 플랜트 기기도 대형이라서 커다란 규모의 항구가 필수이다. 둘째는 풍부한 공업용수가 있다. 마하라슈트라, 구자라트 등 서인도 쪽의 주에는 이들 두 가지 조건을 구비한 항구가 여럿 있지만 이미 다수의 기업들이 진출해있어서 용지가 충분치 않다. 셋째는 주정부의 지원 체제가 중요하다. 20년 이상 안정된 지배를 하고 있는 공산당 정권은 공업화에 대해서는 열의가 대단하다.

4) 바이오 기술 사업

최근에 미국, 유럽의 기업이나 기관투자가들을 중심으로 인도의 바이오기술 사업에 대한 투자가 과열 분위기에 있다. 바이오 사업은 바이오약품, 바이오산업, 바이오서비스, 농업 바이오, 바이오 정보 등의 5개 소분야로 분류되는데, 2003년의 전체 시장규모 326억 루피 가운데 제약부문이 248억 루피(전년대비 38% 증가), 서비스부문이 27억 루피(전년대비 104% 증가), 산업부문이 25억 루피(전년대비 6% 증가), 농업부문이 18억 루피(전년대비 63% 증가), 정보부문이 8억 루피(전년대비 6% 증가)를 차지하고 있다(島田, 2005: 96). 특히 성장세 면에서 바이오 서비스 부문이 괄목할 만한 증가를 보여주고 있는데, 이는 외국기업들이 연구개발의 아웃소싱 지역으로 인도를 지목하고 있다는 점에 기인한다.

인도 바이오 산업의 성공 기업으로 손꼽히는 회사가 2004년 3월에 상장된 Biocon인데, 이 회사는 1978년에 설립되어 맥주산업의 대형 업체인 UB그룹에 공급할 효소 개발을 주된 업무로 하다가, 건강 및 첨단 의료사업에 진출하였는데,

기업 발전의 기폭제가 된 인슐린은 브리스톨-마이어 스큅(Bristol-Myers Squibb: 1989년에 브리스톨마이어와 스큅의 2회사가 합병하여 세계 2위의 거대기업을 탄생시킴)사에게도 공급되고 있다.

인도 정부는 2003년에 두 개의 태스크 포스를 가동시켜 바이오산업의 진흥에 본격적으로 힘을 쏟고 있다. 하나는 녹색혁명의 지도자 스와미나탄 박사를 좌장으로 하는 농업계 바이오기술 태스크 포스이고, 또 다른 하나는 과학산업연구평의회(CSIR)의 마쉐르칼 대표를 좌장으로 하는 재조합 의약품(recombinant drugs)의 신규 규제메커니즘 개선 태스크 포스이다. 지역별로는 서인도와 남인도에 산업 집적(industry cluster)이 이루어지고 있다. 뭄바이와 푸네市가 있는 마하라슈트라 주는 제약산업의 중심지이고, 아메다바드 시가 있는 구자라트 주는 화학비료와 생물제약의 제조업이 발달해있다. 서인도가 기존 대기업 위주의 집적을 보이고 있는데 비해 남인도는 벤처기업들이 몰려있다. 한 가지 인도 바이오기술 사업의 성장의 걸림돌은 소프트웨어 산업과는 달리 우수 인력이 부족하다는 점이다.

5) 인도 기업의 외형

인도의 휴대전화 사용자들은 Bharti 등의 핸드폰서비스 업체에 매달 수백 루피의 전화요금을 선불카드로 지불하므로 휴대전화 단말기는 저렴한 기종을 선택하게 된다. 소비재에 대한 구매가 용이한 이유는 할부 지불 방식이 소비문화로 자리 잡고 있기 때문이다.

〈표 3-1〉 인도 주요 업종별 시가총액 상위 기업

업 종		평균시가 총액 (04년 상반기) 단위: 億루피	전체 순위			업종별 시가 총액점유율[2]	
			04년	03년	02년	04년	92년
자동차	타타모터스	1,493	10	14	21	10.1	11.3
	마루티 우디오그	1,240	13	18	-		
통신	릴라이언스 인더스트리즈	6,703	1	1	3	5.6	-
	바르티 텔레벤처즈	2,775	6	9	13		
일용 잡화[1]	힌두스탄 레버	2,836	5	2	1	5.8	12.7
	네슬레 인디아	541	28	19	17		
	니르마	235	56	34	35		

금융	ICICI Bank	1,982	8	8	10	8.3	3.5
	HDFC	1,447	11	7	7		
	HDFC Bank	1,063	16	11	14		
소매	판탈룬 리테일	68	147	272	362	-	-
	트렌트	37	225	205	197		
전력	릴라이언스 에너지	1,152	14	26	25	3.0	-
	타타 전력	582	26	30	32		
소프트웨어	타타 컨설턴시 서비스	4,811	2	-	-	26.1	-
	인포시스 테크놀로지	3,812	3	4	4		
	와이프로	3,725	4	3	2		
의약품	란백시 라보러터리즈	1,847	9	6	6	9.6	4.4
	닥터 레디 라보	608	25	10	9		

1) 영어로는 FMCG(Fast-Moving Consumer Goods)로서 네슬레, 유닐레버, P&G 등이 대표기업임.
2) 상위 50사의 시가총액 합계에서 각 업종이 차지하는 비율
원전: 인도 Business Today, 2004. 11. 7
인용: 島田(2005), p. 99-100

6) 인도의 자동차 사업

규제투성인 인도 자동차 산업에 변화가 온 것은 1993년 인도 정부가 자유화 조치를 실시하고 나서부터이다. 1996년의 인도 자동차 시장 규모는 4,800억 루피에 달하였는데 이는 같은 해 인도 GDP 10조 5,300억 루피의 4.5%를 차지하는 비중이다. 자유화 이전의 1991년에 자동차산업의 대 GDP 비중이 2.8%이었던 점과 비교하면 확연히 그 성장세를 엿볼 수 있다.

지역적으로는 남부의 타밀나두 州가 외국 자동차 업체들의 진출을 유도하였는데, 이는 주 정부가 독자적인 산업정책을 적극적으로 추진한 결과이다. 외국계 자동차 업체의 인도 진출은 인도의 기업문화에도 적잖은 영향을 끼쳤다. 동족 경영에 오랫동안 젖어온 인도 기업들에게 인적 자원의 개발과 업무 정책의 준수로 대변되는 글로벌 사업의 운영이라고 하는 새로운 변화를 가져다주었다. 아울러 외국업체들은 차종의 다양성뿐 아니라 자동차 구매와 관련된 융자 및 리스 서비스까지 확대 제공하고 있다. 전통에 짓눌려 온 인도 여성들의 자동차 운전도 증가하고 있다.

자동차 부품산업 역시 2001년 44억 7천만 달러에서 2003년 63억 7천만 달러로 늘어났는데, 이런 성장의 배경에는 국내 진출 외국업체의 수요와 더불어 해외주

문의 증가가 한몫을 하였다. 타밀나두 주의 州都인 첸나이에 본사를 둔 TVS 그룹은 2003년도에 17억 달러의 매출을 기록하였는데, 그룹 계열사의 하나인 순다람 크레이톤(SCL)은 2002년에 일본과학기술연맹이 수여하는 일본품질관리상을 받았는데, 이는 인도 기업 중 최초이며 외국 기업으로는 2번째의 수상 실적이다.

생산량 기준으로 인도의 자동차 업계의 서열을 보면, 일본의 스즈키자동차가 다수 지분(54%)을 보유하고 있는 Maruti Udyog사가 1위이고, 이어서 순수 토종 기업인 Tata와 우리나라의 현대자동차가 뒤를 잇고 있다. 반면에 판매량을 기준으로 시장 지배력을 보면, 마루티가 47%의 압도적 우세를 보이는 가운데, 현대와 타타가 15%를 밑도는 점유율로 각기 2위와 3위로 자리를 바꿔 앉고 있다.

인도의 자동차 산업이 갖고 있는 강점으로는 첫째, 설비 제조업체가 탄탄하다는 점이다. 이는 개도국에서 매우 보기 드문 일인데, 여기에는 자동차 산업의 역사 면에서 중국보다 한 수 위에 있다는 점이 작용하고 있다. 가령 인도의 타타 그룹은 철강 기술이 뛰어나 일본에게 2차 대전 이전에 기술을 전수하기도 했다. 가공을 많이 해야 하는 기계 산업의 경우 현지에서 설비를 구매할 수 있다는 점은 외국 기업의 유치에 큰 매력으로 작용한다.

둘째, 내수 규모가 크고 꾸준한 성장을 보이고 있다는 점이다. 다른 국가들은 4륜 자동차가 판매의 신장세를 보이면 2륜 자동차는 둔화되는데, 인도는 중국과 더불어 양자의 동반 성장 패턴을 보이는 특이한 시장 구조를 갖고 있다. 자동차의 시장 침투율이 1,000명 당 7대 꼴로 세계에서 가장 낮은 나라인 점에 비추어 시장 확대의 여지는 대단하다. 또한 주요 7개 자동차 기업들-마루티, 현대, 타타, 마힌드라, 혼다, GM, 포드- 간의 경쟁 격화로 생산성이 크게 향상된 점도 있다.

셋째, FTA 협정을 통해 자동차 산업의 현지부품 조달비율에 대한 현지국 정부의 규제가 없어지게 되면 국제분업이 보다 용이하게 진행될 수 있다는 점이다.

반면 인도 자동차 산업은 풀어야 할 과제도 안고 있다. 첫째, 자동차 부품 공급업체들이 납기를 제때 지키지 못하는 일이 빈번하다. 둘째, 문제의 원인을 진단하여 책임을 규명하고 이를 종업원들에게 납득시키는 방식이 통하지 않는다는 점이다. 원인 규명을 학습의 계기로 삼고 싶어도 저마다 핑계를 대며 책임 전가하려는 풍토가 자리잡고 있다. 셋째, 종업원들의 주인의식 결여가 문제점으로 지적된다. 작업 흐름의 각 단계간 상호 조정과 점검이 이루어져야 하는데, 자기 담당 부분이 종료되면 그걸로 끝이라고 하는 사고방식이 지배적이다.

인도의 이륜차 시장은 2004년도에 전년대비 15.7%의 성장세를 보여 620만대의 판매 규모를 나타내어 중국에 이어 세계 2위의 내수 규모를 보이고 있다. 인도의 이륜차 시장은 오토바이, 스쿠터, 모펫(moped: 모터부착 자전거)의 3개 하위 제품군으로 나누어지는데, 특히 오토바이가 2004년도에 전년대비 19%의 성장세로 견인차 역할을 하고 있다. 오토바이는 이륜차 시장의 80%를 점하는 압도적 하위 제품이며, 인구 1천 명당 보유대수는 2003년 기준으로 말레이시아 220대, 태국 150대, 인도네시아 75대에 비해 인도는 38대로서 여전히 시장 확대의 잠재력이 크다.

인도 최대의 이륜차 제조업체는 Hero Honda로서 2006년 3월 결산 판매액(www.herohonda.com의 annual report에서 확인) 1,000억 루피, 시장 점유율(2004년 기준) 41.2%(오토바이 제품은 51.5%), 판매대수(2006년 3월말 기준) 300만대이다. 뒤를 이어 일본의 카와사키중공업과 1986년에 기술제휴한 바자즈 오토(Bajaj Auto)가 2006년 3월 결산으로 850억 루피의 매출 실적을 보였다(www.bajajauto.com의 auual report에서 확인).

업계 3위는 TVS 모터로서 2005년 3월(2006년 3월 연차보고서는 아직 www.tvsmotor.co.id에 올라와 있지 않음) 290억 루피의 판매 실적을 나타냈다. 이 회사는 인도 최초로 1980년에 배기량 50cc의 2인승 모펫 'TV50'을 발매하였는데, 당시에는 바자즈 오토의 기어부착 스쿠터 'Chetak'이 인기 절정이어서 주문 후 2-3년이 지나야 고객에게 인도될 정도이었다. 'TV50'은 경량, 여성 운전자 친화성, 뛰어난 연비(1ℓ에 70㎞)를 무기삼아 회사 이미지 강화에 일익을 맡았다.

인도에서는 이후 모펫 제품이 이륜차 시장에서 사양길에 들어섰지만, TVS모터는 타밀나두, 카르나타카, 안드라프라데슈, 케랄라 등 남부 주들에서 여전히 인기를 몰아 05년 3월 기준으로 연간 25만대를 판매하였다. 모펫은 운전면허가 필요없고, 16세 이상은 누구나 운전가능하기 때문에 고교생 사이에서 인기를 얻고 있다. 아울러 1996년에는 인도 최초로 촉매배기가스 정화장치를 탑재한 오토바이 'Shogun'을 발매하였다. 2001년 9월에는 일본 스즈키사의 보유 주식을 인수하여 스즈키와의 10여년에 걸친 기술제휴 관계를 끝맺었다. 현재 인도의 이륜차 시장은 신형차 투입이 봇물을 이루고 있고, 그에 따라 가격경쟁이 치열해지면서 이익 실현에 상당한 압박이 따를 것으로 여겨진다.

인도는 가솔린의 소매가격이 비싸서 연비 대응이 필수적이다. 또한 클랙슨(klaxon)을 계속 울려대는 운전자들의 습관 때문에 인도 사양의 독특한 클랙슨을 개발할 필요도 있다. 가령 클랙슨 테스팅의 횟수를 5만 회 이상으로 하기도 한다. 도로 사정이 열악하다는 점을 고려하여 내구성이 뛰어난 서스펜션을 장착해야 하며, 이륜자동차의 경우에는 뒷좌석에 여성이 옆으로 타는 일이 많기 때문에 여성용 의상인 사리의 가드를 설치하는 요령도 있어야 한다.

7) 인도의 유통 시장

인도의 유통 사업은 정부의 규제완화와 중산층의 대두로 급격한 변화를 보이고 있다. 신문의 전단지에는 할인점의 광고지가 들어있고, 대도시에서 지방도시에 이르기까지 쇼핑몰 붐이 일고 있다. 점포 신설의 규제가 엄격하게 적용되었던 주택가에도 소매점 진출이 허용되면서 외국계 대기업에서부터 지방의 영세업체에 이르기까지, 가전제품에서 일용품의 전 상품 범위에 걸쳐 지금 인도는 유통혁명의 전야에 있다고 할 수 있겠다.

인도의 소매업은 1,200만 점포수에 5,000만 명의 고용 인력을 갖추고 있고, 시장 규모는 2,100억 달러에 달하며, 맥킨지 컨설팅은 2010년의 시장규모가 3,000억 달러에 이를 것으로 전망하고 있다. 인도 소매업의 특징은 조직화되어 있지 않은 영세 소매업자의 매출이 전체의 98%를 차지한다는 점이다.

조직화된 대형 소매업체의 시장 점유율이 선진국에서 평균 70%, 중국에서도 20%를 나타내는 사실과 비교하면 확연한 차이점이라고 하겠다. 그만큼 외국 기업에게는 마지막 남은 거대시장이라고도 볼 수 있다. 시장의 성장률을 연 5-6%, 대형 소매업체의 성장률을 연 25-30%로 보더라도 2015년이 되어서 조차 대형 소매업체의 점유율은 25%에 머물 것으로 보고 있다(島田, 2005: 131).

또 다른 인도 소매업의 특징은 구매계층이 젊은 층 중심이라는 점이다. 이는 인도 인구의 84%가 40세 이하라는 인구통계적 사실이 뒷받침하고 있는데, 급속한 고령화를 보이는 중국 시장과 대조된다. 인도의 국립응용경제연구소(NCEAR)의 예측에 따르면 현재 3억 명의 인도 중산층이 2010년에는 6억 명에 달할 것이라고 한다. 그만큼 인도 유통사업의 전망은 밝기만 하다.

거대한 시장 규모에 비해 현대식 쇼핑센터가 2-3년 전까지만 하더라도 없었다는 점, 지금도 24시간 운영하는 편의점이 없다는 점이다. 대신 길가의 협소한 잡화상이 변변찮은 상품 구색으로 편의점 역할을 하고 있는 실정이다. 여기에서는 POS 시스템이 아니라 암산, 필산(筆算)으로 가격을 셈하고 있고 영업시간은 밤 10시까지이다. 점포 진열의 세련미, 상품 구색의 풍부성 등을 기대하지 않는다면 일반인들에게는 집에서 가까운 곳에 위치한 편리한 가게라고 여겨진다. 그러던 인도의 유통업이 정부의 규제완화 정책, 본격적 시장 진입을 준비하는 외국계 대형 유통업체, 글로벌 스탠다드의 쇼핑을 즐기고 싶어 하는 중산계층의 급증으로 변화의 소용돌이에 말려들어가고 있다.

현재 인도 정부는 소매업에 대한 외국 자본의 진입을 허용하고 있지 않지만 도매업의 진입은 인정하고 있다. 독일의 유통업체 메트로는 방갈로르에 회원제 도매업 cash & carry로 사실상의 소매업을 하고 있다. 인도 정부는 2001년 이후 소매업에 대한 외국자본 참여 여부를 논의하고 있는데, 출자 비율을 26%와 49% 중 어느 한도로 할 것인가를 놓고 저울 중에 있다.

이러한 인도 정부의 자세 변화는 중국 정부가 2004년에 소매업에 대한 외국인 자본 참여 비율을 49%에서 100%로 확대한 결정에 영향을 받은 것으로 보인다. 단지 이러한 전향적 방침으로 전환하는데 걸림돌이 되는 것은 연립 정권의 유력한 파트너인 공산당에 대한 설득이라고 하는 정치적 조정 문제이다. 한편 인도 정부는 소매업 허용과 관련된 부문에 대한 규제 완화에 착수함으로써 외곽 다지기에 들어갔다. 부동산 관련 규제에 대해 건설 프로젝트에 대한 외국인 자본의 100% 출자를 허용했다.

이 밖에 유통시설의 사업면적이 1,000평방피트를 초과할 경우에는 輸入 세제의 우대 조치를 해주기로 하였고, 전국적으로 통일된 부가가치세를 도입하여 세제를 간소화하기도 했다(일부 주는 이에 반대하여 미도입).

최근 인도의 소비 시장에서 나타나고 있는 충격적인 현상은 지금까지 인도에서 금기시되어온 가격파괴가 벌어지고 있다는 점이다. 인도의 소비자들은 세계에서 가장 가격민감도가 높다고 하는데도 불구하고 식품과 일용잡화의 할인점이 전무할 정도이었다. 그러나 현재는 대형 슈퍼마켓에서 할인 상법을 전개하고 있다. 이는 상품의 대량 입하에 의한 가격 할인이 가능하기 위해 요구되는 자금력을 확보한 현지의 대기업들이 유통업에 뛰어들기 시작했다는 점을 말해 준다.

가령 석유화학 산업의 거대 기업 Reliance Industries(RIL)는 아메다바드시를 시작으로 인도 전역에 16-18개의 대형 쇼핑몰을 계획하여 다수의 토지를 확보해 놓은 상태이다. 일용품 제조업체인 고도레지는 2003년 4월에 소매업에 진입하여 가구, 가전, 생활 잡화를 중심으로 인도 전역에 39개의 체인점을 운영하고 있다.

대도시의 중상류층(upper middle)을 표적으로 삼은 고급 가구의 판매를 통해 비누와 같은 일용잡화 제조업체라는 이미지를 일신하는데 성공을 거두고 있다. 아울러 과일과 야채에 초점을 맞춘 소매업의 전개도 계획 중에 있다.

이 밖에 이륜차 메이커인 Hero Group도 소매업에 진출하겠다는 의사를 표명하였다. 이들 현지 유력 기업들의 소매업 진입은 할인 상법에 대한 의존보다는 중산층에서 일고 있는 새로운 소비 스타일, 즉 쇼핑몰 붐에 편승한 것으로 보인다. 이에 맞서서 기존의 대형 소매업체인 Shoppers Stopper는 주식 상장으로 자금을 확보하여 중견 도시까지 망라하는 정보시스템의 구축을 서두르고 있다. 아울러 대형 서점 체인업체인 Crossword(9개 도시에 26개 점포)를 100% 자회사로 편입하여 의류 중심의 부티크 몰에서 종합 쇼핑몰로 사업을 확대하고 있다.

그러나 인도의 유통업은 이미 쇼핑몰의 공급과잉 문제가 대두되고 있다. 델리나 뭄바이와 같은 인구 1천만 명 급의 대도시에서조차 9-10개 정도의 쇼핑몰이면 충분하며, 4백만 명 전후의 인구를 지닌 10개 도시에서는 5개 몰, 1백만 명의 도시에는 2-3개 몰이 한계치라고 보고 있다. 그런데 현재 인도에는 건설 계획 중인 것까지 포함하면 총 200개에 가까운 쇼핑몰이 있는 셈이라 파탄을 맞이할 우려가 있다는 지적(비즈니스 인디아, 2005. 5. 9-22일 발행호)이 제기되고 있다.

인도의 소매업의 눈부신 성장은 5백만 명 이상의 인구를 지닌 5대 도시에서 그 85%의 기여도를 보이고 있으며, 그 다음으로는 중견 도시들이 연 20-25%의 성장률을 구가하고 있다. 외국계 패스트푸드와 브랜드숍의 진입도 늘어나고 있는데, 우리나라의 LG는 가전제품뿐 아니라 일용품(헬스 케어 관련 제품)의 소매업을 개시하고 있다. 반면 도매업 분야에서는 독일의 메트로가 활약을 보이고 있다.

백색 가전 분야에서는 우리나라의 삼성전자와 LG전자가 막강한 시장지위를 구축하고 있다. 가령 컬러 TV 제품의 시장 점유율은 양사 합쳐서 40%에 달한다. 광고 선전에 막대한 비용을 투자하고, 공항이나 고급 호텔에 무상으로 제품을 납품한 마케팅 전략도 이러한 시장 지배력 확보에 일익을 담당하였다. 삼성전자는 1995년에 인도 시장에 진출하여 2006년에 10억 달러의 판매 실적을 보였는데, 델리 교외의 노이다 공장에는 1,600명의 종업원이 근무하고 있고, 이 중 18%가 연구개발직이다. 삼성전자는 인도를 남아시아의 생산거점으로 삼아 중동과 아프리카 시장에 수출도 하고 있다. 2004년도의 품목별 생산대수는 컬러 TV 150만 대, 컬러 모니터 150만 대, 냉장고 60만 대, 세탁기 50만 대, 에어컨 40만 대 등이다(www.samsung.com/in/index.htm).

8) 인도의 아웃소싱 사업[2)]

전세계의 아웃소싱 사업 중에서 인도의 아웃소싱 사업이 가장 규모가 크고 성장 속도도 빠르다. 이는 주로 IT 산업의 아웃소싱이 주도하고 있는데, 2004-2005년의 기간 중에 173억 달러의 매출과 69만 5천명의 고용인력을 창출하였고, 2007-08년에는 14만 5천-15만 5천명의 고용인력 창출로 인도GDP의 7%를 점할 것으로 예상된다. 그런 가운데 방갈로르와 같은 아웃소싱 최고 인기 지역에서는 임금 상승과 엔지니어의 높은 이직률로 유능한 인력의 공급 면에서 제약이 따르고 있다.

IT 이외의 분야로는 연구개발, 재무, 회계, 콜센터, 매장 뒤편(back office) 관리업무 등에 유능한 인력의 공급이 많다. 지금까지 인도의 아웃소싱 사업은 민간주도로 이루어져 왔고 정부의 개입이 없었다는 점이 오히려 성공의 비결이기도 하다. 인도 IT산업이 발달하게 된 계기는 1980년대 중반에 스위스항공사가 백 오피스 업무를 뭄바이의 타타 재벌에게 위탁한 것인데, 이 전혀 새로운 사업 분야에 대해 당시의 인도 정부가 제대로 이해하지 못한 점이 정부의 관리, 규제를 가

2) Farrell, Kaka, & Sturze (2005)

져오지 않았다. 그러나 에어컨 시설이 되어 있는 사무실과 아파트, 쇼핑몰 등이 두루 갖추어진 아웃소싱 센터를 민간이 투자하여 일구었다고 하더라도 공항, 도로, 유틸리티(전기, 가스, 수도 등)에 대한 공공 투자가 이루어져야만 수백만의 인력들이 센터로 이주하여 효율적 주거와 근무를 할 수 있다.

인도의 인력 공급 원천인 대졸자의 규모를 보면, 7년 이하의 근무 경력을 지닌 대졸자 수는 1,400만 명으로서 McKinsey Global Institute가 조사한 28개 국가 가운데 가장 많은데, 타국과 비교를 하면 중국의 1.5배, 미국의 2배에 달한다. 매년 신규 대졸자 수는 250만 명이지만 이 중 다국적기업에 채용될 능력을 갖춘 이는 그다지 많지 않다. 인도에서 근무 경험이 있는 다국적기업의 인사 담당자들은 인도 종업원의 문화적 정합성(fit)과 근무 윤리 등을 높이 평가하지만, 신규 대졸자의 10-25% 정도만이 채용 가능한 능력을 구비한 것으로 보고 있다.

이 비율은 중국의 경우보다는 높지만 동유럽의 절반에 불과한 수준이다. 또한 전공 분야별로 차이를 보여서 문과계열의 대졸자는 10%만이 적합한 반면 공과계열 졸업자는 25% 정도가 적정 능력을 갖춘 것으로 되어 있다. 따라서 IT관련 기업들은 문과 출신 대졸자를 채용하여 9개월 정도 교육을 실시하기도 한다.

이처럼 인도의 대졸자 중 다국적기업 근무에 적절한 능력을 보유한 비율이 낮은 이유는 인도 대학의 교육 질이 천차만별이기 때문이다. 7개의 인도공과대학(Indian Institute of Technology: IIT)과 6개의 인도경영대학(Indian Institute of Management)은 세계 수준의 교육을 자랑하지만, 나머지 대학의 교육 질은 현저히 떨어진다. 대졸자의 영어 구사 능력이 커다란 문제점의 하나인데, 영어가 공식 언어임에도 불구하고 다국적기업 또는 다국적기업과 거래하는 현지기업에서 근무하기에 충분한 정도의 영어 실력을 구비하고 있지 못하다.

특정 지역의 대졸자들은 현지식 억양이 너무 강해서 콜센터와 같이 외국인과 접촉을 요하는 일자리에는 있을 수 없다. 그로 인해 일부 다국적기업은 미국인의 발음과 보다 근접한 필리핀으로 콜센터를 이전하기도 했다. 현지의 유능한 인력 공급에 제약을 가하는 또 다른 원인으로는 명문대 졸업생들이 해외 취업으로 빠져나가는 비율이 높은 점도 있다. 인도공과대학 졸업생 중 4만 명이 미국으로 직장을 구해 이주한 것으로 추산되고 있다. 게다가 인도의 국내 경제가 여전히 글로벌 경쟁에서 보호받고 있는 관계로 인해 나이 많은 대졸자, 중간 관리자들은 국제 경험이 일천하여 다국적기업으로 전직할 수 없다.

인도의 4년제 대졸자 중 공학 학위를 취득한 자는 전체의 4%에 불과한데, 이는 독일의 20%, 중국의 33%와 비교하면 현격하게 저조한 수치이다. 그 결과 수년 내에 인도는 엔지니어의 전반적 공급 부족 상황을 맞이하게 될 것이며, 이미 소프트웨어 엔지니어의 임금은 방갈로르와 뭄바이처럼 가장 인기가 높은 지역에서는 급상승하고 있다.

인도에는 4년제가 아니라 3년제 대학에서 공학 학위를 취득하는 졸업생들이 매년 13만 명씩 늘어나서 2003-2004년에는 175만 명이 배출되었다. 단지 숙련도가 떨어져서 IT의 가치사슬 중에서 창의성을 덜 요하는 부문의 인력 부족을 메워줄 것으로 기대되지만, 향후의 공급 부족을 완전히 해갈시켜줄 정도는 안된다. 영국과 미국을 중심으로 한 외국의 수요가 지금과 같은 속도를 유지한다면 2008년에 유능한 엔지니어에 대한 수요가 공급을 초과하게 된다. 비즈니스 프로세스의 아웃소싱 분야에서도 이러한 인력의 수급 불균형이 생길 것이다.

안드라프라데쉬(Andra Pradesh) 주에 소속된 히데라바드(Hyderabad) 시의 예는 아웃소싱 인기 지역의 과열 현상을 제대로 보여주고 있다. 1990년대에 IT 아웃소싱 공급의 대형업체인 Satyam과 Tata Consultancy Services가 본거지를 두면서 IT와 소프트웨어의 허브로 발전한 이곳에는 1998년 이후 20개 이상의 인도 및 미국 소프트웨어 제작사(vendor)들이 대규모 엔지니어링 센터를 설립했다. 2002년 이후 이곳의 아웃소싱 사업은 활황을 더하여 2004년에만 6개의 센터가 신설되어 5천명의 신규 고용을 창출하였다. 히데라바드 시의 공학도 졸업생은 연간 2만 5천명인데, 이 중 25%만이 다국적기업에 취업하는데 필요한 능력을 갖추었다고 전제하면, 현재의 산업 성장 속도에 비추어 볼 때 인력 공급이 수요를 따라가지 못하여 2008년에는 공급 대 수요의 크기가 1: 1.38이 될 것으로 전망된다. 그나마 다행스런 점은 인도의 대졸자들은 취업을 위해 다른 지방으로 옮기려는 자세가 높다는 점이다.

아웃소싱 산업이 발달하면서 중간관리자에 대한 수요도 지난 10년간 연평균 20%를 웃도는 증가를 보였고, 신규 진입 기업들은 자체 인력을 양성하기 보다는 기존 업체로부터 중간 관리자를 스카우트하는 방식을 채택하고 있다. 수출 위주의 IT업체에 근무하는 프로젝트 매니저의 연봉은 지난 2000-2004년 중에 연평균 23% 인상되었고, 프로그래머의 연봉은 13% 인상되었다.

〈표 3-2〉 인도 IT산업의 보수

	2000	2001	2002	2003	2004
소프트웨어 개발자	4,082	4,213	4,496	5,852	6,628
프로젝트 매니저	13,585	14,653	16,319	25,822	31,131

* 달러 기준의 연봉

자료: India's National Association of Software and Service Companies(Nasscom), *Strategic Review* 2005.

인도의 대졸자 노동비는 16개 국가 중 가장 저렴하다는 점에서 아웃소싱의 전망은 대단히 밝다. 시간 당 임금을 기준으로 하면 미국의 12%에 불과하다. 더군다나 근무 시간도 가장 길어서 미국의 1,900시간, 독일의 1,700시간에 비해 연간 2,350시간을 근무한다. 단지 1,400만 명에 달하는 문과 졸업자는 다국적기업에 취업하기에는 가장 매력이 떨어지는 전공자들이다. 또한 졸업생의 지역 이주에 대한 의욕이 높다고는 하지만, 이들 중 1/5은 다국적기업이나 인도기업에 접근하기에는 지리적 제약이 크다.

실제로 대학 재학생의 절반은 국제공항이 없는 지역에서 공부하고 있다. 아웃소싱 산업의 발달로 근로자 임금이 상승하고 있지만 미국의 30% 수준을 초과하지는 않을 것이다. 그 이상의 상승 경향을 보인다면 기업들은 보다 저렴한 급료의 제공이 가능한 타국 졸업생들을 취업시킬 것이다. 인도의 아웃소싱 산업의 최대의 걸림돌은 인프라의 미흡이다. 16개 국가 중 인도는 러시아와 더불어 가장 열악한 인프라를 지닌 국가로 꼽힌다.

유럽과 인도의 아웃소싱 지역을 잇는 직항은 늘고 있지만, 도로와 교통 체계가 원시적 수준에 머물러 있다. 인도의 2004년도 도로망 투자비는 20억 달러인데 이는 중국의 300억 달러의 7%에도 못 미치는 영세한 규모이다. 또한 통신망은 여전히 음질의 문제를 안고 있다.

인도 정부가 해야 할 일은 아웃소싱 산업의 영역을 IT에서 산업 R&D, 의료

연구, Back-office 기능 등으로 확대해 나가야 한다. 의약품 특허에 대해 인도 정부가 제대로 인식을 하게 되면서 자사의 특허권이 보호받지 못할 것이라는 다국적 제약회사들의 우려를 씻어내는데도 긍정적으로 작용할 것이다. 그러나 연구개발 부문의 아웃소싱은 중국, 러시아, 미국과의 치열한 경쟁을 치러야 할 것이다. 연구개발로 파생되는 제품에 대한 국내 시장의 규모가 큰 곳으로 R&D 센터가 이동할 것이기 때문이다.

인도는 2001-2004년 중 연간 6%의 성장으로 GDP가 6천억 달러에 달하였으나 이는 중국의 우위를 상쇄하기에는 역부족이다. 아울러 인도 가구의 74%가 2002년도에 연소득이 2천 달러 미만이라는 점도 국내 시장의 전반적인 구매력을 떨어뜨리고 있다. 인사, 재무, 분석 및 모델링 서비스, 콜센터 등과 같은 Back-office활동의 아웃소싱에 대해서는 향후 5년간 인도의 전망은 유망하겠지만, 인기 지역으로만 기업이 몰린다면 임금 인상이 이어질 것이다.

〈표 3-3〉 인도와 주요국가의 공학 인력 비교

	중국	인도	미국	러시아	독일	필리핀	폴란드	체코	헝가리
엔지니어	160	130	540	50	100	60	40	10	15
인 구	1,293	1,066	292	143	83	82	39	10	10

* 엔지니어는 천명 단위, 인구는 백만 명 단위(2003년 기준)
* 7년 미만의 근무 경력자 기준(도시공학과 농공학 제외)
자료: McKinsey Global Institute

〈표 3-4〉 아웃소싱 위탁 희망 국가 선호도

	IT	콜센터, 헬프데스크	비즈니스 분석	재무, 일반관리	인사	산업 R&D
인 도	65%	55%	42%	43%	44%	24%
저비용 국가	27%	38%	36%	36%	39%	45%
선진국	5%	8%	22%	20%	12%	30%

* 저비용 국가: 아프리카, 중국, 동유럽, 러시아, 라틴 아메리카, 말레이시아, 기타 아시아 및 태평양 국가(비즈니스 분석의 경우 터키도 포함)
* 선진국: 미국, 서유럽, 캐나다
자료: 2005, McKinsey offshoring survey of senior executives

2. 인도 비즈니스

복잡한 나라, 하나로 묶을 수 없는 나라, 다양성이 넘쳐나는 나라, 이것이 인도의 이미지이다. 북쪽의 히말라야 산맥 기슭에서는 여름에도 스키를 탈 수 있고, 수도 뉴델리는 한여름에 섭씨 40도의 무더위로 차량의 보닛 위에서 계란 프라이를 할 수 있을 정도인 반면 겨울이 되면 스웨터를 입고 난로를 켜야 할 정도로 춥지만 눈은 내리지 않는다. 남부의 첸나이로 가면 일 년 사시사철 내내 수영을 할 수 있을 만큼 따뜻한 기온을 보인다. 석가가 깨달음으로 불교를 세운 나라이면서도 불교 신자는 1%에도 못 미치고, 80%를 웃도는 국민이 힌두교 신자이고, 이슬람교도가 10%를 웃돌며, 나머지는 기독교, 시크교, 자이나교, 조로아스터교 등이 차지하고 있다.

인도 화폐인 루피의 지폐의 금액 표시를 국어인 힌디어와 준공용어인 영어는 물론 15개의 공용어 등 총 17개 언어로 표시하고 있다. 주마다 축제일이 다르고, 금융기관의 영업일과 영업시간도 제각각이라서 인도합중국(United States of India)이라고 불러도 좋을 정도이다.

국제회의에서 회자되던 이야기 중에 어떻게 하면 인도인의 입을 다물게 하고 일본인의 입을 열게 할 것이냐는 말이 있다고 한다. 그만큼 인도인의 자기 주장이 강하다는 것을 보여준다. 이는 다수의 민족, 다수의 언어가 공존하는 사회에서 살아남기 위한 몸부림인 것이다. 실례로 대학 입학의 최종 선발 과정에는 반드시 집단토론이 있다. 자기주장이 없으면 존재이유가 없어진다는 논리이다.

인도는 이슬람에 의한 정복과 영국의 식민지화, 그 과정에서 빚어진 수탈과 억압을 겪으며 자유에 대한 자각과 인간성 회복을 부르짖었다는 점에서 우리나라의 역사와 상통하는 점이 있다. 인도의 독립운동을 이끈 간디와 네루는 자신감 상실에 빠진 지식인들을 분발시키기 위해 과거의 자국 문화를 찬미하고 자긍심과 자신감(self-respect, self-confidence)을 지닐 것을 부르짖었다. 인도의 카스트 제도는 적어도 도시지역에서는 현재 붕괴 과정에 있다고 보아도 좋을 것이다. 유보제도(지정 카스트에 속하는 사람들에게 교육과 공공기관 채용에 우선적 할당을 해주는 제도), 장학금 제도 등을 통해 다수의 하층 카스트 출신자들이 지식산업에 취업하고 있기 때문이다.

다음은 인도인, 인도기업과의 비즈니스에서 유의할 점이다.

첫째, 계약 내용을 명확히 해야 한다.

인도는 계약 중시의 사회이다. 이를 뒷받침하는 자료로 변호사 수를 들 수 있다. 2005년 기준으로 스페인 14만 8천명, 독일 13만 3천명, 이태리 12만 8천명, 영국 12만 3천명, 프랑스 4만 7천명(www.ccbe.org/doc/En/table_number_lawyers_2005_en.pdf), 미국 100만 명(www.power-of-attorneys.com/are_there_too_many_lawyers.htm: 1995년에 89만 5천명이고 최근의 여러 출처에 따르면 100만 명으로 본다고 함/반면, www.lawschool.com/outsourcing.htm에 실린 Tom Ramstack, THE WASHINGTON TIMES, Sep. 26,2005에서는 U.S. Bureau of Labor Statistics의 2002년 통계를 인용하면서 미국의 변호사는 69만 5천명, 법률보조원 paralegals 20만 명이라고 하여 자격 분류에 차이가 보임), 일본 1만 7천명(www.asiasociety.org/speeches/green.html), 한국 9,400명(www.koreanbar.or.kr)에 비추어보면, 인도의 변호사가 60만 명(島田, 2005: 245)이라는 점은 절대 인구수의 차이에도 불구하고 대단한 규모이다. 아울러 매년 7만 명의 예비 변호인력을 인도의 대학들은 배출하고 있다.

계약 중시의 예를 들면, 가령 소프트웨어 개발에 관해 인도 기업과 계약서를 체결할 경우, 우리나라 기업이 개발 사양서를 제시하면서 내용이 애매모호하든가 아니면 불완전하여 추후 빈번한 사양 변경을 인도 기업에게 요구하거나 그로 인한 추가 비용 발생을 인정해 주지 않게 되면 불신감을 초래하여 글로벌 기업으로서 인정받을 수가 없다.

둘째, 120%의 기대치를 제시한다.

상대에게 엄격한 조건을 제시하는 것이 상대에 대한 배려의 결여라고 생각하여 자신이 원하는 기대치의 70-80% 선을 제시하게 되면, 상대는 자신이 할 수 있는 능력의 100%를 다 쏟아 붓지 않는다. 우리 측이 속으로 생각했던 만큼의 결과가 나오지 않았다고 나중에 이의를 제기하거나 불만을 표시해도 소용없다.

이쪽에서 기대치를 웃도는 120% 정도의 수치를 제시해야 비로소 상대방은 100%에 가까운 결과를 내놓게 된다.

셋째, 파트너 선정이 모든 걸 좌우한다.

사업 의도가 안정을 지향하면서 어느 정도의 성과를 처음부터 기대하는 것이라면, 인도의 재벌계 기업이나 대기업, 벤처의 경우에는 지명도와 실적이 있는 기업을 상대로 하는 것이 좋다. 그러나 이런 경우, Low risk- Low return의 가능성과 기업 경영의 주도권 상실이라는 위험성을 염두에 두어야 한다.

넷째, 세분화된 사업 전략을 세운다.

소득 격차, 지역 격차, 세대 격차가 심한 인도의 소비 시장은 말 그대로 만화경과 같은 상태라서 일률적인 인도 마케팅 전략은 무리가 따른다. 다양한 소비자 계층에 대응한 시장 동향의 정확한 파악과 정보 수집, 세분화된 사업 전략이 불가결하다.

도시 지역은 핵가족화와 더불어 맞벌이 추세를 보이고 있어서 예전처럼 하인(servant)을 두지 않는 가정이 늘고 있다. 그렇게 되면 매일 장보러 갈 수가 없기 때문에 일주일에 한번 몰아서 쇼핑, 세탁, 청소를 하게 된다는 점에 주목해야 한다. 냉장고나 세탁기는 용량이 큰 제품에 대한 수요가 늘 것이고, 맞벌이 특성상 매일 조리를 할 수 없기 때문에 전자레인지의 사용도 늘 것이다. 그러나 인도의 소비자들은 좋은 물건은 그만큼의 가격을 지불해야 한다는 사고방식을 갖고 있는 것이 아니라, 좋은 물건을 보다 저렴하게 구입한다는 욕구를 갖고 있어서 이를 충족시킬 수 있어야 한다.

이런 점에서 우리나라 기업들의 활약이 주목을 받고 있다. 업그레이드된 신제품을 고객에게 판매하면서 그 고객이 사용 중인 기존의 구제품을 사들이는 방식이다. 고객에게는 기존의 사용품이 신제품을 사고 싶어도 구매력이 없어서 사지 못하는 농촌 지역의 소비자들에게 중고품으로 저렴하게 분배, 판매된다고 호소하는 것이다. 농촌 지역의 소비자들도 후에 구매력을 갖추게 되면 신제품을 구매할 것이고, 그때 선택할 브랜드는 최초 사용하던 중고품의 브랜드일 가능성이 높다는 점에서, 기존 고객에게 신제품의 판매 및 향후 잠재 고객의 확보라고 하는 일석이조의 효과를 볼 수 있다.

인도에서 사업을 전개할 때 언급되는 표현 중에 '인도 비즈니스 3-5-10' 이라는 말이 있다. 처음 3년 동안은 아무 일도 일어나지 않고, 5년이 되어서야 겨우 사업의 모양새가 갖추어지며, 그 뒤 10년간 성장을 이루게 된다는 말이다. 이처럼 느긋하게 기다릴 자세가 없다면 인도에서 사업에 성공하기란 어렵다는 말이다. 그런 의미에서 인도의 각 소비 계층과 지역에 정통한 파트너를 선정하는 일은 사업 성공의 속도를 가속화시키고, 사업 리스크를 회피하는데 매우 긴요한 작업이다. 단독 투자로 진출하는 경우에는 시장 파악에 정통한 현지의 전문가들을 자문역이나 컨설턴트로서 2-3년 이상 계약을 맺어 서비스를 제공받을 필요가 있다.

다섯째, 사내의 주요 직책은 인도인에게 맡긴다.

미국, 유럽의 기업은 물론 우리나라 기업들도 인도인을 현지법인의 최고경영자로 임명하여 사업의 성공을 거두는 경우가 많다. 어느 인도인의 경우, 유럽에서 경력도 있고 국제 마케팅에도 정통하여 일본의 가전업체와 우리나라 가전업체간에 스카우트 경쟁이 벌어진 적이 있다. 최종적으로 그는 우리나라 기업을 선택하여 기업 발전에 일익을 담당하였는데, 선택 이유가 양국 기업의 오퍼 차이에 있었다. 일본 기업은 현지 인도인의 급료 중에서는 최고 수준을 제시했으나 우리나라 기업은 국제인력 시장에서 통용되는 기준에 입각하여 보수 조건을 제시하였다. 또한 일본기업은 본사와의 종적 관계를 설명하면서 협력 관계의 중요성을 강조하였으나, 우리나라 기업은 인도 사업 창구를 단일화하고 현지 법인에 권한을 위양하면서 본사와의 조정 관계가 필요없는 체제를 설명하였다.

여섯째, 선입관이 없고 진취적인 인재를 현지에 파견한다.

인도에 관해 특정의 이미지를 갖고 있지 않은 사람일수록 현실을 있는 그대로 받아들이기가 쉽다. 인도에서는 남에게 기대한들 소용없는 일이 한두 가지가 아니다. 모든 일을 자신이 해낸다고 하는 정신력없이는 살아남기 힘든 곳이 인도이다. 후진적인 생활환경, 소일거리없는 생활, 터프한 거래환경의 조건 속에서 4-5년을 제대로 보낸다면 세계 어디에 내놓아도 제몫을 할 수 있는 인재가 양성될 수 있다.

일곱째, 커뮤니케이션의 모든 기회를 활용한다.

인도에서는 업무가 끝나고 나서 술 한잔하는 관습이 거의 없다. 자신의 사생활, 가족 등을 소중히 여긴다는 점에서 중국과는 정반대이다. 오히려 친구를 가정에 초대하는 일을 즐긴다. 현지 법인의 관리자나 거래처 관계자의 집에 초대받게 되면, 초대장에 저녁 8시에 모임이 시작한다고 되어 있어도 보통 9시 반쯤 되어야 전원이 모여서 시작은 마른안주와 술로 가볍게 시작한다. 그 뒤 10시 반쯤이 되면 디너 타임인데, 메뉴는 카레이다. 얼핏 재미없는 모임이라서 두 번 다시 참석하고 싶은 생각이 들지 않기도 하지만, 이런 수수한 식사 모임이 동료, 거채처 등과 깊은 커뮤니케이션으로 이어주고 폭넓은 인맥 형성에 징검다리가 된다는 점을 알아야 한다. 이렇게 해서 여러 번에 걸친 대화로 서로가 마음을 열게 되면 신뢰와 우정이 쌓이게 되는 것이다.

인도에서 사업을 전개할 때 빼놓을 수 없는 것이 관료와의 교섭이다. 1991년까지 모든 산업이 정부 관료의 지도하에 이루어졌고, 그 뒤 경제자유화와 규제 완화로 관료가 사업에 미치는 영향력은 줄어들고 있지만, 외국인이 인도에 투자하려고 할 때, 델리를 비롯한 각 주정부의 공무원, 세관 임원, 인도중앙은행(RBI)의 관료 등과 협상은 불가피하다.

이러한 인도의 관료제의 흐름을 살펴보면, 영국 통치하에 우수 인도인을 관료로 등용하기 위해 인도 공무직(Indian Civil Service: ICS)이 설립되었다. ICS의 시험은 영국에서 치러졌고, 합격자는 행정부의 고관으로 발령받아 가령 고등재판소 판사나 형무소 감찰관 등의 직위에도 올랐다.

인도 독립 후에는 ICS가 폐지되고 대신 인도행정직(Indian Administrative Service: IAS)가 신설되었다. 이것이 현재 인도 관료제의 정점에 있는 막강 엘리트 집단이다. IAS 합격자들은 보통 중앙정부의 행정기관에서 5년 정도 근무한 뒤 출신 주정부에서 3년 정도 순환근무를 한 뒤 다시 중앙행정부로 돌아와 중책을 맡게 된다.

이 때 배치되는 행정기관과 이전 근무기관과는 일치할 수도 있고 그렇지 않을 수도 있다. 이들에게 기대되는 능력 중에는 국가 중대사를 다루는데 요구되는 객관적 판단 능력과 주정부의 압력에 굴하지 않는 공정한 태도가 으뜸이다. IAS와 더불어 인도 관료제의 중추를 이루는 것이 인도경찰직(IPS)과 인도외교직(IFS)

이다. 이들 3개 시험 합격자가 고위직을 독점하고 있고, 세무국, 관세국, 소비세국, 철도국, 우편통신국, 회계감사국 등의 기타 국가공무원시험은 한 단계 아래 차원이다. 중앙 행정부처에서 IAS 출신이 될 수 있는 최고위직은 장관(minister) 아래의 차관(secretary)이다.

인도는 독립 직후 네루 수상이 이끄는 국민회의파가 정권을 쥐고 사회주의 계획경제개발 정책을 시행한 결과, 산업 활동에 대한 행정부의 인허가에 의한 급속한 발전을 이루게 되었다. 투자, 산업육성, 판매가격, 유통경로에 이르기까지 일체 정부의 엄격한 관리가 이루어졌다. 그 뒤 인디라 간디가 정권을 획득하고서는 기간산업에 덧붙여 은행업과 보험업까지 국유화되어 외자 배척의 이미지로 굳어지면서 NIEs와 중국, 아세안에 경제적으로 쳐지는 신세가 되었다.

또한 정부의 인허가, 감독 체제가 비대해지면서 관료의 권한이 정치인들의 자금획득을 위한 도구로 사용되어 정계와 관계, 재계의 유착이 심화되기도 하였다. 공무원들은 자신의 업적이 정치인들에게 평가받아야 출세할 수 있다는 점을 알고 있기 때문에 자신의 업무와 관계된 정치인들의 이익에 반하는 행동은 피하려 하는 보신주의적 행동원리를 갖게 된다. 그러면서도 정치 부패의 일소로부터 자신을 보호하기 위해 한편으로는 공정성을 기본으로 처신하게 된다.

이는 행정 절차를 신속히 추진하여 경제 자유화를 지원하는 행동을 취할 경우, 해당 기업들로부터 이익을 취하는 것이 아니냐는 오해를 피하기 위함이다. 따라서 외국투자가들과 협상할 때 고압적인 태도를 취하여 매국노라는 오명을 쓰지 않으려고 한다. 물론 규제완화, 정부재량권의 축소, 시대에 처진 법률, 절차의 폐지 등이 비록 완만한 속도이긴 하지만 성과를 보이고 있다.

일본의 작가 시오노(塩野 七生)는 '로마인이 두뇌로는 그리스인보다 못하고, 기술로는 에트루리아인보다 못하며, 경제력에서는 카르타고인보다 열세에 있으면서도 이들을 이길 수 있었던 것은 자신의 힘을 전략적으로 활용할 수 있는 능력에 뛰어났기 때문이다.' 라고 말했다는데, 아마 거대 인도의 등장에 열쇠가 될지도 모르겠다.

3. 인도 소비자 시장

인도 정부가 1991년에 외국기업의 직접투자에 대한 규제를 풀면서 다국적기업의 인도 소비자 시장에 대한 진입이 시작되었다. 그 중에는 소수의 글로벌 인도 소비자들을 표적으로 한 한정 전략(specialty-player strategy)을 채택한 기업도 있고, 부상하는 다수의 잠재적 중산 소비자들을 대상으로 한 전략을 전개한 기업도 있다. 전자의 경우, 지리적으로는 소수의 대도시에 집중하고, 사업 리스크는 낮으며, 유통망도 제한적으로 구축하고 있다.

따라서 수익성은 보장되지만 성장성에는 한계가 따를 수밖에 없어서 인도와 같은 거대 시장을 공략하는데는 부적절하다. 인도의 소매 소비시장 규모는 2003년의 경우 2,500억 달러로서 미국(3조 1,000억 달러) 〉 일본(1조 500억 달러) 〉 중국(5,500억 달러) 〉 독일(3,700억 달러) 〉 영국(3,000억 달러) 〉 이탈리아(2,900억 달러) 〉 프랑스(2,850억 달러)에 이어 세계 8위를 차지하고 있다(Bharadwaj, Swaroop, & Vittal, 2005).

한편 민간 소비의 전체 규모는 2005년도 기준으로 3,720억 달러로서 인도 GDP의 60% 이상을 차지하고 있고, 이 점은 중국과 같은 다른 개도국보다는 미국, 일본과 같은 선진국과 비슷한 양상이다[3](Beinhocker, Farrell, & Aainubhai, 2007).

반면에 후자의 전략을 취한 기업들은 아침식사 대용의 시리얼에서 세탁기, 자동차에 이르기까지 많은 제품 영역에서 상당한 시장점유율을 확보하는 데 성공

---

3) 2005년도 주요국의 GDP 구성 항목 비율(단위: %)

	민간소비	정부지출	투자	무역수지	GDP($10억)
미 국	70	16	20	-6	12,456
인 도	62	12	28	-2	801
일 본	57	18	23	1	4,553
중 국	39	14	44	3	2,216

자료: Global Insight; McKinsey Global Institute

하였다. 이처럼 시장형성(market-shaping)의 전략을 구사하면 다국적기업은 규모의 경제를 실현하고 향후 보다 강력한 시장 지위를 구축할 수 있다.

그러나 이 전략도 실행하기에 만만치는 않다. 지리적으로 광범하게 분산된 시장에서 저렴한 가격에 높은 사용가치를 원하는 소비자들을 충족시키려다 실패한 기업들도 적지 않기 때문이다. 성공한 기업들은 인도 소비자들의 욕구를 이해하고 급변하는 소비재 시장을 간파하였으며, 그에 맞추어 제품과 가격을 인도 소비자들의 예산과 기호에 맞춤식으로 제공하였다.

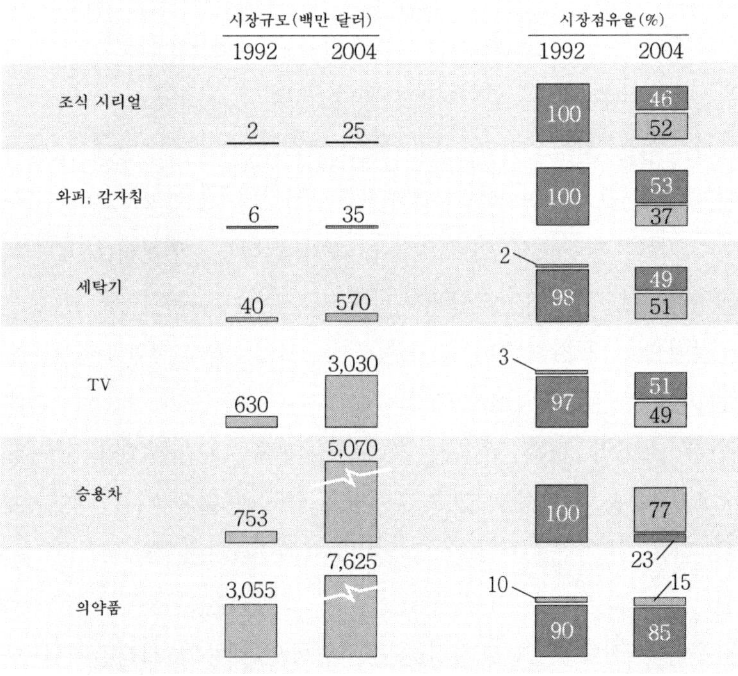

* 시장점유율의 엷은 색은 외국의 다국적기업, 짙은 색은 인도의 국내 기업의 크기임.
* 1992년의 환율은 $1=30루피, 2004년에는 $1=45루피임.
원전: Centre for Monitoring Indian Economy(CMIE)
인용: Bharadwaj, Swaroop, & Vittal, 2005

〈그림 3-1〉 인도의 주요 제품별 시장규모

인도의 소비자 시장의 팽창은 1990년 이후 인도 경제가 연평균 5.7%의 성장률을 보이고, 1인당 국민소득은 실질 소득 기준으로 두 배로 늘어나서 2004년에는

543달러가 되었다. 그러나 이는 어디까지나 평균치이고, 통계학에서 배운 것처럼 평균값 좌우의 분산이 있기 마련이다.

인도 소비자의 지출이 개별 상인을 매개로 한 비공식 경제에서 조직화된 기업을 매개로 한 공식 경제로 이행함에 따라서 시장가격의 인하와 그에 따른 소비 증대가 이어질 것이다. 그러나 관료제의 장벽과 사회간접자본의 부족으로 기업 전략의 수행에는 적잖은 장애가 놓여 있으며, 총 소비는 급증하게 되더라도 수억의 가구로 나누면 가구당 소비는 미약한 수준에 머물면서 이들 소비자들은 가격과 가치에 민감한 반응을 보인다. 인도기업 및 외국기업 모두가 이처럼 급변하는 인도 소비자의 욕구와 소득에 발 빠르게 대응하는 역동성을 갖추어야 할 것이다.

1) 소비자 세그먼트

인도의 소비자 시장에서는 다음과 같은 소비 계층으로 분화되어 있다.

제1계층은 글로벌 인도 소비자(Global India)로서 120만 가구의 부유층이다. 동급에 해당하는 중국의 부유층보다는 가구 수가 1/3에 지나지 않지만 연간 20%를 웃도는 증가세를 보이고 있다는 점에 주목해야 한다. 이들 계층은 브랜드 상품을 구입하고 해외로 휴가 여행을 가고 여러 대의 차량과 TV를 보유하고 있고 선진국의 동급 소비자와 같은 행동을 보인다. 인도의 8대 대도시에 거주하고 있으며 향수, 고급 의류, 호화 자동차 등을 다루는 기업들에게는 매력적인 표적 대상이 될 것이다.

제3계층의 힘겨운 인도 소비자(Struggling India)는 1억 1천만 가구를 포함하고 있고 연간 소득이 1,500-4,000 달러(구매력 지수 purchasing power parity를 고려하면 7,500-20,000 달러)에 달한다. 제4계층의 처절한 인도 소비자(Destitute India)는 4천만 가구에 달하는데 기본적인 생필품을 이따금씩 구입할 따름이다.

인도 소비자 시장의 구동력은 바로 제2계층에 속하는 야심찬 인도 소비자(Aspiring India)이다. 4천만 가구가 이에 속하는데, 가구당 5명의 식구가 살고 도시에 거주하며 가장은 교육 수준이 높고 연간 4,000-10,000 달러(PPP 기준 20,000-45,000 달러)를 벌고 있다. 소형 아파트를 보유하고 TV, 냉장고, 모터사이클 내지 소형 승용차를 몰고 있다.

가구계층	실질 연간소득 (달러)	계층규모 (백만 가구)	직업군	보유자산
글로벌 인디아	> $10,000	1	· 중소기업경영자 보유자산 · 기업관리직, 공무원 · 부유계층 농민	· 침실 1-2개의 주택 · 컬러TV, 휴대폰, 냉장고, 세탁기 · 자가용(5천-1만 달러 가격)
향상욕구 인디아	$4,000-$10,000	40	· 봉급생활자 · 신흥 서비스업 종사자(IT, 언론 등) · 점원	· 컬러TV, 냉장고, 전화 · 스쿠터, 오토바이, 소형 승용차(4천 달러 이하)
교육 인디아	$1,500-4,000	110	· 점원 · 서비스업 종사자 (웨이터, 운전사, 식모 등) · 농부	· 자전거 · 라디오, 흑백TV
절망 인디아	< $1,500	40	· 영세농민 · 농장근로자	· 시계

* 실질 소득의 기준년도는 1995-96년이고 비교년도는 2004년임.
원전: National Council of Applied Economic Research (NCAER); National Sample Survey Organisation (NSSO), Ministry of Statistics and Programme Implementation
인용: Bharadwaj, Swaroop, & Vittal, 2005.

〈그림 3-2〉 인도의 가구 계층별 특성

연간 10%씩 증가하는 이 계층은 2010년에는 6,500만 가구를 형성할 것으로 예상된다. 중산 소비자 계층의 대두로 승용차 판매량은 2004년에 50억 달러에 이르렀는데, 이는 1999년보다 2배를 웃도는 실적이다. 휴대폰 사용자는 더욱 가파르게 증가하여 1996년 30만 명에서 2004년에는 5,500만 명에 달하였다.

인도의 소비자는 젊다는 특징이 있다. 전체 소비자의 70%가 35세 이하이고, 그 중 절반, 즉 35%가 17세 이하이다. 이들은 인도의 전통 문화에 뿌리깊게 자리잡고 있으면서도 아울러 바깥 세계에 연계되어 있고 호기심을 보인다. 소득은 증가하고 있지만 예산은 여전히 제한적이다. 이런 소비자들은 적절한 주거, 즉 전력과 수도가 제대로 공급되는 주거에 관심을 갖고 있으며, 또한 식사와 건강, 위생 관련 제품에도 관심을 보인다.

현재는 소득의 절반을 생필품 소비에 쓰고 있지만 그 비율은 갈수록 줄어들어서 다른 제품에 대한 구매의 여지가 늘고 있다. 이들 인도 가정은 자녀 교육을 우선시하여 보다 나은 내일을 보증수표로 보고 있다. 좋은 학교와 자녀 교육에 금전과 노력을 쏟아 붓고 있으며, 영양, 컴퓨터 게임, 책 등의 품목에 지출을 한다. 따라서 영양제와 교육용 완구가 급성장을 보이고 있다.

주거 시설과 장래 자녀 교육에 대한 투자와 더불어 이들 인도 소비자 계층이 나은 생활의 척도로 삼는 것이 신형 컬러 TV, 신형 모터사이클을 향후 4년 이내에 구매하는 일이다. 일상생활 면에서는 집에 손님이 방문할 때 전통적인 라임 주스보다는 코카콜라를 대접하는 일을 꼽을 수 있다. 구세대 인도인들이 파키스탄과의 전쟁, 낮은 경제 성장률의 기억을 갖고 있는데 비해 신세대 인도인들은 고성장과 낙관주의의 자유화 이후 세대로서 미래에 대한 자신감이 강하여 고가 제품을 구입하기 위해 융자를 택하고 있다.

인도인들은 외상 구매를 회피한다는 오래된 관념을 이들 젊은 세대는 타파하려 한다. 200개를 웃도는 TV 채널에서 글로벌 브랜드에 대한 소개를 듣고 있는 인도인이긴 하지만, 이들은 프리미엄 가격을 지불하려고 하지는 않는다. 그 보다는 자신의 경험과 유관하고 현지의 선호도를 반영하는 브랜드 제품을 요구하고 있다. 현지의 기호와 글로벌 기호를 융합하여 성공한 예로 MTV India를 꼽을 수 있다. 방송 프로그램의 80%가 현지어로 진행되고 현지 음악이지만 인도의 젊은이들로부터 사랑을 받고 있다.

2) 인도 소비 양상

인도 소비자의 소득수준이 향상하면서 의류, 식품과 같은 생필품의 비중은 낮아지고 휴대폰, 개인청결용품과 같은 자의적 지출(discretionary expenditures)의 비율은 늘어나고 있다. 현재의 총 민간소비 중에서 점하는 자의적 지출의 비중은 52%이지만 2025년에는 70%로 증가할 것이다. 이는 우리나라가 1980년대에 거친 변화와 같은 궤도인데, 당시 우리나라의 1인당 소득이 지금의 인도의 개인 소득의 2배 수준이었던 점을 감안하면 인도의 소비 양상의 변화 속도가 매우 빠르다는 것을 알 수 있다.

식료품의 지출 규모는 계속 늘어나서 가장 큰 소비 항목이지만 상대적 비중은

42%에서 25%로 가장 현저한 감소세를 보이게 된다. 반면에 인간의 삶의 질과 경제적 전망을 개선시켜 줄 건강, 교육, 교통, 통신 등과 같은 항목의 지출은 급등세를 보일 것이다.

인도의 공립 보건 시스템이 부적절하다는 사실은 개인의 소득이 증가할수록 사립 보건의 비중이 더해 간다는 점을 말해 주는데, 사립 보건의 지출은 연간 11%씩 증가하여 2025년에는 인도 가구 지출의 13%를 점하게 될 것이다. 이 수준은 현재 기준으로 볼 때 미국을 제외한 다른 어떤 나라의 경우보다 높은 비율이다.

교육비 지출은 매년 11%씩 증가하여 20년 후에는 가구 소비의 9%를 점하게 되는데, 이는 현재의 다른 어떤 국가들의 지출 비율보다 높은 수준이다. 농촌 지역의 가정은 가난에서 벗어나기 위해 자녀 교육을 우선순위로 둘 것이고, 소득수준이 높은 도시 가정은 양질의 교육, 대학 교육, 유학 등에 지출을 많이 할 것이다.

이러한 소비 양상의 변화가 기업에게 주는 시사점은 두 가지이다.

첫째, 소비자의 소득 수준이 증가하면서 그들의 욕구, 기호, 열망, 브랜드 충성도 등이 라이프스타일의 변화와 더불어 진화하게 되므로 기업들은 변화의 속도와 크기에 적응해야 한다.

둘째, 소비 증대와 경제 개혁의 지속으로 많은 신규 경쟁자들을 시장에 불러들여 경쟁이 가속화될 것이다. 이들은 인도시장에 진출하려는 외국의 다국적기업, 사업 확장의 기회를 찾는 인도현지 기업, 신규 창업가 등 다양한데, 제한된 경쟁 내지 작은 시장규모로 인해 인도의 중산층 소비자들의 만족도가 저조한 부문이 어디인지를 탐색하려 할 것이다.

또한 기호와 욕구가 국산품에서 외제품으로 옮겨간 카테고리의 발견을 위해 유사한 신흥 경제국에 눈을 돌리기도 할 것이다. 다른 신흥국 시장에서와 마찬가지로 인도 시장에서도 외국의 다국적기업들은 중산층 라이프스타일을 열망하는 인도 소비자의 욕구와 그들의 제한된 소비 예산이라고 하는 현실 사이의 곤경에 처하게 될 것이다.

2005년도에 인도 중산층의 연간 소비는 30만 루피를 웃돌았는데, 이는 달러로 환산하면 6,600달러로서 다국적 기업 입장에서는 아주 검소한 수준인 셈이다. 구매력 지수를 감안하면 35,000달러에 상응한다고 하지만, 기업이 벌어서 은행에 입금할 수 있는 금액은 구매력지수를 고려한 소비규모는 아니다. 새로운 사업모델을 개발하고, 세심한 표적에 맞는 특징을 지닌 제품을 설계하고, 상향 욕구를 지닌 인도 소비자에게 소구력을 지닌 브랜드를 창출하는데 성공하는 기업만이 이들 인도 소비자의 상당 부분을 포획할 것이다.

3) 인도사업 모델

인도 현지 상황에 맞게 사업 모델을 수정한다는 것은 다음의 몇 가지 내용을 다루어야 한다는 점을 의미한다(Bharadwaj, Swaroop, & Vittal, 2005).

첫째, 적정 가격에 가치를 제공하는 일이다(Offer value at the right price).

어느 다국적 기업이 수년간 인도 시장에서 브랜드 제품을 글로벌 가격 수준에서 판매하려고 하였다. 인도의 소비자들은 기술면에서 세련되어 있기 때문에 프리미엄 제품 시장으로 이동할 것이라고 장담하였다. 또한 자사 브랜드가 워낙 강력하므로 유통 채널을 제한해도 무리 없을 것으로 보았다.

인도 시장에 진입한 지 15년이 지나서도 그 다국적기업은 겨우 4%의 시장점유율을 확보하는데 그쳤고, 제품과 생산 방식을 인도 상황에 맞출 수밖에 없었다. 가격을 65% 인하하고 유통망을 재정비한 결과, 12개월이 지난 시점에서 이러한 전략 수정은 두 자리 수의 매출 증가로 이어졌다.

이와는 달리 유닐레버의 인도 시장 내 최고 비누 브랜드인 Lifebuoy는 2000년대 초반까지 18개월 연속으로 전월 대비 10%의 매출 감소를 겪었다. 품질 향을 개선하고 아동에게 주는 건강과 위생 면에서의 장점을 강조하는 대신 가격을 20% 인상하였는데, 결과는 성숙단계에 있는 비누 시장에서 연간 15%의 경이로운 매출 증가세를 달성하였다. 이는 제품이 적정한 가치를 제공한다면 가격 인상이 얼마든지 가능하다는 점을 보여준 사건이었다.

노키아의 인도 자회사인 Nokia India는 자사 휴대폰 중 1100 모델을 인도 시장에 맞게 주문형으로 한 것이 효과를 보았다. 방진(防塵: dust-resistant) 키패드, 미끄럼 방지 그립, 내장 플래시라이트의 기능을 갖춘 제품이다. 특히 내장 플래

시라이트는 인도의 수십만 트럭 운전사들이 선호하는 기능인데, 인도의 고속도로에서 정차할 때 도로 조명이 어두워서 대신 사용하였다.

삼성전자의 세탁기는 인도에서 자주 정전이 발생하는 일에 대비하여 메모리를 백업하고, 인도의 전통 옷인 사리가 엉기는 것을 방지하기 위해 특별 헹굼 사이클을 설정해 놓은 점이 소구력을 발휘하였다. 또한 삼성전자의 전자레인지(microwave oven)는 단 한 번의 버튼 터치로 인도 요리를 만들 수 있도록 하였다. 이러한 기능의 추가는 외형상의 가치를 제공함을 물론이거니와 다국적기업이 인도인과 인도인의 삶을 이해한다고 하는 메시지, 다국적기업의 브랜드는 곧 인도인의 브랜드라고 하는 메시지를 전하는 역할을 한다.

인도에서 성공을 거둔 다국적기업은 소비자의 구매력(affordability)이 갖는 중요성을 터득하였다. 인도의 휴대 통신 시장은 5,500만 명의 사용자를 보유한 전세계에서 가장 성장률이 가파른 시장인데, 치열한 경쟁으로 지속적인 가격 할인이 이루어지면서 분당 이용료가 5센트라고 하는 가장 저렴한 요금 체제를 갖추게 되었다. TV가 25년 걸려 세운 시장 확보율을 휴대 통신 시장은 8년 만에 이루었다. 아울러 성공을 달성한 기업들은 파이낸싱, 사용단위당 요금, 커뮤니티 소유권 제도와 같은 지급 선택안을 제공하였다.

가령, 모터사이클, 내구재, 의류 등의 제품을 다루는 기업에서는 은행이나 다른 금융기관의 직원을 점포 내에 파견토록 하여 단 몇 시간 내에 융자를 알선하고 있다. 게임기기(game console)의 업체들은 선불카드를 포함한 이용단위 지불제도(pay-per-use formats)를 고려하고 있고, PC제조업체와 연대하여 커뮤니티 소유권(가령, 학교에 소유권 부여)의 아이디어를 시장침투와 소비를 촉진하기 위한 추진 방안으로 연구하고 있다.

샴푸 시장에서는 소비자의 구매력 문제를 소량 판매로 해결하고 있다. 10㎖의 1회용 팩에 든 샴푸를 5센트 이하의 가격으로 설정, 판매하였더니 10년이 경과하고 나서 인도의 샴푸 사용자가 18%에서 45%로 폭증하였다. 단위 용량 기준의 판매가는 대용량의 샴푸에 비해 비싼 편이지만, 샴푸 1통을 구매하는데 10㎖의 20-30배의 가격을 지불할 구매능력이 없는 소비자들로서는 1회 사용의 선택안을 채택할 수 있게 된 것이다.

둘째, 소비자를 교육시키는 일이다(Educate the consumer).

인도 시장에서 아직 수명주기의 도입기에 놓인 제품들은 인내와 투자를 통해 소비자의 인기를 얻도록 해야 할 것이다. 뷰티 케어 제품의 경우, 시장 규모가 6천만 달러에 불과하고 도시 지역의 여성 중에도 겨우 5%를 밑도는 시장 침투율을 보이고 있다. 에어컨의 경우에는 인도 전체 가구의 2% 미만이 보유하고 있고, 인도인의 1.2%만이 신용카드를 소지하고 있다.

이들 제품 영역에서는 어떤 브랜드가 있는지에 대한 인지도(awareness)와 어떤 브랜드를 이용할 수 있는지에 대한 활용가능성(availability)뿐 아니라 도대체 이들 제품이 어디에 쓰는 것들이냐에 대한 지식(knowledge)의 부족이 시장 구축의 걸림돌이 되어 있다. 소비자 교육을 위해 어느 가전제품 제조회사는 1990년대에 세탁기의 편익을 강조하는 광고에서 '빨아줍니다. 헹궈줍니다. 게다가 말려주기까지 합니다. 몇 분이면 당신은 쇼에 참석할 준비를 마칠 수 있죠.'라는 문구를 사용하였고, 가정주부를 활용하여 집안에서 직접 제품의 시연을 해보였다.

또 다른 다국적기업은 에어컨의 광고를 공기 정화를 통한 건강한 가정환경의 유지라는 개념으로 잡고 있다. 뷰티 제품의 시장 확대를 노리는 기업이라면 뷰티 아카데미와 같은 교육 시설을 세워 수백 명의 젊은 여성을 교육시킨 뒤 이들이 뷰티 살롱을 개업토록 하여 소비자들에게 화장 기법을 교육시키고 뒤 이어 화장품을 팔도록 하는 전략을 사용할 수도 있을 것이다.

시장 경쟁에서 승리를 거두려면 인도에서는 시장 발달이 단계적으로 이루어진다는 점을 고려하여 인내심을 갖고 꾸준히 추진해야 한다는 점이다. 그런 인내를 통해 시장 발판을 구축한 시장형성자(market shaper)의 기업은 브랜드 인지와 소비자 통찰 면에서 경쟁에서 앞서가는 기업이 될 것이다.

셋째, 비용을 가격에 맞추는 일이다(Design to cost).

고객이 구매가능한 가격 선에서 이익을 창출한다는 일은 지극히 힘든 과제이다. 이윤폭을 설정한 뒤 그에 맞추어 가격을 책정하는 방식이 아니라, 수요를 창출할 수 있는 가격을 산출해낸 뒤 그로부터 이윤을 도출해내고, 가격에서 이윤을 공제한 몫을 원가로 하는 사업모델을 설계하는 일이 요구된다.

인도의 모터사이클 제조업체들은 주행 속도를 낮추도록 제품을 재설계하여 저렴한 가격에 판매한 결과, 그렇지 않았다면 구매할 수 없었던 수백만 명의 소비자들을 끌어들일 수 있었다. 이런 design-to-cost방식은 현지 소비자들 스스로가 내리는 제품의 성능과 가격 간의 반비례 관계(trade-off)를 반영하기 때문에, 소비자의 체험 가치를 전혀 손상시키지 않고서도 제조 원가를 30% 정도 절감할 수 있다. 제조원가를 절감하는 다른 방법 가운데는 현지 제조업체와 위탁 생산 계약을 체결하는 일도 있다.

이들 현지 업체들은 노동비, 생산비, 경상비 등이 다국적기업보다 낮기 때문에 이들 위탁업체에 다국적기업의 품질관리 요원을 파견하여 감독한다면 제품의 품질에도 만전을 기할 수 있다. 또는 지리적 분산도가 심한 인도 시장에서 운반비가 높다는 점을 감안하면 대형의 세계 수준 공장을 갖고 있는 것보다는 지역 공장을 매입 내지 설립하는 편이 낫다.

넷째, 유통망을 제대로 갖추는 일이다(Getting distribution right).

비용의 효과를 보면서 인도 소비자들에게 다가간다는 일은 인도의 지리적 광대함뿐 아니라 물류와 소매 유통망이 분열되어 있다는 점(fragmented)에서도 커다란 도전이 아닐 수 없다. 게다가 1,200만 점포의 구멍가게(mom-and-pop stores)가 오랫동안 인도의 소매시장을 지배해오고 있는 점도 무시할 수 없다. 소매업에 대한 인도 정부의 FDI 허가가 떨어진다면 다국적기업으로서는 현대식 유통 시설에서 보다 많은 상품을 판매할 기회를 누리게 될 것이다.

현재 현대식 소매유통이 차지하고 있는 점유율이 5%에 불과하다는 점은 시장 확대의 여지가 크다는 점을 반증하는 것이기도 하다. 제품의 물류를 성공적으로 하려면 제3자의 유통망을 이용하는 것이 해결의 열쇠이다. 독자적인 유통망을 구축하는 데는 너무도 긴 시간이 걸리며 소요 비용도 더 많이 든다.

유닐레버의 경우, 제3 에이전트가 운영하는 20개의 물류센터(distribution center)에게 의뢰하여 자사 상품의 보관과 운송을 하도록 하고 있다. 이들 물류센터는 7천여 명에 달하는 물류업자 (distributors)에게 서비스를 제공하고 있고, 물류업자들은 유닐레버가 교육시킨 영업인력을 활용하여 8백만 명이 웃도는 소매업자들과 협력하고 있다. 적절한 시장도달(go-to-market) 전략을 활용한다면 순이익률이 4-5% 정도 상승할 수 있다. 그 근거는 제3자를 이용하는 것에 비해 자체 물류시설을 쓰는 편이 4-5% 정도 비용 상승을 가져오기 때문이다. 또한 자체 물류시설을 채택하게 되면 전국 전개(roll-out)에 소요되는 기간도 길기 때문에 규모경제 및 전국 지배도 더딜 수밖에 없다.

이런 점에서 LG전자는 소규모 읍 단위 지역에 거주하는 소비자들에게 접근하여 성공을 거둔 예로 꼽힌다. 기존의 전자제품 및 내구소비재를 다루는 소규모 점포들을 전국 판매망의 네트워크로 끌어들였고, 대규모 읍 지역에는 자체의 중추 점포(flagship stores)를 세웠고, 몇몇 도시에는 A/S센터를 구축하였다. 또한 점포에 접근하기 어려웠던 작은 읍 지역의 어느 정도 규모가 되는 농촌 소비자들을 공략하도록 지방 사업가들에게 점포 설치를 권유하였다.

인도의 세분화된 시장 가운데 가장 최하위 소득 계층을 대상으로 하여 사업을 전개하기란 외국기업 입장에서는 지극히 어려운 과제인데, 인도기업 Hindustan Lever는 성공 사례로서 벤치마킹의 대상으로 여길 수 있다.

이 회사는 시골 아낙네들을 교육시켜 1천명 미만이 거주하는 시골마을에서 소비재의 유통업자로 사업할 수 있도록 하는 Shakti 프로그램을 실시하고 있다. 그 결과 작은 시골마을로부터 거두고 있는 연간 매출액이 2억 5천만 달러에 달한다. 이제 사회 문제(social issue)는 기업 전략의 부속물이 아니라 중심체가 될 수 있다.

빈곤층 대상 마케팅에서 고려해야 할 이슈로는 공급물량의 크기, 대금 회수, 인프라 등이 있다(Beshouri, 2006).

첫째, 공급물량의 크기(parcelling) 문제는, 가처분소득이 낮아서 한번에 구매할 수 있는 물량에 한계가 있다면, 소비자가 구매가능한 조각으로 제품, 서비스를 배달하는 일을 말한다. 샴푸나 세제의 경우가 좋은 예이다.

둘째, 대금회수(collection) 문제는, 빈곤층이 유동성에 대한 압박이 커서 저축할 여력이 전혀 없다는 점을 고려해야 하는데, 특히 전화, 수도 사업처럼 제품, 서비스를 소비하고 나서 대금 청구가 이루어지는 사업부문에서 심각하다. 연체 소비자의 위치를 추적해서 접촉하는 일은 어렵기도 하고 때로는 위험하기도 해서 비용을 상승시킨다. 대금 회수가 어려워질수록 제품, 서비스를 이용할 자격이 있는 소비자의 기준을 높이게 되고, 이는 신규 고객 확보의 어려움을 가중시키는 악순환을 가져온다.

셋째, 인프라는 도로, 우편, 전기, 기타 사회간접자본의 질이 낮아서 생산과 유통의 비용과 어려움이 가중된다는 점이다.

이러한 이슈들을 해결하는 관건은 Principal-Agent의 관계를 어떻게 잘 설정하느냐에 달려 있다. 제품이나 서비스 공급업자인 Principal과 소비자 및 지역사회의 유지들인 Agent간의 문제는, Agent의 범위를 확대하여 촌장, 부족장, 교장, 교사, 종교 지도자, 지역민 등을 제대로 활용하는 방안에 그 해결책이 있다.

이들은 해당 지역에서 어떤 일들이 일어나고 있는지를 모니터하고 영향력을 행사할 역량과 정보력을 구비하고 있다. 이들의 이해관계와 기업의 이해관계가 일치하는 방향으로 커뮤니티를 활용하는 마케팅 전략이 필요하다. 이는 단순히 제품, 서비스가 가져다 주는 직접적인 편익 이상의 경제적 혜택을 기업이 지역사회에 제공할 수 있어야 한다는 점을 의미한다.

4. 인도의 외국기업 투자

GDP의 산업별 구성비율이 1차산업 28%, 2차 산업 26%, 3차산업 46%로 제조업의 비중이 유난히 작은 나라, 문맹률이 남자 32%, 여자 56%의 높은 나라(2001년 기준: http://planningcommission.nic.in/reports/genrep/pl_vsn2020.pdf), 인도의 기업 유치 정책은 국내/외국 자본의 동등 원칙하에 외국자본에 특혜를 제공하는 일은 없다는 점이 아세안이나 중국과의 차이점이라고 하겠다. 인도 정부의 투자 우대 정책은 크게 4가지 특징을 갖고 있다(미즈호종합연구소, 2007: 5).

첫째, 인프라 투자(전력, 고속도로, 교량, 도시교통시스템, 수도, 공항, 항만 등)에 대해서 10년간 법인세를 면제해 준다. 둘째, 석유정제와 같은 특정 산업에 진출 시, 기업 설립 후 7년간 법인세를 면제해 준다. 셋째, 2005년 6월에 경제특별구(Special Economic Zone: SEC)법[4]이 실시되면서 특별구 내의 기업이 생산품

4) 경제특별구의 추진 배경은 산업 진흥의 중점을 수출산업에 초점을 맞추려는 정부의 의도가 있고, 2007년 8월말 시점 기준으로 전국 20개소에 특별구가 설치되어 있다.

의 50% 이상을 수출하면 법인세를 5년간 면제, 이후 5년간 50% 감세를 해준다. 넷째, 주 정부의 독자적인 우대책이 실시되고 있다. 28개의 주는 자치권이 대단히 강해서 가령 남동부에 위치한 타밀나두 주(주도: 첸나이)는 1996년부터 150억 루피(약 3,600억 원) 이상의 투자에 대해 '슈퍼 메가 프로젝트'로 인정하여 세제의 우대를 해주고 있다. 그 덕분에 첸나이의 교외 지역에는 핀란드의 노키아, 우리나라의 현대자동차 등이 진출하였다.

인도의 외국인기업 직접투자를 국별로 보면, 2006년의 상위 10개 투자국은 Mauritius(42억 1,500만 달러), 영국(16억 8,200만 달러), 미국(6억 700만 달러), 싱가포르(5억 3,300만 달러), 네덜란드(4억 8,800만 달러), 프랑스(8,000만 달러), 독일(7,000만 달러), 한국(6,200만 달러), 일본(5,200만 달러), 스위스(4,700만 달러) 등의 순서이다.5)

그리고 1991-2006년의 누적 실적을 기준으로 하면, 모리셔스(160억 달러, 33%), 미국(56억 4,500만 달러, 12%), 영국(36억 6,200만 달러, 8%), 네덜란드(24억 8,200만 달러, 5%), 일본(21억 7,600만 달러, 5%), 독일(16억 5,200만 달러, 3%), 싱가포르(15억 8,300만 달러, 3%), 프랑스(8억 5,800만 달러, 2%), 한국(8억 1,400만 달러, 2%), 스위스(6억 8,300만 달러, 1%)의 순이다.

Mauritius는 인도계 주민이 70%를 차지하고 있으며, 실제 투자는 인도계 교민을 포함한 유럽, 미국으로부터의 우회 투자가 태반을 점하는 것으로 여겨지고 있다. 이처럼 모리셔스가 인도 투자의 제1상대국으로 된 데는, 인도와 모리셔스 간에 체결된 이중과세방지협정(Double Taxation Avoidance Agreement: DTAA)이 작용하고 있다.

인도에서 사업을 하는 기업이 모리셔스에 자회사를 세운 뒤, 인도사업에서 창출된 이익을 모리셔스의 자회사를 통해 제3국에 있는 모기업에 보냄으로써, 인도에서의 이익에 대한 법인 소득세 납세를 면해보려는 것이다. 이를 두고 홈런치기(round tripping)라고 부른다(USITC, 2007: ch. 2, p. 13). 인도 정부는 이 점을 크게 우려하여 모리셔스 정부에게 공동감시체제를 설치할 것을 제안하였다.

5) Government of India, Ministry of Commerce & Industry, Department of Industrial Policy and Promotion, Fact Sheet on Foreign Direct Investment.

인도 투자에서 유의할 점은 첫째, 지방 정치의 리스크이다. 인프라의 미정비, 세무문제(상품이 주를 통과할 때마다 과세함), 노무문제(빈번한 파업, 노동법 상 해고의 어려움 등) 등은 이미 널리 알려진 사업 고충이지만, 여기에 덧붙여 지방 정부의 정치적 리스크도 고려해야 한다(미즈호종합연구소, 2007: 41-42). 중국의 정치 리스크가 중앙정부의 권한 집중에 기인한다면, 인도의 정치 리스크는 중앙 정부와 지방정부 간 권한 분산에 따른 것이다. 인도의 중앙정부의 권한이 민간 기업의 활동에 관한 주정부의 행정에 간섭을 미치지 못한다. 각 주의 선거 결과에 따라 지난 정권의 정책이 전면 뒤집어지기도 하여서, 제조업의 투자에서는 정치적 안정성이 높은 주(가령, 구자라트 주)에 생산 거점을 둘 필요가 있고, 진출 예정 주의 정치 상황을 상세히 파악해두어야 한다.

둘째, 인건비와 부동산 임대료의 상승이다. 인도주재 일본상공회의소가 회원사를 상대로 2007년 5월에 조사한 바에 따르면, 2006년의 임금 상승률은 사무직 13.7%, 생산직 11.3%이었고, 2007년에는 각기 16.1%, 11.8%가 예상되고 있다. 이처럼 인건비와 임대료가 상승하게 된 배경에는 외국 기업의 진출 증가로 수요는 급증한 반면, 공급이 이를 따라오지 못했기 때문이다.

생산직의 기술 습득자는 수적으로 부족하고, 관리직 인재는 영어 능력이 우수하여 외국계 기업 간 스카우트의 대상이 되고 있다. 델리의 부동산 문제를 보면, 기존의 토지에 대한 권리 관계가 복잡하여 재개발이 이루어지고 있지 못하여 노후화한 빌딩조차 임대료가 상승하고 있다.

델리의 대안 지역으로는 공항 근처의 신흥 도시인 하리아나 주의 구르가온이 있는데, 임대료가 절반 수준이다. 뭄바이의 비즈니스 센터인 남부의 임대료도 비등하여 공항에 근접한 북부로 사무실의 이동 기미가 보이고 있다. 물론 이러한 임금과 부동산 임대료의 상승은 급료의 상승 및 부동산 소득의 증대로 이어져서 소비시장을 확대시키는 긍정적 효과도 기대된다.

제 4 부

일 본 시 장

1. 히트 상품의 마케팅
2. 히트 불발의 마케팅
3. 장수 인기 상품의 비결
4. 유별난 기업 경영
5. 럭셔리 마케팅
6. 외식 산업

제4부

일 본 시 장

1. 히트 상품의 마케팅

일본 시장에서 단기 반짝 상품이 아니라 장기 베스트셀러의 상품으로 자리잡기 위해서는 핵심 편익의 명확화와 소비자 기호 및 시장환경의 변화에 유연한 대응이라고 하는 성공요인을 구비해야 한다(주간동양경제, 2004. 2. 14, 34-51면).

버버리의 경우 유명 브랜드로서 그 지위에는 흔들림이 없지만 중년층을 위한 브랜드라고 하는 강한 이미지를 희석시키기 위해 버버리 블루 라벨과 버버리 블랙 라벨의 두 가지 하위 브랜드(sub brand)를 투입하여 성공을 거둠으로써 브랜드 전체를 활성화시킬 수 있었다.

핵심편익(core benefit)의 예를 들면 1990년대 길거리 패션과 더불어 폭발적 인기를 끈 카시오계산기의 시계 브랜드 'G-SHOCK'은 강인함과 터프함의 원점으로 돌아가 전파시계와 태양전지라고 하는 신기술을 상품에 반영하였다. 레고는 스타워즈, 해리포터 등의 캐릭터 상품의 대히트로 재미를 보았지만 2003년에는 글로벌 연결 재무제표로 적자를 기록했다.

1) 후발 주자의 약점을 극복한 '헬시아 녹차'

카오(花王)가 2003년 5월에 발매한 '헬시아 녹차'는 두 가지 도전을 지니고 있었다. 하나는, 350ml 페트병에 180엔이라고 하는 꽤 비싼 가격이라는 점이고, 둘은 음료 시장은 카오의 경험이 전혀 없는 낯선 신규 사업이었다는 점이다. 그럼에도 순조로운 판매를 보여 2004년 3월까지의 10개월간 200억엔의 실적을 달성하였다. 중장년층을 대상으로 한 고가의 녹차 음료가 새로운 구매 의욕을 자극하게 된 것은, 녹차에 포함된 카테킨(catechins) 성분은 체지방을 태우는 효과를 갖고 있다는 사실에 있다.

헬시아 녹차는 일반 녹차 음료의 3-4배에 달하는 540mg의 고농도 카테킨을 함유하고 있다. 문제는 이렇게 고농도의 카테킨을 함유한 녹차는 쓴 맛이 강해서 마시기에 부적당하다는 점이다. 카오는 녹차의 선택과 추출, 정제에 관한 기술 개발로 이 문제를 해결할 수 있었다. 카오는 헬시아 녹차가 지닌 건강 기능을 적극적으로 소비자들에게 소구하기 위하여 '특정 보건용 식품' 허가를 일본 후생노동성으로부터 받아내는데 성공했다.

일반 식품은 건강 관련 언급을 포장이나 광고에서 하는 것이 법률적으로 금지되어 있지만, 특정 보건용 식품 허가를 받으면 '체지방이 신경 쓰이는 소비자'와 같은 표현을 사용할 수 있다.

이런 허가를 바탕으로 유통과 촉진 전략이 전개되었다. 유통 전략에서는 슈퍼마켓에서 판매하지 않고 편의점 전용 판매로 하였다. 그것도 발매 초기에는 관동지역에 국한하였다. 편의점에서 종종 요구하는 이러한 전용 상품은 이전에도 여럿 있었지만, 헬시아 녹차는 그 중 TV 광고를 할 정도로 마케팅에 힘을 쏟은 최초의 편의점 전용 상품이었다.

음료 시장에서는 편의점에서 하루에 10개 이상 판매되면 히트 상품의 조짐을 보인다고 하는데, 헬시아 녹차는 높은 가격대임에도 20-30개의 판매를 지속하였다. TV 광고는 비용이 많이 드는 만큼 이를 회수하려면 대량 판매가 필요하고 이는 다시 폭넓은 판로의 확보로 이어져야 한다. 그런데도 카오가 슈퍼마켓이 아닌 편의점을 판로로 정하자 편의점 각 사는 헬시아 녹차 판매에 전력을 기울이게 되었다. 헬시아 녹차는 편의점에서 가장 눈에 띄는 선반에 대량 진열된 것이다. 구매자에 대한 앙케트 결과를 보면, TV 광고를 보고 알게 된 사람이 30%, 편의점에 가서 알게 된 사람이 60% 정도를 차지하였다.[1] 마케팅의 4P에 비추어 헬시아 녹차의 성격을 정리하면 다음 표와 같다.

〈표 4-1〉 헬시아 녹차의 비교

제 품	유 통
• 고농도 카테킨 함유 녹차 음료 • 페트병 음료	• 편의점 한정 판매 • 관동지방 한정 판매
가 격	**촉 진**
• 180엔의 고가 설정 (skimming price)	• 체지방이 신경쓰이는 분 • 특정 보건용 식품 허가 취득 • TV광고 *편의점 점두 대량진열

자료: 栗木, 余田, 清水 (2006: 47)

2) 제품 개발 컨셉트로 단련된 소형차 '피트'

2001년 6월에 발매를 개시한 혼다의 소형차 피트는 초년도에 일본 국내 판매량 기준으로 2위를 차지하더니 2002년에는 25만 여대로 1위에 올라 30년 이상에 걸쳐 정상의 자리를 누려온 토요타의 '카롤라'를 제치고 말았다. 제품의 콘셉트를 'Personal Max'(개별 고객의 모든 요구를 한 대의 자동차로 최대한 부응한다)로 정한 뒤 배기량 1,000-1,500cc의 콤팩트 카의 소구 포인트를 연비, 즐거움, 모양새로 하였다.

연비의 Max는 세계 최고 수준의 저연비 실현을 목표로 삼아 신형 엔진을 개발하였다. 이는 그 때까지 혼다가 특기로 삼아온 고출력의 하이파워 엔진과는 다소 다른 성격의 것이었다. 즐거움의 Max는 왜건형을 능가하는 다기능의 실현을 위해 연료 탱크를 앞좌석 시트 밑에 배치하는 레이아웃을 잡아서 넓은 실내공간과 지면과의 낮은 높이를 실현하여 시트를 접었다 세웠다 수납했다 하는 식으로 목적에 맞게 간단히 배열을 바꿀 수 있게 하였다. 모양새의 Max는 콤팩트 카라

1) 세븐일레븐의 경우, 이용자의 60%가 남성이고, 50%가 30대 이상이라는 점에서, 건강 음료 '헬시아 녹차'의 판로로 편의점의 적합성을 엿볼 수 있다. 반대로 젊은 여성들은 화장품이나 건강식품을 주로 Drugstore에서 구입한다.

고 하는 느낌을 주지 않는 고급스런 디자인을 의도하여 스포티하고 다이내믹한 기본 디자인에 하이테크의 감각과 조작의 편리성을 추구하였다.

인테리어는 독일에 있는 HRE(Honda R&D Europe)와 공동 작업으로 유럽 디자이너의 발상을 반영하였고, 외관은 미래를 앞서 간다는 존재감과 고속주행 시의 연비개선에 기여하는 성능 향상이라고 하는 두 가지 요건이 양립되도록 하였다. 차량의 색상은 10가지를 준비하여 종래 콤팩트 카의 주 고객층인 젊은 여성에 국한하지 않은 다양한 고객층의 요망에 부응할 수 있도록 하였다.

피트는 1996년에 발매된 콤팩트 카 '로고'의 후속 차종이었는데, 로고와는 차이를 보였다. 로고는 다른 차종과의 부품의 공통화로 비용을 철저히 절감하였다. 그러나 부품 공용화의 비율이 높게 되면 설계의 제약에 커져서 제품의 개성이나 매력이 떨어지게 된다.

결국 기대만큼의 수익을 거두지 못하게 되었고, 차기 모델은 판매 가격을 올리는 대신 최신 기술을 채택하고, 기능과 디자인 면에서 타협된 모습을 보이지 않기로 하였다. 이럴 경우 팽창된 개발비의 회수를 위해 판매 신장이 요구되면서 표적 고객을 좁히지 않고 두루 여러 소비자 계층으로부터 지지를 받는 제품으로 정하게 되었다.

따라서 콤팩트 카의 판매량 증대를 위해 수요가 많은 유럽 시장에서도 통할 수 있는 제품 개발을 해야 했다. 그런데 유럽은 환경 문제에 대한 인식이 매우 높아서 연비에 관한 까다로운 기준을 통과할 수 있는 신형 엔진의 개발이 관건이었다.

개발 팀이 유럽의 영국, 독일, 프랑스, 스페인, 이태리 등에 가서 콤팩트 카의 사용자와 딜러를 방문하고 슈퍼마켓에 장보러 가는 등 현지인의 생활을 체험해 본 결과 발견한 사실은 다음과 같다. 유럽의 콤팩트 카는 편의성보다는 세련된 멋의 이미지를 갖고 있을 것이라는 생각은 착오였고, 콤팩트 카에 크리스마스트리, 가구 등을 힘겹게 쑤셔 넣는 사람들의 모습, 덩치 큰 남성 4명이 궁색하게 콤팩트 카에 타 있는 모습을 발견하였다. 결국, 디자인에서 실내 공간, 연비, 주행 성능의 모든 면에서 높은 수준을 지닌 제품을 개발해야만 폭발적 히트를 기대할 수 있다는 결론이 나왔다.

이런 현장 조사 결과를 제품 개발에 반영하는 일이 그 다음의 해결 과제인데, 시트의 자유자재로운 배치를 반복하다가 연료 탱크가 방해가 된다는 점을 발견하였다. 연료 탱크는 뒷좌석 밑에 두는 것이 상식이지만, 이러다보니 짐칸의 공간이 불편해지고 시트 배열에 장애가 생겼다.

이 문제의 해결은 센터 탱크 레이아웃이라는 방식의 채택을 통해 앞좌석 밑에 연료 탱크를 놓는 것으로 이루어졌다. 연비와 직결되는 엔진은 혼다기술연구소가 신차 개발에 선행하여 개발을 추진하였는데, 트윈 플러그 방식을 채택하였다. 이는 하나의 기통 속에 두 개의 점화 플러그를 붙인 엔진으로서 연소 효율의 향상과 콤팩트화를 양립시킬 수 있었다. 디자인 개발은 일본에 있는 와코(和光)연구소와 독일에 있는 HRE의 사내 경쟁을 유발하였는데, 최종적으로는 스포티하고 오리지널한 느낌을 주면서 엑설런트한 평가를 받은 와코연구소의 안이 채택되었다.

신차 개발이 시작되고 나서 2년 반이 경과한 2000년 봄에 계열 판매점을 대상으로 한 사내 열람이 이루어졌고, 당시 토요타의 비츠가 콤팩트 카 시장을 석권하고 있어서 대항마를 애타게 기다리던 판매점의 영업 담당자들은 호감을 표시하였다. 개발 개시 시점에서는 최고 출력 75마력, 연비 22㎞/ℓ이었으나, 개발 도중에 비츠라고 하는 강력한 라이벌의 등장으로 85마력, 24㎞로 상향 조정되었다. 가격 또한 125만 엔으로 설정하였으나 비츠의 판매가가 115만 엔인 점을 고려하여 인하가 불가피하였다.

가격 인하의 구현 방법으로는 하드웨어의 기본 설계 변경이 곤란할 정도로 개발 작업이 진행된 상태라서 부품의 구매방식과 생산 방법의 재검토에 의존하게 되었다. 전체 부품 중 80%가 신규 조달인데, 부품업체에게 견적을 요청하는 시기를 앞당김으로써 부품업체가 시간적 여유를 갖고 생산 설비의 궁리에 힘을 기울일 수 있도록 하였다. 또한 계열에 속하지 않는 부품업체에게도 구매의 길을 열어놓음으로써 많은 부품을 낮은 비용으로 조달할 수 있게 되었다.

3) 소프트웨어 공급업체와의 관계 강화로 저가 수익을 거둔 '패미콘'

1990년대 전반기 닌텐도(任天堂)는 고수익 기업으로 주목을 모았다. 1992년의 매출액 5,600억 엔에 경상이익이 1,600억 엔이었는데, 이 정도의 경상이익은 대형 전자제조업체인 마츠시타전기산업, 히타치제작소, NEC, 소니 등을 능가하는 규모이었다. 세계 시장에서 최초로 가정용 TV 게임기 제품을 선보인 것은 미국의 아타리(atari)사가 1977년에 개발한 '아타리 2600'이었다.

닌텐도가 1983년에 패미콘을 개발하여 시장에 뛰어들었을 때는 이미 아타리, 반다이, 토미 등의 여러 기업들이 일본 시장에서 같은 유형의 TV 게임기를 시판하고 있었다. 그러나 후발 진입의 닌텐도는 반년 만에 44만대, 1년 뒤에는 90%의 시장을 점유하는 독점 상태로까지 발전하였다.

닌텐도는 메이지 시대에 쿄토(京都)에서 창업한 회사로서 화투와 트럼프의 제조, 판매를 하였는데, 3대 사장 야마우치(山内)씨가 1960년대 중반에 전자 완구 제품으로 영역을 확장하였다.

1965년 光線銃, 1977년에 '컬러 TV게임 15'(소프트웨어 내장형), 1980년 '게임&워치'(시계로 전환가능한 액정화면이 달린 휴대게임기), 1981년에는 업소용 게임 소프트웨어 '동키 콩그'를 연이어 히트시켰다. 1983년 발매의 '패미콘'은 8비트 기기였고 1990년에 16비트의 '슈퍼 패미콘'으로 업그레이드되었다.

닌텐도가 가정용 TV게임기 시장에 후발 진입하였을 때는 여러 가지 규격이 혼재하여 사실상의 표준(de facto standard)이 확립되어 있지 않았다. 또한 기기 생산에 최첨단의 전자 기술이 요구되는 것이 아니라서 외부 위탁이 가능하였다. 유통 채널 면에서도 이미 완구 유통의 계열점을 보유하고 있던 닌텐도에게 진입 장벽은 높지 않았다.

닌텐도가 시장 제패를 할 수 있었던 결정적 요인은 성능과 가격의 우월성이다. 그래픽의 동영상 기능은 가정용이 아니라 업소용 게임기와 맞먹을 정도로 우수하였고, 경쟁사 제품의 색상 변화가 8-16색 정도인데 비해 52색으로 훨씬 다양하였다. 타사 제품이 2-5만 엔대의 가격에 판매된데 비해 14,800엔의 우위를 발휘하였다. 이러한 경쟁 우위를 확보할 수 있었던 시스템은 다음과 같다(栗木, 余田, 淸水, 2006: 178-182).

첫째, 대량 발주로 코스트 삭감을 이룰 수 있었다. 화상 처리 전용 IC의 공급처인 리코에게 납품 가격의 대폭 인하를 요구할 수 있었던 것은 2년간 300만개의 대량 발주를 약속하였기 때문이다.

둘째, 빈번한 모델 변경을 자제함으로써 IC의 조달 가격을 낮출 수 있었다. 닌텐도는 16비트의 슈퍼 패미콘 게임기를 출시할 때까지 7년간 8비트의 패미콘을 지속적으로 판매함으로써 모델의 보전 기간을 최대한으로 하였다.

셋째, 소프트웨어와 연계한 마케팅 전략으로 하드웨어인 게임기의 대량 판매를 이룰 수 있었다. 상당수의 소비재는 빈번한 모델 변경을 통해 하드웨어의 매력을 높임으로써 소비자의 구매의욕을 자극하지만, 닌텐도는 게임 센터에서 대히트를 보인 '동키 콩그'를 패미콘용으로 이식하여 소프트웨어의 매력을 높일 수 있었기 때문에 굳이 하드웨어의 모델 변경에 의존할 필요가 없었다.

넷째, 동영상 기능을 극대화하는 한편 다른 기능은 배제함으로써 게임기 가격의 상승을 억제할 수 있었다. 가정용 게임기에 컴퓨터로서의 다양한 기능을 탑재할수록 가격 상승은 불가피해진다.

다섯째, 유통업체와의 장기간 거래 관계의 구축으로 유통 가격을 낮출 수 있었다. 닌텐도의 완구 유통을 담당한 60개 계열 도매점의 모임인 '초심회'와 장기간에 걸쳐 거래하지 않았다면 유통업체에게 낮은 유통 마진을 요구하기 힘들었을 것이다. 게임기 판매에서 많은 마진을 얻지 못해도 나중에 소프트웨어의 대량 판매를 통해 큰 이익을 거둘 수 있다는 설득이 주효한 것은, 지금까지의 실적을 통해 상호 신뢰관계가 형성되었기 때문이다.

그러나 대량 발주, 대량 생산에 의한 저가격화와 고성능화의 양립화 접근법은 일시적 효과로 끝날 우려도 있다. 일례로 종합슈퍼체인점 이토요카도는 미국의 9.11 테러의 영향으로 수요의 침체가 예상되던 2001년 10월에 판매가 8,200엔의 슈트를 발매하여 불과 5일 만에 11만 벌을 판매하는데 성공했다. 보통 3만 엔에 달하는 가격인데 해외 공장에 대량 발주를 하여 저가격을 실현할 수 있었다. 이에 고무된 이토요카도는 4주 후에 동일 슈트를 재판매하였으나 처음과 같은 판매세를 보이지는 못하였다.

마찬가지로 일본맥도널드는 2000년에 평일에 65엔에 판매하는 '위크데이 스마일' 프로그램을 개시하여 2001년에는 매출 3,617억 엔과 경상이익 189억 엔으로 모두 큰 폭으로 늘리는데 성공하였으나, 2002년에는 매출 3,207억 엔, 경상이익 21억 엔으로 부진의 늪에 빠지고 말았다. 이런 문제점을 극복하려면 새로운 것을 줄지어 발견하여 만들어내는 수밖에 없는데, 많은 기업들은 모델 변경의 주기를 단축시키는데 열을 올린다. 반면에 닌텐도는 '슈퍼마리오 시리즈'와 같은 재미있고 즐거운 소프트웨어의 지속적 투입으로 문제 해결에 임하였다.

패미콘의 판매 대수가 큰 폭의 신장을 보이면서 닌텐도는 자체 개발 소프트웨어에 집착하지 않고, 패미콘 발매 다음해부터 외부의 소프트웨어 제작업체를 개발에 참여시켰다. 외부 소프트웨어 개발 업체의 참여에 대해서는 다음과 같은 조건을 제시하였다.

첫째, 1년간 1개 업체가 발매할 수 있는 소프트웨어의 종류는 3-5가지로 한다. 둘째, 소프트웨어의 카트리지는 닌텐도에게 위탁생산을 맡기고, 소프트웨어 개당 3,500엔의 위탁생산료를 지불한다. 카트리지의 제조원가가 2,000엔 정도임을 감안하면 결국 1,500엔을 로열티로 닌텐도에게 지불하는 꼴이다. 위탁생산한 소프트웨어는 전량 소프트웨어 개발업체가 닌텐도로부터 매입해야 한다. 셋째, 위탁생산의 최소 생산량을 정하였는데, 처음에는 1만개로 하다가 나중에 5천개로 줄였다. 넷째, 기획 단계와 소프트웨어 완성 단계에서 닌텐도가 품질 검사를 한다. 이는 성인용 소프트웨어와 같은 가정용 TV 게임기에 부적절한 소프트웨어를 배제함과 아울러 하드웨어에서 제대로 작동하는지를 확인하기 위함이었다.

하드웨어가 광범하게 보급된 패미콘의 경우, 대박이 나면 100만개 이상의 소프트웨어가 팔리는 것도 가능하고, 개발에 투입되는 인력이나 자금은 크지 않기 때문에 많은 개발업체가 일확천금을 노리고 패미콘용 소프트웨어 개발에 참여하였다. 이런 개발업체들에게 닌텐도가 엄격한 조건을 요구하게 된 배경에는 아타리 쇼크가 작용하였다.

미국의 아타리사는 외부 소프트웨어 개발업체에게 엄격한 제약을 가하지 않음으로써 개발력이 부실한 기업까지도 아타리사 대응 소프트웨어 개발에 참여하게 되었고, 그 결과 졸작들이 범람하면서 아타리사가 구축해놓은 가정용 TV게임기 시장은 미국에서 소비자들의 신뢰를 잃고 말았다.

게임기가 널리 보급되면서 '도라에몬'. '파이널 판타지'와 같은 밀리언셀러가 등장하였고, 이런 대박 소프트웨어 덕분에 역으로 게임기의 판매 증대가 이루어지기도 했다. 바로 이러한 하드웨어와 소프트웨어 간의 호순환(virtuous cycle) 덕분에 닌텐도는 오랜 기간 동안 커다란 이익을 수확할 수 있었다. 양자 간의 호순환은 1992년까지 지속되었다. 그런 와중에 사업 시스템의 내재적 문제가 노출되고 말았다. 외부 개발업체(third party)에게 부과한 엄격한 조건은 자금 열세의 영세 개발업체에게는 커다란 부담으로 작용하였다.

또한 닌텐도가 제작한 소프트웨어 카트리지의 전량 매입으로 닌텐도는 재고 리스크를 부담하지 않게 되어 소프트웨어의 과잉생산과 가격 폭락, 끼워팔기 등의 문제도 드러났다. 이러한 내재적 문제점에 설상가상으로 외재적 기술조건에도 변화가 일었다. 1990년대 중반에 CD-ROM의 이용으로 소프트웨어의 제조원가가 낮추어지고, 정보 네트워크의 발달로 소매점두에서 실시간 판매 데이터와 연동한 소프트웨어의 생산이 가능하게 되었다. 이러한 새로운 TV게임기 사업 시스템을 이끌어 낸 것은 닌텐도가 아니라, 32-64비트의 시장을 장악한 소니의 '플스(플레이스테이션)'이었다.

4) 고급 브랜드와 고가 브랜드의 간극을 공략한 코치

2006년 6월 결산기에 코치재팬은 481억 엔의 매출액을 올림으로써 5년간 4.8배의 신장세를 보였다.[2] 그 결과 시장점유율도 9%로 늘어나서 고급핸드백 업계의 순위가 5년 전의 5위에서 이제는 에르메스, 구찌를 제치고 루이비통에 이어 2위로 단숨에 올라섰다.[3] 점포 수 면에서는 118개 점포로 루이비통, 구찌의 2배, 샤넬의 3배에 달하여 단연 수위를 차지하고 있다(週刊東洋經濟, 2006. 9. 23, 28-48).

원래 코치는 뉴욕의 작은 피혁공방에서 시작하였다. 내구성과 기능성을 강조한 가죽 가방이 직장 여성에게 어필하였고, 일본에는 버블 경제의 절정기인 1988년에 진출하였다. 이어 버블 경제가 붕괴하고 난 뒤인 1996년에 수입 의류 및 잡화 시장은 오히려 1조 8,971억 엔이라고 하는 사상 최대 규모로까지 확대하였는데, 이는 업체의 패션화 전략에 기인하는 바가 크다.

즉 매출액 감소에 대응하여, 역사와 전통을 자랑하는 한정된 제품만을 점포에

2) 참고로 코치 미국본사의 글로벌 매출액은 2006년에 21억 1,100만 달러이고, 이 가운데 미국 시장이 72.6%, 일본시장이 21.8%, 기타 아시아 시장이 5.6%를 차지하고 있다. 자료: 야노(矢野)경제연구소.

3) 2005년도 기준 핸드백, 가죽소품의 일본시장 점유율은 루이비통 25%, 코치 9%, 구찌 6%, 에르메스 5%, 샤넬 4%, 기타 51%의 순이다. 자료: 동양경제신보사 추정치.

진열하던 방식에서 탈피하여 신진 디자이너들을 기용하여 세련된 이미지의 브랜드를 전파하기 시작했다. 세 번째 브랜드 붐이 2001-2002년도에 불고 난 뒤의 2004년부터 기존의 고급브랜드에 대한 소비자들의 포화감이 표출하기 시작하면서 역으로 신흥 브랜드 코치가 위세를 떨치게 되었다.

코치가 신흥 브랜드로서 급성장할 수 있었던 데는 회사측의 마케팅 전략이 세 가지 측면에서 성공을 거두었기 때문이다. 종래의 고급 브랜드가 취한 마케팅 전략은 브랜드의 시대를 초월한 보편성, 희소성, 고급감에 바탕을 두었다. 코치 제품의 중심 가격대는 4-6만 엔인데, 이는 루이비통으로 대변되는 유럽 브랜드의 10만 엔 이상의 가격대와 일본 브랜드의 1-3만 엔의 가격대의 중간 틈을 공략한 것이다.

이러한 가격 설정이 전달하려는 메시지는 브랜드 핸드백은 일생에 걸쳐 두고 두고 사용하는 물건이 아니라, 빈번히 교체구매를 하는 패션 아이템이라는 점이다. 결국 코치는 중간 가격대 설정으로 '고급감'을 강조하는 기존 마케팅 전략을 파괴하였고, 시대를 초월한 '보편성'을 빈번한 디자인 교체로 타파하였고, 다수의 점포 전개로 '희소성'을 도외시하는 데 성공한 것이다. 이는 고급브랜드를 '접근가능한(accessible)' 고급품으로 탈바꿈시킨 것이다.

환언하면 고급품이지만 고가품은 아니라는 점을 소구한 것이다. 이러한 가격 차원에서의 접근가능성은 점포 장식과 직원서비스에도 그대로 반영되었다. 점포 안에 경비원을 두지 않고 유리상자에서 제품을 꺼내는 식의 묵중한 분위기를 배제하고, 점원은 흰 장갑을 끼지 않은 채 정겹게 손님을 맞이하고, 비주얼 머천다이저가 매달 점포를 순회하여 상품 배치를 새롭게 하는 등으로 고객의 손길이 닿는 범위 안에 자사를 자리매김한 것이다.

유럽 브랜드의 회사들은 고객의 주문을 받고 나서 상품 제작에 들어갈 뿐 예상 판매량을 설정하여 사전 제작을 하는 경우는 없었다. 가격 책정 역시 원재료 비용, 인건비를 계산하고 나서 일정한 이윤을 더하는 방식으로 철저히 공급자 논리에 서서 사업을 전개해왔다.

그러나 코치는 tracking study를 통해 미국에서는 12,000명, 일본에서는 6,000명의 소비자를 대상으로 구매하고 싶은 제품의 가격, 색상, 사이즈, 디자인, 소재,

구매동기, 브랜드에 대한 생각 등을 조사하여 상품정책에 반영한다. 덧붙여 재고검색을 위한 POS 시스템의 도입, 제조단가의 인하를 위한 해외생산 채택(매출원가율은 5년 전 36%에서 22%로 축소), 제품기획에서 점포진열에 소요되는 리드타임의 단축(12개월), 물류센터 정비에 의한 조기소진품 및 판매 후 재고품 발생의 극소화 등에 진력하고 있다.

코치는 미국에서는 상위소득 20%의 계층을 표적시장으로 삼아 25%의 시장점유율을 확보하고 있는데 비해,[4] 일본에서는 상위소득 60%를 표적시장으로 삼아 9%의 시장점유율을 획득하였으므로, 시장 확대의 여지는 충분하다[5]. 상기에서 언급한 감성 패션과 수치중시의 논리가 결합된 코치의 사업전략은 사내에서 'Logic & Magic'으로 불리고 있다.

2. 히트 불발의 마케팅

신상품으로서 히트하지 못한 아래의 사례들을 보면, 상품의 완성도가 높음에도 불구하고 마케팅의 기본에 충실하지 못한 점이 그 원인임을 지적할 수 있다. 즉 누구를 대상으로(whom), 무엇을(what), 어떤 식으로(how) 전달할 것인가 하는 문제를 제대로 다루지 못한 것이다(週刊東洋経済, 2005: 92-99).

1) 맨션 분양 '후카자와 하우스'

토큐전원도시 線 코마자와(駒澤) 대학역에서 보도로 20분 정도 가면, 동경의 카루이자와라고 불리는 한적한 주택지에 녹음으로 둘러싸인 맨션단지 '후카자와

4) 미국의 핸드백, 가죽소품 시장에서 각사의 점유율은 코치 25%, 루이비통 11%, Dooney & Bourke 6%, 구찌 6%, 프라다 5%, 기타 47%로 되어 있다.

5) 코치재팬은 초기에 스미토모상사와 합작으로 설립되었다. 부동산 분야에 강점을 지닌 스미토모상사는 물건정보의 입수, 토지 소유주와의 협상, 자금조달 등에서 코치재팬의 점포전개에 커다란 도움을 주었다. 2005년 스미토모상사는 코치본사의 요청으로 50%의 지분을 3억 달러에 미국코치본사에게 매각하였다. 이는 세전 수익으로 235억 엔을 가져다 준 매우 성공적인 투자안건으로 스미토모상사에서는 받아들이고 있다.

하우스'가 위치해있다. 4만 평방㎡의 면적에 11개사의 개발업체가 공동으로 건립하였는데, 부지의 1/3을 녹지로 하고 13개동을 지었다. 부동산 관련 컨설턴트, 저널리스트들로부터도 호평을 받았다.

그럼에도 불구하고 제1차 분양이 개시된 2003년 3월 이후 2년이 경과한 시점에서도 여전히 100가구가 미분양으로 남았다. 1차 분양단가는 평당 314만 엔, 2차 분양에서는 284만 엔으로 낮추었지만, 시나가와灣 지역에서 2004년에 분양된 초고층 아파트의 200만 엔을 다소 웃도는 분양가를 크게 웃도는 수준이다. 그 결과, 북향 물건은 다소 저렴한 가격에 분양이 완료되었지만 남향 물건이 남게 되었다.

그렇다고 미분양의 원인이 높은 분양가에 있다고 볼 수도 없다. 2004년 10월 세다카야區에서 분양된 노무라부동산의 '프라우드 타워 후타고 타마가와'는 평당 343만 엔의 높은 분양가에도 5,700가구가 응모하여 2.86대 1의 경쟁률을 보였다. 이는 후타고 타마가와 역전이라는 편리성과 함께 타마가와 호반에 인접했다는 발군의 입지 조건이 연수입 1,500만 엔 이상의 부유층에게 인기를 모았다.

따라서 초고급 맨션이라는 이미지를 제대로 연출하지 못한 점을 문제점으로 꼽을 수 있다. 이미지 창출의 실패는 분양 물량이 772가구로서 '프라우드 타워'의 3.8배에 달하는 점에 비추어 동경도내에서도 손꼽는 대형 프로젝트인 셈이다. 고가 아파트의 분양은 기본적으로 적은 물량을 공급해야 한다는 점에 어긋난 판매 전략이었다고 말할 수 있다. 상품의 가치를 소비자에게 제대로 전달하지 못한 마케팅 커뮤니케이션에 패착의 원인을 돌릴 수 있을 것이다.

2) 스바루의 경승용차 R2

후지중공업(스바루)은 2003년 12월에 신형 경승용차 R2를 발매하였다. 주부들의 일상생활의 수족으로 쓰이는 경승용차는 스타일, 내외장은 무난하게 하고 실내 폭을 넓게 하는 등의 실용성이 중시되는 제품군이다. 그러나 R2는 내외장 면에서 전혀 스타일을 달리하였다. 앞면에서 루프까지의 곡선이 매끄럽게 이어지는 개성미에, 색상도 외장 11색에 내장 2색의 다채로움을 지녔다. 인테리어는 경승용차의 기준을 넘은 고급 질감으로 꾸며졌고, 타이어도 와이드 사이즈를 채택하였다.

3기통이 주류인 경승용차 상품에서 R2는 동력의 성능과 정숙성을 높이기 위해 4기통 엔진을 장착하였고, 연비도 24㎞/ℓ로서 최고 수준을 자랑하였다. 이 정도의 특징을 담으면서도 가격은 일반 경승용차 수준을 넘지 않았다. 개발 작업에서 벤치마킹 대상은 국내 경쟁 차종이 아니라 다임러 크라이슬러의 '스마트', BMW의 '미니쿠퍼' 등 수입 고급소형차이었다. 전문가들의 평가도 대단해서 '2004-2005 Japan Car of the Year'의 베스트카 10에 경승용차로서는 유일하게 선정되는 영광을 누렸다.

2003년말 발매하면서 기대한 판매량은 월 8천대이었으나, 실제로는 4천대 전후에 머물렀고, 2004년 가을에 앞서 언급한 수상으로 사내에서도 실적 호전을 기대하였으나 월 판매량은 3천대로 더 떨어졌다. 이로 인해 2002-2006년의 중기 경영계획의 하향 수정이 불가피해졌다.

그렇다면 실패의 원인은 어디에 있는 것일까? 우선 판매 목표를 지나치게 높게 잡았다고 여겨진다. 일본의 경승용차 시장은 스즈키의 '왜건 R', 다이하츠공업의 '무브', 혼다의 '라이프'가 톱3의 자리를 차지하며 월 2만대 정도의 판매를 각기 보이고 있지만, 그 다음 순위인 스즈키의 '알트', 다이하츠의 '밀러', '탄트' 등은 월 4-8천대의 수준이다. 그렇다고 본다면 신차 'R2'의 성과가 참패라고 보기는 어렵다.

문제는 회사측에서 판매목표량을 과도하게 높게 잡은 데에 있다고 보아야 할 것이다. 후지중공업은 신차의 표적 고객을 개성을 중시하고 유행에 민감한 고객층으로 설정하고 이들을 상대로 쇼룸에서 판매하기로 한 것이다. 이는 기존의 경승용차가 주부를 표적으로 실용성을 강조하고 판매를 영업소 쇼룸이 아니라 정비소에서 행하는 '업자 판매'와는 전혀 성격을 달리 하는 것이다. 경승용차 시장의 60%를 점하는 스즈키와 다이하츠는 업자 판매 방식이 각사 전체 판매액의 80%와 60%를 차지하고 있다. 계열의 정비공장이 평소 다져놓은 단골 고객들을 대상으로 경승용차를 판매하는 철저한 고객 관리에 뿌리를 두고 있다.

후지중공업으로서는 경승용차 시장의 8%를 차지하는데 그치고 있는 상황에서, 위의 양대 메이커와 동일 상품, 동일 마케팅 방식으로는 승부를 걸 수가 없다고 판단한 것이다. 그 결과 도출된 전략이 차별화 전략이라고 여겨진다.

즉 상품의 차별화 측면에서는 고급 소형 승용차라는 내용을 담고, 마케팅 차별화 측면에서는 구질구질한 정비공장이 아니라 화려한 쇼룸을 선택한 것이다. 이러한 전략의 선택에는 인식의 과오가 있었던 것이다. 수입 고급 소형차의 구매 계층은 어디까지나 수입차라는 점 때문에 구입하는 것이기 때문에 아무리 잘 만들어졌다고 해도 국산 경승용차를 구입하지는 않을 것이며, 토요타의 '비츠'와 같은 컴팩트 카의 고객층들도 경승용차의 구입은 주저할 것이라는 점을 간과한 것이다. 이런 인식의 과오가 과대한 판매량을 기대하게끔 만들었다고 볼 수 있다.

그나마 위안을 얻을 수 있는 점은 R2를 구입, 사용한 고객들의 만족도가 대단히 높다는 점이다. 일상생활의 수족 노릇을 하는 것이 경승용차라는 보수적 마인드를 지닌 기존 고객층의 인식 변화를 촉발했다는 점에 그 의의를 부여할 수 있을 것이다. 이런 터다지기에 이어 2006년에는 보다 고객을 의식한 신형 경승용차를 시장에 투입하기로 하였다.

3) 키린음료의 '상하이 냉차'

이 신상품은 상하이에서는 히트 상품으로 자리잡았다. 2001년 발매 이래 줄곧 꾸준한 성장세를 보이면서 2004년도에는 전년대비 44%의 판매량 증가로 138만 상자가 판매되었다. 여기에 캔커피 '파이어'도 판매 호조를 보여 회사의 지명도는 올라갔다. 이 키린베버리지(Kirin Beverage)가 2006년 2월말과 3월 중순에 각각 일본과 상하이에서 거의 동시에 발매를 개시한 것이 우롱차 브랜드 '상하이 냉차'이다. 양국 소비자의 음료 기호가 유사하다는 판단하에 내린 마케팅 방침이었다. 상하이에서 판매는 불과 4개월 만에 1년치 판매 계획량을 달성하는 기염을 토한 반면, 일본에서는 1천만 상자 예상에 200만 상자라고 하는 초라한 실제 판매 기록을 보이고 말았다.

'상하이 냉차'의 개발 컨셉트는 일본인이 알지 못했던 완전히 새로운 맛의 우롱차이었다. 우롱차는 소주에 희석하여 마신다고 하는 중장년층의 인식을 불식하고 젊은 여성들의 수요를 환기시킬 것을 의도하였다. 한편 우롱차의 본고장인 상하이에서 여대생과 직장여성을 상대로 한 조사에서도 우롱차는 노동자들이 마시는 차라고 하는 이미지가 확인되었지만 아울러 향이 좋은 차라고 하면 마시고 싶다는 니즈도 발견하였다. 이런 사전 조사를 통해 만들어진 것이 쟈스민향이 나면서 엷은 단맛이 나는 우롱차이었다. 일본에서 발매 전에 행한 시음 조사에서도 중장년층뿐 아니라 젊은 여성들로부터도 좋은 반응을 얻어냈다.

마케팅 전략 중 누구에게(whom)는, 유사한 기호를 지닌 일본과 상하이의 젊은 여성에게, 무엇을(what)은, 완전히 새로운 우롱차를, 그런데 어떻게(how)에서 어긋나고 말았다. 두 여배우를 등용하여 만든 CM(상하이 냉차, 차차차)은 화려하고 강렬한 이미지를 소비자에게 심어주었으나, 상품의 특성인 쟈스민향의 새로운 우롱차라고 하는 컨셉트가 전달되지 못하였다. 또한 상품명도 적절치 못하여 소비자들은 '상하이 냉차'라는 이름을 듣고 우롱차를 연상하는 것이 아니라 단지 새로운 중국차라는 이미지를 받게 되었다. 신선함을 강조한 반면 맛을 연상시키는 데는 실패하고 만 것이다.

반면 중국에서는 '상하이 냉차'라는 명칭이 '상하이의 차가운 사람'으로 엉뚱하게 해석되기 때문에 상품명을 '花間淸源' 으로 바꾸었다. 꽃이 핀 숲 속의 호수가에서 삼림욕을 하고 있는 듯한 멋진 시의 한 구절을 방불케 하는 상품명, 여기에 TV CM에서는 일본 여배우가 숲 속에서 춤추고 있는 버전만을 방영하였는데, 상품의 이미지와 딱 들어맞는 촉진 전략이었다.

이처럼 마케팅의 4P가운데 product와 promotion이 일치를 보이면서 소비자의 흥미를 유발하였고, 여기에 무료 배포와 이동버스를 이용한 가두판매 등도 효과를 보는데 일조하였다. 일본에서 판매 부진의 외적 요인을 꼽는다면, 음료회사들간에 녹차의 신제품 발매를 통한 본격적인 녹차 전쟁이 한창일 때 트렌드와 다른 우롱차의 신제품을 출시한 점을 들 수 있다. 그럼에도 불구하고 키린음료는 일본과 중국 시장에서 신제품을 동시 발매한다는 전략에 대해서는 앞으로도 의욕적으로 추진할 생각을 갖고 있다.

4) 유키지루시 유업의 'MEG MILK'

말썽이 났던 유키지루시(雪印) 우유사업부, 전국농협직판, 재팬밀크네트(전국낙농업협동조합연합회 계열)의 3사가 합병하여 2003년 1월 1일 탄생한 일본밀크

커뮤니티는 1월 7일에 사운을 걸고 신제품 'MEG MILK'를 발매하였다. 대형광고대행사와 협력하여 촉진을 대대적으로 실시하여 일본의 우유가 다시 태어난다는 TV CM의 호소력으로 소비자 인지도는 단숨에 상승하였고 이 덕분에 발매 당일에는 전국의 슈퍼마켓과 편의점 대부분의 선반에 진열되는 영광을 누렸다.

그러나 CM의 종료와 더불어 판매는 감소세로 돌아섰다. 2003년 초에 세웠던 목표치에도 미달하였고, 2004년에는 전년대비 15%의 매출 감소로 이어졌다. 일본의 우유시장이 연간 4%의 감소를 보이고 있다고는 하지만 이 정도의 수치는 완연한 고전을 보여주는 것이다. 2004년에도 메그밀크의 인지도는 90%를 웃도는데 판매가 저조한 이유는 무엇일까?

우유는 범용상품(commodity)이다. 몸에 좋다든가 칼슘이 풍부하다는 등의 가치는 소비자들에게 널리 침투해 있어서, 새로운 가치를 전달하기가 쉽지 않다. 휴대폰이나 PC처럼 소비 트렌드가 급변하는 것과는 달리 우유는 매일 소비되는 범용품이라서 오랫동안 반복 구매 고객들에게 지속적으로 지지받는 일이 중요하다.

즉, 메그밀크의 실패 원인은 일시적인 광고로 높여놓은 지명도를 지속시킬 장기적 마케팅 전략이 결여된 점에 있다. 그것은 초기 광고비의 과다 지출로 여력이 없어진 점에도 기인하는 점이다. 제품의 자리매김(positioning)에도 문제가 있었다. 우유의 평균 시장가격이 168엔인데 비해 메그밀크는 198엔으로 설정하였다. 그 배경에는, 메이지유업이 2002년에 '맛있는 우유' 브랜드를 발매하면서 228엔의 판매가를 설정하였음에도 판매 호조를 보인 점에 비추어, 브랜드 우유를 표방하되 메이지 유업보다는 낮으면서 일반 우유보다는 높은 양자의 중간 수준에서 가격을 정하게 된 것이다. 질이냐 양이냐 하는 양자택일의 상황이 전개되는 우유시장에서 가격에 걸맞은 가치를 명확히 소비자에게 제안하지 못한 채 어정쩡한 자리매김으로 끝나고 만 것이다.

실패의 내적 요인을 꼽으면, 3사 통합으로 아직 회사가 안정을 잡지 못한 시점에 과잉설비를 안고 있던 회사는 설립 1년이 채 지나지도 않아서 채무 초과 사태가 발생하였고, 급한 불을 끄기 위해서는 마케팅 활동보다 구조개혁이 경영의 우선순위를 차지하게 된 점이다.

회사는 타개책으로서 2005년에 '우유를 좋아하는 사람들의 메그밀크'라고 하는 신제품을 투입하였다. 하루에 200㎖ 이상 마시는 소비자가 표적 대상인데, 차와 두유에 밀려 매년 소비량이 줄어드는 이들 헤비 유저들의 수요를 다시 한 번 환기시킬 목적을 갖고 내놓은 제품이다. 저온 脫氣 제법이라고 하는 신기술로 만들어서 우유 본래의 신선함을 살렸으며 가격은 메이지유업의 '맛있는 우유'와 같은 228엔으로 설정하였다. 2005년 5월에 도쿄, 나고야, 오사카의 편의점에 먼저 출시하였고, 6월에 전국 발매를 개시하였는데, 평판은 좋다. 구 메그밀크 140억 엔, 신 메크밀크 60억 엔으로 두 제품에서 2005년에 200억 엔의 매출을 달성하는 것을 목표로 삼고 있다.

5) 스킨케어 화장품 '화이트 레이디'

통판(통신판매)을 주력으로 하는 화장품 제조업체 하버연구소는 2003년에 스킨케어 화장품 '화이트 레이디'를 발매하였다. 신상품의 지명도를 높이기 위해 비매품의 테스트 사이즈를 무료로 제공하는 캠페인을 실시하였다(우송료 300엔은 고객 부담).

반향은 뜨거워서 인터넷의 입소문 사이트에서, 매스컴에서 자주 거론되면서, 백화점의 화장품 매장 중 매출 상위 그룹에 속하는 성과를 거두었다. 제품의 지명도는 충분히 높아졌다고 판단한 사장은 2004년에 마케팅 전략을 수정하여 시용품의 무료 제공보다는 판매품의 가격을 낮추는 것이 소비자에게 보다 소구력을 발휘할 것으로 판단하여, 1개 1,470엔의 소형 제품을 945엔(우송료 무료)에 할인 판매하기로 했다. 할인액과 시용품의 무료배포 비용은 비슷하기 때문에 회사 측으로서는 추가 부담없이 보다 효과를 높일 수 있을 것으로 판단한 것이다.

그러나 고객의 반응은 차가워서, 소형 사이즈에서 보통 사이즈로 구매를 전환한 사용자가 20-30% 증가한 점은 고무적이지만, 응모자의 수적 감소가 훨씬 컸다. 할 수 없이 2005년에는 소형의 시용품 제공으로 전략을 원위치 시키면서, 한술 더 떠서 오일과 로션을 추가한 3점 세트에 우송료 무료를 내걸었다. 단, 이에 냉랭한 반응을 보일 수 있는 고객이 늘어나는 리스크를 피하기 위해 캠페인의 고지는 휴대전화 사이트를 피하고 신뢰도가 높은 인터넷 사이트로만 한정하기로 하였다. 응모시에는 앙케트 기입을 의무화하였고, 응모자 수는 다시 눈에 띄게 늘어났다.

회사는 기존 고객을 붙잡아 이탈을 막기 위해 애용 감사 캠페인을 정기적으로 실시하고 있는데, 여름에는 일정액 이상 구매 고객에게 경품을 배포하고, 겨울에는 복주머니를 판매하고 있다. 그러나 이런 촉진 전략도 때로 착오를 일으킨다. 2004년 6월의 경품으로 보디유액을 주었는데, 햇빛에 피부가 타는 걸 방지해주면서도 상큼하고 가벼운 사용감을 느끼게 해준다고 회사측은 설명하였다. 장래 상품화를 염두에 둔 자신감에 찬 제품이었는데, 유감스럽게도 캠페인은 순조롭지 못하였다.

원인은 고객들이 얼굴용 화장품이 아니면 경품으로 득을 보았다고 느끼지 못하는 점을 간파하지 못한 데 있다. 경품 기획 단계에서 우려의 소리가 있기는 했지만 제품의 질만 좋다면 고객 반응이 좋을 것이라고 과신한 것이다. 여름 판촉이 시원치 않자 회사는 겨울철 복주머니 판매에 힘을 쏟았다. 예년에는 단가 5천 엔짜리를 준비했지만 이번에는 1만 엔짜리로 올리고 내용물을 전부 공개하였다. 이들을 단품별로 구매할 경우 3만 엔에 달하는 내용물이었다. 복주머니는 예상을 훨씬 웃도는 판매 실적을 보이면서 2개, 3개씩 사가는 고객들도 있었다. 그러나 1월 발매를 기다리고 12월에 구매를 안 한 고객, 미리 구매를 서둘러 2월에 구매를 안한 고객들로 인해 12월과 2월의 매출은 멈추고 말았다. 전략 수립이 느슨하게 이루어진 흠이 보였다.

Kotler가 말하는 마케팅의 10대 죄목이 하나, 시장의 정의가 불명확하여 고객을 주도하지 못하는 점, 둘, 표적 고객을 충분히 이해하고 있지 못한 점, 셋, 경쟁에 대한 인식이 부족한 점, 넷, 이해관계자들과의 관계 관리를 적절히 하지 못한 점, 다섯, 새로운 기회를 발견하지 못한 점, 여섯, 마케팅 계획의 책정 과정에 문제가 있는 점, 일곱, 제품/서비스의 압축을 제대로 하지 못한 점, 여덟, 브랜드 구축력과 커뮤니케이션 능력이 떨어진 점, 아홉, 마케팅 조직의 효과적, 효율적 설계가 되어 있지 않은 점, 열, 마케팅 기술을 제대로 활용하지 않은 점 등이라고 한다. 일본 기업들은 이 중에서도 특히 첫째와 둘째, 여섯째의 죄를 크게 범하고 있다고 한다.

마케팅에서 말하는 STP(Segmentation, Targetting, Positioning), 본 글에서 언

급한 whom, what, how의 법칙을 제대로 실행하고 있지 못한 것이다. 시장세분화를 예로 들면 연령, 성별, 학력, 소득 등과 같은 단순한 척도만으로는 부족하며, 가령 '시간의식이 강한(time conscious) 고객층' 등과 같이 새로운 기준축을 만들 필요가 있다.

Targetting을 하기 위해 기존의 집단 인터뷰 기법을 활용해도 의미있는 잠재수요의 발견은 용이하지 않다. 그보다는 소비자 관찰 기법을 통해 숨겨진 욕구를 발견해내는 기업들도 있다.

국제 렌터카 회사인 '에이비스(Avis)'는 고객의 협력을 얻어 그의 상의 칼라에 소형 카메라를 달고 일상생활을 촬영하였다. 영상을 분석한 결과, 비행기 탑승시간, 탑승까지 공항내 어디에서 일처리를 할 것인가에 흥미가 있음이 노출되었다. 자동차 외관의 화려함과 렌털 처리 속도에 차별화를 행사해 혼 '에이비스'는 비즈니스 어시스턴트 서비스를 신설하여 성과를 올렸다.

마케팅의 성공은 기업 조직 전체가 마케팅에 가담할 때 보다 성공의 가능성이 높아질 수 있다. 마케팅 담당 부서와 인원은 자신의 일에 매몰되어 객관적인 판단력이 둔해질 수 있으므로, 생산과 재무 부서에서도 마케팅에 대한 지식 습득으로 전사적인 마케팅 전략의 수립과 점검이 이루어지도록 해야 할 것이다.

3. 장수 인기 상품의 비결

앞서 위에서 언급한 내용이 신상품의 실패에 관한 것이라면 이번에는 오랜 기간 꾸준한 호성적을 보이고 있는 장수 상품의 이야기이다(주간동양경제, 2004. 2. 14. 34-51). 세대를 뛰어넘어 지속적으로 소비자의 사랑을 받는 상품, 단기적인 히트에 그치는 것이 아니라 오랜 세월에 걸쳐 장수할 수 있는 상품을 키워내는 일은 기업의 간절한 바람일 것이다. 이하에서 거론하는 성공 사례의 공통점을 꼽는다면, 핵심 편익(core benefit)의 명확화+환경변화에 대한 유연한 대응 이라고 압축할 수 있겠다.

핵심 편익이란 해당 상품이 소비자에게 전하는 핵심적인 가치로서, 가령 닛신식품의 컵라면이라면 '언제 어디서든지 가볍게 먹을 수 있다'는 점, 오츠카제약의 포카리스웨트라면 '갈증을 치유한다'는 점일 것이다. 이러한 핵심적 가치가 명확해야 하고 소비자로부터 지지를 받아야 한다는 점이 장수 상품의 제1의 비결이다. 그런 핵심 편익이 경쟁사 제품과 차별화를 이룰 때 유사 모방품이 뒤를 따라도 건실한 시장 지배와 성장이 가능해진다.

환경 변화에 대한 유연한 대응은 소비자의 기호, 시장 여건의 변화에 유연하게 대처하는 일을 말하는데, 버버리 브랜드를 예로 들면, 명품 브랜드로서의 지위에는 변함이 없지만, 어딘지 모르게 나이든 소비자들의 브랜드라고 하는 이미지가 강한 것이 사실이다. 그래서 신규로 투입한 하위 브랜드가 '버버리 블루 라벨'과 '버버리 블랙 라벨'이다. 이들 두 신규 브랜드가 성공하면서 버버리 브랜드 전체의 활성화로 이어질 수 있었다.

물론 이 때에도 상품의 본래의 핵심 편익을 망각해서는 안 될 것이다. 레고의 경우, 스타워즈나 해리포터와 같은 캐릭터 상품을 대히트시켰지만, 2003년 전세계 연결결산 결과 적자로 전락하자, 붐에 편승한다는 일이 얼마나 무서운 일인지를 통감하였다. 이에 레고가 갖고 있는 본래의 핵심 편익인 창조성에 소구하는 전략으로 다시 전환하게 되었다.

1) 시대의 선도를 연출하여 항시 젊은 세대에 이를 소구하는 닛신 식품의 컵라면

1971년에 발매된 닛신식품의 컵라면(캅푸누들)은 2003년 8월 시점에 누적 판매량 2천 억 개라고 하는 어마어마한 실적을 쌓아올렸다. 실로 이상적인 장수 상품이라 칭할 만하다. 이런 컵누들에게도 고민이 있는데, 이는 변화를 허용하지 않는다는 점이다. 원래 인간은 음식에 대해 보수적 태도를 띠게 마련이어서 한번 길들여진 맛에 애착을 보인다. 잘못 맛을 바꾸었다가는 기존 고객의 이탈뿐 아니라 신규 고객의 개척에도 실패할 공산이 크다.

기존 고객의 지속적 확보와 더불어 신규 고객의 유인에서 경쟁 제품을 따돌리려면 브랜드의 신선도를 유지, 향상시키는 일이 무엇보다도 중요하다. 이를 위한 마케팅 전략이 바로 광고에 의한 이미지 구축이다. 닛신식품은 K-1격투기, 오토바이 경주, 월드컵 축구 등의 스폰서가 되어 컵누들의 선전에 힘을 쏟았다. 그 때마다의 세간의 관심사, 화제에 오를 만한 광고를 전개함으로써 시대를 선도하는 상품이라는 느낌을 유지시키는 것이다.

브랜드의 노화를 방지하기 위해 특히 표적으로 삼는 대상은 젊은 층의 사용자이다. 중장년층은 뜨거운 물만 있으면 먹을 수 있다고 하는 컵라면의 편리성에 놀라며 먹던 맛을 시대 체험으로 갖고 있다. 그러나 현재의 젊은 세대들은 그러한 추억, 스토리가 없는 상태이기 때문에 광고를 통한 신선도 제고로 젊은 층의 맛 체험에 파고들려는 것이다.

마케팅 노력과 더불어 제품의 맛에서도 다양성을 꾀하고 있는데, 기존의 주력 상품인 간장 맛, 카레 맛, 해산물 맛에 추가하여 하위 브랜드로서 비얀코 맛, 차이나 냄비면 맛, 마파 맛, 돼지고기 맛, 오징어 맛, 누른 맛 등을 추가하였다. 이처럼 매년 5-7개의 신규 하위 브랜드를 투입함으로써 상품으로서의 신선도를 유지하는 전략을 전개하고 있다.

단지 새로운 맛의 창출에도 한계가 있고 너무 많은 브랜드의 출시는 영업력을 분산시킬 우려가 있어서 2003년도의 경우 1개의 새로운 맛을 추가하는데 그쳤다. 이러한 브랜드 압축 전략은 매출 증대로 이어지는 효과를 보였는데, 유일한 신규 브랜드인 소금 맛의 컵라면 매출액이 2002년도의 신규 브랜드 3개의 합계 판매량을 1.5배 상회하는 실적을 거두었다.

닛신식품은 브랜드 매니저 제도를 1990년도에 도입하였다. 이는 컵누들, 치킨라면 등 각 브랜드별로 제품 개발에서 자재 조달, 판매, 손익관리까지 전 과정에 대해 책임을 지는 것으로서, 사내의 브랜드 간에 경쟁을 촉발하여 각 브랜드의 가치와 수익을 동시에 확대하려는 의도를 갖고 있다. 월 1회 열리는 손익 회의에서 각 브랜드 책임자는 사장에게 매출, 이익, 경비의 큰 항목은 물론이거니와 원자재비, 광고비, 판촉비, 지역별 판매 실적, 판매 호조/저조의 원인 등에 이르기까지 상황을 보고한다.

또한 월 1회 열리는 블록 회의에서는 각 지역의 영업 담당 지점장들에게 브랜드 책임자들이 자기 브랜드의 판매를 권유한다. 지점장들은 브랜드 책임자의 설명에 납득하지 않으면 물량의 인수를 거부하게 된다. 따라서 신규 브랜드의 책임자들은 이 틈을 비집고 들어가 신제품의 물량을 확보하기 위해 호시탐탐 기회를 엿본다. 이처럼 현재의 상태에 안주하는 것을 막기 위한 사내의 여러 가지 경쟁 유발 시스템이 닛신 식품의 제품들이 장수를 유지하는 비결이라고 꼽을 수 있다.

2) 이용 장면을 제안하여 잠재 수요를 환기시키는 오츠카 제약의 포카리스웨트

1980년 4월에 등장한 포카리스웨트는 이전까지 존재하지 않았던 기능성 음료라고 하는 새로운 시장을 개척하였다. 지금까지 소매가격 기준으로 1,400억엔의 매출을 기록한 장수 상품이다. 미국의사회 잡지 'JAMA'의 2002년 2월 20일호에 실린 연구논문 '장시간 항공기 비행시 유효한 수분 보급'의 내용을 보면, 이코노미 클래스 증후군(혈전 발생으로 인한 증상)을 예방하는데는 물보다 포카리스웨트를 마시는 편이 효과적이라고 되어 있다.

2002년 4월 200ml 미니 용량의 PET병 제품이 출시되었는데, 이는 외출시 갖고 다니기 편리하고, 핸드백에 넣을 수 있다는 점으로 여성들 사이에서 인기가 높다. 의도한 대로 역전의 자판기나 키오스크에서 판매가 호조를 보이고 있다. 발매 이래 지금까지 맛과 성분은 그대로인 채 라벨 디자인과 문구, 용기(캔에서 PET로)만이 바뀌었을 뿐이다. 그러나 속속 등장하는 경쟁 제품에 밀리지 않기 위해서 시대의 변화, 시대의 향기를 어떤 식으로 반영할 것인가가 고민거리이다.

2001년부터는 제품 정보의 발신을 전문으로 하는 영업조직이 초, 중학생을 대상으로 학교를 방문하여 '일사병 예방과 수분 보급'을 강의하고 있다. 현재 300개교에 3만 3천명에게 운동 후 수분 보급에 관한 강의를 하였다. 포카리스웨트에 관한 PR은 최대한 자제하기 때문에 즉효가 있는 홍보 활동은 아니다. 기능성에 초점을 둔 광고 내용은 단순히 목의 갈증을 푸는 것에 초점을 두는 것이 아니라, 손실된 체내의 수분을 신속히 회복하는데 이온이 필요하다는 점을 강조하고 있다. 바로 포카리스웨트의 제품 컨셉트에 대한 일관된 메시지의 전달이다.

따라서 광고 장면은 스포츠, 수면, 알코올 섭취 후, 여행자 혈전증 등과 같이 시대의 흐름과 더불어 구체적으로 묘사하였다. 다른 기능성 음료의 출현으로 최근에는 매출 신장이 둔화하고 있지만, 독창적 상품 컨셉트와 적극적인 광고 활동, 간접적/은유적인 홍보 활동의 지속으로 브랜드 지위를 유지해나가고 있다.

3) 영국 본사와의 신뢰관계 속에서 전통과 참신을 융합한 산요상회의 버버리

산요상회가 영국의 버버리사와 수입판매 대행 계약을 맺은 것이 1970년의 일이지만, 지금까지 일본의 버버리 판매 수익은 증가일로에 있다. 이런 성장세를 보일 수 있었던 것은 1996년의 신상품 '버버리 블루 라벨'과 1998년의 '버버리 블랙 라벨' 덕분이다. 이 두 가지 신규 브랜드는 20대 젊은이들을 표적으로 한 상품으로서 산요상회의 기획에 의해 일본시장 한정품목으로 판매되고 있다.

일본의 의류업계 컨설팅회사인 '코지마패션마케팅'이 2003년 8-10월에 집계한 동경도내의 주요 백화점의 브랜드별 매장 평당 매출액을 보면, 블루라벨이 151만 5천엔으로서 샤넬의 131만 3천엔, 프라다의 110만 9천엔, 구치의 96만 3천엔을 앞질러 1위를 차지하였다. 다른 해외 브랜드들이 고가의 제품이라는 점을 감안하면, 버버리의 판매 물량이 어느 정도인지 가히 짐작하고도 남는다. 그만큼 하위 브랜드의 신설에 의한 브랜드 전체의 활성화의 성공 사례로 꼽을 만하다.

2004년 3월에는 '버버리 블루 라벨'의 신규 품목으로서 '버버리 닷(dot)'이 출시되었다. 버버리의 색상은 그대로 둔 채 체크무늬를 점무늬로 바꾼 신상품이다. 이 신상품의 개발 계기는 버버리는 언제나 진화한다고 하는 새로운 전개가 필요했다는 점이다. 만인의 의표를 찌른 이 점 모양의 신상품은 버버리의 근간을 일관되게 유지하면서 아울러 일시적 유행에 눈을 돌리지 않으면서 참신함을 소구하려는 의도를 가지고 있다. 시행착오 끝에 탄생한 버버리 닷에 대해 영국 본사의 로즈마리 브라보 사장의 첫 마디는 '판타스틱'이었다고 한다.

이처럼 일개 해외 지점에 불과한 일본의 산요상회가 버버리 신상품을 기획할 수 있었던 것은, 본사의 사장 자리에 1997년 미국인 브라보씨가 새로 취임하면서 시작된 브랜드 개혁 작업과 타이밍이 맞았다는 점, 또 한 가지 보다 중요한 점은 오랜 세월에 걸쳐 쌓아온 본사와 일본 지점 간의 신뢰관계를 들 수 있다. 산요상회는 라이센스 계약을 맺기 전에 이미 30년간 수입판매대행을 해오면서 일체 가격 인하 판매를 해오지 않았다.

'산요코트'로 의류 판매를 시작한 이 회사는 품질 제일주의를 내세우면서, 브랜드의 가치는 한번 손상되면 다시 복원할 수 없다는 창업주의 철학을 바탕으로 사업을 해오고 있다. 점포 신설을 남발하지 않고, 유통망을 선별, 집중관리한 점도 신뢰 구축에 기여하였다. 현재 블루라벨과 블랙라벨의 취급점포는 각기 60점포에 그치고 점포 직원들의 접객 능력의 강화를 통해 브랜드 명성을 유지하고 있다. 2000년에 체결한 라이센스 계약의 기간이 2020년까지라고 하는 이례적인 장기간도 이러한 신뢰도를 반영하고 있다.

4) 최신기술로 튼튼함을 강조한 카시오계산기의 G-SHOCK

연간 3만개가 팔리면 대히트라고 하는 일본의 시계 내수 시장에서 카시오계산기의 지쇼크는 1997년에 국내 240만개, 해외 360만개, 합계 600만개를 판매하는 경이적인 기록을 달성했다. 발매 후 1주일 동안은 판매가에 프리미엄이 붙는 등 회사가 통제할 수 없는 상황도 발생하였다. 그 후 열기가 식으면서 매출 감소로 이어졌지만 2002년부터 다시 상승세로 돌아섰다.

카시오의 개발본부의 시계총괄부의 연구진들은 좌우지간 튼튼해서 부서지지 않는 시계를 만들고 싶다는 집념으로 지쇼크의 개발을 1983년에 시작하였다. 주요 부품 사이에 3단계에 걸쳐 폴리우레탄을 넣어 충격 흡수의 완충 역할을 하도록 했다. 연구동의 3층에서 떨어뜨리는 실험을 반복하기도 했다. 이후 지쇼크는 영하 30도의 외부 환경, 진흙이 달라붙는 오토바이 크로스 경기 등의 상황을 생각하여 제품의 개량을 거듭해갔다.

발매 당시 미국시장에서는 판매 물량이 괜찮았고, 일본 국내 시장에서의 돌풍은 바로 미국의 문화, 음악, 스포츠(From USA)를 동경하는 10대들을 표적으로 삼은 점이 결정적이었다. 하라쥬쿠와 시부야의 낡은 옷을 파는 점포에 미국의 유행과 문화를 알리는 무료 소식지를 배포하였다. 팸플릿에는 미국의 뮤지션, 재즈 가수들이 지쇼크를 차고 있는 모습이 실려 있었다. 위에서 언급한 것처럼 문제는 인기가 한 바퀴 돌고 나서 재활성화를 어떻게 이룰 것인가 하는데 있었다.

카시오는 지쇼크가 갖고 있는 원래의 특성인 강인함을 다른 각도에서 소구하기 위해 전지교환 불필요, 시각 오차 방지 등과 같은 기능을 실현하기로 했고, 이에 필요한 전파 시계 기술, 태양 전지 기술 등을 고안하였다. 구체적으로는 손목시계로서 크기가 늘어나지 않으면서 소비 전력을 적게 하기 위해 태양 전지가 차지하는 면적을 줄이는데 힘을 쏟았다. 아울러 소형이면서도 전파의 수신 감도를 높일 수 있도록 안테나의 소재를 개발하였다. 그리하여 전파 기능과 태양 전지 기능을 탑재한 'The G'가 2002년 11월에 새로이 발매되었다.

휴대폰이 만연해있는 상황에서 10대에게 손목시계를 착용토록 한다는 것은 어지간해서는 힘든 일이다. 마케팅 전략은 27세의 남성을 표적으로 삼고, 전하는 메시지는 미국 문화가 아니라 강인함으로 삼았다. 심지가 굳어 내면이 강인한 남성에게 호감을 느끼는 사람들이 많다는 점에 주목하여 'The G'의 강인함을 소구하였다. 2003년에는 소방수를 채용하여 CM을 찍었고, 티탄과 사파이어를 심은 7만엔 대의 제품도 출시하였다.

5) 화장품의 노하우 활용으로 이미지 향상을 꾀한 토키와약품공업의 목캔디 '남천(南天) 노도아메'

목캔디(노도아메) 시장은 제과회사에서부터 제약회사에 이르기까지 여러 이업종 기업간에 치열한 경쟁이 전개되고 있다. 경쟁사인 아사다아메, 빅스 등이 소비자 기호에 맞추어 여러 종류의 맛을 지닌 상품 구색을 갖추고 있는데 비해, 토키와(常盤)약품공업의 남천노도아메는 1968년의 첫 발매 이후 줄곧 흑설탕 맛을 고수하고 있다. 현재 연간 판매량은 360만개로서 단일 맛의 목캔디 중에는 단연 으뜸이다.

처음 남천노도아메가 발매되었을 때는 식품으로 신고하였는데, 수년 뒤 법 개정으로 남천(늦가을에서 겨울에 걸쳐 공 모양의 적색 열매가 열리는 중국 원산지 과수)의 열매 엑기스를 식품으로 사용할 수 없게 되었다. 남천 열매의 엑기스는 생약 성분이므로 의약품으로 사용하면 될 것이라고 생각하였으나 드롭스 형태의 의약품으로도 사용할 수 없다는 것이 당국의 설명이어서, 말 그대로 회사는 존망의 위기에 놓였다. 이에 경영진은 발매 이래 단 한건의 소비자 클레임도 없었다는 실적을 내밀며 3년여 동안 진정을 한 끝에 특별 승인을 얻는데 성공했다. 그리하여 첫 출시 후 18년이 지난 1986년에 남천노도아메는 의약품으로서 재출발할 수 있게 되었다.

그런데 의약품으로 재출발하게 된 점이 회사에게는 생각지도 못한 형태의 도움을 가져다 주었다. 경쟁사들도 유사 제품을 의약품으로 출시하고자 신청하였으나, 신약은 임상실험을 거쳐야만 승인이 가능하였다. 임상 실험에 투입해야 할 막대한 비용에 경쟁사들은 두 손을 들고 말았다. 한 때 회사를 존폐의 기로에 놓이게 했던 법률 변경이라고 하는 외부환경의 변화가 역으로 회사에게는 독점적 경쟁 우위를 제공하는 계기가 되었다.

토키와약품공업은 방문판매화장품 분야에서 막강한 세력을 구가하면서 코스메디칼(화장품과 의약품의 융합)을 표방하던 '노에비아'에 2002년 10월 인수되었다. 노에비아에서 파견된 부사장은 상품 내용을 설명할 필요도 없이 판매할 수 있다는 것은 땅 짚고 헤엄치기나 마찬가지라면서 남천노도아메의 마케팅을 널널하게 생각하였다. 톱 브랜드에 안주하면서 영업 인력이 하는 일은 그저 도매상에게 지급할 리베이트 금액을 정하기만 하면 되는 것이다. 영업 실적을 올리기 위해 영업 인력들은 리베이트 교섭에 날 샐 뿐이었다. 그런데 두툼한 리베이트를 제공한 점이 판매가의 인하라고 하는 역풍을 맞게 되었다. 결국, 남천노도아메는 상점의 특가 상품(loss leader)으로 입구의 상자 더미에 쌓이는 꼴이 되고 말았다. 판매는 무난하게 이루어지는데 채산성은 악화일로를 걷고, 점포 앞이 아니라 점포 내 선반에 제대로 진열되어야겠다는 생각에 남천노도아메의 브랜드 회복을 위한 프로젝트가 가동되었다.

남천노도아메에는 건강에 좋아 인기높은 흑설탕이 함유되어 있는데, 흑설탕 원료인 사탕수수의 원산지를 오키나와 산으로 엄선하였고, 그 중에서도 최고 품질로 꼽히는 波照間島, 多良間島 산지의 것만을 사용하였다. 맛이 좋아졌다는 평이 오랫동안 이 상품을 먹어온 애용자들 사이에 오르내리게 되었다. 뿐만 아니라 건강 의식이 높은 소비자 계층에게도 소구력을 발휘하였다.

포장은 젊은이들에게 소구할 수 있도록 미적 감각을 활용하였다. 이는 노에비아가 화장품회사라는 점에서 충분히 실력을 발휘할 수 있는 점이었다. 적색의 납작한 원통 모양을 간직하면서도 휴대폰에서 가장 인기있는 색상인 와인레드색을 기조로 한 디자인을 포장에 반영하였다.

마무리 영업 전략은 상품 지식을 철저히 무장한 영업인력이 상품의 개량 사항을 일목요연하게 설명한 뒤, 조용히 흰 장갑을 끼고서 가방에서 보석 상자를 꺼낸다. 그런 뒤 양손으로 천천히 뚜껑을 열면 눈에 들어오는 것은 와인레드색으로 빛나는 둥근 캔이다. 이 때 영업사원이 하는 말은 '저희가 팔고 있는 것은 보석 상자에 넣을 만큼 소중한 상품입니다'라는 대사이다. 그리하여 2003년 겨울부터 다시 남천노도아메는 점포 내의 진열대로 자리를 옮기며 브랜드 부활을 이룩하였다.

6) 기존 이미지를 불식하고 고객의 연령층을 확장한 레고재팬의 레고블록

레고블록은 일본시장에서 연평균 10%에 달하는 성장세를 기록하고 있는 장수 상품이다. 이는 파미콘이나 플스 2와 대항하면서 거둔 실적이기에 더욱 빛난다. 1962년에 일본 시장에 상륙하면서 레고블록은 덴마크 본국을 비롯한 유럽 시장에서와 동일한 제품 이미지, 즉 아이의 창조력을 키우는 智育 완구를 표방하였다. 따라서 표적 고객은 아이가 아니라 아이의 지적 발육에 지대한 관심을 갖는 부모로 삼았고, 이들에게 보내는 마케팅 커뮤니케이션은 레고블록이 아이의 생육에 좋은 영향을 미친다는 점이었다.

그런데 지육 완구라고 하는 일관된 제품 이미지는 레고=유치원 아동용 상품이라고 하는 등식을 낳는 부작용을 초래하였다. 즉 시장이 극히 제한적인 것이 되고 만 셈이다. 무엇보다도 아무리 부모가 좋다고 구입한들 가지고 놀 당사자인 아이들이 원치 않는다면 도리없는 셈이다.

일본에서는 초등학교 2학년이 되면 태반의 아이들이 레고블록에서 졸업한다고 한다. 이에 레고 재팬은 광고 매체에 변화를 가져오는 전략 수정을 보였다. 만화영화가 방영되는 시간에 TV CM을 보내고, 초등학교 남학생의 트렌드 메이커인 잡지 '월간 코로코로 코믹'에 광고를 내면서 레로는 즐겁다고 하는 메시지를 아이들에게 직접 발신하기 시작했다. 아울러 소매점의 매장 내 진열 위치도 남학생용 장난감 옆으로 옮겨 놓았다.

마케팅 전략의 변화는 즉효를 불러 일으켜서 1997-1998년의 매출액은 전년 대비 120%의 증가를 보였고, 1999년에 개봉된 스타워즈의 라이센스 상품이 히트를 기록하여 업계를 주눅들게 만들었다. 이런 레고의 즐거움을 아이들이 지속적으로 누리도록 하려면 동시에 레고는 어린 자녀들이 갖고 노는 것이라는 고정관념을 부모의 생각 속에서 탈퇴시키는 작업도 병행해야 할 것이다.

이를 반영한 신제품 '엑스팟'과 '테크닉' 2가지가 2004년에 투입되었다. 엑스팟은 게임보이처럼 휴대용으로서 포켓 사이즈의 상자에 레고블록을 넣은 것으로서 언제 어디서든 갖고 놀 수 있다는 장점을 지닌 신상품이다. 테크닉은 기어, 크레인 등의 구동 부품까지 정교하게 재현한 상급 제품으로서 매니아적 소비 계층의 니즈를 충족시키기 위한 시리즈 제품이다.

아이들의 창조력을 키운다는 것이 말로만 되는 것이 아니기 때문에, 이를 실감하려면 실제로 레고를 손으로 만져보고 레고 세계를 체험하는 일이 무엇보다 중요하다. 레고 재팬은 2003년 봄에 나스하이랜드파크 내에 '레고 뮤지엄'을 개관하였다. 유럽이나 미국 시장에 세운 레고랜드의 일본판인 셈이다. 아울러 일부 전문점에서 실험적으로 해오던 레고 교실도 2004년부터 전국적으로 실시하고 있다.

이상의 사례를 통해 일본 시장에서 장수 상품의 이야기를 기술하였는데, 장수상품은 그 사양이나 성분은 시간의 흐름과 더불어 개량, 개선되지만 상품명은 변치 않고 유지되고 있다. 오랜 시간에 걸쳐 소지자의 신뢰를 구축한 브랜드명은 기업에게는 둘도 없는 자산인 것이다. 이러한 신상품의 작명에는 독자성, 공감성, 일관성의 3대 요건이 고려된다.

첫째, 독자성은 경쟁사와의 차별화를 꾀하고 확고한 존재감을 나타내는데 필요한 개념이다. 단지 귀에 낯익도록 하는 상품명으로는 신상품만의 독특한 가치를 간결히 표현할 수 없다.

둘째, 공감성은 지나치게 주관적인 명칭의 사용이 사용자 측의 존재를 도외시할 수 있다는 점을 고려해야 한다는 점을 말해 주고 있다. 소비자의 관점을 고려한 공감성을 나타내려면 소리의 울림, 문자의 배열 등과 같이 명칭의 의미성 뿐만 아니라 시각적, 청각적 요소까지도 숙고해야 한다.

셋째, 일관성은 브랜드명, 심볼마크, 광고문구 등의 방향성에 제각각이 아니라 통일된 선명성을 주어야 한다는 점이다.

4. 유별난 기업 경영

1) 시장과의 대화를 통한 소비자지향 기업 '패스트 리테일링'

기업이 시장과 대화를 한다는 것은 복합적, 역동적 성격을 지닌다. 복합적 성격이란 고객과의 관계, 경쟁사와의 관계, 거래처와의 관계라고 하는 3가지 관점을 결합해야 한다는 것이고, 역동적 성격이란 기업 자신의 변화마저 지녀야 한다는 것을 말한다.

1990년대에 급성장을 이룩한 '유니크로' 브랜드의 기업 패스트 리테일링은 10년간 매출액이 51억 엔에서 1,110억 엔으로 22배, 점포수는 27개에서 368개로 14배로 폭발적 증가를 보였다. 2000년대에 들어와 2001년에는 매출 4,185억 엔, 경상이익 1,032억 엔을 달성하였고, 2004년에는 3,385억 엔의 매출액과 650억 엔의 경상이익으로 주춤하였다.

상품의 기획과 판매를 관리하는 소매업태인 SPA (Specialty store retailer of Private label Apparel)에 속하는 패스트 리테일링은 직영점 위주의 점포 운영에, 대부분의 점포는 단기 임차 건물로서 개점과 폐점의 기동성이 높다는 특징을 갖고 있다. 점포의 점장과 점장 후보자 이외의 모든 인력은 거의 아르바이트로 충당하고, 중추 간부의 중도 채용도 적극적이라서 인재의 유동성 또한 높다.

생산은 일본 국내외의 소재업체로부터 조달한 뒤 봉제는 중국의 계약공장에 발주하고 광고 제작이나 점포 설계도 외부 크리에이터에게 맡기는 경우가 많다. 단, 생산을 중국의 계약공장에 위탁하고 있지만, 생산 관리는 자주적으로 하고 있다.

판매원은 손님을 상대하지 않지만 상품에 관해 손님이 물어볼 경우에는 충실히 답해주는 태도를 취하며, 점포의 천정이 높고 통로가 곧장 넓게 뻗어있다는 점이 밝고 개방적인 점포 분위기를 연출하고 있다. 점포의 입지는 교외의 도로옆(roadside), 도심부, 쇼핑센터, 백화점, 역구내 등 다양하다. 상품 구성은 패션 트랜드를 쫓는 것보다는 유니섹스하고 연령을 불문하고 누구나 입을 수 있는 심플한 상품들이 주를 이룬다.

점포의 입지는 바로 모든 계층을 대상으로 한 상품 성격과 맞물린 것이다. 아울러 모든 소비자 계층에 소구하기 위해서는 불특정 다수와 접할 수 있는 TV 광고, 전철 광고가 효과적이다. 반면 개별성이 강한 잡지에는 상품 광고보다는 브랜드 이미지를 높이는 광고를 하였고, 교외 점포는 신문 전단지 광고도 활용하였다.

상품 판매 전략은 코디네이트 방식이 아니라 부품 방식을 취하였다. 이는 상의에서 하의까지 모두 유니크로 브랜드를 제안하는 것이 아니라, 다른 의류업체의 브랜드와 어울려 입을 수 있는 부품(parts)으로서의 의류를 제안하는 방식이다. 라이프 스타일을 제안하는 코디네이트 방식이 아닌 만큼 점원이 손님에게 카운슬링하는 접객 방식의 필요성도 낮다.

모든 고객을 대상으로 하는 만큼 개인 속성에 기초한 시장 세분화는 필요없지만, 그렇다고 고객의 복장에 대한 모든 요구사항, 용도에 부응한다는 것은 결코 아니다. 유니크로 브랜드의 자리매김은 어떤 옷과도 어울리는 심플한 베이직 캐주얼 웨어이다. 그러다 보니 점포에 진열하는 상품 수는 200-300개로 압축할 수 있는데, 이는 다른 캐주얼 웨어 점포의 1/3~1/4에 불과하다. 적은 수의 상품만을 집중 취급하므로 공장에 대량 발주가 가능하고 이는 가격 인하를 가져온다.

같은 옷을 다른 의류업체 판매가의 절반에 팔아도 5배의 이익을 남길 수 있다는 계산도 있다. 그런데 패스트 리테일링의 의류는 저렴하면서도 품질이 좋다는 정평이 나있다. 이는 계약 공장을 선정할 때 봉제의 품질과 연간 500만장의 생산능력을 요구하고 있고, 생산관리 사무소를 현지에 두고 공장에 담당자를 상주시키면서 기술지도를 해주기 때문에 가능하다. 이렇게 남의 공장에 들어갈 수 있는 것은 대량 주문을 해주는 덕분이다.

일본과 중국의 지리적 거리감으로 인해 상품 보충의 때를 놓쳐 판매 기회를 상실하거나 아니면 역으로 대량 발주량의 판매 재고 발생이 생기지 않도록 하기 위해 생산에서 판매까지의 전 단계를 일관 관리함과 아울러 발주 로트(lot)의 축소, 생산에서 판매까지의 사이클 단축 등을 가능케 해주는 정보시스템을 도입하고 있다.

이상에서 살펴본 패스트 리테일링의 급성장의 역사적 궤도를 이하에서 언급하기로 한다(栗木, 余田, 清水, 2006). 유니크로라는 상호의 1호점을 패스트 리테일링이 개점한 것은 1984년 히로시마市에서였다. 사장 柳井씨는 이미 야마구치현의 宇部시에서 신사복과 캐주얼 점포 여러 개를 운영하고 있던 터였다. 유니크로라고 하는 새로운 형태의 점포 개설은 미국에서 보고 온 대학 生協을 모델로 한 것이다. Help Yourself 방식은 구매자 본인이 직접 상품을 손으로 골라내는 방식이고, 풍부한 종류의 상품이 대량으로 진열되어 있었다.

가격은 1,000엔, 1,900엔의 두 가지 뿐이었다. 상품 조달은 도매상을 돌아다니며 구입해왔고 상품의 성격은 트렌드를 좇는 것들이었다. TV와 라디오 광고에 전단지까지 돌리며 개점하였는데, 첫날과 다음날에는 입장 제한을 해야 할 정도의 인파가 몰렸다. 1985년에는 시모제키(下關)와 오카야마(岡山)에 3개의 점포를 신설하였고, 그 중 2개 점포는 외곽형이었다. 외곽형 점포를 운영하면서 알게 된 점은, 도심형 점포와는 고객층이 다르다는 점이다. 휴일에는 먼 곳에서부터 자동차를 몰고 커플이나 가족들이 온다는 점이다. 또한 상품의 특성면에서도 연령과 성별을 불문하고 트렌드형 보다는 베이직의 캐주얼웨어에 대한 수요가 존재한다는 점이다.

이런 경험은 이후의 점포 전개 및 상품 구성 방향에 그대로 반영되었다. 문제는 점포수가 늘어나면서 인기 상품을 필요한 양만큼 조달하는 일이 점점 어려워져 갔다는 점이다. 이에 대한 일반적인 대처 방안은 의류 제조업체나 도매상이 기획한 상품을 위탁받아 판매하는 것이다. 이렇게 되면 상품 물량의 확보, 팔다 남은 상품의 반품이 용이해진다.

그러나 수탁 판매 방식에는 문제점 또한 있다. 상품의 조달 단가가 상승하고 상품 구성의 결정권이 넘어간다는 점이다. 야나기이 사장이 생각해낸 방법은 자신이 기획한 상품을 메이커에게 위탁생산하는 것이다. 유럽, 미국의 브랜드 의류업체의 하청 생산기지인 홍콩의 업체에 생산 위탁을 하였다. 문제는 패스트 리테일링에는 생산관리를 맡을 적격의 담당자가 없어서 치수나 색상에 차이가 생기는 실패를 반복하게 된 점이다. 이 문제는 적임의 인재를 채용하고 홍콩에 사무소를 설치하면서 점차 개선되어 갔다.

유니크로 브랜드의 성장, 발전에 필요한 것은 위에서 언급된 상품 기획이나 생산 관리 뿐 아니라 조달, 판매, 재고관리, 점포 운영, 점포 전개, 인사, 결산, 정보 시스템, 자금계획 등 총체적인 정비이었다. 유니크로의 자리매김과 맞지 않는 초기의 도심형 점포와 소규모 점포의 폐쇄도 감행되어 히로시마 1호점도 1991년에 문을 닫게 되었다.

서일본의 의류 체인점으로 사업을 해오던 패스트 리테일링은 90년대 중반 관동 지방으로 사업 영역을 확대해 나갔고, 1994년 히로시마 증권거래소, 1997년 동경증권거래소 2부에 상장하였다. 이런 회사가 지금까지의 노선에 반하는 도심부 진출로 일대 전환을 맞이한 것이 1998년 11월의 하라쥬쿠(原宿) 진출이다.[6)] 한 가지 사업방식에 구애받지 않는 야나기이 사장의 자세는 이미 스포츠웨어를 취급하는 '스포크로', 숙녀복과 아동복을 취급하는 '패미크로'를 개점한다든가, 뉴욕에 디자인 자회사를 설립하는 등의 실험으로 그 모습을 드러냈었다(이들 사업은 수년이 경과한 뒤 모두 철수됨).

유니크로는 비약적 발전을 이루는 데는 '중국 생산 저가 의류 = 싸구려'라고 하는 등식을 이미지로 갖고 있는 소비자의 인식을 불식시키는 것이다. 하라쥬쿠 진출을 통해 화제를 불러일으킴으로써 불식의 계기를 잡고자 하였던 것이다.

구체적인 상품 전략은 'Product Focus' 전략으로서, 소수의 상품에 초점을 맞추어 연령과 성별을 초월한 소구력을 발휘하여 매출을 올리려는 것이다. 촉진 전략으로는 신문지 전단 광고 대신 전철 광고를 채택하였다. 많은 상품을 게재하기에는 전철 광고는 부적절하지만 한 가지 상품에 초점을 맞추어 소구하는 데는 문제가 없다. 오히려 도심지에 몰려드는 불특정 다수의 소비자들의 이목을 끄는 데는 전단지보다 전철광고나 역전 포스터의 활용이 효과적이다. 하라쥬쿠 개점에

6) 하라쥬쿠 진출 8개월 전에 오사카의 아메리카촌에 도심형 점포를 개설하였다. 그러나, 교외형 점포와 동일한 운영방식을 채택함으로써 성공적인 전개를 이루지 못하였다. 교외형 점포는 반경 몇 km 이내에 어느 정도의 신문 전단지를 돌리면 되는지 경험칙이 서는데, 도심형 점포는 특정의 경험칙을 적용하기 어려웠다. 하라쥬쿠에 들르는 고객들은 동경 일원은 물론 전국에까지 펴져있다. 그렇다고 전지역에 전단지를 살포할 수도 없는 일이다. 또한 도심형 점포는 임대료가 높아서 교외형 점포처럼 넓은 매장 공간에 많은 종류의 상품을 진열하면 채산성을 맞추기가 힘들며, 역전과 같이 유동인구가 많은 지역에서는 넓은 매장의 확보 자체가 곤란하다.

장사진을 이루면서 패션 잡지와 TV 프로그램에 소개되어 더욱 주목을 받게 되었고, 이듬해에는 TV 광고까지 하게 되었다. 2000년에는 인터넷 판매, 백화점, 쇼핑몰, 역구내에 점포를 개설하기도 했다. 점포 운영 전략에서는 본사의 일방적 지시에서 벗어나 점포별 자주성을 살린 상품 구색을 하도록 하여 획일성을 피하였다.

2) 차별화 전략으로 틈새시장을 확보한 소매유통점 '오제키'

슈퍼마켓이나 편의점과 같은 유통소매업체들이 주로 채택하는 사업 전략은 분산된 소비자 다수에게 접근하기 위한 다점포 전략, 즉 마이클 포터의 글로벌 전략 도구 가운데 활동의 배치와 조정이 있는데, 활동의 배치(configuration) 면에서 보면 분산(disperse) 방침을 채택하고, 상품 조달 전략에서는 본사 일괄 구입으로 조달 비용을 최소화하는 것이다.

점포 운영(operation) 전략 차원에서는 표준화를 이루어 파트직 사원도 능률적으로 업무에 임할 수 있게 하는 것이다. 이런 제 전략이 궁극적으로 추구하는 바는 저가격의 상품, 서비스를 높은 수준의 편의성을 갖고 소비자에게 제공하여 편익을 증대시키자는 것이다.

이하에서 소개하는 지방의 슈퍼마켓 체인점 오제키(大關)는 기존 대형 슈퍼마켓 점포와 동일 전략으로 정면 승부를 벌이지 않고 개별 점포의 분산 조달, 정규직 사원 비율의 고양이라고 하는 차별화 전략[7])으로 발전을 이룬 기업이다.

---

7) 정부의 규제가 심한 업종, 공급이 수요를 쫓아가지 못하는 업종에서는 차별화 전략을 내세우지 않는 편이 오히려 수요 획득에 도움이 된다. 반대로 규제가 적고 경쟁이 심한 업종에서는 기업의 상대적 시장지위, 시장 목표에 따라서 차별화의 유효성에 차이가 따른다. PIMS 이론에서 보듯, 시장점유율과 수익성 간에는 높은 상관성이 있기 때문에, Only One의 차별화보다는 Number One의 외형지상주의가 고수익을 가져다준다. 특히 시장의 리더 기업들은 차별화를 꾀하지 않고 막대한 수익을 확보한다. 그러나 이처럼 업계 수위 기업을 제외한 나머지 대다수 기업들은 차별화 전략으로 성장의 동력을 삼게 된다. 이 때 차별화 전략의 수행에서 유념할 점은, 단순한 Something New만으로는 부족하다는 것이다. 다른 경쟁사들이 쉽게 모방할 수 없는 경우이어야만 지속적 경쟁우위를 보장하는 차별화이지, 그렇지 못할 경우에는 경쟁사들을 위한 테스트 마케팅을 해주는 남 좋은 일만 하는 꼴이 되고 만다. 다른 기업들의 모방을 어렵게 하려면, 첫째, 타사가 모방할 경우 타사의 기존의 다른 상품이나 서비스의 판매에 나쁜 영향을 미치게 할 것, 둘째, 타사가 모방할 경우 타사의 공급업체, 판매업체와의 거래관계를 재검토하게 만들 것, 셋째, 제조 공정의 대폭적인 변경이나 설비의 폐기를 필요토록 할 것 등이다. 마케팅의 4P 가운데 어느 것에도 차별화를 실시

오제키는 동경도 내의 24개 점포를 운영하면서 연간 520억 엔의 매출을 올리고 있는 중견 규모의 식품슈퍼마켓이다. 식품슈퍼마켓이란 셀프 서비스 방식, 매장 면적 250㎡ 이상, 전체 매출액 중 식품 비중 70% 이상인 슈퍼마켓을 일컫는다. 일본에는 2002년 기준으로 3,600개 회사에 18,000 점포가 식품슈퍼마켓으로 운영되고 있다.

오제키는 1990년 이후 16년 연속 매출과 이익이 전년대비 증가세를 지속하고, 2002년의 매장 면적 1,000㎡ 이하 전국식품슈퍼마켓 점포단위 매출 순위에서 이 회사의 7개 점포가 상위 10권에 진입하였고, 매장 단위 면적당 매출액이 1,417만 엔으로 업계 평균치인 300만 엔대를 훌쩍 뛰어 넘어설 수 있었고, 경상이익률 7.9%, 자기자본이익률 15.7%의 우수한 성과를 거두었다.

오제키의 창업은 1957년 이토 현 회장 부부가 개인 상점 '大關屋食品店'을 연 것이 시초인데, 당시에는 건어물을 주로 취급하였다. 1965년에는 신선식품과 생선도 함께 취급하는 슈퍼마켓 업태로 탈바꿈하였는데, 이때부터 점포의 수적 확장보다는 질적 향상을 도모하였다.

점포의 입지(place)는 비교적 소득 수준이 높은 도심부의 주택지 근처의 역전으로 하였다. 좁은 상권 내의 단골손님을 대상으로 한 동네 장사를 사업의 컨셉트로 삼았다. 이런 컨셉트는 점포별로 차이를 보이는 고객 니즈에 상품 구색이나 서비스 면에서 세밀한 대응을 가능케 함으로써 높은 고객 충성도를 유지할 수 있게 되었다.

창업 당시부터 고객 제일주의를 내세운 오제키는 그런 경영이념을 구현하는 현장의 실례로서 고객과의 접점인 매장을 중시하여 사장 자신도 점포나 매장에 자주 나타난다. 저녁 무렵에는 본사 스탭들도 점포에 나와 정리에 나선다. 판매원에 대한 권한 위임도 확실하여 상품 발주 권한마저 부여하고 있다.

점포 직원 중 파트직의 비율이 일반 슈퍼마켓 업체들은 70%를 넘고 있는데, 반대로 오제키는 정규직 비율이 70%에 달한다. 이는 상품 지식이 풍부한 정사원들이 고객의 요구에 귀 기울여 성심껏 봉사하라는 의미이다. 직장 안정도가 높게

할 수 있다. 여기서 유념할 점은 차별화에 너무 열중한 나머지, 지극히 특수한 시장 부문에 빠져들지 않도록 해야 하는 것이다. 차별화 자체가 마케팅의 최종 목표가 되어서는 안되며, 어디까지나 수익성의 제고에 기여하도록 되어야 한다.

되면서 이직률도 낮아지고, '얼굴없는 서비스'가 아니라 고객 한 사람 한 사람의 낯을 익히며 대하는 '얼굴이 보이는 서비스'를 제공할 수 있게 된다. 1평당 매출액이 이토요카도가 300만 엔, 이온이 170만 엔인데 비해 오제키는 1,417만 엔인 것도 바로 정규직 사원의 힘에서 나오는 것이다. 매장의 천장에 늘어진 매대별 진열 상품명 표시판이 없는 것도 그만큼 단골 고객이 많다는 것을 반증한다.

정규직 신입 사원에 대한 교육은 연수센터에서 집중 강의식으로 지도하는데, 센터에는 선어와 정육의 주방시설, 상품 진열대가 갖추어져 있어서 기본 기술도 습득하게 된다. 신입 직원들은 회장과의 직접 대화의 장을 통해 회사가 자신에게 기대하는 바와 책임을 이해하게 된다. 신입 직원은 전원 자신이 원하는 부문에 배치받아 근무하게 되는데, 이는 일단 자신이 좋아하는 것에서 열심히 하려는 자세가 형성된다는 생각에 바탕을 둔 것이다. OJT에서는 현장의 선배 사원이 3-6개월간 1 대 1 교육을 실시한다. 파트직에 대해서도 업무 매뉴얼이 없는데, 이는 도제 제도처럼 현장에서 배운 것을 열심히 메모하여 상인 정신을 몸에 베이게 하려는데 있다.

오제키의 매장 면적은 500m^2 이하가 많은데도 취급 상품 수는 15,000개를 넘어서 다른 슈퍼마켓의 2배를 웃돈다. 이처럼 좁은 매장에 결품 상태의 발생을 줄이기 위해 많은 상품을 진열하다보면 상품별로 진열 면적의 확보가 충분치 않아서 상품회전율이 떨어지기 마련인데도 오제키의 회전율은 높다. 그 배경을 보면, 계산대 옆에 서비스 카운터가 있는데, 고객이 원하는 상품을 메모에 적어 붙여 놓으면 설령 한 개의 수량이라 하더라도 입하해 놓는다는 것이 오제키의 방침이다. 어떤 상품이 잘 팔릴지는 손님이 가장 잘 안다고 하는 인식을 갖고 있는 것이다.

오제키는 1980년부터 '핑크 영수증' 제도를 실시하고 있다. 매월 4일간을 정하여 그 기간 중에 핑크색 영수증을 발행하여 4일간의 합계액의 5%에 상당하는 금액을 고객에게 현금으로 돌려주는 캐시 백 제도이다. 당시에는 수작업으로 하였기 때문에 현금 환원일에는 점포 앞이 장사진을 이루어 고객에게 불편을 주었다. 1993년부터 최신 POS 시스템을 도입하여 FSP(Frequent Shoppers Program)을 갱신하였다.

캐시백 카드의 회원 수는 2002년 말에 50만 명을 돌파하여 회원 대상 매출액이 총매출의 90%에 달할 정도이었다. 객단가 면에서도 회원이 비회원보다 900엔 높다. 오제키는 특매상품(loss leader; 目玉商品)을 실시하지 않는 대신 특정일에 5배의 포인트 적립 행사를 실시하는데, 이편이 집객력을 높이고 객단가를 100엔 상승시킨다고 한다.

모든 고객에게 균등한 부가가치를 제공한다는 차원에서 신선 식품이나 생선의 타임 서비스도 실시하고 있지 않다. 구매 금액에 비례하여 캐시백을 하는 것이 공평한 고객 서비스라는 것이다. 신선 식품과 생선은 당일 입하, 당일 판매를 원칙으로 하기 때문에 다 팔리지 않고 남을 것으로 예상되는 시점에 판매 호조를 보이고 있는 다른 지점에 상품을 돌리는 방법을 활용하고 있다.

앞서 언급한 대로 오제키는 본사집중조달, 높은 파트직 비율이라고 하는 효율성 중시의 슈퍼체인업계의 관행과는 정반대의 차별화 전략을 선택하였으나, 이는 취급 상품 수의 증가로 점포 운영의 효율성을 떨어뜨리는 문제점을 안고 있다.

그럼에도 차별화로 나온 이유는, 본사에서 결정한 대로 단지 기계적인 판매만을 해서는 점포 직원들의 자각 능력이 계발되지 못하여 프로 의식을 키울 수가 없다는 판단에서이다. 오제키는 점포별, 부문별 매출과 매출이익, 경비, 인사고과, 급여(사장 보수 포함)의 모든 내용을 공개하여 파트직 사원조차 열람하도록 하여 경영자 의식을 배양토록 하였다.

또한 대형 슈퍼체인업체들이 자가용 사회의 흐름에 맞추어 교외 지역에 대형 점포를 개설하는 추세인데 비해 오제키는 도심의 주택지에 식료품 중심의 200평 전후의 중형 점포를 개설하고 있다. 다른 경쟁업체는 매출 호조 상품 중심의 구색을 중시하는 반면 오제키는 고객 니즈에 세밀하게 대응하여 하나의 카테고리에 많은 수의 상품을 갖추는 깊이 있는 구색을 채택하고 있다. 그러다 보니 조달비용이 상승하고, 점포 면적이 좁다 보니 조달의 규모경제도 이루어지지 않는다.

결국 가격 경쟁에서는 대형 슈퍼체인 업체와 어깨를 겨누기 힘든 오제키는 고객 니즈에 대한 세밀한 대응이라고 하는 차별화를 추진하게 된 것이다. 물론 나름대로 비용 절감 노력은 하고 있다. 좁은 상권에서 단골 위주의 영업을 하다 보니 광고 선전비가 줄게 되고, 고객 니즈에 세밀한 대응을 할 수 있다 보니 재고

회전율이 높아지는 것이다.

〈표 4-2〉 오제키와 다이에의 사업 모델 비교

	오제키	다이에
사업 전개	본업 충실	다각화
경영 방침	이익 중시, 점포의 질	매출 중시, 규모 확대
영업	속인적	매뉴얼화
종업원 구성	정규직 중심	파트직 중심
점포 규모	중소	대형
입지	도심 역전	교외 도로 인접
표적 상권	근린	광역
상품 조달	개별 점포의 분산 조달	본사 일괄 조달
의사결정권	점포 주도	본사 주도
고객 대응	유연	표준화
상품 구색	다품종	매출 호조 상품 위주

자료: 栗木, 余田, 清水(2006: 168)

〈표 4-3〉 주요 슈퍼체인업체의 경영 실적

	매출액	영업이익	당기 순이익	ROE	판매관리 비율	점포수	식품매출 비율
이온	1,830,282	17,392	12,382	3.4%	29.9%	379	55.0%
다이에	1,308,149	3,361	-473,699	-	25.7%	263	46.2%
이토요카도	1,473,583	8,800	17,509	2.3%	27.8%	181	53.9%
세이유	731,848	5,997	-16,420	-164.3%	27.7%	209	n. a.
마루에츠	322,668	2,564	-21,949	-33.2%	26.9%	211	91.1%
토큐스토어	258,536	4,621	1,675	4.3%	26.8%	95	67.2%
요크베니마루	287,833	12,024	6,545	6.6%	21.9%	113	69.2%
오제키	52,581	4,056	2,344	15.7%	16.8%	23	97.9%

* 비율 이외의 항목의 단위는 백만 엔.
* 2004년 결산, 슈퍼 단독 실적 기준.
자료: 栗木, 余田, 清水(2006: 170)

3) 자신만의 유리한 고지를 확보한 '맥도널드'와 '모스버거'

일본맥도널드는 햄버거 업계에서 2위인 롯데리아와 치열한 경쟁을 벌이면서 1987년에 세트메뉴를 390엔에 판매하는 '생큐 세트', 여기에 30엔의 추가할인을 실시한 '사브로크' 등 저가격 상품을 다수 발매하였다. 이에 롯데리아를 비롯한 경쟁사들은 저가격 경쟁에 맞불을 놓았다.

저가 경쟁은 햄버거 시장의 전체 크기를 확대하는데 기여하였고, 맥도널드의 시장점유율은 더욱 늘어난 반면, 롯데리아는 저가 경쟁에 참가하지 않은 모스버거에 2위 자리를 내주고 말았다. 이는 햄버거 구매자의 수적 증가와 더불어, 맥도널드나 롯데리아 식의 햄버거를 선호하지 않는 소비자도 늘어나면서 독자적 경쟁 지위를 지닌 모스버거가 신규 소비자 계층을 확보한데 기인한다.

맥도널드가 마치 월마트의 Every Day Low Price(EDLP)처럼 상시 저가라고 하는 마케팅 전략을 채택한 것은 이 회사의 사업 시스템과 관련이 있다. 맥도널드는 매뉴얼 관리 시스템을 철저히 추구하여 점장에서부터 아르바이트 점원에 이르기까지 상세한 매뉴얼[8]을 완비하여 서비스의 균질화와 효율화를 달성하였다.

또한 GPIA 시스템은 전세계에서 가장 저렴한 원재료 공급처를 파악할 수 있다. 1980년대에 210엔이었던 햄버거 가격이 2000년에는 1/3 수준으로까지 내려갈 수 있었던 것도 GPIA 시스템 덕분이다. 문제는 경제학원론에서 배운 소비의 가격탄력성에서 알 수 있듯이, 가격 인하가 객단가 하락을 부축이기 때문에 내점 객수의 증가가 수반되지 않으면 매출 증대로 이어지지 않는다는 점이다.

설령, 고객 수가 가격 하락의 정도 이상으로 늘었다 하더라도 이 많은 손님의 주문을 효율적으로 처리하지 못하면 줄서는데 지친 손님들은 그냥 돌아가 버리고 만다는 점이다. 그렇다고 점포수를 늘려서 증가한 내점 고객을 상대하기에는 신규 점포 개설비의 부담이 걸림돌이 된다.

평일반액 캠페인에서는 판매 수량을 5배 정도 늘렸다고 하는데, 평일의 매출액은 휴일의 40% 정도이기 때문에, 평일 가동률의 제고를 통해 주간 매출의 평준

8) 가령, '만든 뒤 7분 이상 경과한 후라이드 포테이토, 10분 이상 경과한 햄버거는 폐기한다.', '손님을 3분 이상 기다리게 하지 않는다.'

화를 도모하는 일도 평일반액캠페인의 노림수의 하나이었다. 맥도널드는 고기능의 주방기기를 적극 도입하여 빵(buns) 굽는 시간이 50초에서 11초로 대폭 단축된 점이 몰려든 고객의 신속한 주문 처리에 일조하였다.

이처럼 맥도널드의 매뉴얼 정비, 시스템 개발, 점포의 대형화, 설비의 고도화 등의 사업 체제는 고정비의 상승과 이어진다. 초기투자액은 크지만 판매량 증가에 따른 변동비의 추가 상승이 적은 맥도널드로서는 대량 판매에 의한 대규모 이익의 실현을 위해서 저가 정책을 채택하는 것이 합당한 조치인 셈이다.

모스버거는 맥도널드가 일본에 진출하여 성공을 거둔 점에 자극받아 1972년에 창업하여 맥도널드와는 상이한 사업 전개 방식을 채택하여왔다. 즉 제조원가는 다소 비싸지만 일본인의 입맛에 맞는 보다 질 높은 햄버거를 제공하기 위해 손님의 주문을 받고나서 조리를 시작하는 'Buy Order'방침을 지향하였다.

또한 유기농 재배 야채의 조달로 상품의 질을 높였다. 창업 당시부터 자금의 여유가 없었기 때문에 1등지보다는 2등지에, 대로변보다는 이면도로 쪽을 입지로 삼았다. 광고비지출에 큰 자금을 쓸 수 없었기에 입소문에 의지하여야 했다. 이런 조건들은 질 높은 상품의 제공을 반대급부로 채택할 수밖에 없도록 하였다. 점포, 설비, 광고 등의 고정비가 낮고 원재료 등의 변동비가 높다는 점은 손익분기점을 낮추어 주었고, 이는 판매수량을 늘려야 한다는 압박감을 줄여 주었다.

결국, 맥도널드와는 구비 조건이 상이한 모스버거 입장에서는 정면대결이 아니라 햄버거의 맛, 인간미 넘치는 점포 서비스를 차별화로 내세워야 했던 것이다. 2003년에 출시한 '匠味'는 610엔의 초고가에 패티(patty), 야채, 소스, 번즈(buns) 모두를 엄선된 소재로 하였다. 판매 전략도 전국의 1,500개 점포 중에서 118개 점포를 선정하여 점포당 1일 판매량을 10개로 한정하고, 제조책임자의 카드를 첨부하였다.

모스버거는 2004년 3월에 '패스트 캐주얼' 업태를 본격적으로 전개하였다. 이는 레스토랑 수준의 상품과 서비스를 차분한 분위기의 공간에서 제공하는 업태로서 패스트 푸드 레스토랑과 캐주얼 레스토랑의 장점을 결합한 개념이다. 기존 점포를 '레드 모스', 신흥 패스트 캐주얼 점포를 '그린 모스'로 명명하면서 모든 기존 점포를 캐주얼풍으로 바꾸어 나갈 계획인데, 그린 모스 1호점은 동경의 신바시

(新橋) 지구에 개점하였다.

기존 점포가 캐주얼 점포로 전환하기 위해서는 점포의 설비, 인적 서비스, 운영 면에서 일정 수준 이상의 평가를 받아야 가능하다. 그런데 모스버거는 창업 초기부터 점포에서 아이들의 숙제를 지도한다든가, 시험 공부하는데 도움을 주는 식으로 인간적 교류를 도모하여 왔고, 고객의 얼굴과 이름을 외워서 고객 한 사람 한 사람에 대해 친절한 대화를 중시하였다. 프랜차이즈 점포를 모집할 때도 이런 서비스 정신에 공감하는 사람들인지 여부를 확인하였다. 이렇게 보면 캐주얼 점포로의 전환에 필요한 요소가 이미 사업 초기부터 형성되어 있었다고 볼 수 있다. 최근의 경쟁 격화는 이런 인간적 서비스의 수행을 보다 철저히 할 것을 자극한 것이다.

맥도널드와 모스버거 양사의 경쟁 전략은 당초부터 일관되게 채택, 전개되어 온 것이라기 보다는 상호 경쟁을 통해 자사의 강점과 약점을 재인식하게 되면서 선명한 형태로 진화해 온 것이라고 볼 수 있다. 맥도널드는 1985년까지는 햄버거 가격을 80엔에서 점진적으로 인상하여 210엔으로까지 올렸다. 이 당시 롯데리아, 모스버거의 가격은 180엔이었다. 즉 모스버거는 당시에 품질 수준을 유지하면서 가격 인상을 억제함으로써 가격의 적정성을 소구하였다. 모스버거가 고품질, 고가격의 햄버거를 지향한 것은 역으로 맥도널드가 저가격 정책을 한층 강화하게 된 데에 따른 대응 전략인 셈이다. 이렇게 보면 양사는 경쟁이라고 하는 대화의 프로세스를 거치면서 자신만의 유리한 고지를 확보하는데 성공했다고 평가할 수 있을 것이다.

4) SPA 사업 개념으로 부활한 '월드'

일본의 의류업계에서 고수익을 거두고 있는 기업을 거명하라고 하면 1990년대 이후 급속한 성장을 보인 유니크로, 파이브 폭스 등일 것이다. 반면에 월드는 기후와 유행의 영향을 강하게 받는 패션의류 분야에서 1970년대부터 지금까지 고수익을 거두고 있다. 패션의류 분야는 상품의 계절성, 소비자 기호의 급변, 방대한 품종(형태, 색상, 사이즈)에 따른 단품 단위의 관리 곤란 등으로 인해 과잉재고 아니면 역으로 품절에 의한 판매기회의 손실이 발생하기 쉽다.

월드는 1959년에 키쿠치(木口)와 하타키(畑崎)의 동업으로 코베(神戸)에서 설립된 회사로서 니트 의류에 주력하여 성장해왔다. 1976-1986년의 11회 결산 연속으로 매출과 이익 모두 증가세를 유지해 왔으나, 1987년 이후에는 경상이익이 증감의 굴곡을 보이기 시작하였고, 1992년 이후에는 매출 규모마저 들쑥날쑥의 기복을 나타내다, 2001년 이후에는 다시 안정적인 매출과 이익을 시현하고 있다.

70년대 중반에서 80년대 중반까지의 성장 일변도 시기에는 백화점과의 거래를 줄이는 대신 중소 의류전문점과의 거래를 중시한 점이 대형 의류제조업체와의 차이점이다. 백화점과의 위탁판매 거래는 온워드 카시야마(Onward 樫山)의 경우처럼 기업 성장에 크게 도움이 되기도 하지만, 팔다 남은 상품의 반품으로 과잉재고가 생기면 그 처리비용을 의류제조업체가 부담하느라 수익 구조에 압박을 가하였다. 반품제의 판매리스크를 부담할 수 있을 정도의 자금력, 팔다 남은 재고 상품을 지방백화점으로 옮겨 판매할 수 있는 능력이 구비되어 있지 않은 낮은 지명도의 월드로서는 소규모 의류전문점을 일일이 설득하여 전량 매입제에 의한 판로 확대에 힘을 쏟게 되었다.

전량 매입제도는 의류판매전문점에게는 반드시 팔릴 것으로 확신되는 상품만을 입하하려는 성향을 유발하여 판매의 축소 균형을 초래할 위험성이 도사리고 있다. 이 문제의 해결은 상품력의 연마에 달려 있다고 본 월드社는 부인용 브랜드 '콜디아'를 1967년에, 직장여성용 브랜드 '루이샨탄'을 1975년에 각각 도입하였다.

두 브랜드에 속하는 상품의 기획과 개발은 소매점포에 상품이 진열되기 1년 전에 시작되었다. 우선 디자이너가 2-3개월에 걸쳐 필요한 소재 및 부소재를 선택하여 상품의 디자인 아이디어를 작성한다. 머천다이저는 디자인 아이디어의 시장성을 반복 검토하여 어떤 상품 구성(collection)으로 시장에 투입시킬 것인가를 결정한 뒤에 전시회에 출품할 샘플 상품을 봉제 메이커에 발주한다.

전시회는 월드의 기획-생산-판매 시스템의 중추를 이루는 것으로서, 연 4-6회 시즌에 대응하여 소매점포에 진열되기 6개월 전에 개최된다. 월드사와 거래관계에 있는 전국의 의류전문점 점주들이 전시회를 방문하여 샘플을 본 뒤 상품 발주를 결정한다. 소매점이 어떤 상품을 원하는지를 확인하기 위해 일일이 점포 방문을 하는 것은 비효율적이므로 전시회는 그 대안으로서 중요한 기능을 하였다.

시기에 따라 다르지만 시즌 중에 판매되는 상품의 90%가 전시회에서 결정되기도 하였다. 이처럼 전시회에서 대량 수주를 하게 되면 6개월이라는 여유 시간을 갖고 봉제 메이커에게 발주함으로써 생산의 효율성을 높일 수 있었다.

월드사는 소매점과 소비자에게 독자적인 제안을 하기 위해 'Total Coordinate' 방식을 채택하였다. 이는 상품의 기획, 판매에서 중요한 점은 개별 상품의 질뿐 아니라 균형잡힌 전체 상품의 결합을 제안하는 것이라고 보는 시각에서 나온 방식이다. 유럽 시장의 시찰을 통해 그 중요성을 절감한 월드사였으나 당시 일본에서는 보기 드문 방식이었다.

다른 회사들은 스웨터, 블라우스와 같은 상품 카테고리별로 기획과 개발을 행하였으나, 월드사는 가령 콜디아라고 하는 브랜드를 축으로 풀 아이템(full item)을 전개하였다. 토털 코디네이트는 점포의 디스플레이, 접객 방식에 대해 월드사가 제안, 지도를 할 수 있는 기회를 제공하였고, 회사는 미지의 새로운 판매 방식에 대한 노하우의 축적을 위해 파일럿 점포의 경영에도 임하였다. 브랜드별 풀 아이템의 전개는 또한 월드사 상품만을 취급하는 계열 소매점 'Only Shop'의 전개를 가능케 하였는데, 1980년대 전반기에는 거래점포 4,100개, 계열점포 1,200개에 달하였다.

이러던 월드사의 기획-생산-판매 시스템은 1980년대 중반 이후 그 기능을 발휘하지 못하게 되는 사태를 맞이하였다.

첫째, 추가 발주에 제대로 대응하지 못하였다. 월드사는 과잉재고를 갖지 않기 위해 전시회에서 받은 수주량의 10-20% 정도를 예비 재고로 준비하였는데, 판매가 예상을 뛰어넘은 호조를 보일 경우 예비 재고는 금방 바닥이 나고, 추가 생산에는 시간이 걸린다. 이런 문제의 발생을 막기 위해 예비 재고 수준을 높이면 시즌 말기에 과잉재고를 처리하는데 소요된 비용이 팽창하는 사태가 생겼다.

둘째, 매출 중시의 영업 정책이 폐단을 낳았다. 영업담당자의 업적을 매출 수치로 관리하면서, 전량 매수의 원칙이 실제로는 반품의 암묵적 허용으로 변질되었다. 또한 반품을 철저히 거부할 경우, 소매점포의 운전자금이 막혀 지불 지연이라든가 다음 시즌의 상담에 영향을 미치는 점을 간과하기 어려웠다. 그러나 시즌 말기에 반품이 암묵적으로 허용되면서 소매점은 전시회에서 까다롭게 상품을 음미하는 것이 아니라 대충 판단으로 입하 결정을 내림으로써 기말에 소매점포의 과잉재고는 팽창하게 되고 더욱 반품을 받아들이지 않으면 안되는 상황으로 돌아가는 악순환의 연속이었다.

셋째, 거래처인 의류전문 소매점의 경영에 변화가 왔다. 소매점의 매출이 증가하고 경영이 안정을 취하면서 점주가 아닌 점포의 바이어가 상품을 발주하거나 월드사의 영업담당자가 발주 대행을 하게 되었는데, 점주의 연령이 고령화를 보이는 점도 이런 현상에 박차를 가하였다. 그 결과, 소매 점주가 리스크를 부담하고 진지하게 상품을 선정하는 모습이 전시회에서 더 이상 볼 수 없게 되면서 전시회는 유명무실하게 되었다.

넷째, 소비자 행동에 변화가 초래되었다. 1980년대 중반 이후 소비자들은 보다 개성적이고 다양한 브랜드를 추구하는 행동의 변화를 보임에 따라 '콜디아'와 '루이샤탄'의 두 가지 브랜드만으로는 더 이상의 사업 성장이 어려워져서 다브랜드화 전략을 채택해야 하는 상황에 놓였다. 또 한 가지의 소비자 행동의 변화로는 소비 트렌드의 역동성인데, 일본의 패션 트렌드가 프랑스 파리, 이태리 밀라노를 기점으로 하는 글로벌 패션 사이클에 연동하면서 시즌이 개시하기 전에 상품의 판매 흐름을 미리 예측하는 일이 한층 어렵게 되었다.

1990년대 이후 월드사는 'OZOC', 'UNTITLED'와 같은 신흥 브랜드를 통해 새로운 기획-생산-판매 시스템을 도입하게 되었다. 새로운 시스템 하에서는 직영점이나 프랜차이즈점을 통해 소비자에게 직접 상품을 판매하게 되었고, 이들 점포는 백화점을 중심으로 개점하였다. 1993년에 출시된 OZOC 브랜드는 첫해 8억 엔의 매출에 그쳤으나 1999년에는 213억 엔으로 급팽창하여 콜디아를 능가하는 회사 최대의 브랜드로 발전하였다. 2000년 전후에는 여기에 Untitled, Indivi, Takeo Kikuchi(남성복 브랜드) 등이 추가되었다.

첫째, 새로운 시스템은 스피드 경제(economy of speed)를 지향한 SPA로 탈바꿈하였다. 이는 당시 미국에서 선풍을 일으킨 GAP의 도널드 피셔 회장이 제안한 SPA(Speiciality store retailer of Private label Apparel)를 기초로 한 사업모델이다. GAP이나 유니크로의 SPA와 차이점은 전세계에서 가장 저렴한 생산지를 발견하여 상품을 대량 생산, 판매하는 시스템이 아니라 소비자가 원하는 것을 원하는 시기에 원하는 양만큼 제공하는 리얼타임 수주 생산방식이라는 점이다. 판매 흐름을 사전에 예측하는 일이 어려워지는 상황 속에서 전량 매입 방식이 아닌 대체 방식으로 과잉재고 문제를 해소하려는 것이다. 기획과 개발, 생산량 결정 시점을 실제 판매 시점에 최대한 근접시킴과 동시에, 시즌 도중에 신상품의 기획, 개발, 생산을 변경할 수 있는 유연성을 발휘하여 대량의 재고를 안지 않고서도 판매기회의 손실을 면할 수 있도록 하는 것이다. 이에 반해 GAP나 유니크로는 패션의류가 아니라 베이직의 캐주얼 의류이므로 상대적으로 판매 흐름의 변화가 완만하여 대량 발주, 대량 생산으로 원가를 낮추는 규모의 경제를 발휘하고 있다. 월드사가 기획단계에서 판매단계로 도달하는데 소요되는 시간을 단축하는 스피드 경제에 역점을 두는 것과는 대조적이다.

둘째, 발주와 생산을 소단위로 쪼개어 실시하였다. 전시회 방식은 폐지되었고, 그 대신 점포의 실제 판매동향을 보면서 생산 계획을 소단위로 하는 방식을 새로 채택하였다. 시즌 개시 시점에서 점두에 진열할 상품은 1개월 전에 점포 책임자들을 소집하여 내부 견학을 시켜서 결과에 따라 생산량을 결정한다. 봉제 메이커에게 발주하는 수량은 시즌 중의 판매량의 30% 정도로 하고 나머지 70%는 판매 상황에 따라 축차적으로 발주하였다. 시즌 중에 점포가 발주하는 상품은 2주의 시간을 두고 납품한다. 본사는 매주 점포의 매출 데이터를 보고 어떤 가격, 소재, 형태, 색상, 사이즈가 얼마만큼 판매되었는지, 점포의 재고량은 얼마인지를 분석한다.

셋째, 신상품 투입은 단기간에 끝내었다. 이전에는 시즌 개시 1년 전에 디자인을 시작하였으나 지금은 3-6개월 전에 책임 디자이너(chief designer)가 기본 방침을 정하고 1개월이 경과하고 나서 디자인 팀이 구체적인 디자인 아이디어를 작성하고 소재의 선택 및 발주를 한다. 다시 몇 주일을 거쳐 샘플 생산이 이루어지고 내부 견학을 통해 생산량이 결정된다. 따라서 시즌 개시 2개월 전에는 시즌 상품의 기본 이미지와 그에 맞는 메인 소재의 선정이 확정되며, 이는 시즌을 통해 수정되지 않는다.

새로운 기획-생산-판매 시스템의 도입은 다음과 같은 새로운 활동 양식의 채택을 필요로 하였다.

첫째, POS(Point of Sales: 판매시점 정보관리)의 철저한 활용이 요구되었다. 시즌 중의 판매 경향에 맞추어 시의적절한 상품 투입이 이루어지기 위해서는 본사가 점포의 판매 상황을 실시간으로 파악, 분석할 수 있어야 한다. 따라서 모든 점포가 동일한 포맷에 따라 판매 데이터를 즉각 입력할 수 있는 POS 시스템을 채택해야 하고, 이는 다시 모든 점포를 관리할 수 있는 상태, 즉 직영점 내지 프랜차이즈 점포로 하는 것이 바람직하였다.

둘째, 봉제 공장의 재선정이 필요하였다. 소량(small lot)의 주문을 쪼개어 발주하는 일에 부응하여 2주 이내에 납품할 수 있는 봉제 공장과의 관계 정립이 요구되었다. 현재는 1주 이내 납품으로 더욱 단축시키고 있다.

셋째, 소재와 패턴을 한정시켜 기획과 개발을 하여야 했다. 디자이너가 상품 하나하나마다 디자인을 일일이 해야 하는 추진 방식으로는 단기간 내에 컬렉션을 완성하는 일이 어려웠다. 우선 시즌 내내 사용하는 기본 소재와 패턴을 결정하고, 나중에 이를 결합하여 디자인을 하는 방식이 도입되었다. 소재와 패턴을 몇 가지로 한정하게 되면 기획과 개발 단계가 단축될 뿐 아니라 정보시스템의 활용도 용이해진다. 그 이유는, 패션 의류의 경우 품종(형태, 사이즈, 색상 등)이 방대하여 단품 기준의 상품 관리와 분석이 엄청 힘들기 때문에 상품의 소재, 패턴의 가지 수를 압축하여 체계적으로 활용할 필요가 있기 때문이다.

5. 럭셔리 마케팅

1) 신흥 부자의 등장

일본에서는 신흥 부자, 즉 뉴 리치를 평성(헤이세이[9]) 리치라고도 한다. 지금까지 일본에서 부자라고 하면 기업의 소유경영자, 개업의 등과 같은 고액 납세자[10]가 전형이었으나, 신흥 부자는 경기회복, 사회구조의 변화로 화려하게 등장

9) 平成(평화를 이룬다는 뜻: 중국의 어느 고전에 실린 표현이라 함)은 현재의 일본 국왕의 시대를 가리키는 연호이다. 1989년이 헤이세이(heisei) 원년이다.

10) 일본에서 고액 납세자의 기준은 소득세 1천만 엔을 웃도는 납세자로서, 월급쟁이가 이 축

한 IT업계의 갑부 경영자, 막대한 금융자산을 보유한 시니어 계층, 철저한 성과주의 덕분에 고액 연봉을 거두고 있는 직장인이 하나의 부류를 이루고, 또 다른 하나는 소득이나 자산은 그다지 많지 않지만 특정 분야에서는 아낌없이 소비하는 소비자 부류이다.

가령, 원룸에 살면서도 포르쉐를 몬다든가, 브랜드 상품은 일체 구입하지 않으면서도 식자재만큼은 고급 슈퍼마켓에서 구매하는 것과 같은 새로운 가치관, 라이프스타일을 지닌 사람들이 두 번째 부류의 신흥 부자에 속한다. 일본에서 근년에 고액 상품, 서비스의 시장 규모가 급증하게 된 배경에는 바로 두 번째 유형의 신흥 부자의 절대 숫자가 많다는 점이 자리잡고 있다. 럭셔리 마케팅은 바로 이들 뉴 리치 계층이 물질과 심리 양면에서 사치를 향수하는 라이프스타일을 제공하는 기업측의 노력을 가리키는 용어이다(高橋, 2006: 11).

① IT 업계의 갑부

식품업계, 의류소매업계, 운수업계, 파친코업계, 화장품업계 등에도 고액 납세자가 많은데도 불구하고 유독 IT업계의 갑부만이 일에서 뿐 아니라 사생활에서까지 주목을 모으는 이유는 그들의 경영자세가 참신하면서도 때로는 무모할 정도의 대담한 승부를 보이는 모습이 매력적으로 비추어지기 때문이다.

소프트뱅크의 손정의 사장은 휴대전화 사업에 진입하면서 기존사업자를 우선시하는 일본 총무성의 방침에 정면으로 반발하여 총무성 출신 공무원이 소프트뱅크 그룹에 낙하산 인사로 오는 것을 일체 받아들이지 않겠다고 표명함은 물론 경우에 따라서는 소송도 불사하겠다는 자세를 보였다.

소프트뱅크는 당시 사상 최고액인 1조 7,500억 엔으로 보다폰 일본법인을 매수하는 진기록을 보이기도 했다. 이 밖에도 라이브도어가 일본방송의 주식을 매수하겠다고 소동을 벌인 일이라든가 라쿠텐(樂天)이 TBS과 경영통합을 제안한 소동은 대중을 벅차게 만든 사건이었다.

부모를 잘 만나서 갑부가 된 것이 아니라 뛰어난 경영능력이라고 하는 후천적 재능으로 진정한 실력주의를 보여주고 하극상을 연출하며 약육강식을 실현하는

에 끼려면 연봉이 4,100만 엔 이상이어야 한다. 한편 2004년 기준으로 일본에서 연소득 1억 엔 이상인 자는 9천명에 불과하다.

저팬 드림을 IT 경영자들이 보여준 것이다. 대중에게 이들은 기존 관념을 타파하는 영웅으로 투영된 것이다. 아울러 이들의 씀씀이는 화통하다는 것이다.

기존의 일본적 관념에서는 사장이 운전기사가 딸린 벤츠를 타기 보다는 전철로 통근을 한다든가, 다른 직원들보다 일찍 회사에 나와 화장실 청소를 하는 모습이 훌륭한 경영자 상으로 비추어지곤 했다. 반면 IT 갑부들은 포르쉐나 페라리를 몰고 다니고 롭폰기 힐스의 호화 맨션에서 월세 200-300만 엔을 지불하는 모습을 당당히 언론에 노출한다.

② 시니어 금융자산 갑부

65세 이상의 시니어 계층은 가구당 연소득이 평균 290만 9천 엔(2003년 후생노동성 국민생활기초조사)에 불과하다. 그런데 flow(소득)가 아니라 stock(저축)을 들여다보면 가구당 평균 1,432만 엔으로서 40대의 890만 엔, 30대의 570만 엔을 크게 웃돌고 있다. 또한 시니어 가구의 80%는 주택융자의 부채를 지고 있지 않다. 문제는 이런 금융자산을 자식에게 물려줄 것인가의 여부이다. 남겨주겠다는 응답자 30%보다 남겨주지 않겠다는 비율 40%가 더 높다.

이들 시니어가 금전을 소비할 대상으로는 국내외 여행이 단연 수위에 올라있다. 그 다음으로는 음식, 스포츠, 원예, 공연 관람, 영어 학습, 주택 개보수 등으로 다양한 소비 용도를 엿볼 수 있다.

③ 성과급 직장인

일본에서 2004년도 최고 납세자가 투자자문회사에 근무하는 직장인이었다는 점은 당시 빅뉴스가 되었다. 36억 9천만 엔을 세금으로 냈으니 추정 소득은 100억 엔 정도이다. 본인이 맡았던 펀드의 운용 실적이 좋아서 성공 보수로 거액을 받았다고 한다.

뉴 리치에 속하는 직장인은 성과주의의 혜택을 받아 탁월한 전문 숙련으로 시장가치가 천정부지로 올라간 계층을 말한다. 직업으로 보면 외국계 금융기관, 컨설팅회사의 컨설턴트, 시스템 매니저, 외국계 제약회사의 경영자 등과 같이 개인의 능력에 따라 실적이 크게 변하는 전문직종이다.

④ 캐리어 우먼

자유로운 소비 지출을 할 수 있는 여성으로 부모에 얹혀사는 독신 직장여성과 주택융자 및 교육비 부담에서 벗어난 장년 여성을 꼽고 있지만, 뉴 리치를 정의하는데는 연령이나 결혼 여부만으로는 부족하고 '경력(career)'을 고려해야 한다. 남녀고용기회균등법의 도입 후 20년이 지난 시점에서 매니저급, 과장, 부장급의 여성 관리자가 탄생하고 있다. 물론 전체 직장 여성 중 50%는 비정규직이고, 45%는 연봉 300-500만 엔 정도의 일반 사무직이며, 5%만이 연봉 600만 엔 이상의 캐리어 우먼이기 때문에 아직까지는 소수 소비자에 그치고 있다. 더군다나 이들 캐리어 우먼은 높은 스트레스와 장시간 근무로 평일에 백화점 쇼핑이나 강습회에 참가하는 일도, TV 드라마를 볼 틈도 없으니 소비할 재력은 있으되 소비할 수 있는 여건이 미비한 상태이다.

⑤ 로하스

소득이나 자산은 많지 않지만 특정 분야에서 사치를 즐기는 소비자가 바로 로하스(Lifestyle Of Health And Sustainability)이다. 건강과 환경을 소중히 여기는 라이프스타일을 추구하는 개인들인 셈이다. 지속가능한 발전이라고 하는 환경에 대한 배려의 예로는 에너지절약형 가전제품이나 연료전지, 태양발전, 재활용품 등을 구입하는 것이 있고, 건강한 생활을 유지하기 위한 예로는 가정용 정수기, 공기청정기, 유기재료의 식품, 민간요법(아로마테라피, 지압, 요가 등) 등이 있다. 이들 로하스 관련 제품은 일반 제품보다 고가라는 특징을 갖고 있다.

⑥ 마니아

일본 노무라종합연구소의 2004년 조사에 의하면 일본의 마니아 계층은 172만 명이고, 시장 규모는 410억 엔으로 추산된다. 주된 시장으로는 만화잡지, 애니메이션, 연예인, 게임, 조립 PC, AV 기기, 휴대형 IT 기기, 자동차, 여행, 패션, 카메라, 철도 등이다. 취미를 즐기는 계층은 소득, 용돈, 여가 시간의 허용 범위 내에서 즐기는 사람들이기 때문에 여건이 바뀌게 되면 취미 지출을 줄이거나 그만두거나 하지만, 마니아 계층은 여건이 바뀌더라도 강한 애착을 갖고 지속적인 지출을 보이기 때문에 기업 입장에서는 충성도 높은 고객인 셈이다.

2) 럭셔리 마케팅 사례

① 가사 아웃소싱

일본에서도 우리나라처럼 파출부(가정부)가 있는데, 출퇴근 방식과 입거 방식의 두 가지 유형에 일당 9,000-15,000엔의 급료를 받는다. 주중에만 이용한다고 해도 월 18-30만 엔 정도의 비용이 드는데, 이는 일반 월급생활자의 한 달치 급료에 상당하는 크기이다. 물론 주 3일이라든가 반나절 이용의 형태도 있기는 하다. 지금까지 일본에서 이러한 가정부 서비스는 단독주택 소유에 고급 승용차 여러 대, 돈드는 강습, 명품 소유 등을 하고 나서 맨 마지막으로 이용하는 것으로 여겨져 왔다. 즉 청소, 세탁과 같은 가사를 타인에게 유료로 맡기는 일은 궁극의 사치인 셈이다.

뉴 리치가 이용하는 가사대행 서비스는 소개업소를 통하는 것이 아니라 전문 서비스업체[(주)더스킨, 미니메이드 서비스(주), (주)모리메이드 저팬 등]와의 계약을 통해 서비스 요원을 파견받아 서비스를 받는다. 매번 동일 인물이 오는 것도 아니고 서비스 시간이 2-3시간에 불과하여 이용자와 서비스 요원 간의 관계는 한마디로 드라이한 관계에 지나지 않는다.

원래 미국에서 맞벌이 가정(연 소득 800만 엔 이상)에서 가사대행 서비스를 많이 이용하고 있기 때문에 일본에서도 같은 예상을 하였으나 앞서 언급한 사회인식의 차이로 인해 시장의 성장세가 예상을 밑도는 바람에(미국은 집안 청소서비스 이용이 전 가구의 40%인데 비해 일본에서는 하우스클리닝 서비스 이용 가구가 전체의 10%에 불과), 표적 고객을 부유층으로 전환하게 되었다.

그런데 최근 일본에서는 가구 소득 1,500만 엔 이상의 맞벌이 가정에서 이러한 가사대행 서비스의 이용률이 증가세를 보이고 있다. 이들에게 시간의 확보는 지상과제이라서 수면시간, 오락이나 휴식시간을 할애하면서까지 집안 청소나 세탁에 쫒기는 일은 육체적, 정신적으로 버겁기 그지없다. 주위에서 뭐라 말하든 부탁할 수밖에 없을 정도의 절박함을 이들은 느끼고 있는 것이다. 설령 부부 한쪽의 급료의 상당 부분을 가사대행 서비스와 보육 서비스 이용에 지출한다고 해도 일과 가정/육아의 병행 문제를 극복해내겠다는 것에 우선순위가 놓여 있다. 여기에는 단순 청소, 세탁에 그치지 않고 요리, 쇼핑, 보모, 쓰레기 수거, 다리미질, 이불 말리기, 자녀의 학원/학교 송영, 애완동물 산책, 정원 손질, 봉제 등의 다양한 서비스에 대한 주문형 대행 서비스도 신규로 등장하고 있다.

② 서비스 아파트

Service Apartment는 가구, 식기류 등 일상생활에 필요한 것을 갖춘 고급 임대맨션을 가리키는 말이다. 경우에 따라서는 메이드 서비스나 프론트 서비스까지 제공되기도 한다. 일반 임대맨션과 다른 점은 임대인에게 보증금(敷金: 보통 월세의 2-3개월 치)과 사례금(禮金: 월세의 1-2개월 치)을 지불할 필요가 없다는 점이다. 일본에 있는 위클리 맨션(weekly mansion)보다는 등급이 높고, 호텔의 장기 체재보다는 비용이 덜 든다고 볼 수 있다.

이러한 서비스 아파트는 미국, 유럽, 아시아(싱가포르, 홍콩 등)에서는 일반적인 것으로서, 주로 장기 체재하는 외국인을 표적으로 삼고 있는데, 일본에서는 2003년에 외국자본의 사업자가 시장에 진입하고 있다. 입지는 아사후(麻布), 롭폰기(六本木), 히로오(廣尾), 아카사카(赤坂) 등 동경의 1급 지역으로서 외국인의 선호도가 높은 지역이다. 정기적인 하우스 키핑과 리넨 서비스를 제공하는 등 호텔의 콘쉐르제에 버금가는 서비스를 제공한다.

일본에서 서비스 아파트가 일반에게 알려지게 된 계기는 '롭폰기힐스'의 주거동인 롭폰기레지던스의 4개 동 가운데 1개 동이 서비스 아파트로서, 여기에는 1-10층이 스탠다드형, 11-17층이 고급가구 콘란으로 설계된 디자인형, 최상층인 18층은 입주자 전용 라운지가 있어서 여기에서 조식과 커피가 제공된다(임대료에 포함). 여기에 메디컬 서비스까지 포함하여 월세가 40-90만 엔에 달한다. 심지어 롭폰기의 방위청 부지를 재개발한 '동경미드타운'의 고급임대 주택의 월세는 최고 500만 엔까지 하며, 임대 회의실 공간까지 구비되어 있다. 이들은 앞서 언급한 대로 일본에 주재하는 외국인 경영자들을 대상으로 하고 있지만, 이 밖에도 지방소재 기업의 경영자로서 동경에 빈번히 출장오는 자, 동경 교외에 자택이 있지만 다망한 관계로 평일에는 도심에서 보내는 경영자 등도 표적으로 삼고 있다.

일본에서 최고경영자들은 긴 통근시간과 이동시간에 소요되는 낭비, 수하물 수

취에서 일용품 구매에 이르는 일체의 시간 손실에서 해방되기 위해 이러한 서비스 아파트를 이용하고 있는 것이다.

③ 건강관리 서비스

국민건강보험제도는 우리나라와 마찬가지로 일본에서도 일정액의 보험료 부담으로 전국 어느 병원에서고 평등한 의료 서비스를 받게 해준다. 그러나 이런 평등한 의료서비스에 만족하지 못하는 환자도 상당수에 달한다. 대기시간 2시간에 진료시간은 고작 3분밖에 안되어 좀 더 긴 시간의 진찰을 받고 싶다든가, 검사를 받고 싶어도 병원 개원시간에는 근무에 바빠서 갈 수 없다든가, 수술하라고 하는데 다른 진료 방법은 정말 없는 건지, 검사 결과 몸에는 이상이 없다고 하는데 어딘가 발견하지 못한 곳이 있지는 않은지 등의 불만이나 의문을 해소하기가 현재의 의료 제도 하에서는 기대하기 힘들다.

이런 고객을 표적으로 한 사업이 회원제 건강클럽이다. 대형 종합병원의 검진센터가 회원에게 입회비(수만 엔-수십 만 엔)와 연회비(월 단위 1-2만 엔)를 받아 연 1-2회 검진을 받을 수 있다. 검사 결과에 따라서 다른 의료기관이나 전문의를 소개하기도 하고, 세컨드 오피니언(진료, 치료법의 적절성 판단을 위해 다른 의사가 개진하는 의견)을 제공하기도 하고, 24시간 건강상담서비스, 진료우선예약 등의 혜택을 제공한다.

대형종합병원과는 달리 완전히 회원 한정의 의료서비스가 '고급회원제 건강클럽'이다. 그 대표적 예로는 리조트클럽 업계의 선두격인 '리조트 트러스트(주)'의 그룹 계열사인 (주)하이메디크가 운영하는 '하이메디크 山中湖 구락부'이다. 야마나시켄(山梨縣)에 세워진 고급 리조트호텔 '에크시브 山中湖'의 지하 2층에 검진센터를 갖추고 있다. 암, 뇌, 심장의 각 전문 코스를 연 1회씩 검진받는 경우, 회원권이 1,100만 엔, 연회비 45만 엔의 고액임에도 회원은 증가일로에 있고 회원권 판매도 매진 상태라고 한다.

이와는 달리 입회금이 수백만 엔, 리조트가 아닌 보다 편리성이 뛰어난 입지의 고급회원제 건강클럽의 상당수가 예정 회원 수도 채우지 못하고 있어서 경영상의 어려움을 겪고 있다. 이러한 인기의 차이는 조기발견 확률의 차이에 있다. 하이메디크 山中湖 俱樂部는 일본 최초로 PET(Positron Emission Tomography:

양전자 방출 단층촬영법) 검진 설비를 도입하였다. CT 검사와 결합하게 되면 이제까지의 검사에서는 발견할 수 없었던 작은 암을 발견할 수 있다는 특장이 있으나 워낙 고액의 장비라서 도입 병원이 많지 않은 실정이다. 기업 경영자들은 큰 병에 걸리지 않거나 조기에 병을 발견하는 일이 무엇보다 우선순위이다. 이런 인기에 편승하여 호카이도(北海道), 미야자키(宮崎), 후쿠오카(福岡), 카고시마(鹿兒島) 등의 지방병원들이 PET 검진과 리조트 여행을 팩키지로 한 프로그램이 시니어 소비자들 사이에 인지도를 높여가고 있다. 또한 2005년 8월에는 오사카에 도시형 고급회원제 건강클럽 '하이메디크 오사카', 2006년 가을에는 동경대병원과 제휴하여 '하이메디크 동대병원'을 설립하여 차원이 다른 '그랜드 하이메디크 구락부'를 운영하고 있다.

현재 고급회원제 건강클럽의 수용 인원은 최대 1만 명으로 추산되는데, 아직은 수요에 미치지 못하는 것으로 보고 있다.

④ 프라이빗 뱅킹

프라이빗 뱅크(private bank)는 최상층 갑부의 막대한 자산을 종합 관리, 운용하는 전문 은행을 말하며, 프라이빗 뱅킹은 바로 이러한 자산 관리, 운용의 서비스를 가리킨다. 프라이빗 뱅킹의 기원은 18세기 후반 스위스이고, 유럽의 왕족 및 귀족의 자산을 관리, 운용하는 전문은행으로서, 지금도 스위스에는 10여개의 프라이빗 뱅크가 있다. 1805년에 창립한 Pictet[11] 은행이 2000년 일본에 피크테 파이낸셜 매니지먼트 컨설턴트(Pictet FNMC) 주식회사를 차려 2001년부터 자산 1억 엔 이상의 고객(일본 전국민의 0.4%)을 상대로 영업을 시작하고 있다. 여기에 일본의 은행들도 가세하고 있는데, 그 배경에는 금융 고객들이 2005년 4월부터 시행되고 있는 예금보호 상한제[12]로 인해 자산관리의 중요성을 자각하게 되었기 때문이다.

그런데 뉴 리치들은 자산의 운용, 관리에 대한 경험치가 적어서 프라이빗 뱅킹의 내용을 전달하기 위해 은행들이 편리성 높은 장소에 상담 거점을 설치하고,

11) 은행, 펀드관리, 기관자산관리 등의 3개 회사를 거느리고 있음. www.pictet.com 참조.
12) Pay Off 解禁으로 인해, 예금액이 1천만 엔을 웃도는 부분에 대해서는 예금 보호에서 제외시키는 제도.

잡지 광고, 자사 홈페이지 고지 등을 활용하고 있는데, 이는 외국의 프라이빗 뱅크들이 대대적인 고지 행위 없이 착실하고 은밀히 전개하는 영업 방식과는 대조를 보이고 있다.

일본은행들은 피크테 은행처럼 완벽한 풀 서비스를 제공하고 있지는 못하지만, 재무 상담사, 재무 컨설턴트 등이 무료 내지 저렴한 상담료를 받고 주식투자 세미나, 연금 운용 상담 등을 해왔기 때문에 수천 만 엔의 금융자산을 보유한 뉴리치의 고객으로까지 대상을 확대하고 있다. 특히 新生銀行은 예금 자산 1천만 엔 이상의 플래티늄 회원을 대상으로 한 '플래티늄 센터'를 긴자(銀座)와 우메다(梅田)에 개설하여 개별 룸에서 자산 운용에 관한 상담 서비스를 제공하고 있는데, 이는 프라이빗 뱅킹의 시험 무대로서 프라이빗 뱅킹 회원으로 상승시키기 위한 유망고객과의 접점의 장소로 활용하고 있다.

⑤ 최고급 호텔 서비스

2005년 7월 힐튼 그룹의 최고급 호텔 브랜드인 '콘라드[13] 토쿄'가 오픈하였는데, 모리트러스트가 개발한 고층 인텔리전스 빌딩의 최상층인 30-37층에 있고, 290개의 객실 중 50개가 이그제큐티브 룸, 68개가 스위트 룸으로 구성되어 있으며, 스탠다드 룸도 48㎡의 여유로운 면적에 전망 좋은 창가에 4m 길이의 긴 소파를 놓고, 바닥에서 천장까지 한 쪽이 온통 창으로 되어 있어서 모던하면서도 사치스런 공간을 연출하고 있다.

이어 2005년 12월에는 '만다린 오리엔탈 토쿄'가 오픈하였는데, 홍콩을 중심으로 세계 17개국에서 운영하고 있는 동 호텔은 미츠이부동산이 개발한 '니혼바시 미츠이 타워'의 최상층인 30-38층(및 1-3층, 본관 4층)에 자리잡고 있다. 리셉션이 최상층에 위치해 있다는 특징, 179개의 객실 중 스위트 룸이 22개, 방 면적은 최소 50㎡ 이상이다. 방에는 대형 디지털 하이비전 액정 TV, 서라운드 사운드 시스템, DVD/CD 플레이어가 구비되어 있고, 본관은 연회장과 예식장으로 쓰고 있다.

2007년 봄에는 롭폰기의 '토쿄미드타운'의 ㄷ자형 세 개의 건물 중 정 중앙에 있는 오피스의 최상층 45-53층에 리츠칼튼토쿄가 입성하였다. 250개의 객실과 4

13) 힐튼 그룹의 창업주 콘라드 힐튼(Conrad Hilton)의 first name이다.

개의 레스토랑, 9개의 연회장, 대형 스파 시설을 갖추고 있다. 리츠칼튼은 매리어트 그룹의 최고급 브랜드로서 철저한 교육에 의한 일류 서비스는 교재에도 소개될 정도이다. 2007년 가을에는 페닌슐라토쿄가 개점하였는데, 다른 고급호텔처럼 고층 빌딩의 상층부에 위치한 것이 아니라, 한 동 전체를 호텔로 운영하고 있다.

이상의 최고급 호텔이 주목을 받기 이전에도 몇 개의 럭셔리 호텔들이 문을 열었는데, 2002년 '포시즌즈호텔 마루노우치 토쿄', 2003년 '로얄파크 시오도메(汐留) 타워', 2003년 '스트링스호텔 토쿄'가 오픈하였는데, 이들은 페닌슐라토쿄를 제외한 보다 최근의 최고급호텔들과 마찬가지로 고층인텔리전스 빌딩에 입지를 잡고[14], 많지 않은 객실 수에, 호사스런 공간, 철저한 일류 서비스와 접대를 제공한다는 공통점을 갖고 있다. 객실 하나에 두 명의 호텔 직원이 배치되는 서비스는 일반 일본호텔들에서는 볼 수 없는 내용이다.

투숙 요금은 1박에 최저 4-5만 엔으로서[15], 그 이전의 고급 호텔(제국호텔, 웨스틴호텔, 호텔오쿠라 토쿄 등)이 1박에 2-3만 엔이었던 점과는 가격차를 보인다. 즉 다른 일본 호텔들은 쓸데없는 시설, 설비, 서비스를 줄임으로써 저가격을 실현하자는 것이 업계의 흐름이었는데, 이들 초호화 호텔은 코스트 리더십이 아니라 차별화의 경쟁우위를 취하고 있는 셈이다. 객실 이용률은 파크하야트토쿄의 85%(2005년도), 이보다 약간 요금이 낮은 그랜드하야트호텔토쿄의 95%에는 미치지 못하지만, 만다린오리엔탈토쿄가 70%(2005년 12월 오픈 시점)로서 아직은 준수한 편이라고 볼 수 있다.

주요 고객은 외국인 경영자이고, 그 다음의 표적 고객이 바로 젊은 시절부터 업무나 사적인 일로 해외 일류 호텔을 이용하여 호사스런 서비스를 경험한 뉴리치이다. 특히 일본의 지방 거주가 아닌 도심 거주의 뉴 리치가 표적이다. 지금까지 일본인에게 호텔은 출장이나 여행시에 주로 이용하던 시설이다. 즉 자택에서 멀리 떨어진 장소에 있는 호텔에 숙박한다는 것이었는데, 최근에는 20-30대

14) 호텔 입장에서는 최상의 조망권을 투숙객에게 제공하고, 건물주 입장에서는 럭셔리 호텔의 입주로 빌딩의 이미지, 부가가치를 높일 수 있다는 점과 함께, 동경도 입장에서는 오피스 이외의 용도일 경우에는 용적률 인상을 허용하는 특례조치의 시행으로, 공공시설로 인정받는 호텔의 입주가 가능할 수 있었다.

15) 심지어 만다린오리엔탈토쿄는 정규 요금이 1박 최저 6만 엔대로서 그 이전에 최고 금액이었던 파크하야트토쿄의 5만 엔대를 경신하였다.

뉴 리치를 중심으로 가까운 시티호텔에 숙박하는 자들이 증가하고 있다. 회사 일을 마치고 일찌감치 호텔에 체크인하여 호텔내 레스토랑에서 식사를 즐기고 스파, 피트니스를 하며, 맛사지를 만끽하는 것이다. 호텔에서 지친 심신을 휴식시켜 양기를 보충한다는 라이프스타일이 선호되고 있다. 다망한 관계로 해외여행을 갈 틈은 없지만 시티호텔에서의 1박이라면 가능하다는 생각에서, 일상(격무)에서 비일상(호텔생활 만끽)으로 전환하는 것이다.

3) 럭셔리 마케팅의 성공 방정식

일본에서 럭셔리 마케팅이 주목을 받게 된 데에는 몇 가지 이유가 있다.

첫째는 신흥 갑부(new rich)의 대두이다. 파트직이 아니라 풀타임의 정년직 여성이 그리 많지 않던 시기에는 이들을 위한 소비 시장은 거의 존재하지 않았다. 그러나 관리직 경영자의 여성들이 늘어나면서 이들을 표적으로 한 상품, 서비스가 증가하였다는 점이다. 마찬가지로 뉴 리치의 수가 일정 규모(임계치)를 넘어서면서 이들을 위한 소비 시장이 형성된 것이다.

둘째는 소수의 초갑부와 다수의 일반 소비자 사이의 중간층을 위한 상품, 서비스가 이제까지 결여되어 있었다는 점이다. 대중적인 선술집(이자카야: 居酒屋)에서 2,980엔을 내고 무한 리필(타베호오다이, 노미호오다이: 食放題, 飲放題)을 즐기든가 아니면 고급 요정에서 2만 엔짜리 코스 요리를 즐기든가의 택일이었지 중간 가격대의 메뉴는 어중간하여 소비자에게 지지받지 못한다는 풍조이었다. 그러나 경기 회복과 사회구조의 변화에 의해 고만고만한 여유자금을 갖게 된 뉴 리치가 다수 등장하면서 1박 2식 9,800 엔의 온천여관과 1박 3만 엔의 고급 여관의 중간대 상품에 대한 수요가 강하게 일어났고, 앞서 언급한 술집의 경우에도 중간대 가격의 가게가 있기는 하지만 젊은 애들 일색이라 어른들이 느긋하게 즐길 만한 술집은 아니었다.

셋째는 디플레이션(가격파괴에 의한)의 진전으로 기초생활비가 하락하면서 소득의 증가없이도 취미나 여가를 위해 쓸 수 있는 돈이 늘어난 점이다. 식품(PB, 수입품), 외식(햄버거, 소고기 덮밥: 규돈/牛丼, 커피체인점, 패밀리 레스토랑, 이자카야), 의류(캐주얼웨어, 비즈니스 수트, 통신판매용 속옷), 가전(백색가전, 정보가전), 휴대전화(종량단가제) 등이 가격하락을 보이고 있고, 인터넷 옥션을 통한 신제품과 중고품의 저가 구매도 활발하다. 그 결과, 버블 경제가 절정에 올라 막을 내릴 무렵인 1991년과 2000년대를 비교하면, 소득 증가없이도 식품 및 의류 부문에서 각각 연간 10만 엔 이상씩 소비 절약이 이루어지고 있다. 아울러 버블 경제의 종말로 더 이상 소득 증가를 기대할 수 없게 된 소비자들이 다른 소비 품목들은 저렴한 구매로 하면서도 꼭 욕심가는 품목에 대해서만은 호사스런 소비를 보이는 식으로, 한정된 소득 규모 내에서 품목별, 용도별 굴곡있는 소비 행태를 취하고 있다. 여기에 럭셔리 마케팅의 기회가 도사리고 있는 것이다.

① 등급 설정

뉴 리치의 소비행동은 경제적 여유가 있기 때문에 사치를 부린다고 하는 단순한 방정식이 아니다. 다소의 희생에 대한 반대급부로 부유해졌기 때문에 그런 다소의 희생을 보상받기 위해 럭셔리 상품과 서비스를 추구하는 것이다. 가령, 억대 연봉을 자랑하는 외국계 금융기관의 능력있는 직원들은 1년마다 계약을 갱신해야 하므로 고용 불안이 높다는 점, 운용 실적이 급락하여 벌이가 시원찮게 되면 가시방석에 앉은 기분이 되고 전직에도 악영향을 끼친다는 점, 정신없이 일하는 가운데 장기간 휴식을 취하지 못하는 피로감을 희생으로 꼽을 수 있다. 아내가 정규직의 관리직 사원이 된 맞벌이 부부의 경우에는 배우자 한 쪽의 전근으로 가족이 함께 생활하지 못하는 부자유, 아이 양육과 교육 문제로 아이를 갖고 싶어도 가질 수 없는 불안 등의 희생을 치르게 된다.

이처럼 뉴 리치는 남들보다 열심히 일해 왔다는 의식, 나름대로 희생을 치렀다는 의식을 강하게 갖고 있다. 따라서 이들 뉴 리치를 고객으로 포획하기 위해 기업이 고객에게 전해야 할 메시지는, 하나, 당신은 죽으라고 노력해서 성공을 거둔 특별한 사람이라는 메시지, 둘, 능력과 노력에 충만한 당신에게 어울리는 특별한 상품, 서비스를 준비해 두었다는 메시지이다. 신계층의식에서 나온 등급설정(classification)을 겉으로 드러내는 일에서부터 기업의 럭셔리 마케팅 활동은 시작되어야 할 것이다. 단지 이들 뉴 리치 모두가 초갑부인 것도 아니고 대중 속에 함몰되어 있어서 찾아내기도 용이하지 않으며, 항시 최고급의 상품, 서비스를 추구하는 것이 아니라 자신의 지불 능력 범위 내에서 다소 사치스런 소비 만족을 즐기고 싶다는 경우도 있으므로 공략하기가 쉽지 않다.

② 커뮤니티 설정

타고난 갑부들은 이미 어린 시절부터 갑부 커뮤니티에 속하면서 자라왔다. 명문가 자녀들의 유명 사립유치원, 영재교육 사설학원, 발레나 바이올린처럼 돈이 많이 드는 사교육 강습, 일본무용이나 다도와 같은 전통 교육, 의상실, 골프 동우회, 지역경제단체 등과 같은 커뮤니티에서 일류 상품과 서비스에 접하고 육감으로 체험하며, 그들만의 폐쇄적인 커뮤니케이션을 통해 달리 입수하기 어려운 정보, 평판을 얻고, 사치스런 소비를 즐기며 이를 사업에 연계시키기도 한다.

그러나 신흥 부유층은 등급이 격상되어 정신적 여유를 갖고 품격있는 소비를 할 수 있게 되었을 때는 기존의 커뮤니티에서 만족을 구할 수 없게 된다. 대학동기들은 소형차를 굴리는데 자신은 실적 향상으로 소득이 배증하여 벤츠를 살까 하고 생각할 때, 문화센터에 같이 다니는 지인들은 패스트푸드점에서 커피를 마시는데, 자신은 시티호텔의 라운지에서 한 잔에 1천 엔 하는 커피를 마시며 휴식을 취하고 싶다고 할 때, 친구는 염가 패키지의 해외여행에 같이 가자고 하지만 남들보다 앞서 승진하여 심신이 피로한 자신은 1박 5만 엔하는 도심의 고급호텔 패키지를 즐기고 싶을 때, 기존의 커뮤니티는 정보교환과 가치관 공유의 면에서 도움이 되기는커녕 시기심만을 불러일으킨다.

뉴 리치 중에는 다소의 경제적 여유가 생겼지만 어디에 돈을 써야 할지 모르겠다든가, 어떤 상품과 서비스가 좋은 것인지 알 수가 없다고 하는 사람들이 많다. 수백만 엔이나 하는 고급시계가 실린 잡지를 오려 점원에게 내밀면서 달라고 하는 사람도 있고, 100만 엔의 명품 가방을 인터넷에서 실물도 보지 않은 채 구매하는 사람도 있다. 근본적으로 럭셔리 상품, 서비스에 대한 경험치가 결여되어 있는 뉴 리치의 소비를 촉진하기 위해서는 이들을 위한 커뮤니티를 조성해주어야 한다. 이러한 커뮤니티 조성에서 기업이 유념할 점은, 비공식적 정보교환, 실질적 평가, 럭셔리의 경험치, 적당한 폐쇄성이다.

비공식적 정보 교환은, 누구나 알고 있는 공개된 정보이어서는 안된다는 점이다. 누구든지 돈만 있으면 살 수 있고 이용할 수 있는 대중을 대상으로 한 상품, 서비스가 아니라, 한정된 사람만이 알고 있는 비공식적 정보이어야 한다는 점이다. 비록 유명하지는 않더라도 훌륭한 솜씨를 지닌 요리사가 독립하여 개점한 잘 알려지지 않은 레스토랑이라든가, 하루에 3명밖에 예약을 받지 않는 훌륭한 테라피스트가 있는 아로마 맛사지 숍처럼 매스 미디어에서는 다루지 않은 알 만한 사람들만이 알고 있는 정보를 제공해야 한다.

실질적 평가는, 매스 미디어의 이용자 체험담에서는 좀처럼 부정적 의견이 나오지 않는다는 점에 유의하여, 뉴 리치에게 좋든 싫든 실질적인 목소리를 전해주는 노력을 가해야 한다는 점을 말한다. 최근 1인분에 3만 엔 하는 레스토랑이 화제를 몰고 있는데, 정말로 그 정도만큼 좋은 건지, 6개월 예약이 밀려 있다고 하는 스파는 정말 그렇게 좋은 건지, 네트워크의 선이 아니라 점으로만 존재하고 있는 뉴 리치로서는 반복 이용자 내지 1회 체험자조차 주변에 없는 경우가 허다하다.

럭셔리의 체험치(體驗値)는 뉴 리치에게 결여되어 있어서 이들이 기-승-전-결의 순차적 단계를 밟지 않고 곧바로 결, 곧 지불행위로 이어지게 만든다. 다른 상품이나 서비스와 비교하기도 하고 판매원과 대화를 즐기면서 친밀감 있는 관계 형성의 경험에는 익숙하지 않다.

적당한 폐쇄성은 누구나 접근할 수 있는 개방성도 싫지만 계층의식이 물씬 풍기는 폐쇄성 또한 뉴 리치는 원치 않는다는 점을 말한다. 특권의식을 누리면서도 동시에 배타적 규칙에 속박당하지 않는 관계의 형성이 중요하다. 따라서 단순히 경제적 여유가 충분한 사람들의 모임이 아니라, 어떤 스타일과 가치관을 지닌 사람들의 모임인지를 기업측은 명확히 해야 할 것이다.

가령, 롭폰기 힐즈의 '아카데미 힐즈 롭폰기 라이브러리'는 회원제 도서관인데, 다양한 분야의 서적을 읽을 수 있을 뿐 아니라, 마음에 드는 책을 구입하고, 병설 카페에서 해외 잡지를 훑어보기도 하고, 때로는 네트워킹 파티를 개최하기도 한다. 경황없는 도시 생활 속에서 '知'의 충족에 투자하고 싶다고 하는 공통된 라이프스타일, 가치관을 지닌 사람들의 커뮤니티인 셈이다. 일반 도서관이나 서점에서도 독서, 도서구입은 가능하지만, 누구나 들어갈 수 있는 개방된 공간이라서 적당한 폐쇄성이 결여되어 있다.

또 다른 폐쇄성의 예로는 SNS(Social Networking Service)로서 친구나 지인과의 정보교환을 즐기는 커뮤니티 사이트의 한 형태라고 보면 된다. 그런 커뮤니티 사이트의 하나로 가령 http://mixi.jp가 있는데, SNS의 원칙은 기존 회원의 소개 없이는 가입할 수 없으며, 이름, 경력 등과 같은 개인정보도 공개해야 한다. 따라서 익명성이 높은 네트 게시판처럼 중상비방이 난무하지도 않고, 친구의 친구라고 하는 점이 안심감을 주어 정보교환과 인맥형성이 용이해진다. 기업은 뉴 리치들을 회원의 친구, 지인 루트를 통해 불러 모아 정보교환과 교류를 촉진하고 고객으로 확보하도록 해야 하며, 이 때 특정 테마별로 압축하는 것이 효과적이다.

③ 단계적 추진

뉴 리치는 線이 아니라 点으로 존재하며, 결혼 여부, 맞벌이 여부, 재테크 여부, 성과주의 여부 등 다양한 부대조건에 의해 저마다의 부유한 정도가 크게 달라진다. 또한 경제적 여유가 있다고 해서 모든 것, 모든 일에 럭셔리를 추구하는 것도 아니다. 돈을 쓸 만한 일이라면 아낌없이 쓰지만, 그렇지 않는 것에는 돈을 아끼는 금전 감각을 지니고 있다.

따라서 이들 뉴 리치를 고객으로 포섭하기 위해서는 럭셔리의 경험치를 단계적으로(step by step) 끌어올려 익숙케 하는 방법이 요구된다. 이 정도의 금전적 지출을 할 만큼의 가치가 있는 것인지 주저하는 뉴 리치들은 좀처럼 소비 체험의 본심을 겉으로 드러내지 않는다. 이유는, 자신이 명품에 대한 경험이나 지식이 적기 때문에 뭐가 좋은 것인지 제대로 모르기 때문이라고 이유를 둘러대는데 있다.

뉴 리치가 구매를 검토할 때 비교하는 대상은 같은 럭셔리 상품, 서비스뿐 아니라 중저가 상품, 서비스까지도 포함시킨다. 가령 마사지 서비스의 이용을 검토할 때는 로얄파크 세키도메 타워 호텔의 '만다라 스파'의 3만 엔 코스를 할 것인가 아니면 만다린 오리엔탈 호텔의 스파 4만 엔 코스로 할 것인가의 비교는 물론, 1시간 1만 엔의 아로마 마사지, 10분 1천 엔의 퀵 마사지도 함께 검토한다. 뉴 리치는 타고난 부유층과는 달리 중저가 상품, 서비스가 지닌 나름대로의 가치도 숙지하고 있다는 점에 기업은 유념해야 할 것이다.

④ 아웃소싱

인간은 자신이 하고 싶지 않은 일, 흥미가 없는 일에는 시간을 할애하고 싶지 않은 것이 본심이다. 특히 맞벌이 주부의 경우, 가사를 아웃소싱하고 싶다는 욕구가 강하다. 또한 정년퇴임의 가장을 둔 주부도 수십 년 해온 가사(밥하기, 빨래하기, 청소하기 등)에서 적당히 해방되고 싶은 마음이다. 이들 주부의 가사뿐 아니라 많은 사람들이 시간 낭비를 하고 있는 일이 정보 수집과 비교 검토이다. 자신이 원하는 정보에 최종 도달할 때까지 인터넷, 잡지 등의 검색, 탐독, 비교에 소요하는 시간에 커다란 낭비가 있다. 이런 일들의 아웃소싱 서비스를 뉴 리치에게 제공한다면 또 다른 호사스런 럭셔리 마케팅이 될 수 있다.

⑤ 우선순위

뉴 리치는 다른 사람들보다 자신이 우선적으로 상품과 서비스를 구입, 소비하고 싶다는, 자신만이 특별한 대우를 누리고 싶다는 우선순위의 욕구를 지니고 있다. 일본항공(JAL)은 탑승 회수와 마일리지의 정도가 높은 우수 고객을 다이아몬드, 프리미어, 사파이어, 크리스털의 4등급으로 나누어 각기 다른 서비스와 특전을 제공하고 있다. 최상급의 다이아몬드 자격은 12개월간의 마일리지가 10만 포인트이거나 또는 탑승 횟수가 120회 이상인 고객에 해당한다. 제공되는 혜택으로는 마일리지 무료 추가 보너스, 좌석 무료 업그레이드, 전용 라운지 이용, 전용 카운터에서 체크인, priority baggage service(도착 공항에서 수하물 찾을 때 컨베이어 앞에서 줄서서 기다리지 않고 우선적으로 자신의 수하물을 인도받는 서비스), 우선 탑승, 우선 대기명단 서비스(국내선) 등이 있다.

물론 백화점에서도 최우수 고객에 대해 영업 직원이 상품을 자택으로 갖고 가서 구매를 권한다든가 점포에 없는 상품을 구입할 수 있게 해준다든가, 세일 행사나 특별 행사에 우선 초대하는 특전을 제공하는 등 다른 서비스 사업체에서도 최우수 고객에 대한 특별 예우는 해주고 있지만, 항공사의 특전과는 차이점을 보이고 있다.

첫째, 항공사 서비스는 최우수 고객이 될 수 있는 조건을 고객에게 명시하고 있다. 둘째, 등급 간 서비스 차이점을 고객에게 명시하고 있다. 자신이 받는 서비스가 어느 정도 높은 수준의 것인지를 비교할 수 있는 것이다. 셋째, 차별화된 서비스 내용을 다른 일반 고객 앞에서 공개적으로 제공하고, 최우수 고객은 이를 당당하게 누린다는 점이다.

⑥ 주문형

눈에 보이는 물리적 호사스러움, 사치스러움의 서비스는 다른 기업들이 쉽게 모방할 수 있다는 점에서 지속가능한 경쟁우위라고 말할 수 없다. 후발업체가 보다 참신하고 호사스런 것을 제공한다면 고객은 곧바로 거래처를 옮길 것이다. 고객이 반복적으로 구매하여 고정 고객이 되도록 하려면 주문형에 의한 대응이 불가결하다. 고객의 저마다의 욕구와 상황에 맞는 최적, 최고의 서비스를 제공하는 일이다.

가령 1박 1만 엔의 비즈니스호텔이라면 신문은 프론트에서만 판매하며, 종류는 3가지뿐이라는 서비스에 대해 고객은 가격을 고려하여 납득할 만한 서비스라고 받아들일 것이다. 그러나 1박 5만 엔의 호텔을 이용한다면 호텔측의 사정이나 규정은 고객에게 적용될 수가 없다. 고객의 일체의 요구에 응해야 하는 것이 고급호텔이 일반 호텔과 차별화해야 할 서비스인 셈이다.

소위 콘쉐르제(concierge)라는 전담 서비스 요원이 투숙객의 티켓 및 관광 알선, 쇼핑 상담, 룸서비스의 홍차 종류, 호텔에서 치를 기념일 파티의 조정 등 다양한 서비스를 제공한다. 미츠코시 백화점에서는 유료회원제 서비스인 'Your Secretary'를 통해 고객의 기호와 욕구에 맞는 상품의 추천은 물론 변호사와 의사의 서비스 소개, 주택 리모델링 상담까지 응하고 있다. 서비스가 아니라 상품을 제공하는 경우에는 상품 카탈로그에 없는 특별주문품이라든가, 기본 사양 위에 색상, 사이즈 등의 옵션을 설정한 이지 오더형 상품을 제공하는 서비스를 생각해 볼 수 있다.

⑦ 교체

뉴 리치들은 경제적 지위 상승으로 과거와의 교체(reset)를 단행하고 있다. 연봉 500만 엔 시절의 원룸 생활의 교체, 궁핍한 프리터 시절의 경자동차의 교체 등이다. 교체 대상은 그리운 추억으로 남을 수는 있지만, 되돌아갈 수는 없는 것이다. 이러한 교체를 단행하게 되는 계기에는 뉴 리치 본인이 자각하는 시기와 기업체 측에서 권유하는 시기가 있다. 단지 뉴 리치들이 대중 속에 파묻혀 있기 때문에 자각할 계기도 권유받을 계기도 적다는 점에서 이들의 잠재적 교체를 현재(顯在)화 시키는 일이 럭셔리 시장 확대의 계기로 작용할 것이다. 남들보다 많은 소득을 올리기 위해 투자한 시간과 노력, 심신의 피로를 치유하는 일이 무엇보다 소중한 뉴 리치들에게는 럭셔리 소비를 통해 日常에서 非일상으로 교체하는 일은, 자신의 지금까지의 고생을 정당화시켜주는 보상인 셈이다.

이러한 일상에서 非일상으로의 교체의 주된 수단이 지금까지는 바깥이었다면 이제는 안쪽이라는 점이다. 고급호텔의 투숙, 에스테 살롱, 해외 리조트 등 모든 것이 밖에서 이루어지는 非일상이다. 안(곧 집)에서 럭셔리를 즐기려면 어지간한 경제적 여유로는 힘들다. 1년에 한번 콘라드도쿄에서 숙박을 한다든가, 년 2회 하와이 여행을 하며 루이뷔통 가방을 사는 일은 할 수 있어도, 300만 엔을 들여 지하에 음향 설비를 갖춘다든가 계절마다 주문형 커튼으로 인테리어를 바꾸는 일은 좀처럼 쉽지 않다. 최근에 등장한 집안에서 즐기는 럭셔리 서비스의 예로는, 피부관리사(aestetician)나 손톱관리사(nailist, nail technician), 일류 호텔 주방장(chef)의 가정출장 서비스, 호텔 요리의 홈 케이터링 서비스 등이 있다.

럭셔리 소비라고 해도 같은 내용을 반복하게 되면 뉴 리치들은 싫증내고 만다. 특히 매스컴이 다룸으로써 일반인들도 열심히 돈을 모아 럭셔리 소비를 하게 된다면 뉴 리치들의 특별감, 우월감은 소멸하고 만다. 따라서 지속적으로 비일상의 효과를 제고하여 새로운 내용으로 채우는 일에 기업은 소홀히 해서는 안된다. 럭셔리에 대한 뉴 리치의 욕구에는 상한선이 없다는 점에 유념해야 한다.

4) 럭셔리 마케팅의 전망

일본에서는 2차 대전 이후 지금까지의 시기를 통틀어보면 예전부터 존재하던 재벌계 기업들을 제외하면 대전 이후 새로 모습을 드러낸 벤처기업(당시 이런 용어는 없었지만)이 상당수이며, 이들 신생 벤처, 중소기업이 급성장을 보이면서 창업 경영자의 주택, 자가용, 음식, 취미 등이 수준 향상을 이루었고 이를 빗대어 졸부(나리킨: 成金)라 불렀다. 그러던 벤처, 중소기업들이 대기업으로 발전하고 경영자의 세대교체가 이루어지면서 이제는 졸부 집안이 아니라 명문가로 인식이 바뀌게 되었다. 부자가 되려면 부잣집의 자식으로 태어나던가 아니면 스스로 부자가 되는 길밖에 없는데, 후자의 경우 지금까지는 연예인이나 프로스포츠 선수와 같은 특수 직업에 종사하든가 아니면 사업을 일으키는 것뿐이었다. 월급쟁이는 안정된 생활은 할지 몰라도 큰돈을 벌수는 없다는 것이 일반적인 인식이었으나, 뉴 리치의 등장으로 지금까지 부자와는 거리가 멀었던 샐러리맨들도 부자가 될 수 있는 시대가 되었다.

재래의 부자(old rich)와 신흥 부자(new rich)의 차이점은, 후세에 자산을 남길 것인가 여부이다. 재래의 부자는 주식, 토지, 상호 등과 같은 자산을 자손들에게 남겨주려고 하지만, 신흥 부자는 가령 기업을 소유, 경영하고 있다면 2세에게 경영 인수를 시키기보다는 투자가에게 매각하던가 아니면 우수한 경영자에게 맡기는 선택을 한다. 그 대신 이들 뉴 리치는 자신의 능력과 노력으로 부를 축적하였기 때문에 자녀에게도 사회에 진출하여 돈을 버는 능력을 키울 수 있도록 교육에 우선순위를 둔다.

기업 입장에서는 연 수입 5천만 엔의 변호사, 연봉 1억 엔의 경영자, 금융 자산 5억 엔의 개업의 등과 같은 제한적 규모를 지닌 상위 계층의 부자들을 공략하기 보다는 한 단계 아래의 뉴 리치들에게 접근하는 편이 훨씬 효과적일 수 있다. 1천만 엔짜리 보석을 구입할 수 있는 고객은 수십 명일지 몰라도 100만 엔짜리 보석을 구매할 수 있는 소비자는 수백, 수천 명은 될 것이기 때문이다. 대수의 법칙 내지 규모의 경제를 적용한다면 뉴 리치 중에서도 소수가 아닌 다수를 표적으로 삼으라는 것이다. 다수의 뉴 리치에 속하는 사람들은 독신의 경우 연소득 1,200-1,500만 엔, 맞벌이 부부라면 2,000-3,000만 엔에 해당한다.

이들 다수의 뉴 리치를 포획하기 위한 방법은 재래의 부유층이나 초특급 부자들을 상대로 하던 사업에 상품이나 가격의 폭을 넓히는 방법이 있는데, 가령 해외 고급 브랜드가 세컨드 브랜드를 신설한다든가 고급 레스토랑이 캐주얼 브랜드의 레스토랑을 병설하는 일이 있다. 또 다른 방법은 대중 소비자를 상대로 한 사업에 한 단계 위의 상품, 서비스를 추가하는 것인데, 이지 오더형 제화, 유기농 화장품 등이 있을 수 있다. 이처럼 새로이 설정된 중간 단계가 럭셔리 시장이며, 이 시장의 소비자들이 명품에 익숙해지기 시작하면 소비의 규모가 임계치를 넘어서게 되어 많은 사업자 간의 시장 경쟁이 본격화될 것이다.

6. 외식 산업

일본의 외식 산업의 현황을 언급하기에 앞서 시대별 상황을 개략적으로 도식화할 필요가 있다고 본다.

〈표 4-4〉 일본 외식 산업의 발전 이력

	도입기	성장 전기	성장 후기	성숙기	전환기	현재
당시 신업태	회전스시, 햄버거점, 패밀리 레스	테이크아웃 도시락, 불고기 체인점	배달 피자	일식 체인점	신흥 불고기 체인점	저가 음식점, 셀프 우동점
주요 동향	일본최초 회전스시점'元祿壽司' 오사카에 등장, 70년에 스카이락, KFC 1호점, 71년에 맥도널드, 미스터도넛 1호점으로 외식산업 원년으로 불림	프랜차이즈 방식의 체인화 개시, 센트럴 키친과 매뉴얼에 의한 서비스 균질화, 75년 8조 7천억 엔에서 80년 14조 7천억 엔으로 시장 확대	시장규모 20조엔 돌파로 백화점 업계 능가, 일식 레스토랑 신장, 외국자본계 패스트푸드점 POS 도입으로 타 대형 체인점도 모방	버블붕괴로 외식산업 성장둔화, 테이크아웃 도시락, 반찬, 배달피자 등이 확대	부동산가격 하락으로 개점환경 개선, 패밀리레스토랑의 도심 진출과 이자카야의 교외 진출, 98년부터 회전스시 붐, 중화, 불고기, 이태리 음식 등 전문화 식당 신장세	2001년 광우병파동으로 외식산업 큰 타격, 햄버거체인점과 소고기덮밥점의 가격인하 경쟁, 2004년 조류인플루엔자로 전문식당 타격, 음주운전단속강화 여파

* 도입기: 1950년대 후반-1970년대/성장 전기: 1970년대-80년대 전반/성장 후기: 1980년대 후반 / 성숙기: 1990년대 전반/전환기: 1990년대 후반
현 재: 2000년 이후
자료: 주간동양경제, 2007년 7월 7일자, 36-37쪽.

일본의 외식산업[16]은 주요 고객인 단괴 세대의 이용 감소 및 06년 가을부터

16) 외식점포에 대한 맛평가 사이트의 대표적인 곳이 '食べログ(타베로그).com'이다. 300만 명의 이용자가 있으며, 투고 규정이 엄격한데, 맛있다, 맛없다의 단답형 투고는 금하며, 맛평가의 구체적인 이유를 기술해야 한다. 바퀴벌레가 들어 있었다와 같은 확인 불가능한 투고도 안된다. 점포의 랭킹은 투고자의 투고 회수 및 투고 이력, 다른 이용자의 평가가 높은 투고자일수록 중시된다. 동 사이트를 운영하는 '카카쿠코무'는 음식업체 이외의 점포로부터 받는 광고료를 수입원으로 하고 있다.

강화된 음주운전 단속으로 교외형 점포가 커다란 타격을 입고 있다. 여기에 노동시장의 인력 부족으로 조리 업무에 지장도 있다. 대표적인 패밀리 레스토랑 업체인 스카이락은 2006년 가을 증권시장에서 퇴출당하는 신세가 되었으며, 로얄호스트, 데니스재팬도 어려운 상황은 마찬가지이다. 패밀리 레스토랑의 고객을 빼앗아온 대형 이자카야(居酒屋)도 구태의연한 저가 메뉴 및 음주운전 단속 강화로 궁지에 몰려 있다.

이런 상황 속에서도 분발하고 있는 이자카야로는 2007년 3월에 오사카증권거래소의 '헤라클래스'시장에 등록한 다이아몬드 다이닝사의 '뱀파이어 카페'가 있다. 이 점포는 다른 업체가 가지 않은 길을 개척한다는 독자적인 사업 철학을 전개하고 있다. 41개의 체인 점포 가운데 동일 업태는 단 한군데도 없는 철저한 개별점포주의를 표방하고 있다. 점포별 상품가격은 800엔-10,000엔, 점포면적도 8평-300평까지 각양각색이다. 이를 다른 업체들이 쉽게 모방하지 못하는 이유는, 업태 개발이 상당히 번거로운 작업이기 때문이다.

다이아몬드 다이닝 사에서는 업태 개발을 위해 많을 때는 1일 20건의 장사 잘되는 점포를 찾아가 메뉴와 고객층을 조사한다. 메뉴와 복장, 이벤트 등은 각 점포의 자율에 맡기는데, 메뉴의 경우에는 지나친 비용 팽창을 막기 위해 80%는 각 점포 공통으로 하고 나머지 20%에 대해 점포간 차별화를 도모하고 있다.

패밀리 레스토랑 업체 중의 하나인 조나단은 2002년에 동경전력 및 주방기기 제조업체와 공동으로 전면 전기주방화 사업을 전개하여 치바 현의 점포에 도입하였다. 가스를 사용하는 주방은 한여름에 실내 온도가 40도에 달하는 과혹한 작업 환경이라서 임시직이나 아르바이트직 인원을 모집하기도 쉽지 않다. 이를 전기주방으로 바꾸면 광열비의 절감[17]은 물론 청결 면에서 커다란 개선이 이루어진다.

IH(전자유도 가열) 조리기기는 조리온도를 세밀히 수치제어 할 수 있어서 매뉴얼화가 요구되는 체인점 사업에 적합하다. 단지 화력이 세지 못하다는 업계의 선입견과 기기구매의 초기비용이 높다는 점이 보급의 걸림돌이 되고 있다.

17) 빌딩 내에 점포를 임차한 경우에는 전력 계약을 빌딩 소유주가 하므로, 개별 점포가 전면 전기주방화를 한다고 하더라도 빌딩 소유주가 일괄적으로 전력회사와 계약을 체결하지 않으면 할인요금의 혜택을 보지 못하는 문제점이 있다.

일본의 초밥 시장은 1조엔 규모이고, 이 중 회전초밥 시장이 4천억 엔 정도인데, 회전초밥 분야의 40%를 한 접시 2점에 100엔짜리 '캅파', '스시로', '쿠라'가 차지하고 있다. 이들 100엔 초밥의 재료비를 보면, 참치(흰 지방이 있는 부위: 토로) 대자 80엔, 중자 50엔, 참치(붉은 살: 아카미) 35-40엔, 전복(아와비) 60-70엔, 광어(히라메) 40-50엔, 고등어(사바) 30엔, 전어(코하다) 20-30엔, 연어(사몬) 25-30엔, 오징어(이카) 20엔, 장어(아나고) 20엔 등이다. 키쿠치(菊池) 시장의 중견 규모의 회전초밥점은 '하코모노야(箱もの屋)'라고 불리는 업자로부터 재료를 구입하는데, 기형의 생선, 상태가 안좋은 생선(비늘이 벗겨지거나 눈이 찌부러지거나 거품을 토하는 등), 아류 생선(가자미를 광어로 둔갑) 등을 팔아넘기고 있다.

앞서 언급한 대형 회전초밥 체인점들은 참치, 오징어, 고등어 등을 중국 공장에서 가공하여 냉동 상태로 수입한 뒤 점포에서 해동시켜 초밥의 재료로 쓰고 있으며, 장어는 태국산 장어를 현지 공장에서 조리한 상태로 들여와 쓰고, 정어리나 전갱이는 일본 국내에서 조달하여 조리하고 있다. 그럼에도 불구하고 주변의 패밀리 레스토랑이 8분, 라면이나 규돈(소고기덮밥: 牛丼)집이 2분 정도 대기하는데 비해 무려 30분을 기다려야 자리를 잡을 수 있을 정도로 3대 대형 회전초밥점은 문전성시를 이루고 있다.

햄버거 시장에서는 일본에서 철수한 지 6년 만에 재입성한 버거킹이 철판이 아니라 직화그릴로 구운 대형 비프 패티(patty)에 서양 상추(레터스)와 토마토, 마요네즈를 첨가한 무려 직경 13㎝의 와퍼를 판매하고 있는데, 신쥬쿠(新宿) 아일랜드 타워의 지하 광장에 있는 점포에는 이른 아침부터 여학생과 직장여성 700여명이 군집해 있다. 철수 당시에는 일본맥도널드가 100엔을 밑도는 저가 경쟁을 벌이면서 400엔을 밑도는 프리미엄 버거를 판매하는 버거킹이 두 손을 들고 9년간 수도권 중심으로 전개한 30개 미만의 점포를 정리하였다.

버거킹은 일본시장에 재진입하면서 합작 파트너로 기업재생지원회사인 리뱀프 및 롯데를 선정하였다.[18] 이러한 버거킹의 재도전에 맥도널드가 호들갑을 떨 이

18) 롯데리아는 100개의 점포를 재개장하고 50개 점포를 폐쇄하는 등 재생을 위한 노력을 기울이고 있다.

유는 없다. 맥도널드의 점포 전체의 매출 신장률은 매월 두 자릿수를 기록하고 있어서, 한 때 위기로부터 탈출하여 완전 부활하였으며, 여기에는 기간 한정 판매의 '메가 맥', 새로운 아침식사 메뉴 '맥 그리들'이 주효하였다.

또한 맥도널드가 모든 소비자를 표적으로 삼는데 비해 버거킹은 오파스 지역의 고객을 상대로 하고 있다는 점도 정면 경쟁이 되지 않는 이유이다. 아울러 몇 개의 점포수만으로는 흑자를 낼 수 없는 것이 패스트푸드 업계의 정설이라는 점에 비추어보면, 철수 전에도 50개의 점포수에 미달하였는데, 이번 재기전에서 어떤 실력을 보여줄지도 지켜보아야 한다.

도넛 시장에서는 크리스피 크림 도넛(Krespy Kreme Doughnuts)가 신쥬쿠역 남쪽 출구에 개점한 점포에서 2006년 12월 개점한 이래 줄곧 장사진을 이루고 있다. 메뉴 중에서는 150엔짜리 '오리지널 그레이즈드'가, 설탕이 코팅된 표면은 바삭하면서도 속의 밀가루는 부드러운 촉감이 다른 도넛 체인점과는 다른 맛이라는 점이 젊은 여성과 주부를 중심으로 인기를 모으고 있다. 고객들은 대부분 한 상자 12개 1,500엔의 '더즌 박스'를 구매한다.

크리스피 크림 도넛의 또 다른 매력은 점포 밖의 투명 유리창을 통해 들여다 볼 수 있는 '도넛 씨어터'이다. 그런데 이처럼 식을 줄 모르는 인기를 구가하는 크리스피 크림의 도넛 점포가 아직 단 한 군데밖에 없는 이유는, 천장이 높고 배치에도 신경을 써야 하는 도넛 씨어터를 설치할 만한 점포 물건이 좀처럼 찾기 어렵다는 점에 있다.

편의점 업계는 리더격인 세븐일레븐 조차 상장 이후 최초로 이익 감소의 결산을 보인데서 알 수 있는 것처럼 업계 전체의 매출액은 7년 연속 전년 대비 감소세를 보이고 있다.[19] 이의 타개책은 역시 매장 내 조리 음식의 판매에 있다. 데일리 야마자키가 운영하는 '데일리 핫'은 편의점이면서 빵을 비롯하여 삼각 주먹밥(오니기리)과 도시락을 점내에서 조리하여 판매하고 있다.

다른 편의점과의 차별화 차원에서 2000년에 개시한 신업태로서 2007년 5월말 기준으로 341개의 점포가 이런 사업모델을 전개하고 있는데, 2006년에는 전년 대

19) 일본 편의점 업계의 2006년도 판매 순위를 보면, 세븐일레븐 2조 5,335억엔, 로손 1조 3,866억 엔, 패밀리 마트 1조 688억 엔, 서클 K생크스 8,728억 엔, 미니스톱 2,681억 엔, 데일리 야마자키 2,266억 엔이다. 자료: 주간동양경제, 2007년 7월 7일자, 52쪽.

비 3%를 웃도는 매출 증대를 달성하였다.

점내 공간 배치를 보면, 빵 전용 주방과 반찬 전용 주방이 합계 8평으로 되어 있고, 직접 만든 도시락이 10종류에 달하며, 투명 유리의 키친, 철판에 그대로 얹어놓은 채의 상품 진열도 방금 조리한 음식이라는 이미지를 연출하고 있다. 주간의 절정 시간대에는 직장여성과 주변의 주부들이 다수 내점하는 점도 다른 편의점과 구분되는 풍경이다.

이런 신업태의 편의점 운영을 가능케 한 요인으로는, 빵을 반 정도 구운 뒤에 냉동시킨 상태로 점포에 배달하여 점포 내에서의 조리 시간을 대폭 단축시킨 점, 반찬 역시 점포 배달 전에 간을 들여 반가공 상태로 한 점이 점포내 작업 부담을 덜어주고 있다. 이런 조리 방식에 거래업체가 응해주는 이유는 300점포라고 하는 대수의 법칙이 작용하고 있기 때문이다. 쓰리에프가 운영하는 편의점 '구-츠'에서는 20평의 대형 주방과 카페 분위기의 매장이 압권이다.

셀프서비스를 통해 21개 종류의 커피를 각자 기호에 맞추어 블렌딩하여 마실 수 있다. 360ml(12온스)에 136엔으로 카페에 비해 훨씬 저렴한 가격이다. 판매량은 1일 500-600잔에 달한다. 무엇보다 주목을 끄는 것은 업계 리더인 세븐일레븐이 2007년 6월에 프라이드 치킨, 코로케 등의 튀김 요리를 점포내에서 조리, 판매하기로 한 점이다.

점내 조리 시설은 초기 투자액이 크고 일정 규모의 주방을 요한다는 점, 상품의 폐기에 따른 손실 리스크와 직원의 작업부담이 큰 반면에 그에 상응하는 수익을 거두기 힘들다는 점으로 지금까지 세븐일레븐이 주저해 온 사업이다.

그러나 슈퍼마켓이나 드럭스토어 등과의 업종 경계가 무너지고 있는 상황에서 더 이상 도외시할 수 없다는 상황 판단이 작용하였다. 일본 전국에 11,000개의 점포를 거느린 세븐일레븐이 최신예의 점내 조리설비를 갖추게 되면 외식산업에도 적잖은 파장을 미칠 것이다.

일본의 라면 체인점 업계는 가격 인하와 인상을 반복하면서도 실적의 회복에 애를 먹고 있는데, 이러한 시행착오는 소위 비즈니스 모델이 명확히 설정되어 있지 않기 때문이다. 4천억 엔을 웃도는 시장규모라고 하지만, 체인점은 20%에 불과하고 나머지는 개인점포라는 점에서, 2-3년 주기로 시장진입과 퇴출을 반복하는 미성숙 현상을 보이고 있다.

최근 일본의 라면 음식점은 맛있는 점포가 늘어나면서 줄서서 기다리는 풍경이 크게 줄어들었는데, 그 배경에는 라면 조리의 왕초보라도 개점할 수 있도록 해주는 라면 프로듀서의 증가가 있다. 라면 프로듀서들은 원칙적으로 라면점 개설의 컨설팅은 무료로 해주되, 면, 스프, 건더기(타레)는 프로듀서를 통해 구입한다는 조건을 절대 원칙으로 삼고 있다.

반면 하드 면에서는 라면점 개업이 더욱 어려워지고 있는데, 종래에는 개점 자금이 1천만엔 정도이었으나 지금은 2-3천만 엔 정도가 필요하며, 유명 점포라고 해도 역전에 입지하지 않으면 장사가 어렵다. 라면 점포의 상당수는 개점 후 4-6개월 동안 매출이 절정에 달한 뒤에 이후 하강 곡선을 그리는 것이 보통이다.

이 점에 착안하여 새로운 라면 사업모델을 구상한 회사가 Ramen All Stars이다. 모스푸드서비스 사의 마케팅 담당 임원이었던 하야시(林 克己)사장이 햄버거 업계와는 달리 라면 업계에서는 새로운 메뉴를 통한 활성화가 어렵다는 점을 깨닫고, 점포의 간판 바꾸기 전략을 고안하였다.

내용인 즉, 지방의 인기 라면점으로부터 '라멘 올 스타즈'의 가맹점으로 입회시키면서 가맹등록료 30만 엔을 받고(현재 11개 점포가 가맹) 조리법도 제공받는다. 그 반대급부로서 인기 가맹점은 신규 개점 점포의 매출액의 3%와 개점 1건당 일시불로 20만 엔을 본사로부터 지급받는다. 신규 개설 점포 입장에서는 4개월 마다 새로운 라면의 조리법을 본사로부터 전수받아서 상호를 바꾸어 개점을 반복하는 것이다.

RAS 본사는 개설 점포들에게 수프와 건더기를 일괄 공급하면서 수수료를 챙기는 것이 수입원이다. 동경의 아키하바라(秋葉原)에 있는 'AKIBA Noodle 사쿠라'는 400종류의 인스턴트 라면을 갖추어 놓고, 손님이 그 중에 선택한 라면을 조리하여 돼지고기 등의 건더기를 얹어 판매하고 있는데, 사업 개념은 어정쩡한 수제 라면보다 차라리 인스턴트 라면의 완성도가 높다는 것이다.

일본에 배달 피자가 붐을 이루게 된 것은 도미노피자가 동경의 에비스(惠比壽) 지역에 1호점을 연 1985년부터이다. 그 후 10년이 경과하면서 일본 전역에 3,000개의 점포가 영업[20]하게 되었는데, 이런 개점 속도는 햄버거 업계의 30년에 해당하는 것이다.

배달 피자업은 점포의 초기투자액이 1,500만 엔, 연간매출 5,000만 엔(도시 지역에서는 1억 엔 이상의 점포도 흔함)으로 시장 선발 진입자가 우위를 차지하는 사업이다. 프랜차이즈 외식업계에서는 영업이익률이 10%에 달하면 우수한 실적으로 보는데, 배달 피자업은 이의 2배에 달하는 수준이니 일본에서는 두 번 다시 찾아오지 않는 절호의 사업 아이템이었다.

이러한 배달 피자업이 다른 외식업과 다른 점은, i) 원가는 낮으면서 객 단가는 높다는 점, ii) 배달 전문이라서 이면 지역에 입지해도 무방하며, 주방만 있으면 되므로 투자비와 임대료가 낮다는 점, iii) 하루 종일 배달하는 것이 아니라 주문이 몰리는 시간대에만 배달하므로 영업시간이 짧다는 점, iv) 전단배포를 통해 공격적으로 집객을 한다는 점, v) 컨베이어 오븐(일본 최초 도입 업태)을 이용한 조리 효율성을 높인 점, vi) 이륜 오토바이가 움직이는 광고 역할을 한다는 점, vii) 배달시간 30분 이내라고 하는 시간 엄수라는 점 등이다.

특히 컨베이어 오븐 설비는 패밀리 레스토랑과 패스트푸드 업계에 전파되어 주방의 개혁과 저비용 운영을 가능케 하였으며, 배달용 오토바이 등장으로 수명이 다하던 삼륜 오토바이를 부활시키기까지 하였다. 예전부터 있던 일반 음식점의 배달 서비스와 다른 점은, 일반 음식점의 배달은 요리가 식어서 품질이 떨어지는 단점이 있으나, 피자의 경우에는 치즈가 비등하면서 표면 온도가 100도를 웃돌아 그 상태로는 먹기 힘들지만, 배달되고 나면 사람의 미각이 가장 맛있다고 느끼는 70도로 떨어져서 시간차 제공의 이점을 살린다는 점이다.

일본의 피자업계는 이런 호조에 만족하지 않고 적극적으로 상품 개발을 하여 배달 피자 일변도에서 파스타를 추가하여 배달 이태리 음식으로 확장해가고 있다. 삼륜 오토바이의 수요 급증으로 구매가격이 상승하자 이륜 스쿠터로 대체하고, 전단 배포 비용의 상승에 대해서는 웹 판촉으로 대응하고 있다.

---

20) 일본 피자업계의 10대 브랜드는 피자라(포시즈), 피자헛(일본KFC), 도미노피자(히가 인더스트리즈), 스토로베리 콘즈(스트로베리 콘즈), 피자텐포(오틴푸즈), 피자캘리포니아(피씨에스), 시카고피자팩토리(토로나재팬), 피자로얄핫(피자로얄핫), 아오키즈피자(아오키즈 코퍼레이션), 피자포켓(포켓푸즈)의 순이다.

〈표 4-5〉 일본 외식업 매출액 상위 업체

회사명(순위)	점포명	매출액(억 엔)	점포수	주요 업태
일본맥도널드(1)	맥도널드	4,415(7.2)	3,828	패스트푸드
스카이락(2)	가스트/ 스카이락	2,812(0.6)	2,500	패밀리레스토랑
혹카혹카총본부(3)	혹카혹카亭	1,929(-1.7)	3,355	패스트푸드(도시락)
더스킨(5)	미스터 도넛츠	1,403(4.0)	-	패스트푸드
일본KFC(6)	KFC	1,310(2.0)	1,497	패스트푸드
몬테로사(7)	白木屋/ 魚民	1,267(31.2)	1,308	일반주점
레인즈인터네셔널(8)	牛角	1,266(0.2)	1,514	레스토랑(숯불구이)
로얄홀딩스(9)	로얄호스트	1,161(14.4)	714	패밀리레스토랑
모스푸드서비스(10)	모스버거	977(-4.6)	1,461	패스트푸드
도토르 커피(11)	도토르커피숍	949(3.1)	1,470	커피
데니즈 재팬(12)	데니즈	927(-1.8)	585	패밀리레스토랑
요시노야D&C(14)	吉野家	856(30.2)	1,022	패스트푸드(덮밥)
스타벅스커피(19)	스타벅스커피	789(16.2)	686	커피
이치반야(23)	CoCo壹番屋	642(4.0)	1,122	패스트푸드(카레)
캅파크리에트(25)	캅파壽司	600(-1.0)	296	패스트푸드(회전초밥)
포시즈(27)	피자 라	556(0.6)	636	배달피자
코코스재팬(29)	코코스	555(0.6)	447	패밀리레스토랑
죠나단(31)	죠나단	542(-1.8)	391	패밀리레스토랑
BR써티원(53)	써티원아이스크림	269(24.5)	810	패스트푸드
텐알라이드(68)	天狗	217(0.1)	136	패밀리(일식), 일반주점
WDI(75)	카프리쵸/토니로마	186(2.1)	193	레스토랑
히가인더스트리(96)	도미노피자	144(-5.1)	179	배달피자

* 매출액 난의 ( )안 수치는 전년대비 증가율. 매출액은 2006년도 실적
자료: 주간동양경제, 2007년 7월 7일자, 38-39쪽.

카레는 일본에서 라면과 더불어 B급 음식의 쌍벽을 이루고 있지만, 체인점 사업에서는 소수에 그치고 있으며, 업계 1위 CoCo壹番屋(회사명: 이치반야)이 1,122개의 점포를 갖추어 2위 발틱카레의 41개 점포와는 상대가 안되는 독무대를 형성하고 있다.

원래 카레는 체인점 사업에 부적당한 것이, 전국민이 애용하는 음식이면서 가정내에서 해먹는 비율이 높아서 非일상성이라고 하는 외식의 특징과는 맞지 않

는다. 또한 맛의 균질화도 어려운데, 이런 여건에도 불구하고 이치반야가 강세를 보이는 이유는, 주문형의 철저와 독특한 개점 방식에 있다. 한 접시의 카레에 들어갈 건더기(루)를 하나의 냄비에 넣어 따뜻하게 데우고, 매운 맛의 정도를 고객의 취향에 맞추며, 토핑을 마음껏 베푸는 식으로 주문형 서비스를 철저히 하고 있다.

다른 프랜차이즈 업체들이 여유 자금만 있으면 누구든 가맹점으로 받아주는데 비해 평균 5년(최저 2년)간 기존 점포에서 견습을 하고 나야만 가맹점 자격을 준다. 이런 수련 기간을 통해 근성과 서비스 정신을 몸에 배이게 하는 것이다. 이런 카레체인 사업에서 새로이 부상하고 있는 것이 카레우동이다. 4개의 업체가 카레우동을 개시하고 있는데, 카레 체인사업에서 철수한 요시노야(吉野家)도 千吉이라는 별도 회사를 설립하여 카레우동체인점을 14개 열고 있다. 카레우동은 카레와는 달리 非일상성을 지니며, 객 단가도 카레의 약 2배인 700-800엔에 달한다. 여성 고객이 40%를 차지한다는 점도 고무적이고, 초기 투자비는 1,500만 엔 이내, 월 매출액 600-700만 엔, 영업이익률 15%, 투자회수 기간 3년의 사업 모델을 갖추게 되었다.

참고문헌

栗木契, 余田拓郞, 清水伸年 (2006). 賣れる仕掛けはこうしてつくる. 東京: 日本經濟新聞社.

주목할 만한 상품, 기업에 대한 분석서인데, Dialogue Box에 경영학 키워드를 이용한 분석의 보완 설명을 곁들여 어렵지 않게 읽을 수 있는 내용이다. 단 아주 최신의 히트 상품이 아니라 이미 익히 알고 있는 상품과 기업에 대한 내용을 다루고 있다.

島田 卓(2005). 巨大市場インドのすべて. 東京: ダイヤモンド社

(주)인도비즈니스센터 대표로 있으면서 동경은행의 뉴델리 지점장(1991-95)의 경험을 살려 인도내 네트워크를 활용하여 현직에 종사하고 있다. www.ibcjpn.com에서 그의 활동을 살펴볼 수도 있겠다. 비록 간단하게 스쳤지만 인도의 주별 개요를 다룬 점이 인도 이해에 다소나마 도움이 되는 것 같다.

示村 陽一(2006). 異文化社會アメリカ. 硏究社.

이문화 사회 미국을 두루 다루지는 못하고, 개인주의, 평등주의, 민주주의, 경쟁주의의 개념별로 가볍게 언급하였으며, 미국 이민사를 통해 다민족 국가의 형성을 헤아릴 수 있다.

蔡 林海(2006). 巨大市場と民族主義一中國中産階層のマーケティング戰略. 日本經濟評論社

중국인이 집필한 중국의 중산층 소비자에 대한 마케팅 전략을 언급한 책인데, 마케팅 전략은 그다지 눈에 보이지 않고 그 대신 중국 중산층의 소비에 관한 여러 데이터 및 그에 관련된 각종 미디어 실태를 상세히 엿볼 수 있었던 점이 지금까지 접한 다른 중국시장 자료와 확연히 다른 유익한 내용이라고 여겨진다.

朱 炎(2005). 台湾企業に學ぶものが中國を制す. 東京: 東洋經濟新報社.

중국 유학생으로 현재 일본의 민간기업 연구소에 근무하고 있는 필자가 중국 진출의 대만기업에 대한 이야기를 소개하고 있다. 우리나라와의 상이한 여건 속에 대만식 진입 전략을 음미해보는 것도 괜찮을 듯싶다.

徐 方啓(2006). 日中企業の經營比較. 京都: ナカニシヤ.

양국 기업의 경영에 대한 비교는 다소 철학적, 이론적, 피상적인 서술의 느낌이 있고, 대신 중국의 3개 기업에 대한 소개가 필자에게는 유용하였으나, 이 부분은 책의 제목과는 달리 비교 분석이 되어 있지 않아 자료 구성 면에서 일관성이 결여되어 있다.

週刊東洋経濟, ロングセラーの秘訣こうすれば長く愛される, 東洋経濟新報社, 2004年2月 14 日字, 34-51面.

週刊東洋経濟, なぜ賣れないのか, 東洋経濟新報社, 2005년 7월 30일자, 92-99면.

週刊東洋経濟, COACHの奇跡, 東洋経濟新報社, 2006년9월23일자, 28-48면.

週刊東洋経濟, 中國新次元, 東洋経濟新報社, 2007年2月3日字, 38-97面.

高橋 千枝子(2006). 高くても賣れる7つの法則. ダイヤモンド社.

신흥 부유층을 대상으로 한 럭셔리 마케팅이라! 이것도 하나의 틈새시장이라고 본다면 이들 세그먼트의 소비자들이 무엇을 원하는지, 아님 이들에게 새로운 즐거움을 제공하는 일에는 어떤 것들이 있는지, 그 호응을 살펴보는 것도 보다 다양한 시장 연구에 도움이 되리라 본다.

みずほ總合研究所(2007). インド市場に挑む日系企業. みずほリポート.

吉岡 建(2007). 中國人に絶對負けない交涉術. 草思社.

1929년생 저자가 수십 년간 대중국 사업의 컨설턴트로 활동하면서 경험한 중국인들의 사고방식, 상거래 행위 등에 대해 일갈하고 있다. 온통 조심하라는 부정적 조언뿐인 점은 중국인과 사업을 권유하지 않는다기보다는 지피지기의 교훈으로 새기라는 뜻으로 받아들이고 싶다.

Ahn, J., Cogman, D.(2007). A quiet revolution in China's capital markets. *The McKinsey Quarterly,* July.

Ahn, J., Luedi, T., & Zhang, I.(2006). How to make M&A work in China. *The McKinsey Quarterly,* January.

Ander, W., Stern, N., 「島田 陽介 譯, 勝つ流通業の一番戰略」, ダイヤモンド社, 2005.

미국 유통전략을 시원하게 설명하고 있다.

Beinhocker, E., Farrell, D., & Zainulbhai, A.(2007). Tracking the growth of India's middle class. *The McKinsey Quarterly,* August.

Bellens, J., Ip, C., & Yip, A.(2007). Developing a new rural payments system in China. *The McKinsey Quarterly,* May.

Beshouri, C.(2006). A grassroot approach to emerging-market consumers. *The McKinsey Quarterly,* no. 4

Bharadwaj, V., Swaroop, G., & Vittal, I.(2005). Winning the Indian consumer. *The McKinsey Quarterly,* special edition.

Cheung, R., Grant, A.(2006). China's booming dairy market. *The McKinsey Quarterly,* no. 2 special edition.

Chordas, L.(2002). Stirring America's melting pot. *Best's Review,* Feb. 2002, 28-33.

Davila, A.(2001). Lations Inc.: The marketing and making of a people. University of California Press.

미국내 히스패닉 시장에 대한 여러 책들이 문화, 인종, 심리치료 등을 주제로 다룬 반면, 이 책은 기업 마케팅에 맞는 시각에서 일관된 서술을 하고 있다.

Farrell, D., Gersch, U., & Stephenson, E.(2006). The value of China's emerging middle class. *The McKinsey Quarterly,* special edition.

Gu, R., Huang, R., & Wilcox, J.(2007). Building profitable auto insurers in China. *The McKinsey Quarterly,* June.

Kaplan, D., Li, W. eds.(2006). Landscapes of the ethnic economy. Lanham: Rowman & Littlefield.

소수 민족의 이야기를 특정 지역의 사례를 통해 소개함으로써, 비교적 로컬 차원에서 소상한 이해를 구할 수 있다.

Kahle, L., Riley, C. eds.(2004). Sports marketing and the psychology of marketing communication. New Jersey: Lawrence Erlbaum.

다수의 수록된 논문들이 교재용보다는 연구용의 성격을 지녀서 참고하기가 모호한 부분도 있는 편저이다.

Kaufman-Scarborough, C.(2000). Asian-American consumers as a unique market segment. *Journal of Consumer Marketing,* 17, 3, 249-262.

Korgaonkar, P. et al.(2000). Hispanics and direct marketing advertising. *Journal of Consumer Research,* 17, 2, 137-157.

Korgaonkar, P. et al.(2001). Web advertising and Hispanics. *Journal of Consumer Marketing, 18, 2,* 134-152.

Korzenny, F., Korzenny, B.(2005). Hispanic Marketing: A Cultural Perspective. MA: Elsevier.

히스패닉 시장에 대한 연구서라기보다는 마케팅 교재로 보면 된다. 마케팅 교재의 목차에 따라 히스패닉 이야기를 다루고 있으니, 이 책 하나로 국제마케팅(히스패닉 시장을 중심으로)을 논의해도 좋을 듯싶다.

Lane, K., St-Maurice, I.(2006). The Chinese consumer: To spend or to save? *The McKinsey Quarterly,* No.1.

Lane, K., St-Maurice, I., & Wu, C.(2006). Marketing to China's hinterland. *The McKinsey Quarterly*, Special ed.

Lee, S., Littrell, M.(2003). Web sites for cultural products. *Journal of Fashion Marketing and Management, 7, 4,* 356-370.

Long, F.(2001). A differentiation focus strategy provoked by changing environments: The American life insurance industry approaching Asian Americans. *Management Research News, 24, 1/2,* 1-20.

McEwen, W. et al.(2006). Inside the mind of the Chinese consumer. *Harvard Business Review,* Mar., 68-76.

Michman, R., Mazze, E., and Greco, A.(2003). Life Style Marketing: Reaching the New American Consumer. Connecticut: Praeger.

다른 세그먼트에 비해 특히 10대 세그먼트에 대한 연구에 많은 관심을 갖게 만든 책이다.

Miller,P., Kemp, H.(2006). What's Black About It. NY: PMP.

흑인시장에 대해 이것저것 쓰긴 썼는데, 전문가이면서도 전문가적 분석이 아쉬운 서적이다.

Ogden, D.(2005). Hispanic versus Anglo male dominance in purchase decisions. *Journal of Product & Brand Management, 14, 2,* 98-105.

Palumbo, F., Herbig, P.(2000). The multicultural context of brand loyalty. *European Journal of Innovation Management, 3, 3,* 116-124.

Pandit, R.(2005). Why believe in India. *The McKinsey Quarterly, Special edition.*

Penhirin, J.(2004). Understanding the Chinese consumer. T*he McKinsey Quarterly,* special edition.

Pires, G. et al.(2006). Improving expatriate adjustment and effectiveness in ethnically diverse countries. *Cross Cultural Management: An International Journal, 13, 2,* 2006, 156-170.

Quart, A.(2003). Branded: The Buying and Selling of Teenagers. Cambridge (M.A.):Perseus.

미국 10대들의 사고, 행동 스타일을 너무도 몰랐음을 일깨워준 책이다. 내가 거주하면 본 미국 10대가 평균적일지는 몰라도, 전혀 또 다른 평균치가 있는 두 개의 포물선을 지닌 미국 10대의 실상을 보았다고나 할까.

Smith, T. et.al., Practicing multiculturalism: affirming diversity in counseling and psychology. Boston: Allyn and Bacon

Soto, T.(2006). Marketing to Hispanics: A Strategic Approach to Assessing and Planning Your Initiative. Chicago: Kaplan.

히스패닉에 관한 데이터 수집이 목적일 경우에 비교적 잘 정리된 책으로 여겨진다.

Sun, T., Wu, G.(2004). Consumption patterns of Chinese urban and rural consumers. *Journal of Consumer Marketing, 21, 4,* 245-253.

Torres, I., Briggs, E.(2005). Does Hispanic-targeted advertising work for services? *Journal of Services Marketing, 19, 3,* 150-156.

USITC(2007). *Competitive conditions for foreign direct investment in India.* Staff Research Study 30. Publication 3931.

Wesley, S. et al.(2006). Retail personality and the Hispanic consumer: An exploration of American retailers. *Managing Service Quality, 16, 2,* 167-184.

▎저자 약력

서강대에서 영문학 부전공, 4년 재학 중 34권 정도의 영어소설 탐독, 대학신문사 주최 교내문학전 번역부문 수상, 학원 영문법/독해 강사의 부업 활동 등이 인연이 되어서인지 2008년 9월-2009년 8월의 안식년을 학위수여국인 일본이 아닌 미국에서 마치고 귀국했다. 요즘엔 대학원 석사과정의 중국유학생들 지도하는 재미도 있고, 명수대 초등학교(서울 흑석동) 2회 동창들 늙는 얼굴 쳐다보며 수다떠는 맛도 있다. 배재대 무역학과에 와서 지금까지 『글로벌 매니지먼트: 국제문화와 비즈니스』, 『글로벌 마케팅』(이상 청목출판사), 『일본비즈니스론』, 『무역창업론』(이상 배재대학교출판부, 개정판을 내야 하는데 현재 품절 상태), 『기업경영과 전략』(배재대 출판부, 유일하게 딱딱한 내용의 서적) 등을 집필하였고, 논문으로는 "An exploratory study of the team learning typology based on environmental fit", Contemporary Management Research, Vol. 4, No. 3, 2008. "How female consumers think of themselves, make consumption and show loyalty to a brand", International Review of Business Research Papers, Vol. 4, No. 3, 2008. "Strategic considerations of Korean ventures for entering the Japanese markets", Annual Bulletin of JAIBS, No. 10, 2004 등이 있다.

세계시장연구

2011년 3월 5일 중판인쇄
2011년 3월 10일 중판발행

저 자 방 용 태
발행인 유 성 열
발행처 **청목출판사**
서울특별시 영등포구 신길동 233-96
전화 (02) 849-6157(代) · 2820
FAX (02) 849-0817
등록 제318-1994-000090호

파본은 바꾸어 드립니다. 값 18,000원

http : //www.chongmok.co.kr

ISBN 978-89-5565-319-9